산골짜기에서 온 편지 2

신앙계

목 차 _ contents

■ '하나님을 안다'의 의미

9   하나님을 아는 방법
21 너는 왜 나(하나님)의 필요를 위해서는 기도하지 않느냐?
31 '하나님을 안다'의 의미
43 "제 십자가를 지라."라고 하신 말씀의 참의미는?
53 하나님은 구하는 자에게 적합하게 '재단된 방법'으로 응답하신다

■ 20세기의 신화를 좇는 현대인

63 '낙태', 그것은 무죄한 자의 피를 흘리게 하는 일인가?
79 내일의 빵만 있으면 만족해도 되는가?
89 20세기의 신화를 좇는 현대인
101 여성 해방 운동, 그것은 성경에서 나온 것인가?
113 우리는 해방신학을 어떻게 보아야만 하는가?
123 인플레와 대 환란에 대한 크리스천의 대책

■ 성경은 불교와 유교에 얼마만큼 영향을 끼쳤는가?

133 모든 법은 성경을 바탕으로 만들어져야 한다
141 성경은 불교와 유교에 얼마만큼 영향을 끼쳤는가?
155 '서원하는 것'과 '맹세하지 말라'는 가르침은 어떻게 조화되어야 할까요?
167 성경은 정신질환을 어떻게 보고 있는가?
177 성경은 참된 교육에 대해 어떻게 가르치고 있는가?
187 성경은 장로의 자질과 역할에 대해 어떻게 가르치고 있는가?

■ 예수 그리스도의 사랑의 4차원성

199 삶의 진정한 의미는?
209 우리는 부동산 투기를 어떻게 없앨 수 있을까?
219 이 땅의 선교사들, 무엇을 잘못했나?
229 예수 그리스도의 사랑의 4차원성
239 토지세 제도를 통해 토지 투기를 없애야 한다
249 우리는 고통의 문제에 어떻게 대처해야 할까?

■ 한국 교회와 토착화 문제

263 한국 교회와 회개할 제목들
283 교회의 토착화
295 가난한 자의 구제는 정부의 책임인가, 교회의 책임인가?
325 한국 교인들의 몇 가지 잘못된 신앙 습관
337 한국 교회와 토착화 문제

■ 오순절 운동은 이제 세계적인 운동이다

347 하나님께서는 신체장애자들에게 어떤 사명을 주셨는가?
357 세계 선교를 위해 '닫힌 문'을 열 자는 누군가?
365 오순절 운동은 이제 세계적인 운동이다
375 은사주의 운동의 5가지 단계
385 성령은 동남아 지역에서 어떻게 역사하고 있는가?
397 알미니안주의와 칼빈주의

하나님을 안다의 의미

산골짜기에서 온 편지

하나님을 아는 방법

존경하는 대천덕 신부님께.

신부님, 그리고 예수원 형제자매님들 모두 안녕하십니까? 지난 수재 때 예수원은 무고하셨는지요? 주님의 은혜로 저희 집은 수해지대에서 불과 2, 3미터 높이 위치해 있던 덕분에 피해는 간신히 면했습니다. 수재 입은 이웃들을 돕느라고 무척 바빴답니다. 저는 이사야 58장에서 하나님이 기뻐하시는 금식은 유리하는 자를 네 집에 들이는 것이라고 하신 말씀이 생각납니다. 우리는 이번에 수재를 당한 많은 사람들에게 먹을 것을 주어야 했고 많은 사람들을 집에 들여야 했는데 이번 일은 우리들에게 좋은 시험이었던 것 같습니다. 실제로 저는 작년에 산(山)기도원에서 금식할 때보다 이번에 더 은혜를 받은 느낌입니다.

그런데 이번 수해에서 저는 저 자신의 신앙에 대한 심각한 회의가 떠올랐습니다. 저는 지난 5년간 열심히 교회를 다닌 신자였지만 지금은 제가 과연 하나님을 알고 있는가 하는 의심이 생기기 시작했습니다. 저는 열심히 성경을 읽고 설교도 빠짐없이 듣고 전도에도 열심이었건만 지금은 제가 하나님에 관한 지식만 많이 갖고 있지 않은가, 또 사람들을 하나님께 인도한 것이 아니라 일개 조직이나 사상을 소개한 것이 아닌가 하는 회의가 일어납니다. 하나님을 아는 것과 하나님에 관해 아는 것과는 다른가요?

주님의 은총이 있으시길 빕니다.

— 주태희 올림

사랑하는 태희 형제에게.

편지 감사합니다. 먼저 수재당한 이웃들을 집에 들여 돌봐 준 당신과 당신 가정에 감사를 드립니다. 예수님은 마태복음 25장 40절에서 그날에 그가 "너희가 여기 내 형제 중에 지극히 작은 자 하나에게 한 것이 곧 내게 한 것이니라."라고 말씀하실 것이라고 하셨으므로 당신은 어떤 의미에선 이번엔 예수님을 직접 만나고 그분을 섬긴 것이라고 할 수 있습니다. 그러나 내 생각으로는 당신이 갈망하고 있는 것은 예수님과의 보다 직접적인 만남, 간접적인 것이 아니라 직접적인 관계, 일대일의 관계인 것 같습니다. 그것이 가능할까요? 예, 그것은 가능할 뿐 아니라, 바로 예수님이 원하고 계신 것입니다. 그분은 당신보다도 더 당신과의 인격적 관계를 갈망하고 계십니다. 뿐만 아니라 그분은 당신이 그분을 알게 될 것이라고 약속하셨습니다. 사실, 그것은 바로 신약의 내용인 것입니다. 하나님은 그리스도를 보내시기 5백여 년 전, 날이 이르면 그의 백성이, 작은 자에게서 큰 자에 이르기까지 누구나 그를 알 수 있도록 해 주실 것을 약속하셨습니다. 예레미야 31장 31절을 보면 '새 언약'이라는 표현이 나오는데 그것은 예수님께서 최후의 만찬 때 "이 잔은 내 피로 세운 새 언약."이라고 말씀하셨던 것과 똑같은 표현입니다. 예수님은 이 말씀으로 그분의 십자가 죽음의 목적이 모세시대 이후 1400년간 이스라엘 백성들이 갖고 있던 옛 언약을 대치할 하나님의 새 언약의 약속을 성취시키는 것임을 명백히 하셨습니다.

예수님이 오시기 전까지는 극소수의 사람들만이 하나님을 알고 하나님을 뵈었습니다. 하나님을 알던 사람들은 평생을 다른 이들에게 하나님에 관해 말해 주는 데 보내야 했고, 대다수의 사람들은 하나님을 알았지만 직접 혹은 인격적으로 하나님과 만날 수는 없었습니다. 하나님은 아브라함이 75세 때 그에게 한 차례 말씀하셨고 그 다음 해에 또 한 차례 말씀하셨으며 그 후 4년 뒤에 또 한 차례 말씀하셨습니다. 그러고 난 뒤 13년이 지나기까지 하나님이 아브라함에게 말씀하셨다는 기록이 성경에는 없습니다. 아브라함은 그동안 그의 조상으로부터 들어 알고 있는 하나님에 관한 약간의 지식과 이 세 차례의 간단한 말씀을 붙들고 살아야만 했습니다. 모세도 역시 같습니다. 그가 80세였을 때 하나님이 그에게 나타나셔서 이스라엘을 이끌고 출애굽 하라는 명령을 내리셨습니다. 그 후 2, 3년 동안 하나님은 빈번히 이스라엘 백성들을 위한 율법과 계명을 주셨지만 모세에게 사사로운 말씀은 전혀 해 주시지 않았습니다. 그 후 모세의 광야생활 기간이 끝나기 직전까지 약 37, 38년 동안 하나님은 그에게 더 이상 말씀하시지 않으셨습니다. 마지막에, 약속의 땅으로 들어갈 준비를 할 때 하나님은 다시 모세에게 대여섯 차례 말씀하셨지만 단 한번 모세 자신의 개인적 생활에 관한 말씀을 해 주셨을 뿐 나머지는 모두 이스라엘에 관한 것들이었습니다. 그리고 그것은 하나님이 인간으로 이 땅에 오셔서 그의 제자들과 3년 동안 얼굴을 맞대며 함께 생활하셨을 때까지 줄곧 그래 왔던 것 같습니다. 예레미야의 약속이, 즉 새 언약이 세워질 것이며 작은 자로부터 큰 자에 이르기까지 모든 백성이 하나님을 알게 될 것이라는 약속이 이제 성취될 것이라고 예수께서 말씀하신 것도 그 3년이 끝날 때였습니다.

욥과 다윗은 하나님께 많은 말씀을 드렸고 하나님이 그들의 말을 들어 주신다고 확신했었지만 욥은 평생에 단 한 번 하나님의 직접적 응답을 받았고, 다윗은 사무엘, 나단 등의 선지자들을 통해 하나님의 말씀을 들었습니다. 엘리야 역시 하나님에 관해 잘 알고 있었고 목숨을 내걸고 하나님께 충성했지만 하나님과 직접 만난 것은 그 평생에 단한 번이었습니다. 그러나 예수님은 우리에게 이제부터는 '~하는 자는 누구든지' 하나님을 알 것이라고 거듭거듭 말씀하셨습니다. 하나님의 뜻을 행하려 하는 사람은 누구든지 알리라(요 7:17), 너희 천부께서 누구든지 구하는 자에게 성령을 주시리라(눅 11:13), 너희 중에 누구든지 지혜가 부족하거든 하나님께 구하라(약 1:5), 누구든지 자기를 낮추는 그이가 천국에서 큰 자니라(마 18:4), 누구든지 하늘에 계신 내 아버지의 뜻대로 하는 자가 내 형제요 모친이라(마 12:50), 누구든지 저를 믿는 자는 영생을 얻을 것이다(요 3:16), 내가 주는 물을 마시는 자는 누구든지 목마르지 아니할 것이다(요 4:14), 누구든지 주의 이름을 부르는 자는 구원을 얻으리라(행 2:21), 저를 믿는 사람은 누구든지 그 이름을 힘입어 죄 사함을 받는다(행 10:43), 그 안에 거하는 자마다 범죄하지 아니하나니(요일 3:6), '구원받았다'와 '죄 사함을 받았다'는 것은 우리와 하나님 사이에 더 이상 아무런 장벽도 없으므로 우리가 친구처럼 하나님과 소통할 수 있다는 것을 뜻합니다. 예수님은 우리에게 자기의 친구가 되길 요구하셨고, 또한 누구든지 모든 사람이 자기를 개인적으로 친밀하게 알길 원하고 계십니다.

그렇습니다. 새 언약은 우리가 더 이상 중개자를 필요로 하지 않을 것을 뜻합니다. 나는 간혹 성도들이 구약시대 때 사람들이 직접 하나님 앞에 나가는 대신 선지자들을 찾아갔듯이 우리 교역자들이 그들 보다 하나님을 더 잘 알 것이라 생각하고 찾아올 때 일부 교역자들이 우쭐해지지 않을까 걱정합니다. 그것이 우리들의 자아(ego)를 즐겁게 해 주기 때문에 우리는 흔히 성도들에게 꼭 우리를 찾아올 필요는 없으며 정말 하나님의 뜻을 행하길 원한다면 직접 하나님의 뜻을 알아보라고 권면하길 잊습니다. 때때로 어떤 교역자들은 하나님에 관한 신학 공부를 하는 데 시간을 온통 바치다가 그 자신은 하나님과 단 한번도 직접 만나지도 못하고 친히 하나님을 알지도 못하게 되는 일도 있답니다. 우리들은 다른 사람들을 우리도 모르는 어떤 사람에게 소개할 수는 없습니다. 예를 들어 내가 미국 대통령에 관한 많은 지식을 어떤 사람에게 말해 줄 수는 있습니다. 그러나 나는 개인적으로 그를 알지 못하기 때문에 감히 다른 사람을 그에게 소개하려 들지는 못할 것입니다. 일부 교역자들도 그렇게 되지 않을까 두렵습니다.

우리는 간혹 하나님을 만났다거나 하나님과 정기적인 교제를 나누고 있다든가 다른 사람들에게 하나님의 뜻이 무엇인지 말해 줄 수 있다고 주장하는 사람들을 만나게 됩니다. 그러나 그러한 주장들의 진위는 쉽게 분별할 수 있습니다. 성경은 "우리가 그의 계명을 지키면 이로써 우리가 저를 아는 줄로 알 것이요 저를 아노라 하고 그의 계명을 지키지 아니하는 자는 거짓말하는 자요 진리가 그 속에 있지 아니하다"(요일 2:3~4)라고 말씀하십니다. 요한일서 5장 20절에는 '안다'는 단어가 두 번 나옵니다. 그러나 헬라어 원본에는 안다는 뜻으로 eido 와 ginosko 라는 두 가지 단어를 쓰고 있습니다. 요한은 우리가 하나님을 개인적으로 알고 관계를 맺기 위해 하나님과 예수 그리스도에 관한 지각과 지식을 얻게 해 주신다고 말하는 것입니다. ginosko는 마태복음 1장 25절에 요셉과 마리아의 관계를 언급할 때 사용된 단어입니다. 깊은 부부 관계를 갖지 않은 것을, 알지 못한다는 표현을 쓴 것입니다. 예수님은 마태복음 7장 23절에서 예수의 이름으로 귀신을 내쫓고 많은 권능을 행한 사람이라도 그분과의 올바른 관계를 갖지 않은 자라면 "내가 너희를 도무지 알지 못한다."라고 하실 때 같은 단어를 사용하셨습니다. 바로 이 구절에서 예수님은 자신이 우리에게 오셔서 우리가 자기를 알도록 지각(知覺)을 주셨음을 설명하십니다. 우리는 어떤 도움이 필요합니다. 그리고 하나님은 성경을 통해, 여러 교사들(행 11:25; 살전 5:12 참조), 예언자들(행 11:27 참조), 형제자매들(롬 15:14; 골 3:16; 살전 4:18, 5:11)을 통해, 또한 꿈과 환상(행 2:17)을 통해 우리에게 말씀하십니다. 그러나 그것으로 끝나지 않습니다. 하나님은 또한 우리가 듣고 있는 소리가 정말 하나님의 음성인지 아닌지를 분별할 수 있는 분별력과 지혜도 주실 것을 보장하셨습니다. 사탄도 꿈과 환상을 보여줄 수 있습니다. 사탄은 광명의 천사로 가장합니다(고후 11:14). 또 우리의 무의식적 마음이 하나님의 인도나 계시인 줄로 착각하도록 속삭일 때도 있습니다. 그러나 하나님은 우리가 하나님의 뜻을 행하려고 하고, 하나님의 인도를 받으려고 하고, 두 마음을 품지 않는다면, 분별력과 지혜를 주시고 결코 그릇된 길로 끌려가지 않을 것이라고 말씀하십니다(요 7:17, 16:13; 약 1:5~8; 고전 12:10, 14:29).

최근 예수원을 다녀간 형제들 중 두 분이 우리 주제와 비슷한 체험담을 들려 주었습니다. 한 분은 교장 선생님과 면접을 갖기로 약속했는데 교장 선생님이 돌연 사정이 생겨서 약속을 지키지 못했답니다. 그 형제는 갑자기 '하나님이 나와 직접 이야기하길 원하실지도 모른다.'는 생각이 들어서 하나님께 그러시냐고 여쭈었더니 하나님께서 "그렇다."라고 말씀하시더라는 것입니다. 그 형제는 인간 스승 대신 하나님과 면담했던 것입니다. 그 형제는 해묵은 크리스천이고 신학교도 나왔지만 하나님과 일대일의 관계를 맺기는 처음이었다고 합니다. 또 다른 형제는 하나님이 자기에게 아무개를 위해 기도하길 바라신다는 강박감이 들더란 것입니다. 그분 자신은 어리석은 짓 같아서 기도하기 싫었지만 순종했는데 바로 그때, 기도해 주었던 그 사람은 사고를 만났고 다른 사람들은 중상을 입었지만 그 사람은 부상당하지 않았다는 사실을 나중에 알게 되었다는 것입니다. 그 형제는 생전 처음으로 하나님이 자기에게 직접 말씀하실 수도 있다는 것을 깨달았다고 합니다. 그 후 그 형제가 심각한 개인적 위기에 처했을 때 하나님과 자기의 개인적 관계를 안다는 것이 가장 소중한 것임이 입증되더란 것입니다. 그러나 하나님의 음성을 듣는 것이 그것만이 아닙니다. 예수원에서 나간 한 형제가 농아인 처녀와 결혼했습니다. 두 사람은 말이나 소리로 의사소통을 할 수 없었지만 서로 사랑하고 아이들도 낳았으며 서로 의지하며 신실합니다. 성경적으로 말한다면 그들은 서로를 알고 있습니다. 성경에서 안다는 것은 부부관계 같은 가장 친밀한 사사로운 관계를 뜻합니다. 그것은 사랑, 구속, 충성, 독점, 질투 등을 내포하는 것입니다. 하나님은 이스라엘에게 "너희만을 내가 알았노라."라고 말씀하셨습니다. 하나님을 알면서도 자기 자신을 위한 삶을 사는 것을 성경에서는 간음이라고 말합니다(호 1:2, 6:6; 마 12:39; 막 8:38; 고후 11:2 등을 보십시오). 이것은 호세아의 주제일 뿐 아니라 예레미야의 주제이기도 합니다. 야고보서 4장 4~5절에서는 세상과 벗하는 것은 하나님을 등지고 간음하는 것이요, 하나님에 대해 원수 되는 것이며, 우리가 성령을 받았다면 하나님이 우리를 질투하시며 우리 또한 하나님과의 관계를 질투하기까지 사모해야 한다는 것을 깨달을 것이라고 말씀하십니다.

'세상과 벗한다'는 표현 외에도 '탐욕'을 우상숭배라고 일컫는 구절을 많이 발견합니다. 불신자에게는 탐욕이 추하고 부패한 삶으로 이끌어가는 어리석은 태도이지만, 하나님을 안다고 하는 사람들에게는 결혼서약을 위반한 간음 못지않은 것입니다. 바리새인과 사두개인은 하나님을 알지 못했습니다(요 8:54~55, 14:17, 16:3). 그러나 우리들은 하나님을 알았는데 만일 우리가 세상이 좋아서 하나님께 등을 돌린다면 우리는 천국에 들어갈 수 없게 될 것입니다(엡 5:5). 우리는 세상을 사랑하지 말도록 늘 경고를 받고 있습니다. 그런데 하나님이 세상을 이토록 사랑하사 독생자를 주셨다고 말씀하셨습니다. 우리는 여기서 세상을 사랑하는 데에 두 가지 상반된 방법이 있음을 발견할 수 있습니다. 하나는 세상 자체를 사랑하여 그것에 자신이 탐닉하는 것이며, 다른 하나는 하나님이 세상을 사랑하시듯 우리도 모든 사람이 회개하고 하나님의 뜻을 좇아 살기를 간구하면서 그러기 위해 필요하다면 십자가를 질 용의를 갖는 사랑의 방법입니다. 이것은 하나님식 사랑의 표현입니다. 세상을 사랑하는 다른 방법, 세상과 타협하는 방법을 성경은 간음이라고 부릅니다. 우리는 라오디게아 교회에서 그 예를 볼 수 있습니다. 세상과 타협하여 성공적이었던 그 교회가 하나님의 관점에서는 부요하지도, 지혜롭지도, 아름답지도 않고 오히려 눈멀고 가난하고 벌거벗고 곤고하고 가련하게 보였습니다(계 3:14~18).

우리가 성경이 사용하는 '안다'는 단어의 의미에서 하나님을 알 수가 있을까요? 예수님은 십자가에 처형되기 전날 밤 제자들과의 마지막 대화와 기도에서 우리도 하나님을 알고 예수님을 알 것임을 분명히 말씀하셨습니다(요 10:14~15, 11:22, 14:20~26, 15:14~15, 17:3을 보십시오). 에베소서 2장 15절은 하나님의 목적이 전 인류가 그리스도 안에서 하나 되어 서로를 알고 또한 그리스도를 알도록 하는 것임을 지적했습니다. 이것이 바로 예수님이 마지막 기도에서 간절히 간구하셨던 것입니다.

그러면 그것을 방해하는 것이 무엇일까요? 크리스천이 '하나님에 관해' 아는 대신 '하나님을' 아는 것이 그토록 힘든 까닭은 무엇일까요? 우선 세상의 영(사탄의 영)이 방해하기 때문이라고 나는 봅니다. 오늘날 우리가 살고 있는 세상은 이기주의, 개인주의, 인본주의, 위선 등으로 가득 차 있습니다. 사상 유례없는 이혼율은 어쩐 까닭입니까? 부부간에 구속도, 성실성도, 책임감도 없기 때문입니다. 모든 사람들이 '자기실현'을 외치지만 그것이 무엇을 의미하는지도 모릅니다. 우리는 모두 노력합니다. 시간이 없습니다. 바쁜 세상입니다. 시시한 바쁜 일들이 중요한 일들과 뒤섞여 버렸습니다. 세상은 지식욕에 가득 찼습니다. 왜 그럴까요? 세상은 힘을 원하며 '지식은 힘'이라고 믿고 있기 때문입니다. 이것은 순종의 반대입니다. 분주함은 안식의 반대입니다. 하나님은 온유함을 원하십니다(마 5:5). 이 세상은 온유함을 경멸하며 하나님과 진리와 자연에 대한 증오, 사람과 사람 사이의 증오로 가득 차 있습니다(호 4:1~3). 이것이 바로 우리가 예수님을 아는 것을 방해하는 세상의 영입니다.

그 다음 방해는 공포입니다. 우리는 유별나기를 두려워합니다. 우리는 '민주주의'가 강박관념이 되어서 다수에 따라야만 한다고 생각합니다. 우리는 미지의 것을 두려워합니다. 또 무엇에 구속되는 것을 두려워합니다. 그리고 수치와 자격지심을 느낍니다. 누가복음 15장 19~21절을 보십시오. 가출했던 아들은 아들이라 일컬음을 받을 자격이 없다고 느낍니다. 우리도 가끔 깊은 자격지심에 빠집니다(그래야만 할 때도 있지만). 그러나 우리도 그리스도 안에서 우리가 용납되어졌으며 하나님 아버지께서는 우리가 돌아와 그분과 관계 맺길 기다리고 계신 것을 기억해야만 할 것입니다. 요한은 "온전한 사랑은 두려움을 쫓는다."라고 말하지만 우리는 미지근한 마음에서 사랑의 부족을 발견합니다. 그러나 주님은 아직도 문을 열고 내게서 정금과 흰 옷과 안약을 사 가라고 권하고 계십니다(계 3:18~20).

어떻게 우리가 하나님에게서 그것을 살 수 있습니까? 먼저, 모든 것을 버리고 아무것도 움켜잡지 마십시오. 우리는 아무것도 잃지 않습니다. 왜냐하면 우리가 땅에서 버리는 것은 하늘 회계장부에 기록되고 영원히 우리의 것이 되기 때문입니다. 둘째는 구하십시오. 우리가 하나님 뜻에 따라 무엇을 구하면 이미 얻은 줄로 압니다(요일 5:14~15). 무엇을 구해야 할까요? 기본적으로 구할 것은 한 가지, 즉 내가 하나님을 알게 해달라는 것입니다. 그것은 하나님의 뜻이며 보장해 주신 것입니다. 물론 호기심에서나 하나님을 이용하기 위해서거나 자기 만족을 위해서라면 그만두십시오! 그것은 하나님 뜻대로 구하는 것이 아니니까요. 그러나 하나님 뜻대로 하나님을 알고 모든 것을 하나님께 맡기며 그분께 순종하며 그분과 관계를 갖기 위한 것이라면 구하면 얻을 것입니다. 그리스도께서 우리가 구하면 성령을 주셔서 그것을 가능케 하실 것을 약속하셨습니다(눅 11:13). 그분은 우리가 얻으려는 것보다 훨씬 더 우리에게 성령을 주시길 원하고 계십니다! 성령이 우리 마음에 오시면 우리는 그분과 더불어 먹고 그분을 압니다. 그것이 바로 성령을 받는다는 것이며(고후 13:13; 요일 1:3을 보십시오), 하나님과 그 자녀들과의 사귐입니다. 그것은 권능이나 계시가 아닙니다. 성령은 그러한 것들을 주실 수도 있고 주시기도 하지만 그것이 성령의 가장 중요한 일은 아닙니다. 고린도후서 13장 13절에서 성령의 가장 중요한 역사는 교통하심이라고 지적합니다. 그러면 사귐, 교통이란 무엇인가요? 그것은 우리들에 대한 하나님의 사랑에 부응한 하나님에 대한 사랑이며 우리가 하나님 안에서 자라나면서 더욱 깊어지고 부요해지고 강해지고 더욱 신실하고 온전해지는 사랑입니다. 그리고 그것은 우리 자신과 우리의 좋은 것을 다른 사람들과 자발적으로 기꺼이 나누게 만들어 줍니다. 그것은 또한 교회를 성장시킬 것입니다. 만일 우리가 예수님을 안다면 우리는 우리 친구들을 그분께 소개하지 않을 수 없을 것이며 우리 친구들은 우리 자신의 삶 속에 그토록 큰 의미를 차지하고 있는 그분을 만나고 싶어 하지 않을 수 없을 것입니다. 그렇습니다. 태희 형제, 당신은 바른 길에 들어섰습니다. 당신은 이미 하나님을 알고 있으며 세월이 가면서 당신이 성령을 통해 그분이 인도하는 대로 그분과 동행하면 당신은 그분을 더욱더 잘 알게 될 것이라고 믿습니다.

산꼴짜기에서 온 편지

너는 왜 나(하나님)의 필요를 위해서는 기도하지 않느냐?

존경하는 대천덕 신부님께.

서울은 벌써 여름의 기운이 나기 시작하는군요. 예수원의 녹음도 아름다우리라 생각됩니다. 얼마 전 저는 신부님께서 금년 초 방글라데시에 다녀오셨다는 소식을 들었습니다. 여행은 어떠했으며 신부님의 건강은 괜찮으셨는지요?

그런데 저는 며칠 전 기도 중에 제 머릿속에 떠올라서는 영 사라지지 않는 한 가지 생각이 있어 그에 관해 신부님께 여쭤 보려 합니다. 우선 저는 그것이 주님께로부터 온 생각인지, 그렇다면 그것이 무엇을 의미하는 것인지를 알고 싶습니다. 저는 늘 해 오던 대로 제가 구하는 여러 가지 일들에 관해 기도하고 있었습니다. 그런데 갑자기 "보라, 아들아. 너는 왜 너의 필요를 위해서만 기도하느냐? 왜 나의 필요를 위해서 기도하지 않느냐?" 하는 매우 강렬한 상념이 머릿속에 떠뚝 떠올랐습니다. 처음에는 혼란스런 생각 정도로 여기고 머릿속에서 지워 버리려고 했으나 웬일인지 그 상념은 머릿속을 떠나지 않았습니다. 그에 대해 신부님의 고견을 꼭 듣고 싶습니다.

― 김원 드림

사랑하는 원 형제에게.

당신의 편지에 감사합니다. 당신이 들으신 대로 얀시 엄마와 나는 금년 초 동남아를 다녀왔는데 엄동설한 중 여행을 떠났으나 그곳은 기후가 한여름 같았습니다. 뿐만 아니라 우리가 가는 곳마다 성도들의 극진하고 따뜻한 사랑을 받음으로 인해 우리는 몸과 마음이 함께 녹아드는 듯 했고 그 따뜻한 사랑이 뜨거운 열대의 태양빛보다도 더 기억에 오래 남을 것입니다! 여러분들의 기도와 예수원에서 내 대신 나의 짐을 져 준 책임감 강한 형제자매들 덕분에 난 건강을 유지할 수 있었습니다.

당신이 기도 중에 강렬한 상념이 머릿속에 떠오르는 체험을 한 것 같은 일은 흔히 있는 일입니다. 주님은 우리에게 응답하시길 원합니다. 실은 그분은 우리의 모든 기도 시간이 대화이기를 원합니다. 그러나 우리는 너무 빈번히 이야기하기만 합니다! 때로 주님은 우리에게 주님 자신의 소리가 들리도록 큰소리로 말씀하시기도 하지만 때로는 어깨를 움츠리시면서 "네가 내 목소리보다는 오히려 네 자신의 소리만 듣겠다면, 그래, 계속 하거라." 하고 말씀하십니다. 대부분의 사람들은 '기도'라는 단어가 하나님께 이야기하는 것을 뜻한다고 생각합니다. 그러나 그것은 실제로 우리가 말은 좀 덜하고 듣기를 더 해야 하는 주님과 우리의 대화이어야만 합니다. 만일 우리가 들을 그리고 순종할 용의가 있다면 주님도 말씀하실 용의가 있으실 것이며 그분은 우리의 마음속에 여러 가지 종류의 생각들이 떠오르게 만들어 주십니다. 그 생각들이 주님께로부터 온 것인지, 아닌지를 확신할 수 없다면 그것은 보통 성경에 비춰 증명할 수 있습니다. 그러나 대게는 주님이 요한복음 7장 17절에서 약속하신 것처럼 확신감도 우리에게 아울러 주십니다. 때로 주님께서 우리가 성경을 좀더 깊이 파고들기를 원하시기 때문에 우리가 성경을 통해 확신을 얻기까지는 우리에게 확신감을 안 주시기도 합니다.

당신의 머릿속에 떠오른 생각, 즉 하나님께서 "내 필요에 관해서는 왜 기도 않느냐?"라고 당신께 말씀하고 계시는 그 상념에 대해 생각해 봅시다. 나는 하나님께서도 필요한 것들이 있으시고 우리가 그것들을 위해 기도하기를 원하시는 것들이 있음을 압니다. 그러나 당신이 성경을 찾아 볼 때 그 하나님의 소용(所用)에 관해 어떻게 표현되어 있는지 의아할 것입니다. 성경에서 주님의 소용에 대한 구체적 언급은 주님이 예루살렘에 입성하실 때 타고 갈 나귀와 관련된 부분에서 "주가 쓰시겠다."라는 구절과 사도행전 17장 25절의 바울 사도가 아레오바고 사람들에게 주님은 "무엇이 부족한 것처럼 사람의 손으로 섬김을 받으시는 것이 아니니 이는 만민에게 생명과 호흡과 만물을 친히 주시는 자이심이라." 하고 말한 것뿐입니다. 그러나 좀더 생각해 보면 예수님께서 마르다에게 "한 가지만이라도 족하니라."라고 말씀하신 것도 주님의 소용과 연관시킬 수 있습니다. 예수께서는 마리아와 마르다의 소용에 관해서가 아니라 주님이 필요로 하는 것에 관해 말씀하신 것이 아닙니까?

잠시 이러한 구절들을 생각해 봅시다. 만일 예수께서 그때에 타고 가실 나귀가 필요하셨다면 주님은 지금도 그것이 필요하실지도 모릅니다. 그리고 내가 바로 주님의 좋은 나귀감일지도 모릅니다. 진정한 의미에서 주님은 아직도 주님이 타실 나귀가 되길 자원하는 사람들을 찾고 계시다고 나는 생각합니다. 그때의 그 나귀가 모든 사람들이 자기를 보고 박수를 쳐 주리라 생각했다고 봅니까? 그 나귀는 그보다는 좀더 잘 알고 있었을 것입니다. 그러나 우리는 우리 자신을 하나님께 바치고 하나님께서 우리를 사용하셔서 사람들에게 복을 주게 될 때 사람들이 우리들에게 큰 박수를 쳐 주고 있다는 착각을 종종 하고 있습니다.

반면 오늘날 교회에서는 아레오바고 사람들처럼 하나님이 우리의 돈이나 꽃이나 그 밖의 것들을 필요로 하시며 우리가 하나님께 이런 저런 것을 드림으로써 하나님을 위해 큰일을 한 것처럼 생각하는 사람들을 흔히 봅니다. 하나님이 필요로 하시는 것은 우리의 돈이 아니라 우리들 자신입니다. 많은 사람들이 하나님께 상당한 액수의 돈은 드릴 용의가 있지만 자기 자신을 하나님께 바치려 하지는 않습니다. 진정한 의미에서 그것이 하나님이 필요로 하시는 전부이며 그것이 바로 하나님의 소용인 것입니다. 주님께서 마르다에게 말씀하셨던 것은 "마르다야, 네가 날 위해 맛있는 저녁을 준비하는 것은 고맙다. 그러나 실은 이 맛있는 식사 준비로 인해 너는 부엌에만 있고 나는 이곳 안방에 있게 되었구나. 나는 그 많은 음식보다는 네가 더 필요하단다. 네가 한 가지 음식만 만들고 마리아와 함께 나와 같이 앉아서 교제를 나눌 수 있으면 더 좋을 텐데 말이야. 내가 필요한 것은 너와 함께 있는 것이지 음식이 아니다."라고 하신 말씀으로 나는 생각합니다. 예수께서는 마르다가 자기를 사랑하고 있으며 사랑하는 마음에서 모든 음식들을 장만하고 있다는 것도 아셨습니다. 그러나 예수께서 더 필요로 하신 것은 그녀와의 교제였습니다. 그러므로 우리는 예수께서 필요로 하시는 나귀가 되는 일에 예수께서 필요로 하시는 교제를 덧붙입시다. 예수님은 때로는 내가 그분의 나귀가 되길 원하시며 때로는 내가 그분의 친구가 되길 원하십니다. 만일 내가 어떤 주어진 시간에 예수께서 필요로 하시는 것을 알려 한다면 나는 줄곧 주님께 말하는 대신 주님의 말씀을 듣기 시작해야만 할 것입니다.

하나님의 '소용들'에 관해 하나님께서 말씀하실 때 무엇을 뜻하시고 계신가에 관해 시사해 주는 또 다른 성경 구절들이 있습니다. 주기도문을 생각해 보십시오. 주님께서는 우리에게 "당신의 나라가 임하옵시고 당신의 뜻이 하늘에서 이뤄진 것같이 땅에서도 이루어지이다."라고 기도하도록 가르치셨습니다. 하나님 나라가 임하는 것은 우리와 마찬가지로 하나님도 필요로 하는 것입니다. 하나님의 뜻이 땅에서도 이뤄지는 것을 우리가 필요로 하듯 하나님도 필요로 하고 계신 것입니다. 우리는 흔히 우리의 나라가 임하도록 기도하고 있습니다. 즉, 만사가 우리의 지배 아래 있길 원하고 우리 자신과 주변 사람들의 삶을 우리 마음대로 영위할 수 있길 바라고 있습니다. 우리는 우리들의 가정, 회사, 마을, 교회 내에서의 완전한 사회질서란 어떠어떠한 것이라는 관념을 갖고 있고 그것들을 위해 기도합니다. 그러나 우리는 우리들의 작은 세계를 넘어서는 보지 못하기 때문에 하나님 나라는 우리의 세계보다 훨씬 크며 하나님은 이미 우리가 영위하고자 하는 자신의 삶의 작은 영역뿐 아니라 나머지 세상을 위해서도 완벽하게 계획해 놓으신 완전한 사회질서가 있다는 사실을 깨닫지 못하는 일이 너무나 빈번합니다. 우리 집은 하나님 나라입니까? 즉 하나님이 우리 집의 머리입니까? 혹은 나나 아내가 주인입니까? 우리 마을은 어떻습니까? 우리 직장에서는? 우리 교회에서는? 이 모든 곳들마다 하나님이 머리라면 하나님 나라는 임한 것입니다. 그러나 나의 작은 세계를 넘어선 세상은 어떻습니까? 나는 그것에도 관심을 쏟고 있습니까? 나는 한국 전체가 하나님의 왕권 아래 있게 되길 위해 열심히 기도하고 있습니까? 필리핀, 방글라데시, 북한, 일본 등도 하나님의 왕권 아래 있게 되길 위해 관심을 쏟습니까? 그것이 가능하다고 생각하기는 합니까? 그것에 관해 기도하는 것이 귀찮게 생각됩니까? 시간만 낭비하는 헛수고라고 생각합니까? 그런데 하나님께서 그것들을 위해 기도하기를 우리에게 요구하고 계십니다. 어떻게 우리가 거절할 수 있습니까?

"당신의 뜻이 하늘에서 이뤄진 것같이 땅에서도 이루어지이다."라고 주기도문은 우리에게 하나님의 필요를 위해 기도하기를 가르칩니다. 여기서 유의할 것은 주님께서 우리에게 우리의 일용할 양식을 위해 기도하기 전에 이러한 기도를 먼저 하도록 가르치셨다는 사실입니다. 우리들 대부분은 우리의 일용할 양식이나 사죄를 위한 것으로 기도를 시작합니다. 주님은 우리가 먼저 주님께 필요한 것들을 위해 기도한 후에 우리에게 필요한 것들을 위해 기도하기를 원하십니다. 하나님은 자기의 뜻이 이뤄지는 것을 필요로 하십니다. 하늘의 존재들은 모두가 하나님의 뜻을 행합니다. 욥기를 보면 하늘에 있는 사탄조차도 하나님의 뜻을 행해야만 합니다. 만일 사탄이 어떤 사람을 시험하려 한다면 먼저 하나님의 허락을 받아야만 합니다. 이것은 우리가 사탄의 시험을 받고 있다고 느낄 때 기억해 둘 만한 사실입니다. 즉 사탄은 나를 시험하기 위해 먼저 하나님의 허락을 받아 놓았으므로 하나님은 이 시험을 알고 계시고 내가 피할 수 있는 방법도 미리 마련해 놓으셨다는 사실입니다(고전 10:13). 그런데 지상에서의 이야기는 다릅니다. 누가 하나님의 뜻을 행합니까? 하나님은 우리들에게 천사들에게도 안 준 자유를 주셨습니다. 우리들은 하나님의 전 창조계에서 하나님의 뜻을 행하길 거부할 수 있는 유일한 부분입니다. 우주의 그 나머지 것들-항성들과 혹성들과 혜성들과 중력(重力), 화학, 생물학과 그 밖의 모든 자연의 법칙들-은 하나님의 법을 복종하고 하나님의 뜻을 행합니다. 인간만이 하나님의 뜻을 행하지 않을 자유가 있습니다. 그러나 인간이 하나님의 뜻을 행하지 않음으로써 우리들의 세계는 얼마나 무서운 혼란의 뒤범벅이 되었습니까! 전쟁, 혁명, 온역, 한발, 기근, 인구폭발, 사회무질서, 교통사고, 유정(油井)폭발사고 등등 우리가 이 세상에서 볼 수 있는 모든 비참상들의 뿌리를 찾아 추적해 보면 인간이 하나님의 뜻을 행하지 않고 완고하고 광란적이고 탐욕스럽게 인간 자신들의 뜻을 추구했기 때문임을 알 수 있습니다. 만일 하나님의 뜻이 하늘에서부터 땅에서도 이뤄진다면 이 지상은 하늘보다 더욱 아름다운 곳이 될 것입니다. 왜냐하면 우리의 모든 행동들은 사랑이 그 동기가 되어 있고 하나님과 조화를 이뤄가며 우리 자신의 창조력을 사용하여 더욱더 아름답고 멋진 세상을 만들어 나갈 것이기 때문입니다.

이것이 바로 결국은 앞으로 임할 것이라고 성경이 우리에게 말해 주고 있는 새 세상입니다. 요한계시록 21, 22장에는 하나님께서 새 하늘과 새 땅을 지으시고 하늘에서 땅으로 내려와 사람들과 함께 거하며 그때의 사람들은 하나님에 대한 사랑으로 충만해 있으며 하나님의 뜻과 완전 조화되는 사람일 것임을 묘사하고 있습니다.

"그렇다면 하나님께서 그 일이 이루어질 것이라고 말씀하셨는데 왜 우리가 그것을 위해 기도해야만 하는가." 하는 의문이 생길지도 모릅니다. 그 이유는 첫째로 하나님께서 우리에게 그렇게 하도록 명령하셨기 때문입니다. 둘째는 기도란 하나님이 우리에게 주신 우리의 창조력의 일부이며(하나님 자신도 말씀으로 모든 것을 창조하셨지 않습니까?) 또한 하나님은 우리가 하나님의 동역자가 되도록 우리의 창조력을 사용하길 기대하시기 때문입니다. 우리들이 손과 발과 목소리를 사용하여 이 세상을 더욱 아름답게, 더욱 하나님 뜻에 맞게 만들 수 있는 많은 일들이 있습니다. 그러나 그 모든 일들은 하나님의 뜻이 우리들 안에서, 우리들을 통하여, 그리고 온 세상에서 이뤄지도록 기도하는 것으로 시작되어야만 합니다.

하나님 말씀에는 기도와 관련하여 하나님께 필요한 것이 우리들의 필요와 어긋나는 경우가 있음을 암시하는 또 다른 명령들이 있습니다.

예를 들어, 예수께서는 우리에게 추수하는 주인에게 추수할 일꾼을 보내어 줄 것을 기도하라고 말씀하셨습니다. 예수님은 "가서 추수하라."라고도 또 "가서 추수할 일꾼을 모아오라."라고도 말씀하시지 않았습니다. 주님은 우리가 가서 추수를 돕길 원하실지도 모릅니다. 혹은 우리가 추수할 일꾼을 모아 오길 원하실지도 모릅니다. 그러나 주님은 우리에게 그 무엇보다도 먼저 주님께 일꾼을 보내 주실 것을 기도하길 바라십니다. 그런 다음 주님이 "가라!"라고 말씀하신다면 우리는 우리도 일꾼에 포함된 것을 알고 가야 합니다.

하나님께서 우리에게 주신 또 한 가지 명령은 우리를 악하게 대하는 사람들을 위해 기도하는 것입니다. 우리는 보통 우리를 미워하고 학대하는 사람들을 위해 기도할 필요를 느끼지 않습니다. 그러나 하나님은 분명히 우리가 그들을 위해 기도할 것을 필요로 하십니다. 그것이 우리에게도 좋을 것임은 물론입니다. 그러나 하나님이 그들에게 어떤 일을 행하려 하실 때 우리의 기도가 필요하십니다. 사람들은 "왜 하나님께서 우리의 기도가 필요합니까?" 하고 여전히 물을 것입니다. 그 가장 간단한 대답은 "하나님께서 그렇다고 말씀하셨기 때문입니다. 우리는 그분을 믿고 순종하기만 합시다."라는 것입니다. 왜 하나님이 우리의 기도를 필요로 하시는지를 우리는 알 필요가 없습니다. 하나님이 그렇게 말씀하셨다면 그것으로 족합니다.

디모데전서 2장 1~8절에는 하나님이 필요로 하시는 기도가 어떤 것인지를 말해 주는 구절이 있습니다. 바울 사도는 이러한 사람들을 위해 기도하는 것이 우리 자신의 이익을 위한 것임을 지적했으나 그것이 가장 큰 이유는 아닌 것 같습니다. 가장 큰 이유는 하나님의 뜻이 땅에서 이뤄지도록 하기 위한 것인 것 같습니다. 그리고 하나님께서 남자들이 기도하기를 원하시고 계심을 유의하십시오. 여자들의 기도도 물론 좋고 하나님이 여자들의 기도를 기뻐하심은 의심할 여지도 없을 것입니다. 그러나 이 구절에서 하나님은 남자들의 기도를 필요로 하심을 강조했습니다. 여기에 대해서도 논쟁을 벌이지 맙시다. 우리는 하나님이 이 세상 정부와 추수할 일꾼을 위하여 교회의 남자들의 기도를 원하신다고 말씀하셨음을 받아들이기만 하고 그 기도에 착수합시다(딤전 2:8).

또한 예수님께서 밤이 맞도록 기도를 계속하셨으며 사도들이 계속 기도에 힘썼고 바울이 이스라엘을 위해 기도했다고 말한 성경 구절들에 관해 생각해 봅시다. 그들이 자기 자신들의 필요를 위해 그토록 많이 기도하지는 않았을 것입니다. 그들은 하나님께 필요한 것들을 위해 기도했었을 것입니다. 나의 문제들은 하나님의 문제들에 비하면 아주 미미한 것들입니다. 하나님은 장중에 온 세계를 갖고 계시고 온 세상의 문제가 하나님의 문제일 텐데 어떻게 내가 내 자신의 필요와 내 문제들만 위해 기도할 만큼 편협하고 이기적일 수 있습니까? 하나님의 문제들은 우리들 자신의 문제들보다 훨씬 크며 우리가 기도로 또한 순종으로 하나님의 문제들을 해결하는 데 도움이 되어드린다면 하나님께서 우리들의 문제도 풀리도록 우리를 도와 주실 것을 기대할 수 있을 것입니다. 그렇습니다. 원 형제, 나는 당신의 머릿속에 떠오른 생각이 당신이 들은 하나님의 음성이었음을 확신합니다. 하나님은 우리들 중 많은 사람들에게 그와 똑같은 말씀을 해오셨으나 우리가 너무 큰소리를 내었기 때문에 듣지 못해 왔다고 나는 확신합니다. 아마도 우리 모두가 기도를 시작할 때 "주님, 제가 여기 있습니다. 제가 듣겠습니다. 무엇을 말씀하시렵니까?" 하는 말로 시작하여 잠시 하나님 말씀을 듣는 시간을 갖고 하나님이 무엇을 원하시는지 생각한 후 기도를 시작하는 습관을 길러야 할 것입니다. 원 형제의 편지에 감사하며 하나님이 당신의 기도와 사역을 더욱 효과적으로 사용하시게 되길 빕니다.

산골짜기에서 온 편지

'하나님을 안다'의 의미

존경하는 대천덕 신부님께.

하나님께서 교회에게 당부하시는 실제적인 문제를 다루어 주신 신부님의 편지에 감사를 드립니다. 그러나 이번에 제가 드리고자 하는 질문에 다소 추상적인 면이 없지 않아 신부님께서 답변을 잘해 주실까 걱정이 됩니다. 그러나 제가 성경을 읽을 때마다 이것이 중요하다는 생각이 듭니다. 저는 예레미야 31장 34절에서 "그들이 다시는 각기 이웃과 형제를 가리켜 이르기를 너는 여호와를 알라 하지 아니하리니 이는 작은 자로부터 큰 자까지 다 나를 앎이니라."라는 말씀을 읽었습니다. 그런데 저는 이 말씀이 새 언약의 핵심을 이루는 부분이 아닌가 하는 것입니다. 만약 이것이 사실이라면 신약성경의 주제는 '하나님을 아는 것'이라고 말해야 하지 않을까요? 그리고 이것을 바로 구원으로 봐도 되지 않을까요? 저는 영어성경에 아담이 그의 부인인 하와를 '알았다'로 기록된 것이 한국어 성경에는 아담이 거의 아내 하와와 '동침했다'로 번역된 것을 보았습니다. 히브리 원어성경에는 '알다'와 '동침하다'가 같은 뜻으로 사용되었다는데 사실인지요? 거기에 대한 전반적인 내용을 좀 말씀해 주십시오.

- 백무식 올림

사랑하는 무식 형제에게.

'안다는 것'(to know)의 성경적 위미를 물어 주신 형제의 편지에 감사를 드리며 또 여기에 대해서 성경이 매우 진지하게 다루고 있다는 사실도 아울러 말씀드리고 싶습니다. 컨코던스(성경 용어 색인)를 쭉 살펴보면 구약에는 '주를 안다'는 언급이 24번, "내가 자기들의 주인 것을 그들이 알리라."와 같이 '주에 대해서 안다'는 언급이 1백 회 나와 있음을 발견할 수 있습니다. 에스겔 선지자는 "내가 주(Lord)인 것을 그들이 알리라." 또는 이와 비슷한 표현을 75회씩 사용하고 있음에 비해 "나를 알라."(know me)와 같은 표현은 38장 16절에서 단 한 번 사용하고 있습니다. 예수님 역시 이런 표현을 사용하셨습니다. 그런데 예수님이 이런 표현을 하신 것이 거의 요한복음에서만 독점적으로 기록되어 있습니다. 누가복음 24장 35절에서 "예수께서 떡을 떼심으로 자기들에게 알려지셨다."(was known)라고 기록되어 있는데 이것이 요한복음이 아닌 다른 복음서에서 찾을 수 있는 유일한 부분입니다. 그러나 이에 반해 요한복음에서는 '주를 안다', '예수를 안다'는 표현이 24번 나오고 있고 그와 유사한 표현은 더 많이 찾을 수 있습니다.

우리가 이 '안다'라는 말을 연구해 볼 때 더욱 흥미가 생기는 것은 히브리어, 영어, 한국어에는 이 '안다'는 단어가 하나밖에 없음에 비해 헬라어(그리스어)에는 두 개의 단어가 있다는 것입니다. 그리하여 요한복음에서는 이 두 단어를 구별하여 사용함이 중요하다고 말해 준다는 것입니다. 이 사실을 염두에 두시면서 아담이 그의 아내 하와를 '알았다'는 표현에 주목해 보시기 바랍니다. 히브리어에는 정규동사인 '알다'가 사용되었지만 이것은 아주 가까운 사이 즉 연합의 뜻을 나타내주는 말입니다. 창세기 2장에서 남자와 여자(아담, 하와)가 하나가 되어야 한다는 말씀이 이것을 증명해 줍니다. 이런 의미에서 볼 때 이

'안다'라는 말은 '매우 가까운 관계를 가지는 것' 다시 말해서 '진정한 하나가 되는 것'을 의미하는 말입니다. 그러나 우리가 누구를 알기는 하되 대부분의 경우 그와 뜻을 같이 하지 않는 사람이 있습니다. 이럴 경우 헬라어에서는 '본다'(to see)라는 동사에서 파생된 '안다'라는 말을 적용시키고 있습니다. 예를 들어 나는 그를 알지만 상관하지는 않는다는 뜻에서 사용한다는 것입니다. 미국에서는 "나는 그와 상관할 수 없어."라고 할 때 그 사람을 소상하게 알고 있기는 하나 그와 뜻을 같이 할 수 없고 그에게 동정도 하지 않을 때 이런 말을 사용합니다. 우리가 헬라어의 '안다'라는 동사를 이렇게 구별하여 사용하게 될 때 요한복음 8장 55절을 다음과 같이 읽을 수 있습니다.

"너희는 그와 상관을 하지 않았으나(관계를 맺지 않았으나) 나는 그와 관계를 맺었으니 만일 내가 그와 관계를 맺지 않았다면 나도 너희와 같이 거짓말쟁이가 되리라. 나는 그와 관계를 맺었고 그의 말씀을 지키노라."

그리고 요한복음 14장 4절 이하를 다음과 같이 읽을 수 있을 것입니다.

"내가 가는 곳에 그 길을 너희가 알리라 도마가 가로되 주여 어디로 가시는지 우리가 알지 못하거늘 그 길을 어찌 알겠삽나이까 예수께서 가라사대…너희가 나와 관계를 맺었더라면 내 아버지와도 관계를 맺었으리라 이제부터는 너희가 그와 관계를 맺었고 또 보았느니라 빌립이 가로되 주여 아버지를 우리에게 보여 주옵소서 그리하면 족하겠나이다 예수께서 가라사대 빌립아 내가 이렇게 오래 너희와 함께 있으되 네가 나와 관계를 맺지 못했느냐 나를 본 자는 아버지를 보았거늘."

여기서 우리가 알 수 있는 것은 예수님께서는 단순히 지식적으로 아는 것과 가깝게 관계를 맺는 것, 즉 그와 연합을 이루는 것 사이를 분명히 구분하고 계신다는 것입니다. 예수님 당시의 많은 성경 선생들과 제사장들은 제자들만큼 예수님을 잘 알고 있었습니다. 그러나 그들은 예수님과 관계 맺는 일은 거절했습니다. 반면 제자들은 예수님과 관계를 맺음으로써 하나님과도 관계를 맺게 되었습니다.

형제가 질문할 때 인용한 예레미야의 성경 말씀도 헬라어 성경에만은 똑같은 식으로 '안다'는 단어를 구별하여 사용하고 있습니다. "그들이 다시는 각기 서로에게 이르기를 여호와를 알라 하지 아니하리니 이는 그들이 나와 관계를 맺었음이라." 여기서 우리는 이스라엘 백성들이 예수님의 제자들처럼 예수님을 알았더라면 하나님과도 관계를 맺을 수 있었을 것이라고 추측할 수 있습니다.

사도 바울 역시 로마서와 고린도전서에서 여기에 대해 말하고 있습니다. 로마서 1장 21절에서 그는 사람들이 하나님과 관계를 맺고 있으면서도(알되) 하나님으로 영화롭게도 아니한다고 하는데 이것은 아주 무서운 공격입니다. 이것은 그들이 무식하거나 몰라서가 아니라는 것입니다. 그들이 하나님과 관계를 맺었으면서도 하나님을 배척하기로 작정을 했다는 것입니다. 그는 고린도전서 1장 21절에서는 좀더 일상적인 말로 "사람들이 순전히 자기 지혜로 하나님과 관계를 갖지 아니한다."라고 꼬집고 있습니다. 그는 말합니다. "만일 이 세상의 관원이 하나님의 진리를 알았더라면 영광의 주를 십자가에 못 박지 아니하였으리라." 사도 바울은 '알고 있다'는 말을 자주 사용하고 '우리가 알고 있는 것'에 대해서도 빈번히 언급하지만 어떻게 그것들과 관계를 맺는지에 대해서는 언급하지 않고 있습니다.

우리가 구약성경을 쭉 살펴보면 이 '안다'는 단어가 두 가지 의미로 사용되었다는 것을 확실히 알 수 있습니다. 보편적으로 구약성경에서 '하나님을 안다'는 것에 대해 표현할 때 다음과 같이 "주 곧 나 여호와가 말하였음을 그들이 알리라."라고 표현합니다. 그러나 백성들이 하나님과 특별한 관계 맺음을 표시할 때는 "그들이 나를 알리라."라고 표현합니다. 이것은 참으로 중요한 구별이 아닐 수 없습니다. 이것은 특별히 오늘날 우리에게 중요한 구별이 되어야만 합니다.

우리들은 우리 스스로에게 질문해 보아야만 할 것입니다. 나는 주님을 알되 그와 관계를 맺고 있는가? 아니면 그분이 계신 것을 알기만 하지 진정한 관계는 맺지 못하고 있는가? 사람들이 신학과 성경을 일생에 걸쳐 공부한 결과 하나님에 대한 모든 것을 알고 시험에 만점을 받을 수도 있습니다. 그렇다고 하더라도 우리는 그가 하나님을 인격적으로 만났다고는 말할 수 없습니다. 내가 레이건 대통령에 대한 많은 사실을 알고 있다고 해도 나는 "그를 개인적으로 안다."라고 말할 수는 없습니다. 내가 그를 개인적으로 만나서 일대일의 관계를 못 맺었기 때문입니다. 또 나는 내가 직접 만났고 같이 일을 했고 이야기를 주고받았을지라도 밀접한 관계를 맺지 못한 사람들이 있습니다. 이것은 그들과 나 사이에 연대의식이 없기 때문입니다. 이들은 어쩐지 같이 있어도 어색합니다. 나는 그들과 좋은 관계를 맺기 위해 알고 있는 방법은 다 써보지만 나의 노력은 그의 의사와 부합하지 못하고 결국 어쩔 수 없이 그들과 나는 멀어지게 되는 것입니다.

성경은 우리가 '하나님을 안다'는 사실에 대해서 두 가지 측면이 있음을 말해 줍니다. 즉 그분에 대해서 알되, 그분의 뜻과 성격을 알고 그의 율법을 알고 그에 대해 공부함을 통해서 아는 것이 있습니다. 그리고 또 하나는 그를 알되 가장 친한 친구로서 또 누구보다도 가까운 관계로서 아는 관계입니다. 만약 우리가 하나님보다도 더 누군가를 사랑하거나 그와 관계를 가지면 그분께서는 질투를 하십니다. 그분은 그의 십계명에서(출 20:5) 아주 솔직하게 말씀하셨습니다. "나는 질투하는 신이라." 성경에는 하나님이 그의 백성들에게 질투하는 하나님 이심을 30회 이상 언급하고 있습니다. 그분은 다른 어떤 사람보다도 당신을 더 사랑하기를 원하십니다. 그래서 그분이 "나를 알라"(know me)라고 하실 때는 남편과 아내가 누리는 관계만큼 가까운 관계로서 당신을 알도록 초청하신다는 뜻인 것입니다. 사실상 이스라엘을 하나님의 아내로, 교회를 그리스도의 신부로 보는 이와 같은 비유는 선지자들과 신약성경을 통해 흘러오는 사상들로서 성경의 절정을 이루고 계시록의 마지막 장을 장식하는 말이기도 합니다. 성경이 펼쳐 보여주는 최종적인 파노라마가 어린 양과 그의 신부의 혼인식 장면인 것도 바로 이런 뜻에서 보여지게 되는 것입니다.

그러면 내가 하나님에 대한 지식이 아니라 하나님을 직접 알아야 된다고 한다면 그것을 위해 어떻게 해야 할까요? 많은 새로 믿은 그리스도인들은 만약 신학교에 가면 하나님을 알게 되거나 아니면 최소한 더 잘 알게 될 것이라고 믿습니다. 꼬마는 아버지에 대해서 많은 것을 알고 있지는 못하지만 아버지를 누구보다도 잘 알고 있습니다. 그 꼬마는 자기 아버지가 유명인이거나 이름 있는 육군 대장이거나 유명한 소설가인 것도 모를 수 있습니다. 그러나 그는 아버지를 알고 사랑하며 누구보다도 그를 칭찬할 수 있습니다. 바울은 하나님을 알기 위해 무엇을 했습니까? 그는 신학교에서 이미 수년간을 보냈습니다. 그는 요한복음 8장 55절에서 예수님이 비판하셨던 그 율법학자들과 같았던 사람입니다. 그러나 그는 예수님과 올바른 관계를 갖지 못했습니다. 진정한 의미에서 그는 예수님을 알지 못했습니다. 그가 다른 그리스도인들을 볼수록 불안해졌고 그가 하나님과 바른 관계를 맺지 못하였다는 사실을 알았습니다. 그러다가 결국 그는 회개할 수 있는 지점에까지 다다랐고 예수님께서 그에게 나타나셔서 당신을 소개하실 수 있었습니다. "나는 네가 핍박하는 예수라." 그때부터 바울은 예수님과 바른 관계를 맺기 시작했습니다. "주여 내가 어떻게 해야 하겠습니까?" 후에 아나니아가 그에게 예수님을 말해 주었습니다. 바울은 그가 핍박하던 여러 종류의 제자들 모임에 가서 그 제자들의 신앙을 통하여 예수님을 만났습니다. 그러나 그는 예수님을 알지는 못했습니다. 그러나 이제 그는 그를 알았습니다. 그리고 그에게 자신을 드렸습니다. 아나니아는 이것을 '만남'이라고 불렀습니다. 이후로 그는 곧 아라비아로 가서 주님과 그만의 시간을 가졌습니다(갈 1:16~18). 형제는 예수님을 당신의 주요 만유의 주로 알고 있습니까? 만약 그렇지 못하다면 어떻게 그를 만나시겠습니까? 그와 관계를 맺기 위하여 어떻게 하시겠습니까?

예수님은 그를 만나러 오는 자들을 결코 내쫓지 아니하겠다고 하셨습니다(요 6:37). 당신은 많은 신학과 성경의 모든 부분들을 다 알 필요는 없습니다. 당신이 예수님이 주이신 것만 안다면 그분에게 나아올 수 있습니다. 가장 좋은 방법은 무리들 속에서가 아니라 혼자서 나아오는 것이 제일 좋습니다. 혼자서 빈 교회를 찾아가든지, 산으로 가든지, 해변으로 가든지, 아니면 삭개오처럼 나무 위로 올라가십시오. 그렇지 않으면 마태복음 6장 6절에서 예수님이 권고하신 대로 당신의 골방에 들어가 문을 걸고 "주여, 내가 여기 있나이다. 제가 어떻게 하오리까?"라고 아뢰며 그분과 얼마 동안을 보내십시오. 절대로 서두르지 마십시오.

전주에 있는 한일신학교 교수인 다니엘 아담스 박사는 토마스 멜톤에 대해서 쓴 책 한 권을 내게 주었습니다. 그 책에는 명상하는 일이 어떻게 음양이 함께 공존하는 것처럼 같이 조화될 수 있는가에 대해서 서술되어 있었습니다. 실천 없는 명상이 길을 잃거나 시간을 낭비하는 일인 것처럼, 명상이 없는 행동(실천) 역시 잘못된 것입니다. 우리가 명상을 하고 있는 대상인 하나님께서 우리가 명상을 하는 동안 어떤 일을 하도록 지시하십니다. 하나님을 모르는 사람들이 많이 있음을 보고서도 혼자 하나님께 나오는 것을 하나님은 기뻐하시지 않습니다. 하나님께서는 나를 사랑하시는 만큼 아직까지 당신을 모르는 자들을 동정하시며 또 나를 내보내사 그와 함께 오기를 원하시는 것입니다.

아담스 박사의 책에는 어떻게 하나님의 종들이 광야에서 그들의 삶을 시작하게 되었는지 소개하고 있습니다. 모세는 시내 광야에서 40년, 야곱은 라반의 양을 치며 20년, 바울은 아라비아에 세 번을 갔었고, 엘리야는 광야에서 3년, 예수님은 목수 집에서 30년, 광야에서 40일, 그리고 기도하시기 위해 자주 사막으로 나가셔서 지내셨습니다. 나는 나 자신에게 질문해 봅니다. 나는 광야의 경험을 가지고 있는가? 질문이 끝남과 동시에 나는 광야생활의 핵심이란 험난한 바위, 물의 부족, 육체적인 불편이 아니라 처절한 고독과 사람들로부터의 소외, 그리고 오직 하나님과만 보내야 하는 시간 바로 이것들임을 깨달았습니다.

이런 생각을 하면서 나는 내가 바다에서 생활하던 시절이 바로 그런 생활이었음을 깨닫게 되었습니다. 내가 함상생활을 할 때 나는 오전 11시 20분에 기상하여 식사를 한 후 정오가 되어 한 번의 커피 타임을 제외한 4시간 연속의 근무를 시작했습니다. 근무란 대부분 녹을 닦거나 문질러 낸 후 페인트를 칠하는 일이었습니다. 다른 일들이 있긴 있었으나 작업시간의 대부분은 그런 일로 보내야 했고 시끄러운 소음이 있긴 했지만 역시 고독한 작업이었습니다. 왜냐하면 작업은 서로 떨어져 해야 하는데다가 작업 중에는 말을 할 수도 없었기 때문입니다. 또 나는 배의 키를 잡아서 할 때는 배의 방향을 바꾸기 위한 몇 마디를 제외하고는 계속 말없이 시간을 보내야 했습니다. 그리고 우리는 며칠간 계속 같은 코스로 항진할 때가 있었는데 이때는 교대하는 순간 그전의 코스가 무엇이었는지를 교대자에게 알려 주는 말 외에는 한마디도 하지 못할 때도 있었습니다. 4시간 동안의 근무를 마친 후 저녁식사를 하면 1시간 정도 눈을 붙인 다음 다시 일어나 자정까지 책을 읽고 글을 쓰거나 생각을 했습니다. 배의 동료들은 그리스도인들이 아니었으므로 소설을 읽거나 카드놀이에 시간을 보내거나 아니면 의미도 없는 한담으로 지루함을 달랬습니다. 그러나 나는 성경을 읽거나 사회 경제 문제를 다룬 책을 읽고 또 항해일지를 쓰기도 했습니다. 또 어떤 때는 진지한 분위기 속에서 동료들과 건설적인 대화로 시간을 보내기도 했습니다. 그러고서 자정이 되면 다시 근무를 서기 시작했습니다. 이때는 시간을 나누어서 전반은 뱃머리에서 키를 잡으며 경계 근무를 했고 후반은 식당에서 대기 근무를 했습니다. 별들과 하얗게 부서져 골마루를 이루는 파도들과 돌고래와 날치들 그리고 항상 모습이 바뀌는 구름들이 나의 유일한 친구들이요 창조주 하나님을 생각나게 하는 것들이었습니다. 우리가 타는 배가 아무리 크고 그 안에 구비된 인간들의 기계 설비들이 아무리 뛰어나다 할지라도 역시 중요한 것은 하나님이 주시는 날씨였습니다. 놀라운 사실은 폭풍우가 사라진 후 수백만 마일 떨어져 있는 변치 않는 별들은 물론 잔잔한 날씨, 몰아치는 폭풍우, 엄습해 오는 한기, 찌는 듯한 더위 이 모든 것들이 우주의 주인이시며 창조주이신 하나님을 알도록 만든다는 사실이었습니다.

모래도 없고 바위도 없으며 먹을 것과 마실 것이 많이 있고 힘든 일이라야 양을 지키는 일뿐이며 그러나 무엇보다도 생각할 수 있는 시간이 많이 있고 하나님을 알 수 있는 광야생활! 얼마나 아름다웠던지요. 나는 그것을 포기하고 싶지 않았습니다. 그러나 주님은 명령하셨습니다. "가라!" 나는 순종해야만 했습니다. 그 후 내가 성공회 교구 전임 신부가 된 다음 나는 매주일 하루 휴가를 얻어 몇 시간의 기차 여행을 한 뒤 남은 시간을 좀더 귀하게 보내기 위해 수도원으로 들어가 시간을 보냈습니다. 수도원에는 정적이 감돌았습니다. 나는 그 정적과 고요가 누구를 위해서 존재하는가를 결코 잊지 않으려고 예배시간을 마지막으로 그 휴가를 마무리 짓곤 했습니다. 우리는 그분과 교제를 가지기 위해, 그를 알기 위해, 그의 음성을 듣기 위해, 그리고 그에게 "주여, 우리가 무엇을 하기를 원하나이까?" 하고 묻기 위해 침묵을 지켰던 것입니다.

그렇습니다. 무식 형제, 모든 사람에게 그 일생 중 가장 중요한 일이 있다면 그것은 하나님을 나의 주로서 아는 일입니다. 그분을 아버지로서, 친구로서 아는 일입니다. 그분은 아름다우시며, 사랑받으실 만하며, 권능이 있으시며, 두려우시며, 사랑이 많으시며, 관용하시며, 용서하시며, 애정이 많으시며, 엄격하시며, 타협치 아니하시며, …하시며 …하시며, 하여튼 그분은 우리가 알아야 할 가치가 있는 분이십니다. 그리고 그분은 우리에게 알려지기를 원하십니다. 바로 이것이 우리가 믿을 수 없는 놀라운 사실이 아니고 무엇이겠습니까? 그는 우리가 그를 만나도록 기다리시는 분이십니다. 조용하고, 산만하지 않고, 집중할 수 있는 곳이면 어디에서나 만날 수 있도록 기다리는 분이십니다. 그러므로 자신에게 시간만 허락하십시오. 절대로 주님을 밀어붙이지는 마십시오. 그분은 무턱대고 덤벼드는 것을 싫어하십니다. 그분을 신학교에서나 교회를 떠나 때로는 광야에서 만나도록 해보십시오. 물론 당신은 하나님께 예배하기 위해 다른 그리스도인들과 함께 있어야 합니다. 그러나 당신은 그분과 함께 만남을 갖기 위해 따로 시간을 갖지 않으면 안 됩니다.

그러면 이런 모든 것들이 구원과 무슨 상관이 있느냐구요? 그러나 나는 이것이야말로 참구원 즉 하나님을 아는 것이라고 말하고 싶습니다. 구원(salvation)이란 말은 실제로는 문제에 대한 해결책이란 뜻인데 매우 빈약하게 번역된 말입니다. 우리에게는 건강과 경제적인 문제가 있습니다. 그러나 이런 것들은 우리에게 너무나 사소한 문제에 지나지 않습니다. 우리에게 정말 중요한 문제가 있다면 그것은 내가 누구인 것을 알며 내가 무엇을 해야 하며 또 그것을 어떻게 해야 하는가를 아는 것입니다. 그리고 이 문제를 해결하기 위해서 나는 누가 나를 왜 만들었으며 또 내가 되어야 할 그런 인물이 되기 위해 그가 나에게 무엇을 주셨는지 알지 않으면 안 됩니다. 나의 친구이시며 주님이시며 성령이시며 아버지이신 하나님을 위해서 말입니다.

무식 형제, 주님을 아십시오. 그러면 더 이상 알아야 할 것이 없어질 것입니다. 주님을 아십시오. 그러면 모든 사람들을 알게 될 것입니다. 주님을 아십시오. 그러면 당신이 알 필요가 있는 어떤 것도 알게 될 것입니다. 그리고 주님을 알기 원한다면 그냥 그의 곁으로 가셔서 함께 시간을 보내십시오. 그분은 기다리십니다. 오 나의 하나님이시여! 할렐루야!

산골짜기에서 온 편지

"제 십자가를 지라."라고 하신 말씀의 참의미는?

신부님, 지금쯤 예수원은 흰 눈이 온 산을 뒤덮고, 소나무에는 주렁주렁 눈송이가 매달렸겠군요. 이런 아름다운 광경에서 창조주의 영광을 더욱 깨닫게 되시겠군요? 예수원 형제자매들 안녕하신지요?

실은 제가 붓을 든 것은 한 성경 말씀에 대한 의문에서입니다. 우리가 너무 흔히 들어왔으나 깊이 생각하지 않았던 그 말씀이 최근 제 뇌리에 자꾸 떠오르고 제가 그 뜻을 제대로 모르고 있지 않았나 하는 느낌이 들어서입니다. 그 구절에 대한 해석은 많이 들었지만 과연 바른 해석들이었는지도 점점 의심이 듭니다. 그것은 누가복음 9장 23절 "아무든지 나를 따라오려거든 자기를 부인하고 날마다 제 십자가를 지고 나를 좇을 것이니라."라고 한 말씀입니다. 여기서 "제 십자가를 지라."라고 하신 말씀은 무엇을 의미하신 것일까요? 십자가는 고난의 상징이 아닙니까? 또 예수님은 우리를 고난으로부터 해방시키기 위해 우리를 구원하시지 않았던가요? 예수님께서 우리를 대신하여 십자가를 지시지 않으셨습니까? 그렇다면 왜 우리가 십자가를 져야만 할까요? 생각할수록 어리둥절해지고, 그럴수록 제가 매우 중요한 어떤 것을 깨닫지 못하고 있다는 생각이 드는군요. 신부님, 이 말씀에 관해 묵상하신 것을 제게 말씀해 주시기 바랍니다.

신부님의 기도 짝이었던 지난날을 추억하면서.

— 민석원 드림

민 형제에게.

이 겨울에도 하나님의 영광은 예수원 동산의 단풍나무, 신나무, 옻나무, 낙엽송, 참나무 등 우리 주변 모든 것들에서 나타내어지고 있어요. 그 누군들 그 영광을 보고 기쁨에 충만하지 않을 수 있을까요? 겨울은 정말 아름답고 기도하기에 좋은 계절입니다. 우리는 예수원을 찾아오신 많은 손님들과 이 겨울 경치를 함께 즐겼는데 손님들이 묵을 다락방 2개는 아직 남아 있답니다. 며칠 전 하장에서 삼척에 이르는 새로운 고속도로가 16년간의 험하고 긴 공사 끝에 개통되어서 해발 965미터의 댓재 밑으로 펼쳐진 장관(壯觀)과 아름다운 자연경관, 또한 그 험한 산을 뚫고 길을 닦은 놀라운 토목 공사 등이 창조주 하나님과 그의 가장 영리한 피조물, 인간에 대한 감탄을 절로 나오게 해 주는군요. 안타깝게도 그러한 인간이 그 영리함을 악하게 쓰는 일이 얼마나 많습니까? 그리스도의 십자가가 없었더라면 인간은 무익한 존재이며 피차 물고 물리며 부패할 수밖에 없는 존재였을 것입니다.

그렇습니다. 그리스도의 십자가는 우리 인생을 의미 있게 만들어 주며 모든 치유와 해방과 의미와 목적의 근원입니다. 그리스도는 죄 없으신 하나님의 아들이었기 때문에 그렇습니다. 그렇다면 도대체 예수께서 우리들에게 우리 자신의 십자가를 지라고 말씀하신 것은 무엇을 뜻하신 것일까요? 내가 누구의 죄를 용서해 줄 수 있습니까? 내가 누구를 속량할 수 있습니까? 나는 기껏해야 내 자신의 죄를 위해 죽을 뿐, 어떻게 내가 다른 이의 죄를 위해 죽을 수 있겠습니까? 석원 형제처럼 나도 이 짧은 구절을 갖고 여러 시간 씨름한 일이 있습니다. 대부분의 경우 나는 그 구절은 필하고 비교적 마음 가벼운 구절들을 묵상하기에 바빴지요. 그러나 최근 나는 우리 성공회 사제들을 위한 기도원에 갔을 때(그곳에선 하나님 외에 다른 사람들과 이야기는 못하도록 되어 있답니다) 하나님께서 내게 바로 그 말씀 구절을 묵상하도록 지시하셨고 나로 하여금 회피하지 못하게 만드셨습니다. 나는 최소한 그 구절을 이해하는 나의 출발이 좋았다고 생각하지만 우리 함께 처음부터 시작해서 이 구절의 각 부분을 곰곰이 검토해 봅시다.

  이 구절은 "아무든지 나를 따라오려거든."이라는 말씀으로 시작합니다. 우리는 보통 이 부분을 스승의 충고를 따르거나, 같은 견해를 갖거나, 동역하는 사람을 뜻하는 통상적 의미의 추종자가 되는 것을 뜻하는 것으로 간단히 해석합니다. 어떤 번역에는 '나와 함께 가자'로 되어 있으며 우리는 모두 그것을 이 구절의 의미로 생각합니다. 그러나 나는 성경을 공부할수록 점점 성경의 말씀들은 단어 하나하나가 다 분명한 이유가 있어서 엄선되어 사용된 것이라는 것을 발견하게 됩니다. 대부분의 신학자들에게 '의미 없는 차이'로 간주되는 것이라 해서 그것을 무시함으로써 중요한 교훈을 놓치는 경우가 종종 있습니다. 성경의 대부분은 시어(詩語)이며 시인은 단어를 신중하게 골라 쓰며, 흔히 다른 단어로는 전달되지 않는 함축적 의미를 전하기 위해 두 가지 의미를 지닌 단어를 사용합니다. '나를 따라오라'는 말은 문자 그대로 뒤따라 걸어가는 것을 의미할 수도 있습니다. 단지 그 뜻만이라면 그것은 예수님 당대의 사람이 아닌 다른 사람들에게는 적용되지 않을 것입니다. 그런데 분명히 그것은 예수님을 따르는 사람이라고 자처하는 우리들에게 말하는 것입니다. 그러니 거기에는 또 다른 의미가 있습니다. 사람은 혼자서 어떤 위대한 일을 할 수가 없습니다. 뒤에 오는 사람들이 도와 주어야 그가 시작한 일을 완성할 수가 있습니다. 어떤 선구자가 일을 시작했는데 아무도 그 뒤를 따라오지 않는다면 그 일은 흐지부지되고 말 것입니다. 선구자가 시작한 일을 훌륭히 완수했다 해도 결국은 뒤따라오는 사람들이 완성할 수 있습니다.

여기에 우리 교회들이 흔히 잘못 가르치는 부분이 있습니다. 우리는 예수님의 사역을 '온전한 사역', '완성된 사역'이라고 빈번히 말함으로서 예수님 뒤를 따르는 사람들에게 예수께서 시작하신 일들을 완성할 여지를 남겨 주지 않습니다. 그 결과, 성경의 많은 구절들이 우리들에게 무의미한 것이 되고 맙니다. 유명한 히브리서 12장 2절 말씀은 예수님을 우리의 믿음의 선진(先進)으로 언급한 것인데 우리가 예수님을 믿음의 선진으로는 보지 않고 오직 믿음의 주인이고 믿음을 온전케 하시는 분으로만 간주하기 때문에 "믿음의 주요, 온전케 하시는 이." 라고 재번역되었고 어떤 번역은 "우리의 믿음의 시종된 근원이며 완성케 하시는 이."라고 되어 있습니다. 그러한 진술은 분명 사실이지만 이 구절이 말하고 있는 의미는 아닙니다. 이 구절은 예수께서 우리들의 믿음의 선진으로서 앞장서서 가셨으므로 우리는 그분의 뒤를 따라 가며 그분이 시작하신 일을 완성해야 할 사람들이라는 뜻입니다. 다시 말해서 구속 사업은 예수님을 통해 완성된 사역이지만, 사람을 통해서 완성되어야 하는 계속되는 사역이 있다는 말입니다. 그것은 마치 우리 마을 주변에 새로 개통된 고속도로의 경우와 같습니다. 나는 이제 댓재에서 미로까지 버스를 타고 편안하게 쉬지 않고 몇 분 안에 도착할 수 있습니다. 그러나 이 길이 완성된 것은 처음에 도로를 놓아야 할 장소를 결정하기 위해 파견된 지리조사반에서부터 시작하여 16년간 수없이 많은 작업팀들이 하나씩 속속 파견되어 뒤를 이어 공사를 진행함으로써 가능했던 것입니다. 처음 파견된 엔지니어들이 모든 일을 다 하지는 않았습니다. 나는 성경도 예수께서 모든 일을 다 해 놓으셨으니 우리가 해야 할 남은 일은 없으며 그저 천국행 버스를 타고 가는 것뿐이라고 말씀하고 있다고는 생각하지 않습니다. 사실, 히브리서 12장 2절을 히브리서 11장과 12장 나머지 부분들의 문맥상 전후관계 속에서 읽어 보면 우리에 앞서 간 다른 믿음의 선진들에 관한 여러 가지 사실들을 제시하면서, 그러나 우리들이 없으면 그들의 사역이 완성되지 않는다는 것과, 다음에는 우리들이 예수님의 뒤를 따라갈 때 고난에 부딪힐 것임을 밝히면서, 그러한 고난에 관해서 말하고 있는 것을 볼 수 있습니다.

우리가 예수님의 '뒤를 따르는 것'이 무엇인지를 이해하지 못할 때 어리둥절해지기 쉬운 또 하나의 중요한 구절이 골로새서 1장 24절입니다. 바울 사도는 "내가 이제 너희를 위하여 받는 괴로움을 기뻐하고 그리스도의 남은 고난을 그의 몸 된 교회를 위하여 내 육체에 채우노라."라고 말씀하십니다. 그리스도의 고난에 남은 것이 있다니요? 그리스도의 고난은 물론 우리의 구속 사업은 다 완성된 것이 아닙니까? 그리고 예수님은 "다 이루었다!"라고 말씀하시지 않았는가요? 그것은 '완수했다', 혹은 '완전하다'는 것을 의미하는 것이 아닌가요? 여기서 나는 선발대가 시작한 일을 뒤따라오는 작업반들이 각각 제 몫의 일을 감당함으로써 완성케 되는 도로공사의 비유를 생각합니다. 선발 파견된 엔지니어는 자기 몫의 일을 완수했습니다. 그렇지 않으면 다음에 오는 작업반이 그들의 일을 제대로 해낼 수 없을 것입니다. 각 공정의 작업반마다 그들의 일을 완수해야만 다음 작업반이 일을 할 수 있을 것입니다. 그러므로 어떤 의미에서, 그리스도의 육체의 고난은 모든 교회 성도들의, 여기서는 특히 골로새 교회 성도들의 죄를 사해 주기에 충분한 것이었습니다. 그러나 이번에는 바울 사도 자신이 그 골로새 교회에 복음을 전하고 그것을 깨닫고 받아들이도록 하기 위해 자기 육신의 고난을 기꺼이 받으려 하지 않았다면 그리스도의 사역은 완성되지 못한 채 남아 있었을 것입니다. 그리스도의 몫은 다 이루셨지만 그분의 뒤를 따라가는 우리들 각자가 해야 할 몫의 일은 아직 남아 있습니다. "내 육체에 채우노라."라는 말은 성경 중에서 여기 인용한 골로새서 1장 24절에 단 한 번 나옵니다. 그러나 이것은 우리들에게 매우 중요한 의미를 가진 말씀입니다. 즉 우리 각자가 저마다 채워야 할, 완수해야 할, 열매 맺어야 할 일을 갖고 있으며 그 일은 바로 예수께서 시작하신 것이라는 뜻입니다. 예수님은 자신의 몫을 완전히 온전하게 이루셨지만 이제 우리 각자가 해야 할 몫이 남아 있는 것입니다.

그 몫이 무엇일까요? 바울은 그것을 가리켜 그리스도의 남은 고난을 자기 육체에 채우는 것이라고 말했습니다. 그는 매 맞고, 태장으로 맞고, 돌로 맞고, 주리고, 목마르고, 춥고, 헐벗은 자신의 모든 육체적 고난들과, 그보다 더 견디기 어려웠던 정신적 고통들을(고후 11:23~30) 바로 자기의 몫이며, 그것은 그리스도의 사역을 완성하는 영광스러운 특권으로 여겼습니다.

그러면 그리스도는 그것을 어떻게 표현하셨는가요? "날마다 제 십자가를 지라." 이것이 바로 예수께서 말씀하시고 계신 것입니다. 당신의 십자가는 모든 인류의 구속을 가능케 하는 데에 충분했습니다. 그러나 그 가능성을 모든 인류에게 알리기 위해서는 충분치 못합니다. 누군가가 당신의 뒤를 따라오면서 생활과 행동으로 당신의 구속사역을 선포해야만 하는 것입니다. 누군가가 다른 사람들을 선진이신 그분께로 인도해야만 하는 것입니다. 누군가가 성문으로 나아가 돌을 제거하고 큰 길을 닦아야만 하며(사 62:10) 그 작업에는 많은 고난이 뒤따릅니다. 우리는 또한 예수께서 "제 십자가를 지라."라고 말씀하신 것에 유의합시다. 그것은 예수님을 따르는 우리들은 다른 그 누구의 십자가가 아닌 자신의 십자가를 갖고 있는 것을 의미합니다. 그러나 십자가가 어떤 종류의 고난이건 관계없이 모든 고난을 다 지칭하지는 않음을 잊어서는 안 됩니다. 만일 내가 술에 취해 실족으로 뚝 밑으로 떨어져 타박상과 골절상을 입었다면 그 고난이 나의 십자가는 아닙니다. 그러나 만일 내가 술 취한 사람을 그리스도께로 인도하려고 하다가 술 취한 그가 실족하면서 나를 잡아당기며 넘어져서 나도 부상을 당했다면 그것이 십자가에 해당될 것입니다. 예수께서 이 말씀을 하실 때 십자가는 오직 한 가지 의미, 즉 성도들이 세상 권력자에 반대함으로써 받게 되는 핍박인 것입니다.

  예수께서는 로마 황제에 반대하지는 않으셨지만 그 시대의 유대 종교 지도자들은 사탄의 교사를 받아 죄 없으신 예수님에게 십자가의 형벌을 내렸습니다. 이 죄 없이 받으신 형벌을 통해 예수님은 온 세상 사람들의 죄를 대속하셨습니다. 이제 그분이 우리들에게 남겨 주신 일은 이 세상이 그분을 알고, 앎으로써 믿도록 만드는 것입니다. 만일 기독교인들이 기꺼이 고난을 받지 않으려 한다면 이 세상은 그리스도의 구속 사역을 알지 못할 것이며, 만일 기독교인들이 그리스도의 몸 되신 교회 안에서 형제자매들과 하나가 되지 못한다면 세상은 믿지 않을 것입니다. 예수님은 당신의 마지막 기도에서 우리 성도들이 다 하나가 되어 세상으로 하여금 그리스도를 믿게 되도록 간구하셨습니다. 성도들이 하나가 되기 위해서는 육체적 고난이 아니라 엄청난 정신적 고난이 따릅니다. 나는 육체로서 죽어야 하는 것이 아니지만 자존심, 체면, 고집, 자유 등에서 죽어야만 하는 것입니다! 이것은 또한 내 십자가를 지는 것이며 진정 예수님의 제자가 되는 것입니다.

  앞서 말했던 기도원에서 내게는 또 한 가지 생각이 떠올랐습니다. 만일 그리스도께서 내 죄를 위하여 돌아가셨다면 나는 죄가 없습니다. 그런데 내가 십자가에 못 박힌다면 나는 다른 어떤 사람을 위해 십자가에 죽어야만 하는 것입니다. 그리고 그 사람의 죄는 그리스도에 의해 용서를 받았으나 그는 아직도 그것을 깨닫지 못하고 있었던 것입니다. 예컨대 스데반이 바울을 위해, 바울과 실라가 빌립보 감옥들과 빌립보 교회를 위해, 다미안 신부는 몰로카이의 나환자들을 위해, 양양의 디모시 리 신부는 한 목사와 공산주의 세계의 핍박받는 교회를 위해 십자가를 진 것입니다. 우리가 회개하지 않는 성직자를 위해 무엇인가 할 수 있을까요? 아마 우리 각자가 자기가 알고 있는 못된 성직자 한 사람을 위하여 자신을 내어 줄 수 있을 것입니다. "우리가 죄인 되었을 때 그리스도께서 우리를 위하여 죽으신 바 되어." 내가 이 민족보다 더 소중할까요? 나는 이 민족을 위해 그 성직자를 위해 내 목숨을 내어놓을 수 없을까요? 스데반은 바울보다, 바울이 전도한 이방인들보다 더 귀중합니까? 나는 나의 생명이나 내 잘못이 아닌 이유 모를 고난을 기쁨으로 하나님께 바쳐야 할 것입니다. 하나님이 우리들의 이러한 헌신과 고난을 사용하셔서 그 사람을 구원하시거나 이 민족을 구원하는 것은 하나님의 장중에 있습니다. 그것은 내 소관이 아닙니다. 그러나 우리의 헌신과 고난이 헛되지 아니할 것을 나는 확신합니다. 그러나 그것은 은밀히 행해져야만 할 것입니다. 나의 필생의 사업이 내 나라보다 더 가치 있습니까? 내 사업이 민족 회개 운동보다 더 가치 있습니까? 나는 신앙 부흥을 위해 기도하고 있습니까? 신앙 부흥을 위해 죽을 준비는 되어 있습니까? '회개' 없는 부흥은 부흥이 아닙니다. 나는 회개운동을 위해 나의 경력, 나의 모든 소유, 나의 명성까지도 희생시키고 하나님께 바칠 수 있습니까? "회개하라. 천국이 가까웠느니라!" 세례 요한이 온 이스라엘 백성들에게 외쳤을 때 회개하고 세례를 받은 자들이 소수였지만 예수님의 십자가 죽음 후 제자들이 복음을 선포했을 때에는 하루에 수천 명씩 회개하고 세례를 받았습니다.

작금 몇 해 동안 한국 교회들에서 회개를 촉구하는 소리들이 끊임없이 나왔지만 거의 응답이 없었던 것은 우리가 광야에 서서 외치기만 했지 십자가는 지지 못했던 세례 요한과 같았기 때문입니다. 나는 다른 어떤 사람을 회개시키기 위해 고난받을 용의가 있습니까? 나는 하나님께 아무개 교회 지도자를 회개시키기 위해 필요하다면 내게 고난을 주십사 하고 기도합니까?

나는 또 이런 생각도 해봅니다. 질병 같은 것도 치유만 받으려 들지 말고 비록 내게 그러한 고통을 받을 이유가 없고 하나님이 왜 치유해 주시지 않는지 알 수 없다 하더라도 우리는 그 고통을 하나님께 바치면서 "주님, 저는 더 이상 고쳐 주십사 하고 기도하지 않겠습니다. 이 고통을 당신께서 쓰시도록 당신께 바치옵니다. 나는 사람들로부터 영광을 받지 않도록 이를 은밀히 행하겠습니다. 그러나 주님, 저의 이 고통을 아무개의 회개와 죄로부터의 해방을 위해 바치오니 주님께서 써 주십시오. 주님, 만일 제가 제 자신의 죄 때문에 고통당하는 것이라면 제게 깨닫게 해 주시고 회개케 해 주십시오. 그러나 이 고통이 제 죄 때문이 아니라면 스스로 기도하지 않고 그리스도를 위한 고난을 즐겨 받으려 하지 않는 그 형제의 죄 값으로, 그를 주님께 다시 돌아가도록 만들기 위한 속전으로 삼아 주옵소서. 그리고 주님, 만일 제 고통이 이 위대한 일을 이루기에 너무 미약하다면, 또 당신 보시기에 제가 당신을 위해 고난을 받고 날마다 십자가를 지는 것을 감당할 만하다면 제게 더 큰 고난을 주셔서 당신의 몸 되신 교회를 위해 당신의 고난의 남은 것 중 제 몫을 다 채우게 해 주시옵소서."라고 기도할 수도 있을 것입니다.

이것이 과연 복음일까 하는 의심이 들지도 모릅니다. 오히려 겁이 나고 마음 무겁게 들릴 것입니다. 그러나 내 십자가가 무엇인지를 깨달을 수 있고, 또 매일 내 십자가를 질 수 있다면, 그럼으로써 누군가가 주님께 돌아가고 죄에서 해방된다면 그보다 더 큰 영광이 어디 있겠습니까?

　석원 형제여, 나의 묵상이 이 성경 구절을 해석하는 데 다소라도 도움이 되길 바랍니다. 나도 이제 막 이 말씀의 의미를 깨닫기 시작한 단계라고 생각하지만 이것이 주님 말씀의 의미를 깨닫기 위해 우리가 취해야 할 방향인 것 같습니다. 기도하시고(성령께서 지시하신다면) 내 이론을 시험해 보시고 당신이 얻은 결론을 내게도 알려 주시면 감사하겠습니다.

하나님은 구하는 자에게 적합하게 '재단된 방법'으로 응답하신다

존경하는 대천덕 신부님께.

몇 년 전 제가 예수원에 있을 때, 주님께서 제게 아주 놀라운 체험을 주셨습니다. 그때 저는 제 주위에서 저를 매우 사랑하는 어떤 불가사의한 힘을 느꼈던 것입니다. 저는 그때의 그 거듭남의 체험을 결코 잊지 못할 것이며, 지금까지도 매년 가을이 오면 예수님을 생각하며 늘 감사하고 있습니다. 신부님, 그런데 제가 좀 곤란한 질문을 해도 괜찮을까요? 어째서 제 친구 란욱이는 5년이 더 지난 후에서야 예수님을 대면하여 만났습니까? 그는 아주 오랫동안 그것을 찾아왔고 고투해 왔는데요. 왜 그는 저와 그런 차이가 있을까요?

— 지혜 올림

사랑하는 지혜와 관욱에게.

내게 편지 주신 지 벌써 한 달이 되었군요. 지혜 양의 질문이 항상 내 마음속에 자리 잡고 있었지만, 여태껏 좀더 차분한 마음으로 책상 앞에 앉아, 그 질문에 대해 신중하게 답하기 위한 기회를 기다려 왔습니다. 그 질문은 당신뿐만 아니라 다른 사람들에게 있어서도 종종 야기되는 질문으로서, 신중하게 답변해야 할 가치가 충분한 물음입니다. 지혜 양, 나는 당신이 이곳에 머무는 동안, 당신이 체험한 일의 상세한 부분까지는 알지 못하지만, 주님께서 어떻게 그처럼 아름답고, 개인적인 방법으로 당신을 만나 주셨는가 하는 당신의 간증을 읽으면서 가슴이 뜨거워졌습니다. 내가 알기로는 주님께서 이 산꼭대기에서 수많은 사람들을 그와 같은 방법으로 만나 주셨으며, 그들은 단 하나 그 잊을 수 없는 체험에서 오는 힘을 원천으로 하여 살아가고 있는 것입니다.

나는 아브라함을 생각해 봅니다. 우리는 요즈음에 창세기를 읽고 있는데, 거기에 볼 것 같으면 아브라함이 하나님을 만난 사건들은 시기적으로 수년이란 세월이 떨어져 있는 것으로 나타납니다. 내가 이해할 수 있는 한에서는 그는 두 차례 하나님께 부름을 받았습니다. 한번은 우르(Ur)에 있을 동안이었고, 또 한번은 하란(Haran)에 있을 때였지요. 그리고 그 사이에는 하나님께서 아브라함에게 어떤 류의 체험을 주셨다라고 지적할 만한 것이 없으며, 또 체험이 감정적으로 만족스러운 것이었는지 아닌지에 대해 기록상에 지적되어 있지 않습니다. 그는 오직 하나님께서 말씀하셨고 자기는 복종해야만 한다는 것밖에 몰랐습니다. 그 두 번의 체험은 꽤 오랜 세월, 약 15년 내지 20년의 기간이 떨어져 있었음에 틀림이 없습니다. 창세기 12장에는 하나님께서 세겜에서 아브라함에게 나타나사, 이것이 하나님께서 말씀하시던 땅이라고 지시하시는 간단한 약속에 대해 기록하고 있습니다.

다시, 창세기 15장을 보면 우리는 하나님과의 또 다른 만남을 읽을 수 있습니다. 그리고 그 이후로는 오랜 세월이 흘러가, 아브라함은 믿음이 약해지기 시작했으며 아내 사라의 충고를 따라 첩을 취하여 거기서 이스마엘을 낳게 되는 잘못을 범하였습니다. 하나님께서 아브라함에게 두 번째로 말씀하셨을 때 아브라함의 나이는 75세였고, 다섯 번째로 말씀하셨을 때는 99세였으므로 창세기 12장과 15장에 언급된 두 번에 걸친 주님의 출현은 24년이란 기간 안에 일어난 것입니다. 사실 두 사건은 이스마엘이 태어나기 전에 일어난 것이므로, 그것은 9년이란 기간 내에 일어난 것이며 그 다음 14년 동안을 하나님께서는 침묵하셨습니다. 그러고서 그의 생애의 나머지 75년 안에 하나님께서는 그에게 오직 한 번 더 말씀하셨다는 것을 우리는 알고 있습니다. 그것은 이삭을 하나님께 번제로 드리는 것에 관한 일과 그에 따르는 약속들이었습니다.

내가 여기서 알아내고자 하는 것은 아브라함의 그 유명한 믿음은 시기적으로 볼 때 매우 동떨어진 경험들 위에 기초하고 있다는 것입니다. 그리고 또한 아브라함은 그가 처음 계시를 받고 또 다른 계시를 받을 사이 동안에 그의 신앙을 뒷받침해 줄 교회나 성경을 갖고 있지 못했음을 우리는 기억해야 합니다. 나는 "그는 성경을 갖고 있지 않았다."라고 말하지만, 사실상 그는 그의 아버지 데라에 의해 그에게 남겨진 기록을 갖고 있었으며, 그것은 셈에 의해 데라에게 노아에 의해 셈에게 아담에 의해 노아에게 남겨졌던 기록인 것입니다. 그리고 이것이 지금 창세기 1장 1절에서 11장 27절에 있는 것으로, 여기까지가 아브라함의 성경이었다고 말할 수 있습니다.

다소의 사울은 부활 승천하신 주로서의 예수님을 만나는 압도적인 경험을 하였습니다. 그것은 단 한 번이었지만 그에게 있어서 그의 인생을 구분 짓는 획기적인 일이었습니다. 또 한편으로 바나바, 실라, 혹은 디모데나 디도에 있어서는 전혀 예수님과 어떤 개인적인 만남을 가졌다고 지적하는 기록이 없습니다. 하나님께서 사람들을 상대하는 (다루시는) 방법은 놀랍도록 다양한 것으로서 그것은 두 가지 사실과 관련되어 있습니다. 첫 번째는 우선 그 한 개인에게만 있는 심리적인 구조, 즉 다시 말해서, 하나님께서 어떤 식으로 그 사람을 만드셨는가에 있으며, 두 번째 것은 그 개인이 부르심을 받은 소명에 달려 있습니다.

지혜 양, 물론 당신은 여자이고 그는 남자라는 사실을 아주 별도로 한다 해도 당신의 심리 상태와 관욱의 심리 상태는 매우 다르며, 그로써 당신은 그와 감정적인 구조에 있어서 확실한 차이를 갖고 출발하게 되는 것입니다. 또한 당신의 소명도 다릅니다. 지혜 양, 당신의 기본적인 소명은 관욱 씨의 아내가 되는 것이며, 또 그의 아이들의 어머니가 되는 것입니다. 하나님께서는 당신으로 하여금 이 일을 향하여 방향을 정해 주셨으며, 심리적인 여건과 감정적 여건, 그리고 이 소명을 완수하는 데 당신에게 가장 유용할 영적인 체험을 당신에게 주셨습니다. 하나님께서 당신을 만나 주신 방법은 당신 자신만을 위한 것이 아니라, 당신을 위하고, 관욱 씨를 위하고, 아이들을 위해서였습니다. 하나님께서는 앞을 내다보셔서, 앞으로 당신이 어떤 일을 겪게 될지, 또 무엇을 필요로 하게 될지를 아셨으며 또한 어떻게 그 필요를 충족시켜야 할지도 알고 계셨습니다.

그러나 이제 관욱 씨의 소명은 그의 가정뿐만 아니라 그의 직업과 관련을 갖고 있습니다. 그것은 한 남자의 책임 영역인 가정을 넘어서서 수많은 관계를 갖는 것이며 또 머지않아 교회 안에서 집사나 장로 혹은 교사로서의 책임도 갖게 됩니다.

이 모든 것들을 위해서 하나님께서는 두 가지 다른 류의 체험을 그에게 공급해 주셨고 또 지금 공급해 주시고 계십니다. 첫 번째 것은 그의 아내인, 당신을 통하여서 간접적으로 주어지는 것입니다. 그는 당신을 사랑하고, 신뢰하고, 당신의 이야기를 믿으며, 그것들은 그로 하여금 계속 앞으로 나아가게 해 줍니다. 그러나 그것은 그를 단지 계속 앞으로 나아가게만 하는 것이 아니라, 그로 하여금 계속 추구하게 합니다. 경험의 두 번째 부류는 그 자신만이 갖는 직접적인 것입니다.

이제 문제의 요점에 도달했습니다. 추구하는 일이란 참으로 중요한 것으로서 추구하는 그 모든 과정은 그 자체가 하나의 교훈입니다. 하나님께서는 "구하는 자는 찾으리라."라고 말씀하셨는데, 우리는 가끔씩 '나는 도대체 얼마나 오랫동안을 계속 구해야만 하는가?' 하고 의문을 품곤 합니다. 우리는 약간 초조해 합니다.

다시 두 가지를 말씀드리겠습니다. 첫째로, 하나님께서는 구하는 것이 정말로 교훈적인 한에 있어서는 당신으로 하여금 계속 구하게끔 하실 것입니다. 하나님께서는 관욱 씨에게 아주 제한된, 단 한 번만의 체험을 원하시지 않습니다. 당신은 보화가 가득 찬 땅에 대한 이야기를 기억하십니까? 한 젊은이가 있었는데 그는 너무도 게을러서 농사도 지을 수 없었으므로, 그의 아버지는 그에게 그 땅 속에 숨겨진 보화가 있다고 말을 했습니다. 그리하여 그 젊은이는 보화를 찾으면서 온 땅에 삽질을 하였습니다. 그는 아주 열심히 일을 했으므로 아름답게 가꾸어진 땅을 갖게 되었으며 거기에서 훌륭한 수확을 얻게 되었습니다. 그제서야 그 젊은이는 이것이야말로 바로 그 보화로구나 하고 깨달았다고 합니다.

하나님을 구하는 일이란 단지 어떤 위급한 때를 위한 것이 아니라, 그것은 생명의 길입니다. 당신이 조사해 보십시오. 나는 적어도 성경상에서 주님을 구하는 것에 관한 참고 구절을 117개를 셉니다.

　당신은 무엇을 구하고 있습니까? 체험입니까? 아니면 주님입니까? 만약 당신이 오직 하나의 체험을 구하고 있다면, 당신은 그것을 찾지 못할 것입니다. 왜냐하면 어떤 두 사람도 동일한 체험을 갖게 되는 일은 없으니까요. 한 개인에게 완전히 꼭 맞게 재단된 것은 다른 사람에게는 맞지 않을 것입니다. 부언하자면, 그 '재단된'이란 표현은 성서적인 것입니다. 예수께서는 우리에게 성령으로 옷 입히실 것을 약속하셨는데, 그 후에 바울을 통하여서 각 사람이 성령의 옷을 입는 것은 특별히 그 사람에게 맞도록 고안되었다는 것을 지적하고 계십니다(눅 24:49; 롬 12:6을 참조하십시오).

　그러나 당신이 하나님을 찾고 있다면, 당신은 틀림없이 그를 만날 것입니다. 그리고 그것은 어느 정도 당신과 당신이 하도록 부름을 받은 일과 당신이 지고 있는 책임 등에 적합한 것이 될 것입니다. 아시다시피 나는 지혜 양의 체험을 매우 시샘할 수도 있습니다. 나는 다섯 살 이래로, 성경에 사용된 말 그대로의 속에서 주님을 찾아 왔습니다. 그러므로 아무리 주님께서 나타내셨다고 해도, 그것은 메마르고, 객관적이며, 거의 냉담한 관계에 불과했었습니다. 나는 주님을 존경했고, 주님을 신뢰하였지만 내가 그를 향해 감정적인 사랑을 느끼게 되기까지에는 수많은 세월이 걸렸습니다. 나는 단지 주님은 우리의 주인이시며, 나에게는 선택이란 있을 수 없고 다만 그의 뜻을 구해서 그것에 순종하는 것밖에 없다는 것을 알고 있었으며, 나의 경험으로 미루어 보아 내가 만약 복종하지 않는다면, 나는 커다란 궁지에 빠지게 될 것이라는 것을 알고 있었습니다.

　그렇다면 어째서 하나님은 내게 감정적인 체험을 주시지 않았을까요? 거기에는 충분한 이유가 있었습니다. 왜냐하면 하나님께서 나를 교사나 행정가가 되게끔 불러 주셨기 때문이며 그런 직업들은 객관성과 냉철하고 엄격한 판단, 그리고 완전하게 재생할 수 있는 경험들을 요구하는 직업이기 때문입니다. 그런 고로 나의 체험은 누구와도 같이 나눌 수 있고, 누구에 의해서도 이해되어질 수 있으며, 가르쳐질 수 있는 성질의 것이어야 합니다.

또 한편으로, 남에게 주로 정신적인 지원이나 격려, 기도의 후원 등을 주게끔 부르심을 받은 사람들에게는 강력한 감정적인 종류의 경험이 필요합니다. 그래서 그것을 가지고 그들이 필요로 하는 온정과 이해와 인내 그리고 뜨거움과 오래 참음 등을 주게 됩니다.

어떤 사람들은 바울처럼 두 가지를 겸비하고 있습니다. 고린도후서 12장에서 바울은 그가 하나님과 감정적으로 만났던 것들에 대해 언뜻 비치고 있습니다. 그러나 그는 곧 주제를 바꾸고 있습니다. 그는 자신의 가르침이, 아니 다메섹 도상에서의 경험조차도 감정적인 만남 위에 세워진 것이 아님을 밝혔습니다. 그는 단지 그와 같은 사실을 꼭 필요한 간증으로 세 차례 말했고, 또 그가 주님을 만났고 그래서 그는 12제자들과 같은 의미인 사도로 불릴 수 있는 자격을 얻었다는 증거로 한 차례 말했을 뿐입니다. 그는 결코 다른 가르침에도 감정적 체험을 의존치 않았고 또한 어떤 사람에게도 그러한 체험을 얻도록 기대하라고 제안하지도 않았습니다.

주님께서 나에게 사랑이 흘러넘치고, 눈물로 통회하게 한 그 능력 있는 감정적인 체험을 주시기까지 나는 얼마나 오랫동안 냉철한 방법을 통해 주님을 찾았고 또 발견하게 되었는지 당신은 아십니까? 약 53년이 걸렸습니다. 주님께서 자신이 십자가에 달리신 환영을 내게 보여 주신 때는 내가 이곳 예수원에서 이미 10년을 지낸 후인, 몇 년 전의 일이었습니다. 주님께서는 피를 뚝뚝 흘리고 계셨으며, 그 피는 때때로 한 방울씩 내가 무릎을 꿇고 있는 바로 옆 땅 위에 떨어졌습니다. 그때 주님께서는 나의 이름을 아주 부드럽게 부르시면서 나에게 몸소 말씀하셨습니다.

"내 너를 위해 이런 고통을 당하고 있다."

성경상의 가장 위대한 인물로서, 120년 동안을 신랄하게 하나님을 섬겼던 모세도 하나님의 등밖에는 아무것도 보지 못했음에도 불구하고 나는 비록 환영 속에서지만, 얼굴을 대면하여 주님을 만났다는 것을 인식할 때 나는 깊이 겸손해질 도리밖에 없었습니다. 출애굽기 33장 18절에서 끝 절까지 읽어 보십시오. 당신이 말한 것 같은, '어째서'라는 질문은 대답하기 곤란한 질문들입니다. 나는 왜 그런지 모릅니다. 내가 말할 수 있는 것은 관욱 씨는 혼자가 아니며, 거기에는 타당한 이유가 있다는 것입니다. 계속해서 주님, 그 자신을 찾으십시오. 그러면 주님은 당신에게 꼭 맞게 재단된 특별한 방법으로 당신에게 생생하게 나타나실 것입니다. 그리고 관욱 씨, 요한일서 5장 14절에서 15절을 보십시오. 당신은 이미 성령을 받았습니다. 그 사실에 대해 우선 감사함으로 시작하십시오. 그리고 성령님에게 역사할 수 있는 기회를 주십시오. 당신의 체험이 다른 사람들의 경험과 비슷하지 않다고 해서 당신이 성령을 받지 않았다는 입장을 고수하는 한에는 당신은 성령님의 두 손을 묶어 놓은 것이며 성령님은 아무 일도 할 수가 없습니다.

그러니 약속의 말씀들을 자신의 것으로 주장하시고, 그에게 감사하기 시작하십시오. 하나님은 약속을 틀림없이 지키시는 하나님이십니다. 그러고서 그가 당신을 어떻게 사용하시고자 하는지 보십시오.

만약 당신이 자신을 하나님을 위해 사용하기를 기꺼이 원하고, 또 그의 약속들을 신뢰한다면, 시작의 문은 반드시 열릴 것입니다.

20세기의 신화를 좇는 현대인

산골짜기에서 온 편지

'낙태', 그것은 무죄한 자의 피를 흘리게 하는 일인가?

존경하는 대천덕 신부님께.

신부님, 저는 요사이 사회의 여러 계층에서 대단한 열기를 띠고 논의되고 있는 '낙태' 문제에 대해서 여쭈어 보고 싶습니다. 가톨릭 교회에서는 그들의 입장을 분명히 밝히고 있는데 그것은 분명한 살인행위라는 것이며 따라서 어떤 이유로도 그것은 용납되어질 수 없다고 말합니다. 그러나 정부는 이를 허락하고 있으며 심지어 재정적인 지원까지 아끼지 않고 있습니다. 그리고 강간을 당하였거나 아니면 사기 결혼을 당한 다음 버림을 받게 된 여자들의 문제는 어떻게 생각하십니까? 또 자녀 둘을 낳고 한 아이는 임신 중에 있는 여자가 갑자기 남편과 사별하게 된 경우는 어떻게 하면 좋겠습니까? 현재의 자녀들에게 최상의 삶을 보장시켜 주기 위해서는 그 후로 생기는 아이는 낙태시켜야 한다는 불신자 가족들의 생각은 어떻습니까? 비단 낙태에 관계된 문제만 아니고 그 밖의 가족계획에 대해서 신부님의 가르침을 듣고 싶습니다. 저는 이러한 모든 문제들이 대단히 어려운 질문임을 알고 있습니다. 그러나 저희들로서는 너무나 혼동이 되는 문제라서 이 질문을 드립니다. 성경적인 관점에서 우리의 이해를 도와 줄 수 있는 답변을 바랍니다.

- 김경숙 올림

사랑하는 경숙 자매에게.

　당신이 보내 준 편지에 대해서는 감사하다는 말을 드리기가 퍽이나 어렵습니다. 당신이 건네 준 질문은 미국에서 소위 '뜨거운 감자'(hot potato)라고 불리는 질문 중의 하나입니다. 무슨 말인고 하니 들고 있자니 너무 뜨겁고 땅에 떨어뜨리자니 너무 아깝다는 말입니다. 솔직히 말해서 나는 이런 주제들에 대해서 기피해 왔는데 이유인즉 그 내용에 대해서 거의 긍정적으로 볼 수 있는 부분이 없었기 때문입니다. 나는 이 문제에 대해서 다른 아주 좋은 책들을 많이 보아 왔는데 나는 그중의 한 권을 미국 출판사의 허락을 받아서 출판하도록 신앙계에 보낼까도 생각했었습니다. 그러나 주님께서는 그렇게 하도록 인도하시지 않았습니다. 그 이유는 아마도 그 책이 미국 사람들의 관점에서 고찰되었기 때문에 주님께서는 제게 좀더 우주적(성경적)인 관점에서 그것을 바라보도록 원하시는 것 같았습니다. 나는 인본주의적 관점에서 보면 낙태란 행위가 타당한 의미를 지닌다고 생각합니다. 그리고 이런 문제가 세계적인 관심거리로 등장한다는 것은 그만큼 인본주위가 세계 도처에 만연되었다는 것이고 또 유엔이나 인본주의자들이 세운 각 나라의 사회 기관들이 전 세계에 퍼져 있다는 증거이기도 할 것입니다. 사실 인본주의가 발흥하기 전까지는 이런 주제는 문제거리가 되지 못했습니다. 이런 것은 단지 인본주의자들의 정신이나 죽음에 대한 터무니없는 망상 따위나 이해하도록 해 줄 뿐이었습니다. 바울은 로마서 1장에서 그들에 대해서 좀더 이야기되어야 할 필요가 있다고 하면서 그들은 결국 부도덕과 피 흘림만을 초래하게 된다고 가르쳐 주고 있습니다. 그러면 이제 성경적인 근거를 찾아보도록 합시다.

　먼저 긍정적인 가르침부터 생각해 보기로 합시다. 성경은 창세기로부터 요한계시록에 이르기까지 이 세계는 하나님의 것이고, 그것은 하나님의 법으로 움직여진다고 말합니다. 그래서 만약 누군가가 하나님의 법을 깨뜨리면 문제가 일어난다고 말합니다. 따라서 우리는 하나님의 법칙을 알아야만 하는 것입니다. 우리는 자주 자연법, 도덕법, 의식법(儀式法) 들을 구별합니다. 이렇게 구별하는 데는 타당한 이유가 있습니다. 그러나 이것들은 모두 하나님의 법들이며 그 나름대로의 목적을 갖고 있습니다. 시편 19편은 하나님의 자연법을 언급할 때 가장 많이 인용되는 말씀입니다. 그러나 이 말씀은 태양들과 별들을 통제하는 법을 세우신 하나님께서는 도덕법과 영적인 법 들도 세우셨고 또 그중의 한 가지를 지키면 다른 나머지 법들도 반드시 지켜야 한다는 사실을 보여 주고 있습니다. 그리고 바로 다음 장인 시편 20편에서는 제사에 대해서 언급하고 있으며 아울러 의식법을 우리의 국가적 삶에 연관시켜 이야기하고 있습니다. 성경은 이 두 가지 법을 분명하게 구분하지 않고 있습니다. 그러나 의식법은 다른 법들에 대해서 가르쳐 주기도 하고 동시에 존경하도록 자극시켜 주고 있습니다. 이 의식법들의 모양은 수정될 수는 있으나 그 본질은 바꿀 수가 없습니다. 또 이 법들을 전적으로 버려 버리면 도덕법과 자연법을 동시에 잃어 버리는 모험을 거는 것이며, 만유의 주요 창조주이신 하나님에 대한 경외심마저 잃어 버리게 하는 위험을 안고 있는 것입니다. 또 한편 하나님께서는 의식법들은 지키나 도덕법들을 무시하는 사람들에게는 항상 되풀이되는 노를 발하였습니다.

 예를 들어 보기로 하겠습니다. 레위기 17장 11절에는 "육체의 생명은 피에 있음이라 내가 이 피를 너희에게 주어 단에 뿌려 너희의 생명을 위하여 속하게 하였나니 생명이 피에 있으므로 피가 죄를 속하느니라."라고 되어 있습니다. 그리고 성경은 계속해서 말하기를 먹을 목적으로 짐승을 잡더라도 피는 땅에 모두 쏟은 다음 생명에 대한 경외심을 가지고 피를 흙으로 덮으라고 말합니다. 또 희생의 제사를 드릴 때 피가 차지하는 비중과 그것의 적절한 사용법에 대해서 기록한 말씀들이 계속 나오고 있습니다. 이러한 의식들이 우리에게 가르쳐 주는 것은 피는 신성하다고 하는 사실입니다. 그리고 이러한 모든 의식들은 예수님이 십자가에서 피를 흘리심을 통하여 성취되었고 교회는 이 사실을 '찬송'과 '성찬'을 통해서 계속 상기시켜 주고 있는 것입니다. 여기서 우리들은 자연법, 도덕법, 의식법 들의 상호 관련성을 볼 수 있습니다. 먼저 이사야를 펼쳐 1장 11절 이하를 봅시다. "너희의 무수한 제물이 내게 무엇이 유익하뇨…너희가 손을 펼 때에 내가 눈을 가리우고 너희가 많이 기도할지라도 내가 듣지 아니하리니 이는 너희의 손에 피가 가득함이니라." 여기서 우리가 알 수 있는 것은 자연법과 도덕법을 어겨 무죄한 자의 피를 흘리게 되면 의식법을 지켜도 무효가 된다는 사실입니다.

자연과학은 하나님의 법들을 알기 위해서 또 그것들을 지켜 가기 위해서 하나님의 창조물들을 관찰하는 것을 말합니다. 하나님께서는 당신의 뜻에 순종하려고 하면 자신에 대한 지식들을 알게 하시겠다고 약속하셨습니다(요 7:17). 만약 누군가가 하나님의 법들을 좀더 효과적으로 어기려는 목적으로 과학 실험을 행하게 된다면 그는 마귀의 일을 하게 되는 것입니다. 오늘날 우리가 사는 인간 중심의 사회에서 하나님의 법에 대한 많은 발견들이 무시를 당하는 것은 그것들이 욕심이 가득하고 권력을 좋아하는 인간들의 악한 소욕을 채워 주지 못하기 때문입니다. 이미 알려졌으나 지켜지지 않고 있는 하나님의 법 중의 하나는 약 25년 전에 발견되어진 것으로서 적당량의 단백질이 든 음식물을 섭취하게 되면 자동적으로 자녀 수를 한 가정에 평균 두 명씩으로 줄일 수 있다는 사실입니다. 하나님께서는 본래부터 가족계획을 세워 두셨기 때문에 만약 사람들이 자기의 땅을 소유하여서 곡식과 가축을 기르고 또 거기서 나오는 소산들을 굶주리지 않고 먹었더라면 비정상적인 출산율은 없었을 것입니다. 비정상적인 출산율은 곡식이나 탄수화물만 섭취한 가난한 식생활이 그 직접적인 원인이었습니다. 그리고 가난은 토지와 공간을 소유할 수 있는 권리를 빼앗아 버린 인간들의 범죄 행위, 다시 말해서 하나님의 법을 어긴 결과로 생겨난 것이었습니다. 그리고 사람들이 하나님의 법을 어길 수 있었던 것은 그들이 권력을 손에 쥐고 있었기 때문입니다. 그들은 그들이 만들어 낸 그 악한 제도들을 전혀 고치려 하지 않고 있는데 그 이유는 그것이 없어지면 자기들이 누리고 있는 특권과 혜택을 잃어 버리고 말기 때문입니다. 이때문에 이들은 하나님께서 만드신 가족계획을 받아들이지 않고 있으며 대신 옛날 애굽의 바로가 그랬던 것처럼 아이들을 살해하는 잔인한 방법을 택하고 있는 것입니다.

한편 불공평한 사회에서 어쩔 수 없이 가난하게 된 크리스천의 경우는 어떻게 보아야 할까요? 이런 사람에게도 어떤 형태의 가족계획도 용납되어질 수 없겠습니까? 이 문제에 대해서 성경이 직접적으로 언급하고 있는 부분이 없기 때문에 나는 '행복한 가족계획'이란 제하의 프로그램을 실시하고 있는 가톨릭 쪽의 상황을 언급하고자 합니다. 그들의 프로그램은 가정생활에 있어 성령의 열매의 역할을 강조합니다. 다시 말하면 그들의 가족계획에 대한 방법은 실제로 자녀의 수를 제한시키는 그런 구체적인 방법이 아니라는 것입니다. 그들의 방법은 이미 태어나 가족이 된 사람들끼리 하나님의 은혜와 성령의 열매를 실제 생활에 적용시켜 서로 사랑하고 화평하고 절제하며 살라는 것입니다.

가톨릭에서는 그들의 가족계획에 대한 전반적인 개념들이 유감스러운 점을 많이 가지고 있다고 인정합니다. 그러나 '낙태' 그 자체는 하나님의 다른 가르침들에 위배된다고 분명히 말하고 있습니다. 그러면 대가족에 대하여 성경은 무엇이라고 가르치고 있습니까? 신명기 7장 13절을 보면 많은 자녀들을 갖는 것이 모든 백성들에게 복이라고 말하고 있습니다. 시편 92편 14절에는 늙어서 자식을 갖는 것이 복이라고 말합니다. 또 시편 113편 9절에는 여인이 자녀를 둔 어미가 되는 것이 복이라고 가르칩니다. 그리고 시편 127편에는, "자식은 여호와의 주신 기업이요 태의 열매는 그의 상급이로다 젊은 자의 자식은 장사의 수중의 화살과 같으니 이것이 그 전통(화살통)에 가득한 자는 복이 있도다."라고 말합니다. 이럼에도 불구하고 세계 모든 나라들의 정부 관리들과 소위 사회복지 전문가라는 사람들은 어린아이들이란 재난을 초래하는 귀찮은 존재라고 인식을 시키고 있으며 또 나아가서는 자식을 갖는 것에 대해 정죄의식을 심어 주어 불임을 하도록 만들고 있는 것입니다. 이와 반대로 성경이 계속하여 언급하고 있는 몇 구절을 읽어 보기로 합시다. "네 집 내실에 있는 네 아내는 결실한 포도나무 같으며 네 상에 둘린 자식은 어린 감람나무 같으리로다 여호와를 경외하는 자는 이같이 복을 얻으리로다"(시 128:3~4).

성경은 자녀들이 부모의 인격을 시험하는 척도가 되기도 한다고 가르칩니다. 무슨 말인고 하면 자녀를 잘 키운 부모라야 하나님께서 그 사람에게 교회 일을 돌보도록 직분을 맡기신다는 가르침입니다. 성경이 분명하게 가르치는 바에 의하면 자식들의 10대를 반항 없이 잘 성장토록 한 아버지라야 교회 내의 감독, 집사, 장로가 될 자격이 있다는 사실입니다. 만약 자식을 잘못 다스려 반항을 하게 한 아버지라면 교회 내의 직분을 맡길 수 없다는 말입니다. 또 이와같이 한 여인을 교회의 도움을 받는 과부로서 등록케 하고 또 심방의 일을 하도록 하는데 있어 그 자질이 있는지 없는지를 시험할 때도 그가 자녀들을 어떻게 키웠느냐 하는 사실이 그 척도가 된다는 것입니다. 그러나 교회 역사를 살펴보면 심지어 자녀가 없는 사람들이나, 있어도 너무 어려 그가 어떻게 빗나갈지도 모르는 어린 자식을 둔 부모들에게 교회의 직분을 줌으로써 이 척도를 무시해 왔다는 것입니다. 이 부분에 대하여 언급한 성경 말씀은 디모데전서 3장 4절, 12절, 5장 10절 그리고 디도서 1장 6절인데 여기서 그중의 한 절을 인용해 보겠습니다. "장로는 책망할 것이 없고 한 아내의 남편이며 방탕하다 하는 비방이나 불순종하는 일이 없는 믿는 자녀를 둔 자라야 할지라"(딛 1:6).

자녀가 축복이라고 한다면 자녀를 키울 수 있는 능력이 없는 과부의 경우는 어떻게 보면 좋겠습니까? 또 아버지가 없는 많은 아이들은 어떻게 하면 좋을까요? 나는 한글 성경에서 고아라는 단어가 아버지나 어머니가 모두 없는 아이라고 잘못 번역되어져 있는 것을 보았는데 성경에 나오는 의미는 그것이 아님을 밝혀두고 싶습니다. 성경상에는 그 의미가 아버지가 없다는 뜻으로 나옵니다. 하나님께서는 성경 말씀을 통하여 우리에게 분명히 가르쳐 주시기를 과부와 그들의 아이들을 돌보는 일은 바로 교회의 책임이라고 하는 사실입니다. 나는 다시 그 대표적인 말씀 한 절을 인용하겠습니다. 그리고 당신이 좀더 하나님의 뜻을 이해할 수 있도록 다른 구절들도 열거해 드리겠습니다. 대표적인 말씀은 신명기 26장 12~13절의 말씀입니다. 이 말씀에서 분명하게 드러나는 사실은 유대인들이 매 3년마다 바치는 십일조는 과부, 고아, 실업자, 그리고 토지가 없는 레위인들을 위해 쓰여졌다고 하는 사실입니다. 그런데 오늘날 교회는 레위인들이 목사나 그 밖의 교회 사역자들이라고 해석하며 십일조가 그들에게 돌아가야 한다고 주장하고 있습니다. 그러나 이것은 언어도단이며 하나님의 가르침을 정면으로 범하는 일인 것입니다. 이와 같이 행하는 일은 예수님께서 말씀하셨듯이 사람의 유전으로 하나님의 말씀을 폐하는 일이 되게 하는 것입니다. 예수님께서는 "너희 유전으로 하나님의 말씀을 폐하는도다 외식하는 자들아 이사야가 너희에게 대하여 잘 예언하였도다 일렀으되 이 백성이 입술로는 나를 존경하되 마음은 내게서 멀도다 사람의 계명으로 교훈을 삼아 가르치니 나를 헛되이 경배하는도다"(마 15:6~9)라고 하시며 사람의 교훈을 가르치는 자들을 신랄하게 꾸짖으셨습니다. 개신교는 로마교회가 하나님의 교훈보다는 사람의 교훈을 가르친다고 해서 로마교회와의 관계를 끊었습니다. 그러나 오늘날 개신교회는 로마교회를 비난했던 그 죄를 다시 범함으로 정죄를 자초하고 있는 것입니다. 그러므로 당신은 십일조에 관한 교회의 전통적인 가르침에 대해서는 별로 신경을 쓰지 마시기 바랍니다. 여기에 하나님께서 하신 말씀이 있습니다. "제3년 곧 십일조를 드리는 해에 네 모든 소산의 십일조 다 내기를 마친 후에 그것을 레위인과 객과 고아와 과부에게 주어서 네 성 문안에서 먹어 배부르게 하라 그리할 때에 네 하나님 여호와 앞에 고하기를 내가 성물을 내 집에서 내어 레위인과 객과 고아와 과부에게 주기를 주께서 내게 명하신 명령대로 하였사오니 내가 주의 명령을 범치도 아니하였고 잊지도 아니하였나이다"(신 26:12~13).

경숙 자매, 오늘날 우리의 교회 중에서 이와 같이 했노라고 확실히 대답할 수 있는 교회가 얼마나 되겠습니까? 아마도 없을 것입니다. 그들 가운데는 과부들에게 "동사무소에 가 보십시오. 그곳의 직원들이 공짜로 낙태 수술을 받도록 해 줄 것입니다. 그리고 나머지 아이들의 식량배급카드도 줄 것입니다."라고 말하는 사람이 더 많을 것입니다. 그러나 사실은 교회가 그 아이의 나이가 16살이 될 때까지, 혹은 그 이상이 될 때까지 어머니와 함께 먹고살 수 있도록 해 주어야만 하는 것입니다. 그러나 그렇게 할 경우 교회 목사님들과 그 자녀들의 생활에 피해가 될 것을 오늘날의 교회가 우려하고 있는 것은 아닐까요? 만약 그렇다면 나는 치밀어 오르는 부아를 금할 길이 없습니다. 아마 하나님께서도 그러하실 것입니다. 이런 문제들을 참조할 수 있는 성구들을 여기에 기록합니다. 신 10:18, 14:29, 16:11, 14, 24:19~21, 27:19; 시 146:9; 사 1:17; 렘 7:6, 22:3, 49:11; 슥 7:10. 야고보서 1장 27절 (행 6:1; 딤전 5:16 참조)에는 "하나님 아버지 앞에서 정결하고 더러움이 없는 경건은 곧 고아와 과부를 그 환난 중에 돌아보고 또 자기를 지켜 세속에 물들지 아니하는 이것이니라."라고 밝히고 있습니다. 그러나 오늘날의 교회는 세속에 물드는 것을 오히려 즐기고 있는 듯합니다. 그들이 세속에서 얻는 즐거움은 고아와 과부를 돌보는 기쁨보다 훨씬 큰 것 같습니다. 이 악한 세상이 하나님의 토지법을 어겨 사람들의 생활 기반을 빼앗고 또 그 결과 많은 사람들로 하여금 가난에 허덕이게 만들었을지라도 교회는 교회대로 '자발적인 희년'(눅 4:19; 행 2:44, 46, 4:34)을 지킬 수 있습니다. 그리하여 우리들 가운데 찢어지게 가난한 사람들이 생기지 않도록 주의할 수 있습니다. 우리는 구태여 정부가 '은혜의 해'를 선포해 주도록 기다릴 필요가 없습니다. 하나님께서는 우리 교회가 그 일을 행하도록 원하시는 것입니다. 한 가지 기뻐해야 할 것은 소수의 크리스천들이 이 사실을 알아서 행동에 옮기고 있다는 점입니다. 지금 춘천에는 결혼에 속았거나 버림을 당한 여인들, 또는 강간을 당한 여인들을 돌봐 주는 훌륭한 집이 있는데 여기서 그들은 주님을 만나고 아기를 출산할 때까지 기다릴 수가 있습니다. 또 태어난 아이들은 양자로 입양 받게끔 되어 있습니다. 제천에는 원치 않는 아기를 가졌을 경우 이들을 돌봐 주는 영아원이 있고 여기서도 좋은 가정에 입양토록 해 주고 있습니다. 그러나 이 같은 기관의 수는 너무나 부족한 실정입니다. 한국 교회가 이런 일을 위해서 관심을 모아야 하지 않겠습니까?

한편 이런 사람도 생각해 볼 수 있을 것입니다. 즉 현재 3명의 자녀가 있고 또 임신한 여인이 남편과 사별한 후 과부가 되었음에도 불구하고 교회가 그 여인을 돌보지 않는 경우 말입니다. 또 이런 경우는 어떻습니까? 도움 받을 자격은 없지만 남편의 적은 수입으로 근근이 생계를 이어가고 아내는 자식들 때문에 일을 할 수 없는 크리스천 가정 말입니다. 이런 가정도 부양할 자식들의 수를 줄이기 위해 낙태하는 것이 정당화될 수 있을까요?

이 물음에 대하여 하나님께서는 정당화될 수 없다고 말씀하십니다. 하나님께서는 거듭거듭 우리에게 약속해 주시기를 우리의 자녀들을 돌보시겠다고 하셨습니다. 만약 우리가 이 하나님의 약속을 믿지 못하면 어쩔 도리가 없습니다. 그러나 여기 하나님께서 말씀하십니다. "내가 백성의 가난한 자를 신원하며 궁핍한 자의 자손을 구원하며 압박하는 자를 꺾으리로다"(시 72:4). 이 말씀의 앞뒤를 살펴보면 하나님께서는 우리 정부가 이 일을 해 주기를 원하신다는 것을 알 수 있습니다. 그러나 다른 구절의 말씀을 보면 만약 정부가 그들을 돌보지 않으면 그들은 계속 하나님께 의지할 수밖에 없다고 합니다. 그래서 시편 76편 9절을 보면 하나님께서 그들을 위해 기적을 베푸신다고 하며, 9편 12절은 하나님께서 가난한 자의 부르짖음을 잊지 아니하신다고 말씀하시며, 34편 15절은 "여호와의 눈은 의인을 향하시고 그 귀는 저희 부르짖음에 기울이시는도다."라고 했으며, 146편에서는 우리가 정부 관리를 의지하지 말고 천지와 바다와 그중의 만물을 지으시고 주린 자에게 식물을 주시는 하나님만 의뢰하라고 경고하고 계십니다. 다윗도 그의 만년에 의로운 자가 가난함에 대해 베푸시는 하나님의 선하심을 다음과 같이 간증했습니다. "젊은 사자는 궁핍하여 주릴지라도 여호와를 찾는 자는 모든 좋은 것에 부족함이 없으리로다"(시 34:10). 사도 바울도 그 일생의 경험을 통해서 체득한 하나님의 도우심의 손길을 다음과 같이 고백하고 있습니다. "나의 하나님이 그리스도 예수 안에서 영광 가운데 그 풍성한 대로 너희 모든 쓸 것을 채우시리라"(빌 4:19).

그러나 이 같은 문제에 대한 가장 기본적인 가르침은 마태복음 6장 19~34절에 나와 있습니다. 이것은 모세나 바울이 가르친 것이 아니고 우리 주님이 직접 가르치신 교훈임에도 불구하고 교회는 역시 심각하게 이 가르침을 받지 않고 있는 것 같습니다. 먼저 예수님께서는 우리가 한국은행에 돈을 저금하면 하늘나라에는 한 푼도 저축하지 못한다고 하시면서 돈을 은행에 넣는 것에 대해서 경고하고 계십니다. 예수님은 만약 우리가 돈을 우리의 눈 가까이에 두게 되면 그것이 우리의 비전을 어둡게 하여서 우리의 어두움밖에는 정확히 볼 수 있는 것이 없다고 하십니다. 그리고 또 경고하시기를 한 사람이 두 주인을 섬길 수 없다고 하셨습니다. 만약 우리가 돈을 위한 삶을 고집한다면 우리는 하나님을 위해 살 수가 없을 것입니다. 예수님께서는 계속 말씀하시기를 먹을 것과 입을 것을 위해 걱정하게 되면 하나님이 계심을 부인하는 이방인들과 다를 것이 없다고 말씀하십니다. 크리스천이라면 분명하게 이런 것들을 쫓지 말아야 하는 것입니다. 우리가 추수해야 할 것은 오직 그의 나라와 그의 의를 구하는 일뿐인 것입니다. 역사를 통해 하나님의 뜻 외에 물질에 대한 관심 두기를 거부했던 많은 사람들이 있었습니다. 이들 중에는 아시시의 프란시스, 피터 월두, 조지 뮬러, 허드슨 테일러 등과 같은 유명한 사람도 있지만 한편으로는 그가 사는 동네 밖에서는 이름이 결코 알려지지 않은 무명의 사람들도 무수히 많이 있습니다. 이들은 모두 기적을 베푸시는 하나님의 능력을 본 사람들이었습니다.

경숙 자매! 나는 부정적이 되고 싶지 않습니다. 그리고 우리 가르치는 자들이 하나님의 말씀 중에서 '하라'는 것보다도 '하지 말라'는 것을 너무 자주 강조하는 것에 대해서 부끄러움마저 듭니다. 그렇기 때문에 나는 낙태 문제에 대해서 '하나님께서 긍정적인 대답을 갖고 계시는가' 하는 이 질문에 대답하기가 심히 고통스러운 것입니다. 그러나 하나님께서는 이 문제에 대해서 강력하고도 압도시키는 가르침을 주시고 계십니다. 그것들은 직접적이고 구체적이며 무서운 명령을 담고 있습니다. 한국의 앞날은 위기에 놓여 있습니다. 하나님께서는 가나안 족속들이 그 땅을 더럽혔기 때문에 그들을 그곳에서 몰아내고 그 땅을 이스라엘에게 주시겠다고 하셨습니다. 그러나 하나님께서는 이스라엘마저 똑같은 이유를 들어 그곳에서 쫓아 내셨습니다. 그들이 무엇으로 땅을 더럽혔다는 말일까요? 하나님께서는 그것이 무죄한 자의 피라고 말씀하십니다. 그들의 아들들과 딸들의 피를 흘리게 했다는 것입니다. 민수기 35장 33~34절에 "너희는 거하는 땅을 더럽히지 말라 피는 땅을 더럽히나니 피 흘림을 받은 땅은 이를 흘리게 한 자의 피가 아니면 속할 수 없느니라 너희는 너희 거하는 땅 곧 나의 거하는 땅을 더럽히지 말라 나 여호와가 이스라엘 자손 중에 거함이니라."(이 말은 우리가 이스라엘의 후손으로서 하나님께서는 우리 가운데 거한다는 말이기도 합니다). 그런데 요사이 우리를 주목케 하는 웃지 못할 현상 하나가 있습니다. 그것은 낙태 자유를 강력하게 부르짖는 자들이 무죄한 사람들의 피를 흘리게 말라는 등의 구호를 내세우며 인권 침해, 환경, 공기, 수질오염 등의 방지를 부르짖으며 고래고래 고함을 치고 있다는 일입니다. 이들은 예수님께서 바리새인들을 꾸짖으신 것처럼 마치 하루살이는 걸러 내고 약대는 삼키는 자들인 것입니다. 그들의 주장대로 산업공해나 정치적 분쟁으로 인한 피 흘림은 분명히 나쁜 일인 것은 부인할 수가 없습니다. 그러나 태어나기 직전에 있는 아이들을 하루에도 숱하게 죽이는 그런 끔찍한 일에 비하면 그런 피 흘림은 그 야말로 새 발에 피 흘리는 일에 불과한 것입니다. 여기서 다시 참고되는 요점들을 기록하니 당신이 혼자 찾아보시기 바랍니다. 그리고 전체 내용을 요약할 수 있는 한 요절의 뜻을 풀이해 보겠습니다. 무죄한 피를 흘리는 것에 대한 요절들은 다음과 같습니다. 신 19:10, 13, 21:8~9, 27:25; 삼상 19:5; 왕상 2:31; 왕하 16:3, 17:17~20, 21:2~16, 24:3~4; 전 6:17; 사 59:7; 렘 2:34, 7:6, 19:4, 22:3, 17, 26:15; 애 4:13~14; 호 6:8~10; 욜 3:19.

지금 내가 찾아보려는 구절들은 시편 106편 35절부터 시작됩니다. 이것은 이스라엘 나라에 관련된 하나님의 역사를 약술한 시(時)입니다. "그들은 열방과 섞여서 그 행위를 배우며(이것을 한국과 연관시켜 생각해 보십시오. 한국은 오랫동안 다른 나라들과 혼합되거나 그들의 풍습을 채택하기를 거부해 왔습니다. 그런데 오늘날은 한국의 어느 것보다도 외국의 것이 더 낫다는 극단적인 반대의 경향으로 치닫고 있습니다. 물론 나는 여기서 모든 한국인들이 다 그렇다는 것이 아니고 스스로를 지혜롭다고(sophisticated) 착각하는 사람들을 가리키는 것입니다). 저희가 그 자녀로 사신(邪神)에게 제사하였도다. 무죄한 피, 곧 저희 자녀의 피를 흘려 가나안 우상에게 제사하므로 그 땅이 피에 더러웠도다(그들의 우상은 주로 부귀와 지주의 신 바알과 사랑과 프리섹스의 여신 아스다롯입니다. 오늘날에도 소위 문명세계 전반에 걸쳐 똑같은 신들이 숭배되고 있습니다). 저희는 그 행위로 더러워지며 그 행동이 음탕하도다. 그러므로 여호와께서 자기 백성에게 맹렬히 노하시며 자기 기업을 미워하사 저희를 열방의 손에 붙이시매 저희를 미워하는 자들이 저희를 차지하였도다." 이 말씀을 통해서 우리는 배우는 것이 많습니다. 하나님께서 여러 차례의 정치적인 재난 상태로부터 우리 나라를 지켜 주셨습니다. 뿐만 아니라 하나님께서는 일본의 손아귀로 부터 기적적인 방법으로 우리를 구해 주셨으며, 전 세계에서 공산주의자들의 침략에 대항하여 승리한 유일한 나라로 만들어 주셨습니다. 그러나 만일 우리가 우리의 자녀들의 무죄한 피로 계속 이 땅을 더럽힌다면 하나님은 우리에 대해 미움을 품을 것이며 우리를 적들의 손에 붙이실 것입니다. 이것은 심각한 일입니다. 나는 누구든지 낙태를 찬성하고 행하는 사람은 김일성을 도와 주는 사람이라고 단호히 확신하고 싶습니다. 왜냐하면 그런 사람은 무죄한 피로 이 땅을 더럽힘으로서 오늘날까지 이 땅에 풍성한 은혜로 임해 주셨던 하나님의 돌보심의 손길을 거두어 버리는 결과를 초래하기 때문입니다. 그러므로 한국을 가장 증오하는 사람들은 바로 아기들을 죽이고 남성들의 생산기능을 마비시키는 사람들인 것입니다.

하나님께서 어떻게 그가 생명이 잉태되기 전부터 그 생명을 위해 계획하시고 계시는지에 관하여 여러 차례 언급하셨습니다(마 1:20; 눅 2:21; 렘 1:5 참조). 그리고 하나님께서 태아기로부터 모든 인간을 위한 계획을 갖고 있지 않다는 생각을 할 만한 아무런 이유가 없습니다. 어떻게 우리가 감히 하나님의 계획을 파기하고 그의 백성을 파멸시킬 수 있단 말입니까? 영어에서 인구라는 말의 파퓨레이션(population)은 한자어로 '人口'입니다. 이것은 각 사람들(人)이 풀칠을 해야 할 입(口)들이라는 악한 생각에서 기인된 말인 것입니다. 그러므로 그리스도인들은 인구(人口)라는 말을 사용해서는 안 되고 오히려 '민수'(民數)라는 말을 사용해야 할 것입니다. 우리 사람은 먹는 일뿐만 아니라 머리와 두 개의 손과 하나님을 찬양할 음성도 갖고 있기 때문입니다. 하나님의 관점에서 볼 때는 입보다도 이것들이 더 귀중한 것들입니다.

하나님께서 우리를 출생시켰고 우리를 지금도 사랑하고 계십니다. 다른 사람을 해치지 맙시다. 그렇지 않으면 하나님께서 우리를 파면시키실 것입니다.

　나의 이야기는 여기서 끝이 났습니다마는 한 가지 더 덧붙여 주지시켜 드리고 싶은 것은 사람들 사이에는 자녀 출산의 목적을 가지지 아니하고 행해지는 부부간의 성교는 죄가 아닐까 하는 혼동 또는 오해에 대한 것입니다. 이것이 만약 사실이라면 경수(menopause)가 끊어진 여인은 남편과 같이 살아야 할 이유가 없다는 말이 아니겠습니까? 아무도 이런 끔찍한 생각을 갖고 있지는 아니할 것입니다. 성경은 말하기를 성교란 남편과 아내 사이의 합일을 위한 사랑의 표현이요, 서로를 향한 의무라고 명시하고 있습니다(창 2:24; 고전 7:3~5).

산골짜기에서 온 편지

내일의 빵만 있으면 만족해도 되는가?

존경하는 대천덕 신부님께.

 신부님, 저는 그동안 저와 저의 친구들을 괴롭혀 왔던 질문 한 가지를 드리고자 합니다. 그것은 아무것도 아닌 문제라고도 할 수 있지만 따지고 보면 그렇지도 않은 것 같습니다. 저의 질문은 주기도문 중에서 "오늘날 우리에게 일용할 양식을 주옵시고."라는 구절을 도대체 어떻게 해석해야 좋을까 하는 것입니다. 대개 사람들이 이야기하는 것을 들어보면 고작 "하루 먹을 정도의(일용할) 양식을 소유한다는 것은 뭔가 영적으로 잘못되어 있다는 표시이다."라는 것입니다. 다시 말하면 하나님과의 영적인 관계가 올바르다면 하나님께서 부(富)하게 해 주신다는 것입니다. 물론 그들은 요한삼서 2절 말씀을 근거로 듭니다. 신부님, 이 말씀 외에 다르게 가르치는 말씀은 없는가요?

— 한경철 올림

사랑하는 경철 형제에게.

주신 편지 감사합니다. 이 문제는 형제뿐만 아니라 다른 많은 사람들까지도 곤란케 만든다는 사실을 나도 잘 알고 있습니다. 바로 오늘 미국에서 이곳에 부쳐온 잡지 속에서도 이 문제를 다룬 기사가 있었고 어떤 신학 잡지에서도 이 문제에 대해서 관심 깊게 언급하고 있음을 보았습니다. 그리고 실은 아주 최근에 이곳 예수원을 어떤 자매가 방문을 하고서는 이것과 관계된 말을 하고 갔습니다. 그 자매는 우리가 가난해질 필요가 없으며 그러한 우리는 예수님께 영광이 되지 못한다는 것입니다. 나는 그 자매에게 실상 우리가 얼마나 부자인가를 설명해 주었습니다. 나의 아버지는 수없이 많은 산의 양떼와 이 세상의 모든 금과 은을 가지고 계시며 또 우리가 필요한 것이 있으면 어느 때고 간에 그것을 주시는 분이라고 설명했습니다. 생각해 보십시오. 만약 누군가가 1년에 3천여 명의 손님이 다녀가는 집을 갖고 있다면 그 사람은 틀림없는 부자가 아니겠습니까? 하여튼 그 자매 덕분으로 나는 이 문제에 대해서 사색할 수 있는 기회를 가질 수 있었거니와 또 요한삼서 2절 말씀과 함께 꼭 읽혀져야 할 다른 성구들도 찾아보았습니다. 나는 얼마 전 다른 질문에 답하면서 이것을 언급한 적이 있습니다. 즉 가이오는 복음 전도를 위해 여행하는 사람들을 돌보거나 또는 그 밖의 선한 일을 위해 돈을 습관적으로 썼으며 사도 요한은 돈에 관한 그를 믿을 수 있음을 알았습니다. 그렇지만 요한은 그에게 물질적 축복을 기대하지는 않았습니다. 심지어 그는 그렇게 되도록 기도도 해 주지 않았습니다. 다만 그는 가이오가 범사에 잘되기를 바라는 것이 그의 가장 큰 바람이라고 말했습니다. 물론 이 '범사'라는 말 속에는 그의 은행 예금 잔고(돈)보다는 훨씬 더 중요한 것들이 포함되어 있습니다. 나는 이 '범사'라는 말을 꼭 돈과 결부시키려는 사람들의 심리를 이해할 수가 없습니다. 예수님은 우리가 이 땅 은행의 수표를 많이 가질수록 천국 은행에는 더 큰 부도를 낸다고 말씀하셨습니다(마 6:19~21).

예수님은 이 문제를 일용할 양식을 위해 기도하라고 하신 후에 말씀하셨습니다. 오랜 기간 동안 학자들은 '일용할 약식'으로 번역된 단어가 무엇을 의미하는지 확실히 이해할 수가 없었습니다. 왜냐하면 그들은 고전 헬라어나 셉튜아진트 70명의 히브리 학자들이 히브리어 성경을 헬라어로 번역한 성경에서 이 단어를 만나볼 수 없었기 때문입니다. 그러나 이 말은 사도행전 7장 26절과 16장 11절에서 '다음날'(next day)로 풀이되는 단어와 관계가 있지 않나 생각합니다. 바인(Vine)의 성경주석 사전은 이렇게 기록하고 있습니다. "이 기도는 오늘과 그 다음날의 필요를 채워 주는 빵만을 위한 것이어야 한다. 그래야만 그것은 내일 일을 염려하지 말라는 예수님의 경고와 일치하기 때문이다." 그런데 흥미롭게도 몇 년 전 어떤 사람이 비가 전혀 내리지 않는 이집트의 모래밭에서 쓰레기통 하나를 파내었는데 거기에서 지금도 글을 쓸 수 있을 정도로 잘 보존된 종이 조각들을 발견했습니다. 이 종이 조각들은 성경 시대의 것들로서 계산서, 영수증, 비망록 등이었습니다. 그런데 이 속에는 에피우시오스, 즉 번역하면 '내일을 위한'(for tomorrow)이라는 이름이 붙여진 가족 단위의 시장 목록서(family marketing list)가 있었다는 사실입니다. 이것은 그들도 내일의 음식만을 준비했다는 표시입니다. 우리도 이처럼 내일의 빵을 위해 오늘 하나님께 간구하고 난 후 염려를 내릴 수 있어야 합니다. 성경은 우리가 내일 모레 빵을 먹을 수 있을까 하는 염려는 버려야 한다고 가르칩니다.

예수님의 모든 가르침들도 다 이것과 일치하고 있습니다. 마태복음

6장 19절로부터 끝절까지 예수님은 이 사실을 되도록이면 힘주어서 강조하고 계심을 볼 수 있습니다. 아마 형제는 사람들이 이야기하는 것만을 들으면 성경의 어느 부분에 그런 가르침이 있을까 하고 의아해 할지 모릅니다. 그러나 사도들은 결코 그렇지 않았습니다. 그들은 이러한 삶의 방식을 믿었을 뿐 아니라 몸소 실천하고 장려하며 또한 모든 크리스천들에게 부(富) 그 자체에 대하여 경고하기까지 했습니다. 빌립보서 4장 18절을 보면 바울 사도가 그의 감옥생활에 들어가는 용돈을 위해 에바브로디도를 통해 자기에게 연보를 해 준 빌립보 교인들에게 감사하는 모습을 볼 수 있습니다(바울이 있을 당시는 죄수가 개인 재산이 없으면 더 고역을 치렀던 때였다. 그러나 바울이 자기를 지키는 간수의 생활비와 집세만 물 수 있으면 그는 자기 집을 소유할 수 있었다). 그런데 여기에 보면 바울 사도는 다음과 같이 이야기하고 있습니다. "내가 궁핍함으로 말하는 것이 아니라 어떤 형편에든지 내가 자족하기를 배웠노니." 우리는 여기서 '자족'(自足) 즉 '가진 것에 만족한다'라는 말에 주의를 기울여야 합니다. 왜냐하면 이 자족하는 정신이야말로 돈에 대하여 성경이 제시하는 가르침의 중심 사상이기 때문입니다. 우리는 방황하는 영혼들을 주님께 인도하지도 못하면서 자신에게 만족해서는 안 됩니다. 우리는 기도생활에 활기를 잃었을 때 자족해서는 안 됩니다. 그러나 우리는 오늘과 내일 먹을 것이 있고 입을 옷이 있는 한 어떤 경제적인 상황에서도 자족할 줄 알아야 합니다.

바울 사도는 디모데전서 6장 8~9절에서 이 점을 분명히 지적해 주고 있습니다. "우리가 먹을 것과 입을 것이 있은즉 족한 줄로 알 것이니라 부하려 하는 자들은 시험과 올무와 여러 가지 어리석고 해로운 정욕에 떨어지나니 곧 사람으로 침륜과 멸망에 빠지게 하는 것이라." 얼마 전 세속의 신문들은 교회의 장로이며 기독교 신문사까지 가지고 있던 사람이 돈을 벌려다가 감옥소로 가게 되었다고 신문을 가득 메워 보도한 적이 있습니다. 예수님은 바울이 '올무'라고 부른 것을 '막혔다'(질식했다)고 표현하고 계십니다. 마태복음 13장 22절을 보십시오. "가시떨기에 뿌리웠다는 것은 말씀을 들으나 세상의 염려와 재리의 유혹에 말씀이 '막혀' 결실치 못하는 자요." 그리고 형제는 '세상'이라는 단어를 참고해 보십시오. 이 세상은 잠깐이요 오는 세상만이 영원한 것이라고 말합니다. 고린도후서 4장 17절은 "우리의 잠시 받는 환난의 경한 것이 지극히 크고 영원한 영광의 중한 것을 우리에게 이루게 함이니라."라고 증거합니다. 바울은 나아가 6장 10절에서 다음과 같이 증거하며 이것이 선교사의 일상적인 삶이라고 말하고 있습니다. "근심하는 자 같으나 항상 기뻐하고 가난한 자 같으나 많은 사람을 부요하게 하고 아무것도 없는 자 같으나 모든 것을 가진 자로다." 바울은 이것이 그가 전수받은 위대한 신앙의 비밀이라고 말합니다. 그러나 이 비밀이 오직 그리스도인들만이 이해할 수 있는 것이라고 말합니다. "내가 비천에 처할 줄도 알고 풍부에 처할 줄도 알아 모든 일에 배부르며 배고픔과 풍부와 궁핍에도 일체의 비결을 배웠노라"(빌 4:12).

내 개인적으로는 아마 바나바가 히브리서를 쓰지 않았나 생각합니다. 그는 본래 부자였던 사람입니다. 그러나 바울이 에베소에 도착했을 때 그는 자기와 다른 사람의 선교비를 대느라고 자기의 재산을 몽땅 써버린 후 그 자신이 직접 막노동을 한 것임이 분명합니다(고전 9:6 참조). 히브리서 13장 5절을 보면 바나바와 바울 그리고 다른 초기 선교사들이 가졌던 태도를 잘 설명해 주고 있습니다. "돈을 사랑치 말고 있는 바를 족한 줄로 알라 그가 친히 말씀하기를 내가 과연 너희를 버리지 아니하고 과연 너희를 떠나지 아니하리라." 세례 요한도 여기에 대해 똑같이 가르쳐 줍니다. "사람에게 강포하지 말며 무소하지 말고 받은 요(월급)를 족한 줄로 알라"(눅 3:14).

나에게 많은 영향을 끼쳐 준 위대한 선교사들 중에 에드윈 길먼(Gilman)이라는 목사가 있습니다. 그는 세계복음화 전도단(W.E.C.)을 창설한 C.T.스터드(Studd)와 함께 오랫동안 아프리카에서 선교사로 일한 적이 있습니다. 그런데 그가 세계복음화 전도단의 북아메리카 지구 대표로 있을 때 일입니다. 많은 부자 고객을 가지고 있는 세무업자가 대학생 복음화를 위해 1백만 달러를 모금해 주겠다고 자청했습니다. 이때 길먼은 대학생 복음화에 대단한 관심을 가지고 있었습니다. 그러나 그는 그 세무업자의 제의에 조금도 마음을 빼앗기지 않았습니다. 왜냐하면 그는 돈에 마음을 빼앗기면 위험하며 하나님은 꼭 필요한 것이 있으면 반드시 채워 주신다는 자신의 분명한 소신을 가지고 있었기 때문입니다. 그러나 그 세무업자는 일방적으로 모금을 계속하고 있었습니다. 이에 자기 나름대로의 복음화 계획을 세우고 있던 터라 길먼 목사는 화가 머리끝까지 나서 "당신이 지금 당장 내 손에 현금 1백만 달러를 쥐어 주면 내가 그 돈을 어떻게 하려는지나 알고 있소?" 길먼 목사의 맹렬한 분노에 당황한 그 세무업자는 멋쩍어서 "아닙니다. 그게 아니에요."라고 중얼댔습니다. 그러자 길먼 목사는 내가 한 번도 보지 못했던 그런 분노를 발하며 "여보시오, 나는 그 돈을 지금 당장 챙겨다가 저 미시간 호수에다가 던져버리겠소."라고 했습니다. 이와 같이 그는 글자 그대로 돈을 무서워했습니다. 그는 돈이 더러운 것이라고 생각했기 때문에 그 돈이 자신의 영혼을 더럽히지 않을까를 염려한 것입니다. 그는 또 돈을 호수에다 던져 버리겠다고 할 때 실제로 그 돈에 옴이라도 붙어 있는 양 연신 그의 두 손을 허공에 뿌려대고 있었습니다. 교회사를 보면 대부분의 위대한 선교사는 다 길먼 목사와 같은 분들임을 알 수 있습니다.

사도 요한은 그의 친구 가이오가 범사에 잘 되기를 바란다는 그의 소원을 편지로 전하면서 동시에 서머나 교회에도 예수님의 말씀을 다음과 같이 전하고 있습니다. "내가 네 환난과 궁핍을 아노니 실상은 네가 부요한 자니라"(계 2:9). 그러나 스스로 부자요 부족한 것이 없다고 생각한 라오디게아 교회에게는 다음과 같이 쓰고 있습니다. "네가 말하기를 나는 부자라 부요하여 부족한 것이 없다 하나 네 곤고한 것과 가련한 것과 가난한 것과 눈먼 것과 벌거벗은 것을 알지 못하는도다 내가 너를 권하노니 내게서 불로 연단한 금을 사서 부요하게 하고"(계 3:17~18). 내 생각으로는 오늘날도 이와 같은 교회가 더러 있을 것이라 생각합니다.

나는 1978년 조용기 목사님과 함께 싱가포르에서 열렸던 '크리스천 정상회합'에 참석한 적이 있습니다. 그 모임은 모든 나라에서 초교파적으로 참석한 모임이었기 때문에 대단히 훌륭했습니다. 게다가 그 위치가 동남아였던 관계로 특별히 아시아의 크리스천이 많이 참석한 회합이었습니다. 그런데 그 모임이 진행되던 11월 12일, '주님께로서 온 말씀'이라는 제목으로 예언의 말씀이 회중 가운데 주어졌습니다. 그때 녹음된 테이프가 있는데 나는 그것을 며칠 전 자료 상자 속에서 다른 물건을 찾다가 우연히 발견했습니다. 형제도 그것이 어떤 말씀이었는가에 대해서 관심이 있을 줄 압니다. 비록 그 예언이 5년 전의 것이긴 하지만 나는 그것이 오늘을 위한 예언이라고도 생각합니다. 여기에 그 예언의 말씀을 공개합니다.

"나는 너희들의 예배와 찬양에 고마움을 느낀다. 나는 그것을 받겠다. 나는 너희들의 찬양 속에 거하노라. 그러나 내가 듣기를 희구하는 또 다른 찬양의 목소리들이 있느니라. 여기에 모인 나의 자녀들아, 너희에게는 향기로운 비누와 로션 냄새가 나는구나. 그러나 대부분의 세상에서는 아직도 땀과 기름과 비린내와 흙탕물 냄새가 나는구나. 나는 노동자와 품팔이들도 초대했노라. 너희는 그들에게 문을 열었느냐? 내가 너희들에게 하늘 문을 열었은즉 그들에게도 문을 열지 않겠느냐? 그러나 인도자가 없으니 그들이 어떻게 그리로 들어가겠느냐?

너희는 아직도 복음을 듣지 못한 비문명 사회의 더럽고 지치고 냄새나고 초라하고 배고픈 사람들을 위해 문을 열어 주지 않겠느냐? 요즘 같은 세상, 돈 많은 사람들이 나를 찬양하는 것이 뭐 그리 대단한 일이겠느냐? 나는 대단하고 특별한 일을 원하노라. 너희가 그러하듯 평범한 무리들이 나를 찬양하면 그것은 대단한 일이니라. 그러나 돈과 지식에 부한 사람들이 나를 찬양하면 그것은 그렇게 대단한 일이 아니니라. 나는 가난한 아시아인들의 찬양 듣기를 희구하노라!

나는 처음 일을 시작할 때 어부들과 노동자들과 함께 시작했노라. 그러나 너희는 어찌하여 돈 많고 평안하며 세상의 지위를 얻은 서기관들과 학식 있는 자들에게 그렇게 비중을 많이 두느냐? 너희들은 소위 성공한 사람들에게는 너무 관대하구나! 너희들은 스스로를 위해 조심하라. 내가 너희를 청지기로 삼았노라. 너희는 내가 범사에 축복했을 때 너희의 마음이 교만으로 가득 차지 않도록 주의하고 청지기는 단지 종에 불과하다는 사실을 잊지 않도록 조심하라. 가난한 자들을 멸시하지 말고 나의 복음과 천국이 저들의 것임을 기억하라. 너희들은 내가 그랬던 것처럼 너희 자신을 낮출 수 없겠느냐? 그래서 이 세상에서 멸시받고 무시받고 힘없는 자들에게 너희 것을 나눌 수 없겠느냐? 그 숱한 사람들은 이 세상에서 무슨 일이 일어나는지를 알지 못하며 그들이 아는 것이란 자신들이 비참하다는 것과 더럽고 시끄럽고 냄새나고 북새통 같은 곳에서 온 일생을 보내야 한다는 사실뿐이니라. 나의 깨끗하고 사랑스러운 자녀들아, 내가 찾고 바라는 자들은 바로 그들이니

라. 나는 그들을 찾으러 나가겠노라. 너희들은 내가 너희들을 너희의 찬송 소리와 너희의 의(義)와 함께 이 땅에 버려두고 가지 않도록 조심하라. 그러나 내가 찾으러 나서고자 하는 자들은 세상에서 노동을 하며, 인권을 유린당하며, 배 위에서 이름 없이 살아가며, 바위를 뚫기 위해 장막 속에서 허리를 펴지 못하고, 논과 밭에서 분주히 일을 하는 사람들, 다시 말하면 우리 안에 편안히 지내는 그 사람들을 위해 들판에 나가 있는 그 사람들이니라. 그러니 내가 밖으로 나가지 않고 어디로 가겠는가? 그러나 나의 몸은 가기를 원치 않는구나. 내 몸이 편안하니 계속 편안한 것만 찾고 싶구나.

나의 종들아, 나의 친구들아, 나의 자녀들아, 내가 성령을 부어 주고자 하는 자들은 남종과 여종들에게니라. 너희는 기꺼이 그 종들의 한 사람이 되려느냐? 너희들 중의 얼마는 한때 종이었지 않는가? 그러나 지금은 그 종의 신분을 버리고 주인의 신분에 합류해 버렸지. 너희의 출신이 어디였는지 잊어 버렸느냐? 나는 너희가 이전에 겪었던 수치와 오욕과 가난을 기억하고 있다. 나는 지금은 이미 과거가 되어 버린 그 길고도 괴로웠던 너희의 지난 시절들을 모두 기억하고 있다. 그렇지만 너희의 동무들은 어떻게 하려느냐? 너희는 너희가 노동자 출신임을 부끄러워하느냐? 너희가 버려두고 온 자들은 어떻게 하겠느냐? 나도 일하는 노동자이니라. 나는 나의 손으로 세상을 지었고 나의 일을 하기 위해 천사의 도움도 필요치 않느니라. 그들은 내가 일할 때 그저 구경만 하고 노래만 할 따름이니라. 나는 나의 일을 마친 후 스스로 안식을 취했다. 그래서 나는 이제 이 세상에서 일에 시달렸던 자들이 거짓 선지자들과 적그리스도들이 약속한 거짓 '해방'이 아니라 나의 참된 안식 속으로 들어오기를 원하노라.

나는 나의 백성들이 순종과 겸손이 없고 오히려 율법을 자랑하고 가난한 자들을 멸시하기에 옛날 앗수르와 바벨론과 로마를 일으켰듯이 나는 지금도 내 백성들을 징계키 위해 회교와 공산주의자들을 일으켰느니라. 오 나의 백성들이여 회개하라. 너희의 교만과 무관심을 고백하고 내게로 돌아오라. 너희는 사치와 안일을 청산하고 너희의 집을 집 없는 자에게 열어 주고 멸시 천대받는 자들과 마음을 같이 하라. 이것이 내가 기뻐하는 금식이니라. 나의 참된 제자들은 자기의 모든 소유를 버릴 줄 아는 자이니라. 이런 자들에게 나는 백 배로 갚아 주느니라. 받으려고만 한다면 나는 가난을 너희의 기업으로 주겠노라. 나는 또 받으려고 한다면 수백만 원을 주든지 아니면 좀더 가난한 형제들을 맡기든지 하겠다. 그들은 나의 귀한 것들이니라. 그들은 너희를 용서하고 사랑하고 기쁨을 가져다 줄 것이니라. 그러면 너희는 영생을 그들에게 줄 수 있으리라."

그리고 아주 최근에는 이것보다 좀 짧은 예언이 우리에게 주어져 널리 퍼진 적이 있습니다. 그것은 꼭 한국 교회에 주어진 말씀이었습니다. 주님의 말씀을 부분적으로 옮기면 다음과 같습니다. "돈에 눈이 어두운 자들아, 너희는 내가 맡긴 양들을 돈 몇 푼에 팔아먹는구나…거짓을 그치고 나라에 세금을 제대로 바쳐라…심판의 때는 이미 찼다. 회개하라…돈 위주의 배금사상에 대하여 회개하라. 회개하면 내가 이 나라를 위해 준비한 좋은 것을 너희에게 안겨 주리라."

경철 형제, 일용할 양식을 강조하는 형제와 형제의 친구들은 대단히 옳은 태도를 지니고 있습니다. 내가 바라기는 더욱 많은 사람들이 이 메시지를 이해하고 간직했으면 좋겠습니다.

20세기의 신화를 좇는 현대인

존경하는 대천덕 신부님께.

저는 대학원에서 과학을 전공한 학생입니다. 저는 현재 대학생들로 구성된 한 교회의 청년회에 소속하고 있는데 제 스스로가 미술, 문학, 사회학을 전공한 사람들과 또는 학문적인 기반을 닦지 않고 우리 교회의 모임에 들어온 다른 교회의 청년들과 교제를 나누는 일에 있어서 좀 불편한 감정을 느끼고 있습니다. 그들은 우리들보다 좀 자유스러운 안목을 가지고 우리가 '비지성적'이며 '낡은 생각'을 하고 있다고 판단하는 것 같습니다.

그런데 저는 제가 전공과목을 공부할 때 제게 습득되었던 지식이 다른 분야를 바라보는 저의 관점에 지금부터 영향을 미치기 시작한다고 추측됩니다. 신부님도 아시다시피 많은 과학도들의 대부분이 고등학교 때부터 전공을 마칠 때까지 진화론을 자연스럽게 받아들입니다. 그러나 바로 작년, 우리들은 진화론이 과학적인 근거를 가지고 있는지 없는지 조심스럽게 검증해 보라는 부탁을 받았습니다. 그런데 놀랍게도 우리들은 그 진화론이 과학적으로 불가능한 것임을 발견하게 되었습니다. 차라리 그 관찰된 증거 자료를 가지고 창조론을 설명하기가 더 쉬웠습니다. 그와 같은 결과를 두고 우리들은 자신들에게 다음과 같은 질문을 해보았습니다. "왜 일백 년 이상 소위 지성화 되었다는 우리 사회가 그러한 근거도 없는 이론을 신앙으로 받아들였을까?" 하고 말입니다. 그리고 그것은 또 이 지성화 된 우리 사회가 아주 옳지도 않는 이론을 증거 없이 신앙으로 받아들인 데는 다른 이유가 있지 않나 하는 의심을 갖게 해 주었습니다.

과학도로서 우리가 거치는 훈련은 우리로 하여금 질문을 하게 하고, 조사를 하게 한 다음 여러 가지 실험을 하도록 요구합니다. 그러나 지금까지 우리들은 이와 같은 자세를 우리 각자의 전공 분야에 적용하지 않았습니다. 우리들은 만약 우리 자신들을 과학자로 부르려고 한다면 우리 자신들의 비판적인 자세를 삶의 모든 영역에까지 확대시켜야 함을 알게 되었습니다. 그래서 요즘 와서 우리들은 우리 주위에서 들을 수 있는 여러 가지 추측들에 대해서 우리 자신들에게 갑작스런 질문 공세를 펴고 있는 중입니다. 특별히 우리들은 성경에서 찾아볼 수는 없지만 요즘 유행하는 관심거리에 대해서 의심을 품고 질문을 해보고 있는데 이것은 성경이 그 유명한 진화론의 관점보다 훨씬 과학적으로 일치한다는 사실을 발견한 것이 계기가 되었기 때문입니다.

신부님, 우리들의 똑똑한 친구들은 진화론뿐만 아니고 '효율', '인권', '수준 높은 생활', '복지 국가', '언론의 자유', '인구 과잉', '소가족', '자연자원 감소' 그리고 또 우리가 신문이나 그 밖의 언론 매체를 통해서 읽고 들을 수 있는 주제들에 대해서 이야기합니다. 그러나 우리들 중 어떤 사람들은 왜 그와 같은 종류의 용어들은 성경에서 찾을 수 없으며 그리고 그러한 문제들에 대한 우리의 입장을 어떻게 해야 좋을지 몰라 무척 고민하고 있습니다. 모르긴 해도 그것들의 얼마는 마치 진화론과 같이 '신화'의 범주에 드는 것이 아닐까 하는 생각도 듭니다. 그러나 그것들은 어떤 사람들에게는 종교와 같아서 만약 우리가 그것들을 신중하게 받아들이지 않으면 우리를 완전히 야만인으로 취급해 버립니다. 왜 그와 같은 것들은 성경에서 찾을 수 없습니까? 그렇지 않다면 그것들이 성경에 있다는 말입니까? 신부님의 답변을 듣고 싶습니다.

— 민진홍 올림

사랑하는 진홍 형제에게.

소위 20세기의 신화에 대해서 물어 주신 형제의 편지에 감사드립니다. 내가 가지고 있는 한국어 사전을 찾아보았더니 '신화'(myth)란 말이 미신이라고 번역되어 있었습니다. '미신'이란 단어를 다시 찾아보았는데 다음과 같이 풀이되어 있었습니다. 첫째, 세상의 모든 일은 초자연적인 힘이 드러난 것이고 앞날에 있을 일에 대한 그릇된 편견. 둘째, 아무런 과학적 근거도 없는 것을 아무 비판도 없이 종교적 신앙처럼 맹목적으로 믿음을 이르는 말. 이 중 두 번째의 정의는 진화론과 그 지지자들에게 글자 한 자 틀리지 않고 그대로 딱 들어맞는 정의라고 볼 수 있습니다. 진화론과 기독교 신앙과의 차이점은 진화론의 경우 아무도 그 진화를 관찰하였거나 경험한 사람이 없다는 것입니다. 다만 그것은 신앙으로 받아들여져야 하고 또 계속해서 그렇게 되어져야 하는 것입니다. 그래서 그 누구도 지금까지 진화를 경험했다고 간증하는 사람은 없는 것입니다. 그러나 성경은 그렇지 않습니다. 어느 누가 성경을 신앙으로 받아들인 후 그것을 그의 경험으로 시험해 보면 그는 그것을 증거해 보일 수가 있습니다. 기독교는 이론이 아니라 하나의 증거입니다. 예수님도 제자들을 세상으로 보내실 때 이론을 가르치라고 한 것이 아니라, 그들이 직접 보고, 만지고, 관찰한 것을 증거하라고 하신 것이었습니다(요일 1:1~3). 교회는 증인들의 집합체이며 성경은 이론과 철학이 아닌 보고서와 증거문들의 합본인 것입니다.

물론 당신은 성경이 이야기하고 있는 사실에 대해서 개인적으로 경험을 해보지도 못한 사람들을 교회 안에서 흔히 볼 수 있을 것입니다. 또 그런가 하면 사회적 혹은 여타의 관심으로 교회에 나와 기독교를 근자에 유행하는 철학의 일종으로 여기는 사람들도 볼 수 있을 것입니다. 그러나 바울이 무신론 철학자들에게 말한 내용이 무엇이었습니까? "내가 보기에 그대들은 범사에 종교성이 많도다"(행 17:22)라는 것이었습니다. 그러나 이 말을 다시 바꾸어 번역해 보면 "내가 생각건대 그대들은 여러 면으로 퍽 미신적이오."라고도 할 수 있습니다. 나는 바울의 이 같은 서술이 당시뿐만 아니라 오늘날 소위 지성인들이라는 사람들의 형편까지 잘 설명해 주고 있다고 봅니다. 자신들은 자신들이 종교성이 많으면서도 종교적이라는 사실을 모르고 있습니다. 또한 그들은 상당히 미신적이면서도 미신적이라는 사실을 모르고 있습니다. 이것이 어떻게 그렇다고 볼 수 있습니까? 바울은 로마서 1장 19~23절에서 그 이유를 설명하고 있습니다. "이는 하나님을 알 만한 것이 저희 속에 보임이라(이 말은 성경과 정통 기독교가 주장하는 것을 사람들이 객관적으로 관찰할 수 있고 시험해 볼 수 있다는 말이기도 합니다) 하나님께서 이를 저희에게 보이셨느니라 창세로부터 그의 보이지 아니하는 것들 곧 그의 영원하신 능력과 신성이 그 만드신 만물에 분명히 보여 알게 되나니 그러므로 저희가 핑계치 못할지니라 하나님을 알되 하나님으로 영화롭게도 아니하며 감사치도 아니하고 오히려 그 생각이 허망하여지며 미련한 마음이 어두워졌나니 스스로 지혜 있다 하나 우준하게 되어 썩어지지 아니하는 하나님의 영광을 썩어질 사람과 금수와 버러지 형상의 우상으로 바꾸었느니라."

만약 내가, 우리가 살고 있는 산의 꼭대기를 향해 등산을 갔는데 낙엽 속에서 우연히 손목시계 하나를 발견했다고 생각해 봅시다. 그러면 나는 "어떤 사람이 길을 잃고 헤메다가 이곳에서 시계를 잃어버렸군." 하거나, "어떤 사람이 나보다 앞서 이곳을 지나갔군." 하지 않습니까? 그러나 지독하게 멍청한 사람은 "야, 나무가 만들어 낸 이 시계 좀 보게. 자연이란 이렇게 놀라운 거야. 그러면 이제 나는 이 참나무를 가지고 시계의 진화에 대한 논문을 써야겠어."라고 할 것입니다. 그러나 놀랍게도 이와 같이 멍청한 일은 오늘날 소위 똑똑하다고 자부하는 사람들이 하고 있다는 것입니다. 그들은 그들의 지각이 증거하는 바를 부인하여 손목시계보다 몇 천만 배 복잡한 이 우주가 창조주 없이 우연히 생겨났다고 우깁니다. 만약 그들이 이와 같은 자신들의 고집을 꺾지 않는다면 앞으로는 훨씬 더 바보 같은 우를 범할 것은 자명한 사실입니다. 그래서 바울은 로마서 1장 28절에서 "저희가 마음에 하나님 두기를 싫어하자 하나님께서 저희를 그 상실한 마음대로 내어버려 두사 합당치 못한 일을 하게 하셨다."라고 말합니다.

바울은 그 다음 절에서 계속하여 마땅히 행치 말아야 될 더러운 일들에 대해서 언급하고 있습니다. 오늘날 우리가 주위에서 이런 일이 행해지고 있는 것을 보지 못한다면 우리는 우리 주위에 있는 나라들에게서 이와 똑같은 음행이 자행되고 있는 것을 볼 수 있습니다. 우리는 구약 성경에서도 바울이 지적했던 그 음란한 일에 대해서 엄숙히 경고하고 있는 부분을 자주 볼 수 있고, 또 이스라엘에 재난이 임한 것은 백성들이 하나님의 법을 어기고 주위에 있는 이방인들의 풍습을 좇았기 때문이라는 설명도 여러 군데 찾아볼 수 있습니다(신 6:14, 13:17; 사 2:12; 왕하 17:15). 그런데 요사이 사람들이 우리들도 이제 '지성적', '현대적', '문화적'이어야 한다라는 말로 이야기를 시작할 때 그 말들이 무엇을 의미하는지 아십니까? 그것은 바로 주위에 있는 나라들의 풍습을 좇고자 원한다는 뜻인 것입니다. 이 얼마나 위험스런 사고방식입니까? 우리가 만약 그와 같은 사고방식을 계속 가진다면 우리 역시 어떤 어리석은 짓을 범하게 될지 모릅니다.

그러면 이와 같은 20세기 미신들의 출처가 어디인지 알아보도록 합시다. 그것들은 두 가지 근원지를 통하여 나왔습니다. 하나는 하나님에 대한 지식을 거부하고 인간을 척도의 기준으로 삼은 인본주의에서 나왔습니다. 이들의 견지에서 보면 성경은 얼마나 무지로 가득찬 책인지 모릅니다. 그러나 성경을 시험해 보고 그것이 진리임을 알게 된 우리들의 견지에서 보면 인본주위가 얼마나 무지하며 동시에 위험한 것인지 알게 됩니다. 인본주의로 나라를 다스린다는 것은 위스키 두 병을 한꺼번에 퍼 마시고는 러시아워 길을 운전해 가는 만큼이나 위험한 일인 것입니다.

그리고 미신의 또 한 가지 출처는 하나님을 인정치 않으려는 데서 생겨난 부산물이 그것입니다. 바울이 말하고 있듯이 그들은 마땅히 행치 말아야 할 일들을 하고 있습니다. 그들이 마땅히 행치 말아야 했던 일 중의 하나는 다른 사람의 땅을 빼앗는 일이었습니다. 그러나 이 일은 너무나 널리 행해져서 심지어는 소위 크리스천이라고 하는 사람들까지도 이 일에 가담하여 지금은 이로 말미암아 큰 문제가 야기되어 있습니다. 그리하여 사람들은 이 문제를 해결하지 않으면 안 되는 입장에 있습니다. 해결책이란 그 땅을 돌려 주든지 아니면 완전한 토지 대여비를 지불하든지 둘 중의 하나인데도 소위 수준 높은 삶 속에 젖어 살았던 사람들은 이 같은 해결책을 거부하고 있습니다. 거부할 뿐 아니라 사람들은 해결책이 될 만한 것이 아닌 것을 해결책이라고 도입해서는 문제를 오히려 더 악화시키고 있습니다.

우리는 진화론에 대한 믿음이 이제 인본주의에 이론적 기초를 제공하는 하나의 종교가 되어 왔음을 보아 왔습니다. 그래서 인본주의자들이 진화론을 위해서 그렇게 결사적으로 싸우는 것은 그들로서는 너무나 중요한 일이었습니다. 만약 그것이 무너진다면 그들의 종교가 무너지는 낭패를 만나게 되기 때문입니다. 그런데 오늘날 미국에서 바로 이 낭패의 기운이 감돌고 있는 것을 엿볼 수 있습니다. 그들은 오랫동안 국가의 도덕, 미풍양속, 공공질서를 부식시킴으로써 미국을 파괴해

왔습니다. 그들의 근본 철학은 최근까지만 하더라도 어떠한 도전도 받지 않고 견뎌왔습니다. 그러나 지금 그들은 도전을 받게 되자 마구잡이로 무슨 무기이든지간에 손에 잡히는 대로 역습을 가하려고 합니다. 만약 그들이 우리를 향해 퍼붓고 공격하는 온갖 조롱, 허위, 혹은 정치적 술수 들이 실패로 끝나게 되면 그들은 이제 폭력에 호소하게 될지도 모릅니다.

언론의 자유란 말은 그들이 내세우기를 좋아하는 다른 하나의 표어입니다. 그들은 소위 언론의 자유란 것을 이용하여 인간 서로를 향하여 화를 격발케 하고 도덕이란 것을 우습게 만들며 그들의 온갖 파괴적인 공작을 자행하고 있습니다. 그래서 그들은 언론이란 것이 총이나 칼보다도 더 무서운 파괴 효과를 지닌 무기임을 인정치 않으려고 합니다. 또 그들은 음화(淫畵)를 금지시키는 법의 제정을 못하도록 온갖 방해 공작을 다 동원하고 있습니다. 성경에는 그 어느 곳에서도 그러한 권리를 인정치 않고 있습니다. 오히려 그러한 나라의 주권자들을 꾸짖으며, 하나님의 법을 떠나 인접 국가의 풍습을 좇는 것은 허영이라고 가르치고 있습니다.

오늘날 우리가 말하는 수준 높은 생활이란 말은 예전의 사치, 쾌락주의에 대한 현대적 표현일 뿐입니다. 현재 사람들이 누리는 사치 생활과 그들의 방종은 상대적으로 다른 사람들의 희생의 대가로 지불되어진 것임에도 불구하고 그들의 이 같은 삶은 일종의 인권으로 정당화되어지고 있습니다. 그리고 그들은 그들을 기만해서 그들도 그런 삶을 살 자격이 있다고 떠벌이며 또 그들이 자기들을 지지하기만 하면 곧 그러한 호화스런 삶을 살 수 있게 된다고 말합니다. 성경은 우리들에게 어느 정도의 수준 있는 생활은 영위하도록 허락하고 있으며 또 그것은 좋은 것입니다. 그러나 성경이 가르치는 수준 있는 생활이란 스스로 노동을 하여 생산을 가져오고, 다른 사람의 이익도 생각하고, 범사에 적당함을 기할 줄 알고, 경건 생활에 힘쓰며, 그리고 이웃에 대한 관심 등, 이 모든 것을 전제로 하는 것들이기 때문에 사람들에게 외면을 당하고 있는 것입니다. 하나님이 우리에게 원하시는 수준 높은 삶에 대해서 성경이 가장 잘 표현해 주고 있는 말은 "사람이 각자 자기의 포도나무와 무화과나무 아래 앉아서 자기의 우물물을 마시며"(왕상 4:25; 왕하 18:31; 사 36:16; 미 4:4)라는 부분과 "너희가 각각 포도나무와 무화과나무 아래로 서로를 초대하라"(슥 3:10)란 부분입니다. 이 말이 무엇을 의미합니까? 각 가정은 각기 자기들의 땅을 소유하여서 자신들의 안연(晏然)한 삶에 필요한 모든 것들을 지나치지 않게 생산할 수 있으면 된다는 말이 아닙니까? 이 중에서 '앉아서'라는 부분이 중요합니다. 그것은 여유를 가리킵니다. 기도, 성경 읽기, 대화, 음악, 미술 등 이 모든 것들이 여유를 필요로 합니다. 그러나 성경은 남을 이용하거나 착취하여 생겨나는 유한계급은 인정치 않고 있습니다. 다만 그들 스스로의 땅에서 여유와 노동을 조화 있게 누리라는 것을 말하고 있을 뿐입니다.

이것은 인권(human right)에 관계된 모든 문제를 우리에게 제기시켜 줍니다. 유엔(U.N.)은 최근 토지에 대한 권리(각 개인이 자기가 먹고살 수 있는 최소한의 땅을 소유할 수 있는 권리)만을 제외시킨 기가 막힌 권리장전을 채택하였습니다. 그러나 토지에 대한 권리가 빠져 있는 다른 권리는 사실상 노예가 가질 수 있는 권리와 다를 바가 없는 것입니다. 토지 소유에 대한 권리는 인간에게 있어 가장 기본적인 권리라서 이것을 따라서 다른 권리들은 그것이 합법적인 권리인 한 자동적으로 따라오게 되어 있는 것입니다. 현재 한국 정부가 훌륭한 취지를 가지고 있는 것에 대해서는 경의를 표하는 바입니다. 사실 복지 국가란 것은 토지 소유에 대한 권리를 인정치 않으려는 신화에서부터 유래된 것입니다. 그래서 만약 이 토지 소유에 대한 권리만 인정한다면 성경이 가르치는 바와 같이 구태여 복지 국가를 만들려고 하지 않아도 될 것입니다. 그리고 백성들이 매3년마다 내는 십일조를 마을의 장(長)들이나 교회의 집사들이 잘 분배하여 쓰기만 하면(신 14:28~29, 26:12~15) 가난한 자들을 충분히 도와 주고 남기 때문에 가난과 실직 상태도 현저히 줄어들 것입니다. 성경 중심의 경제학자로 유명한 헨리 조지가 그의 저서 〈발전과 가난〉이란 책에서 지적하였듯이 토지에 대한 권리를 없애지 않으려는 계획 위에 수립된 발전이라야 그로 말미암아 가난도 존재하지 않는 것입니다. 다시 말해서 개인이 자기가 먹고 살 수 있는 다른 땅을 소유할 수 있다는 권리가 보장되지 않는 한 기가 막힌 경제발전 계획도 빈곤만을 가져온다는 것입니다. 이것은 지나온 과거 속에서도 드러난 역사적 사실이었습니다. 이러함에도 불구하고 가난한 사람들의 덕으로 부자가 된 사람들은 그들이 행사할 수 있는 모든 힘을 다 동원해서 자기들 자신이 바로 이 세상의 가난을 만들어 내는 원흉임을 숨기려 하는 것입니다.

그리고 이 토지문제와 함께 대두되는 신화가 인구 과잉의 신화입니다. 나는 언젠가 연중 경작 횟수와 경작 면적에 비추어 가장 인구밀도가 높은 나라가 바로 대한민국이라는 사실을 밝힌 적이 있습니다. 그러나 한국에서는 가난이 있기는 하지만 기아 현상은 찾아볼 수 없습니다. 이와 반면에 한국보다 경작 면적과 횟수가 많은 나라들이 기아 현상에 시달리고 있습니다. 그들은 인구가 넘치는 것도 아닙니다. 실제로 인구 과잉 현상을 빚고 있는 나라들은 아무 데도 없습니다. 다만 형사상의 범죄라고 보아도 좋을 잘못된 토지 정책이 시행되고 있을 따름인 것입니다. 내가 그것을 형사상의 범죄라고 보는 이유는 아무것도 모르고 무고한 사람을 죽이는 그 어떤 것도 다 죄이기 때문입니다. 그리고 모르고 있는 사람들은 바보가 아니라 정신적 불구자가 되었기 때문입니다. 나는 소가족 주의를 부르짖는 데 대해서는 그렇게 상세하게 언급할 필요가 없다고 봅니다. 사람들이 적당량의 단백질을 섭취하기만 하면 태어나기 전에 아이를 죽인다거나 또 인공피임법을 쓰지 않고도 자연적으로 소가족 제도를 가질 수 있다고 이미 과학 실험이 입증한 바 있기 때문입니다. 높은 출산율을 야기시켰고 또 그 출산을 방지하는 정확한 방법이 알려지지 못하도록 하는 사람들은 바로 이웃의 땅을 탈취하였거나 아니면 그들이 적절한 식이요법을 할 수 있는 길을 빼앗아 버린 바로 그 사람들입니다. 이들은 사람들이 적절한 식이요법을 갖게 하면 곧 산아(産兒)문제를 해결할 수 있음에도 불구하고 갖가지 비자연적인 피임방법을 만들어 권장하고 있는 것입니다.

 천연자원과 보존에 대한 문제는 좀더 복잡합니다. 토지정책을 올바로 시행한다면 모든 사람들이 자원을 재생할 수 있는 세계에서 편안하게 살 수 있을 것입니다. 즉 수력, 목재, 태양열이나 메탄, 균형 잡힌 살림과 목초지 등의 사용을 통해서 말입니다. 그러나 사람들이 그들의 땅에서 쫓겨나 어쩔 수 없이 대도시에 편중하여 살게 되면 재생할 수 없는 석탄, 가스, 석유 등이 소비될 수밖에 없는 것입니다. 그리고 아프리카, 동남아, 남미에 있는 많은 사람들이 악덕 지주들에 의해 실제로 농사를 지을 수 없는 우림지역으로 쫓겨나게 됨으로 인하여 석탄, 석유만큼이나 재생할 수 없는 것들을 파괴하게 되는 것입니다.

 또한 우리가 흔히 사용하고 매우 당연히 생각하는 단어가 또 하나 있는데 이것은 성경상에 없는 것으로서 바로 '효율'이라는 단어가 그것입니다. 성경에 나오는 단어는 '효과적인'(effectual) 혹은 '힘 있는'(powerful), '능력 있는'(working) 등이며, 이것들은 고전 16:9; 고후 1:6; 엡 3:7, 4:16; 몬 6장; 약 5:16 같은 구절들에 나오고 있습니다. 이것들은 하나님께서 일하실 때는 반드시 결과를 나타내신다는 사실을 말해 주는 것입니다. 한글 성경에는 '공효', '역사함', '역사하시는 힘' 같은 표현들을 찾아볼 수 있습니다. 알다시피 '효율'이라는 말은 어떤 사실이나, 물체, 혹은 양을 가리키는 것이 아니라 어떤 비율을 가리키는 것입니다. 우리는 이 단어가 어떤 구체적인 뜻을 가지는가를 알기 전에 '무엇이 무엇에 비교되는지'를 알아야 합니다. 그러나 비과학적인 마음을 가진 사람들은 이것을 바로 생각하지 못합니다. '어떤 관계로 비교되는가'를 물어볼 생각을 하기 전에 '효율'이라는 단어를 통째로 삼켜 버리고 맙니다. 이것 때문에 여러 분야에서 심각한 지적인 소화불량이 많이 발생하는 것입니다. 나는 여기서 매우 중요한 한 가지 예를 들겠습니다. 가령 내게 3백 평의 밭이 있어 트랙터를 하나 샀는데 이것이 너무 커서 구석까지 미치지 않아, 실제로 250평에만 곡물을 심고, 그래도 별로 수고하지 않고 꽤 많은 수확을 거두었다고 한다면 나는 내 트랙터가 '효율적'이라고 생각할 유혹을 받게 될 것입니다. 그러나 내가 산 트랙터 값을 물 수가 없어서 은행 사람들이 와서 내 땅을 빼앗아 버린다고 한다면 내가 여전히 그 트랙터가 '효율적'이라고 생각하게 될까요? 내가 내 밭을 기계화한다는 명목으로 더욱 열심히 일해도 점점 빚에 쪼들리게 되는데도 나는 '효율적'인 일을 하고 있는 셈일까요? 그러니 내가 내 손으로 열심히 일을 하여도 평당 더 많은 수확을 얻고 빚을 지지 않을 수 있다면 어느 쪽이 더 효율적이겠습니까? 우리는 신문에서 비효율적인 논밭에 대한 기사를 읽습니다. 그러나 사실인즉 이 논밭들은 트랙터 생산업자나 은행가들 쪽의 이익에 기울어지지 않기 때문에 '비효율적'이라고 판단하는 것입니다. 그러나 이 논밭들은 농부들을 먹여 살려 주며, 이 논밭들은 그들의 전 재산인 것입니다. 만일 우리가 이 농부들을 속여 빚을 지게 하고 그들의 가족을 4천 년 이상이나 먹여 살려 온 그 논밭들을 잃게 하여 그들의 땅을 기계와 몇 명의 고용 인력에 의해 움직이는 거대한 농장에 병합시킨다면 우리는 '효율적'이라는 단어를 사용할 수 있을지 모르나 그것은 하나님을 모독하는 일이 되는 것입니다. 그들 자신의 논밭을 빼앗긴 사람들은 효율을 잴 수 있는 도구가 아닌 것입니다. '효율'이라는 단어는 그것이 쓰이는 곳의 맥락을 명확히 하지 않고서는 결코 사용해서는 안 되는 것입니다. 어떠한 종류의 농사를 짓는 일에 있어 우리는 일인당 높은 생산량을 가져오나 동시에 에이커당 낮은 생산량을 가져올 수도 있고 또 실업(失業)이나 토지의 비옥도의 파괴 등을 가져올 수도 있는 것입니다. 또 다른 농사의 경우, 우리는 에이커당 높은 생산량을 가져올 수 있지만, 반면 일인당 낮은 생산량을 가져올 수 있습니다. 하나님의 뜻은 우리가 에이커당 생산량과 일인당 생산량을 동시에 모두 늘리는 법을 배우는 것이지만 이것도 적당한 균형으로 그것을 하는 것입니다. 어떤 사람이 '효율'에 대해서 말할 때 "어떤 문제에 있어서 효율적이냐?"라고 물어 보십시오. 그러면 속지 않을 것입니다.

　진홍 형제! 과학이란 관찰을 통해 사실들을 발견하고 이 사실들을 적용하는 법을 배우는 것임을 기억하십시오. 모든 사실은 하나님에게서 나오며 모든 자연의 법칙도 하나님에게서 나옵니다. 우리가 우리의 지식을 어디서, 어떻게, 언제 적용할 것이냐는 것을 결정하는 법칙들도 하나님께로서 나옵니다. 우리는 쉽사리 속아서는 안 됩니다. 우리는 우리 주위의 나라들이 오염시키는 신화의 희생물로 전락되지 맙시다. 다만 우리 주 하나님 안에서와 그의 놀라운 실험보고서인 성경 앞에서 강건하기로 합시다.

여성 해방 운동, 그것은 성경에서 나온 것인가?

존경하는 대천덕 신부님께.

신부님이 계시는 산골짜기는 좀 시원한지요? 이곳 서울의 날씨는 무덥기가 그지없답니다.

저는 신부님께 여성 해방 문제에 대해 여쭈어 보고자 합니다. 우리 학교의 기독학생회의에서 우리는 때때로 '여성의 역할'을 주제로 놓고 뜨거운 토론을 벌인답니다. 이때 어떤 소 그룹에서는 여성 해방 운동이 바로 기독교에서 나왔다고 하며 또 어떤 부류의 사람들은 그것이 인본주의의 산물이며 성경은 여성의 역할상의 열등성을 가르치고 있다고도 했습니다.

저는 성경이 하나님의 말씀이라는 데는 조금도 의심을 하지 않고 있지만 여성에 대해서 가르치는 부분만은 조금 불편한 느낌이 드는 것 같습니다.

우리 친구들 중 어떤 사람들은 여자를 목사로 세우는 교단 출신이고 어떤 사람들은 여자라면 결코 장로나 목사로 세우지 않는 교단 출신입니다. 제가 보기에 여성에 대해서 가르치는 성경 말씀에 대해서 교회가 통일된 관점을 가지고 적용을 하지 않는 것 같습니다. 이런 문제에 대해서 신부님의 의견은 어떠신지요?

— 유진숙 올림

사랑하는 진숙 자매에게.

우리 속담에 "하룻강아지 범 무서운 줄 모른다."는 말이 있듯이 미국 속담에는 "천사는 두려워 걷지도 못하는 곳을 바보는 겁도 없이 달음질을 친다."(Fools rush in where angels fear to tread)라는 말이 있습니다. 아마 당신은 내가 무슨 말을 하든지 간에 분명히 누군가를 언짢게 해 줄 그런 질문을 한 것 같습니다. 나는 개인적으로 이 문제를 완전히 피해 버리든지 아니면 두 가지 의견 중 하나를 택해서 독단적이 되든지 아니면 자신 있게 피력해 보고 싶은 심정입니다. 그러나 가지고 있는 최대한 정직성을 다 발휘해서 생각해 보면 그것은 분명히 다루어져야 할 문제이며 따라서 나는 한 마리의 겁 없는 하룻강아지나 아니면 바보가 되어야 한다고 생각합니다. 만약 내가 이 문제에 대해서 나의 의견을 밝히고 나면 '여성 불꽃 모임'(Women's Aglow Fellowship)에서 나에게 고문(顧問)직을 그만두라고 하지 않을지 모르겠습니다. 이것은 물론 농담입니다. 그러나 나는 이 문제에 대해 성경이 분명하고도 일관성 있게 이야기하고 있다고 생각합니다.

그러면 이제 성경이 아니라 한국과 미국이라는 두 사회를 관찰해 봄으로써 이 여성문제를 생각해 보기로 하겠습니다. 왜냐하면 우리 인간의 사고란 우리가 소속한 사회의 이면(裏面)으로부터 형성되어지게 마련이니까요. 사회학자들은 한국의 고대사회는 본래 '여가장'(女家長) 제도를 택하고 있었다고 말하는데 나도 그들의 학설에 충분한 증거가 있다고 믿습니다. 다만 그 모습이 실제로는 조금도 변화되지 않았지만 유교라는 껍데기가 드리워져 아주 애매모호하게 가리어졌다고나 할까요? 한국의 여성들은 대단히 힘이 좋은 편이어서 독립심이 강합니다. 그래서인지 아내의 도움을 받지 않는 남편들보다 남편의 도움을 받지 않는 아내들이 훨씬 제 몫을 잘 감당하는 것 같습니다. 실제로 한국 가정을 보면 실력행사를 하는 쪽은 여성입니다. 그리고 남편은 아내에게 의존하는 입장입니다. 그러나 여성은 놀라운 지혜를 가지고 있어서 그녀의 힘을 숨길 줄 압니다. 그리하여 남자로 하여금 자녀들과 바깥 세상에 권위를 가진 인물로 나타나게 하거나 또 가정의 머리 혹은 지혜의 원천으로 보이게도 합니다. 그러나 여자들이 자신의 힘을 나타내 보이려고 하거나 아니면 가정의 머리는 바로 여자 자신이라는 사실을 알리고 싶어 할 때가 있습니다. 그때가 언제인지 아십니까? 그들이 남자 대학에 들어가 그들이 앞으로 종사해야 할 일상생활과는 전혀 걸맞지 않는 분야에서 남자들과 경쟁하도록 강요받은 후 그들의 자존심이 몹시 상하게 되어질 때입니다. 그렇게 될 때 그들의 가정생활은 불행해지고 맙니다.

미국의 남자들은 때때로 "모든 중요한 결정들은 남자가 한다."라는 농담을 하곤 합니다. 그런데 만약 자매가 그 미국의 남자에게 "당신이 말하는 중요한 결정이란 도대체 뭡니까?"라고 묻는다면 그는 "어떻게 하면 이 세계를 공산주의의 미수로부터 구해 낼 것인가? 미국의 차기 대통령으로는 누가 뽑혀야 할 것인가? 어떻게 하면 경제공황을 막을 수 있을 것인가? 하는 등등의 큰 이슈거리를 말하는 거죠."라고 대답할 것입니다. 그러면 자매는 또 물어볼 수 있을 것입니다. "그러면 당신의 아내가 결정하는 좀 덜 중요한 문제는 어떤 것입니까?" 그는 대답합니다. "그거야, 오늘 저녁을 뭘로 먹을까, 요번 바캉스는 어디로 갈 것인가, 아이들을 어느 학교로 보낼 것인가, 나의 직업을 바꾸어야 할 것인가, 하는 등등의 좀 사소한 것들이죠."라고 할 것입니다. 우리 한국에는 바로 이 사실을 잘 설명해 주는 말이 있는데 '안사람과 바깥사람(내외)'이 바로 그것입니다. 안사람은 여자로서 가정 안의 문제들을 결정하며 바깥사람은 남자로서 집 밖의 문제들을 결정하지 않습니까? 그런데 이것이 얼마나 멋지게 이루어지고 있습니까? 그러나 미국 사람들은 이것을 농담이라고만 생각합니다. 왜냐하면 그들은 너무나 오랫동안 이것이 여성해방의 과제인 양 들어 왔기 때문입니다. 하지만 이것이 농담이 아니라 사실로서 인정하는 사람들은 대단히 행복한 가정생활을 꾸려 나가는 것 같습니다.

최근 나는 미국에서 대학 입시를 준비하며 그녀의 오빠(의형제)와 함께 살고 있는 나의 큰딸 명자에게 편지를 쓸 일이 있었습니다. 그녀는 금년으로 3년째 미국에 있는데 아직까지 우리가 이야기하고 있는 이 문제에 대해서 어리둥절한 생각을 갖고 있습니다. 그래서 나는 그녀에게 편지를 썼는데 그 편지의 일부를 공개해도 그녀가 꺼리지 않을 것 같아 여기에 그 편지의 일부를 인용해 봅니다.

나는 이곳 예수원의 아침과 저녁 기도시간에 에베소서와 베드로전서 그리고 룻기를 쭉 읽어왔는데 하나님께서 여성에게 주신 특별한 위치에 대해서 생각해 보게 되었단다. 성경에 보면 모든 여성은 자기들이 기댈 수 있는 남자를 갖게 되는 특권을 가지고 있는데 좀더 구체적으로 말하면 아버지나 남편을 말한단다. 그러나 나는 이 '남자'란 말은 너같이 아버지가 없는 상황일 경우 오빠도 포함한다고 생각한단다. 구약에서는 이것이 '가알'이라는 말로 나오는데 우리말로는 '근족'(近族)이라고 번역할 수 있지(성경에 나오는 '가알'은 근족, 복수자, 대속자 등으로도 번역되어짐. 레 25:25~49; 민 35:12~27; 룻 3:9~13; 시 69:18; 사 51:10; 미 4:10). 이 말은 다시 말해서 여자는 바깥세상과 그녀 자신의 지나친 열심(예를 들면 남자는 아무리 어리석은 맹세를 했더라도 어쩔 수 없이 지켜야 하지만 여자의 경우는 아버지나 남편이 그 잘못된 맹세의 구속으로부터 해방해 줄 수 있는 것처럼)으로부터 모두 보호받을 수 있음을 의미한다.

우리는 이제 막 룻기 3장을 읽었단다. 여기에 보면 룻은 거의 근족이나 다름없는 보아스에게 자기를 가리어 주는 덮개가 되어 달라고 요구하고 있잖니? 이것도 그녀의 보호자가 되어 달라는 거야. 나중에 가면 과부인 나오미도 보호자를 가지게 되지. 그러나 내가 이 사실을 분명하게 깨닫는 데는 몇 년이라는 세월을 보내지 않으면 안 되었단다.

왜냐하면 지난 60년 동안 미국을 소란케 했던 여성 해방이란 운동이 기독교인들의 사고를 심히 혼란케 해서 나를 가르치던 신학 교수들마저 아무도 이와 관련된 성경의 가르침을 이해하지 못했기 때문이야. 그러나 정작 여성 해방이란 문제를 풀어 주는 해결책은 성경이 요구하는 남성상(像)을 사람들에게 제시해 보여 주는 일이었지. 그러나 남성들은 여성을 위한 희생 제물이 되어 주거나 아니면 성경이 요구하는 사랑으로 그들을 감싸 주기보다는 그들과 경쟁하기를 더 원했던 것 같아.

나는 이 문제에 대해 생각하면 할수록 미국의 여성들은 상품으로 팔려지게 되거나 노예로 전락하고 만다는 생각을 더 많이 하게 된단다. 만약 한 여자에게 보호자가 없다고 가정해 보자. 그녀는 무엇이든 자기가 필요한 것을 얻기 위해 자신이 가진 모든 것을 주겠노라고 시장 바닥을 싸돌아다녀야 하지 않겠니? 그러나 그녀가 돌아다녀야 하는 그곳은 얼마나 힘들고 악하고 부패한 곳이니? 하나님께서는 여성으로 하여금-남성이 해낼 수 있는 것보다 훨씬 뛰어나게 잘 할 수 있는-특별한 일을 하도록 지으셨단다. 예를 들면 집안 가꾸기, 어린이 돌보기, 아기 키우기 등 심리적인 일은 물론 컴퓨터의 미세한 부분들을 조작하는 섬세한 일들 말이야. 그래서 남자와 어린아이들은 여성을 원할 때 여성으로서의 신체적, 감정적 구조를 다 갖춘 특별히 부드러운 면을 지닌 여성을 원하지 않겠니? 그리고 그들의 신체적, 감정적 구조는 자기들이 할 수 있는 일들과 그들을 필요로 하는 사람들(남자, 어린아이들)을 돕도록 만들어졌고 말이야. 만약 어떤 여성이 주로 육체적으로 거친 일과 전쟁 또는 정치, 그리고 온갖 집 밖의 잡동사니 일을 하는 남자들과 경쟁을 한다고 생각해 봐. 그 여자는 그렇다고 남성이 되는 것도 아니면서 여성다움마저 잃고 마는 비참한 신세가 될 게 아니겠니? 남자와 여자가 경쟁을 한다는 것은 마치 승용차와 트랙터가 힘을 견주는 것과 마찬가지일 거야. 트랙터를 타고 과연 몇 사람이 편안한 드라이브를 즐길 수 있겠니? 트렉터를 승용차로 쓰거나 승용차를 트랙터로 쓴다면 그것만큼 바보스러운 일이 없을 거야. 두 차를 모두 못 쓰게 해서 손해도 엄청날 거고 말이야. 이와 마찬가지로 소위 여성해방이란 운동은 남자와 여자 모두에게 엄청난 손해만 가져다 줄 뿐이란다.

그리고 여성들에게는 보호를 받는 대신 지불해야 할 값이 있단다. 그것은 바로 그 보호자와 협력하는 일이야. 이 협력이란 말은 에베소서 5장에도 나오지만 성경에는 항상 '순종하라'는 말로 번역되는데 이것은 '머리가 되려 하지 말고 제 위치를 바로 찾아 모든 책임을 다 행하라'는 뜻이야. 그렇다고 성경이 남자라고 해서 특권을 가질 수 있다고 강조하고 있는 것은 아니야. 다만 무거운 책임을 지워 주고 있단다. 예를 들면 자기 희생, 그리스도와 같은 성품을 지니기, 십자가를 사랑하기 등의 무거운 짐 말이야. 바로 이런 무거운 짐들을 지워 주기 때문에 목사님들을 포함하여 많은 남성들은 여성의 의무만은 가르치면서 자기들의 책임을 강조하는 이 부분은 읽지도 가르치지도 않았던 거야. 그러나 나는 왜 여성들이 남성들로 하여금 그들의 주의를 이곳에 기울이도록 이끌지 못했는지 모르겠구나. 나는 생각하면 할수록 '여성 해방'이란 성경이 그들에게 지워 준 무거운 책임에서 벗어나기 위해 남성이 만들어 낸 운동이라고 느껴져. 최근 나는 철학자이기도 한 유대인 작가 해리 골든(Herry Golden) 씨가 쓴 책 한 권을 입수하게 되었는데 이 작가는 우리 장인께서 특별히 좋아하는 사람이었어. 해리 골든 씨는 우리가 이야기하고 있는 이 주제에 대하여 재미있는 글을 적고 있는데 여기 그 글의 일부를 짤막하게 소개해 보겠다.

"시그문트 프로이트가 뉴욕에 있는 클라아크 대학을 떠나 비엔나의 그의 집을 향해 가면서 다음과 같이 말했다. 오늘날 미국이 행한 가장 위대한 시도는 자국의 여성들을 해방하려는 움직임이었다. 물론 프로이트는 그 자신은 그것이 성공하리라 보지는 않았다. 나는 이 글 속에서 프로이드가 과연 옳은 말을 했는가에 대해서 의심하지 않을 수가 없다. 왜냐하면 인류 문화는 여성들 스스로가 남성들로부터 사랑받고 있다는 사실을 확실히 믿을 때(남성으로부터의 해방이 아니라) 위대한 여성들을 배출해 왔기 때문이다."

우리의 어머니들이 어머니로서 살다 간 삶의 방식이라고 할까. 하여튼 그런 방식에는 기본적인 것이 한 가지 있었다. 만약 아버지가 어머니에게 가족문제, 장래 사윗감, 전직(轉職), 사업 등에 대해서 자문을 구하면 어머니는 늘 "여자의 머리를 가진 제가 뭘 알겠어요? 하지만 저는 이렇게 했으면 좋겠네요."라고 한 것이 바로 그것이다. 그러면 어머니가 제안한 그 '이렇게 이렇게'란 제안은 아버지가 지혜로운 사람일 때 늘 받아들여졌었다. 어머니는 아버지가 집안의 머리이므로 그의 위신이 유지되어져야 한다는 사실을 분명히 하였을 뿐만 아니라 그녀 역시 그 일이 이루어지도록 적극 노력한 것이다. 해리 골든 씨는 남녀 공학 제도에 대해서도 몇 가지 언급을 하고 있었단다.

"남녀 학생들이 같은 학교에 다니는 이유는 그들이 어른이 되면 어차피 같이 살아야 하기 때문인 것 같다. 그러나 나는 이것이 말만 그럴 듯한 논리라고 생각한다. 왜냐하면 우리는 이렇게 생각해 볼 수도 있기 때문이다. 즉 어차피 어른이 되면 같이 살 것이고 또 학교도 같이 다닐 수 없을 것이므로 젊어서 따로 생활하면 좋은 훈련이 되지 않겠느냐고 말이다.

내가 보기에 남녀 공학 제도는 학문의 역사상 가장 비혁신적인 제도가 아닌가 생각되며 특별히 고등학교의 공학제도가 더욱 그렇다. 고등학교를 공학제도화 한다는 것은 학교를 단지 사교장으로 만드는 것과 진배없는 것이다. 여학생들은 옷과 머리 모양에, 남학생들은 멋있는 승용차와 학교 운동부의 대표선수로 뽑히는 것 등에 신경을 쓸 것이다. 그래야만 한 이성과 꾸준히 교제할 수 있을 테니까 말이다.

학교에서 수업을 받는다는 것은 한 개인에게 일어날 수 있는 사건 중에서 가장 중요한 일인 것이다. 그러므로 우리는 사회 적응력을 길러 준다는 구실로 학교의 순수성에 불순물을 섞을 수가 없는 것이다. 그것은 단지 더 큰 문제만을 유발시키게 되는 행위인 것이다."(해리 골든, 〈또 달리 새로운 것이 무엇인가〉, 44~50)

그러면 이제 에베소서 5장으로 돌아가서 왜 남자들이 25절 이하를 읽지 아니했는지를 알아보자꾸나. "남편들아 아내 사랑하기를 그리스도께서 교회를 사랑하시고 위하여 자신을 주심같이 하라 이는 곧 물로 씻어 말씀으로 깨끗하게 하사 거룩하게 하시고 자기 앞에 영광스러운 교회로 세우사 티나 주름 잡힌 것이나 이런 것들이 없이 거룩하고 흠이 없게 하려 하심이니라 이와 같이 남편들도 자기 아내 사랑하기를 제 몸같이 할지니 자기 아내를 사랑하는 자는 자기를 사랑하는 것이라 누구든지 언제든지 제 육체를 미워하지 않고 오직 양육하여 보호하기를 그리스도께서 교회를 보양함과 같이 하나니 우리는 그 몸의 지체임이니라 이러므로 사람이 부모를 떠나 그 아내와 합하여 그 둘이 한 육체가 될지니 이 비밀이 크도다 내가 그리스도와 교회에 대하여 말하노라 그러나 너희도 각각 자기의 아내 사랑하기를 자기같이 하고 아내도 그 남편을 경외하라"(엡 5:25~33).

진숙 자매, 자매가 여기서 보는 대로 성경은 남자에게 엄청난 책임을 부과해 주고 있습니다. 그래서 남자들은 바울 선생의 가르침을 읽지 않고 있는 것입니다. 진숙 자매, 자매는 이것이 깐깐하고 늙은 독신주의자가 지껄이는 헛소리라고 생각하지는 않겠죠? 그러나 미국의 많은 신학자들은 사도 바울의 가르침을 바로 그렇게 부르고 있답니다. 사도 바울은 남자들이 여자를 사랑하되 부드럽게 하고 존경으로 대하며, 또 돌보아 주되 자기 몸을 버리기까지 하라고 주의시키고 있습니다. 그리고 여자에게는 어떻게 하라고 요구하고 있습니까? 단지 남편을 사랑하라고만 합니까? 아닙니다. 남자가 그들에게 하는 말은 모두 순종하라고 말합니다. 그렇다고 해도 이 말은 얼마나 쉽습니까? 누군들 순종을 못하겠습니까? 그러나 어려운 일이 있습니다. 그것은 사랑하는 일 그 자체입니다. 그리고 바울 선생은 남자에게 여자가 사랑스러울 때만 사랑하라고 하는가요? 결코 그렇지 않습니다. 여자가 바가지를 긁고 밥을 태우고 부탁을 밥 먹듯 잊어 버려도 사랑하라고 합니다. 또 해야 될 빨래는 하지 않고 교회의 여자들과 쑥덕공론이나 편다든지 집을 돼지우리처럼 해 놓고 다닌다 하더라도 남편은 아내를 사랑해야 한다고 가르칩니다. 어떻게 그렇게 잘 아느냐고요? 바로 바울 선생이 그렇게 가르치고 있지 않습니까? 그는 그리스도께서 교회를 위해 몸을 내어 준 것같이 사랑하라고 합니다. 예수님은 우리가 사랑받을 만해서, 아니면 우리가 하나님께 순종을 했기 때문에 당신과 나를 사랑하셨나요? 아닙니다. 우리가 이미 죄인 되었을 때 그분은 우리를 사랑하셨습니다. 그러므로 남편은 아내가 고집이 세고 반항적일지라도 사랑해야만 하는 것입니다. 이것은 중요한 명령입니다.

그러므로 진숙 자매, 기도할 때 남자들이 성령 충만을 받아서 아내가 어떤 모양으로 보이든지 사랑할 수 있는 남편이 되도록 기도하십시오. 남자가 한 여자를 향해 성경이 가르치는 남편의 역할을 하기 위해서는 성령의 능력이 아니면 할 수 없기 때문입니다. 바로 이 때문에 성령을 받지 못한 남자들은 자신들의 무거운 책임에서 해방을 얻고자 했던 것이며 또 여성들에게도 여성 해방 운동을 벌이도록 설득했던 것입니다. 생각해 보십시오. 올바른 정신을 가진 여성치고 누가 그들이 받고 있는 사랑과 돌봄과, 보호, 안전, 존엄성으로부터 해방되기를 원하겠습니까? 이것은 마치 링컨 대통령이 노예를 해방했을 때, 노예 소유자들의 변명과도 같다고 볼 수 있습니다. 당시 어떤 노예소유자는 "해방을 받을 사람은 바로 나 자신이오."라고 했던 것입니다.

얼마 전 나는 여성 불꽃 모임으로부터 강연을 해달라고 부탁을 받고 주님께 무엇을 이야기해야 할지 여쭌 적이 있습니다. 주님께서는 제게 창세기 2장 18, 20절에 나오는 '돕다'(help)라는 단어를 찾아 보라고 말씀하셨습니다. 사전을 찾아본 결과 나는 이 단어가 히브리어로 '에벤에셀' '엘리에셀'에서도 볼 수 있는 바대로 '에셀'(ezer)이라고 기록되어 있음을 알 수 있었습니다. '에벤에셀'이란 말은 '도움의 반석'이란 뜻이고 '엘리에셀'이란 말은 '하나님은 나의 도움이시다'라는 뜻입니다. 나는 성경에서 이 단어가 사용된 모든 구절들을 다 찾아 보았습니다. 그러나 나는 어느 곳에서도 그 단어가 열등한 자가 강한 자를 돕는다는 뜻으로 쓰여지지 않는다는 사실을 알았습니다. 우리는 "식모가 주인아주머니를 돕는다."라는 말을 할 수가 있습니다. 그러나 이 경우 히브리어의 에셀(help)을 사용할 수가 없었습니다. 다른 언어를 써야만 합니다. 이 단어는 항상 '하나님이 이스라엘 백성을 도울 때'나 혹은 '거짓된 신은 도움을 줄 수 없다'는 내용을 전할 때 사용되었습니다. 이 단어가 동등한 힘을 가진 자를 돕는 경우에는 꼭 두 번 사용되었는데 르우벤 지파가 가나안 땅을 정복하는 그의 형제들을 도와 주라는 명령을 받았을 그때뿐입니다. 그러나 일반적으로 그것은 강한 자가 약한 자를 도와줄 때 사용되는 단어인 것입니다.

그러면 이것은 여자가 남자에게 "당신은 나 없으면 아무것도 할 수 없어요.", "나 없는 당신은 속 없는 송편이나 마찬가지예요."라고 말할 수 있다는 뜻일까요(왜냐하면 창세기 2장 18절에서 여자가 남자를 돕는 자라고 할 때 '에셀'이라는 단어가 사용되었기 때문에)? 하나님께서 우리를 어떻게 도우시느냐에 대한 성경 전체의 가르침을 이해하면 결코 그렇지 않음을 알 수 있습니다. 하나님께서는 우리를 도우십니다. 그러나 하나님께서는 우리로 하여금 항상 '자기 존경심'(self respect)을 갖도록 하십니다. 하나님께서는 남자와 여자를 지으시되 서로에게 필요한 존재가 되도록 지으셨습니다. 그래서 서로를 향하여 '가치의식'을 갖도록 하셨습니다. 그러므로 훌륭한 여성은 자기가 사랑받고 있음을 아는 여성인 것입니다. 또 훌륭한 남성은 자기가 사랑받는다는 사실을 아는 여성으로부터 도움을 받는 남성인 것입니다. 그래서 창세기 1장 27절로부터 우리 선조들이 전수받은 음양이론(陰陽理論)은 지금껏 세계에서 가장 지혜로운 철학이 되고 있는 것입니다. 그러나 사탄은 이것을 싫어합니다. 그래서 그놈은 하나님의 형상이기도 한 사랑(love)을 파괴함으로써 인간을 멸망시키고자 하는 것입니다. 그놈은 성령의 열매인 사랑 대신에 육체의 것들 즉 정욕과 경쟁심, 시기심을 사람들에게 심어 주고자 하는 것입니다. 이 같은 사탄의 궤계에 대해 베드로후서 2장 19절은 "그들은 남들에게는 자유를 약속하면서 그들 자신은 부패의 노예가 되어 있습니다."(공동번역)라고 밝혀 주고 있습니다. 또 히브리서 12장 14~17절이 있습니다. 이것은 여기에 적용하기는 어렵지만 거룩함의 표본과 처음부터 여성이 되는 특권을 가지고 태어난 여성의 입장에서 이해하도록 해보십시오. 우리 동네에 있는 초등학교가 최근 신사임당 상(償)을 받았는데 나는 잠언 31장 10~31절을 읽지 않을 수 없었습니다. "모든 사람으로 더불어 화평함과 거룩함을 좇으라 이것이 없이는 아무도 주를 보지 못하리라 너희는 돌아보아 하나님 은혜에 이르지 못하는 자가 있는가 두려워하고 또 쓴 뿌리가 나서(해방운동처럼) 괴롭게 하고 많은 사람이 이로 말미암아 더러움을 입을까 두려워하고 음행하는 자와 혹 한 그릇 식물을 위하여 장자의 명분을 판 에서와 같이 망령된 자가 있을까 두려워하라 너희의 아는 바와 같이 저가 그 후에 축복을 기업으로 받으려고 눈물을 흘리며 구하되 버린 바가 되어 회개할 기회를 얻지 못하였느니라."

진숙 자매, 당신은 여성이 되는 귀한 특권을 부여받았습니다. 그러므로 아무도 당신에게 여성이란 신분은 좀 열등한 것이라고 조롱하지 못하도록 하십시오. 그 열등한 신분이란 말은 진실로 열등한 우리 남자들의 체면을 유지시켜 주기 위한 것입니다. 당신 여성들이 약자인 것처럼 해 줄 때 우리 남성들은 그 열등한 자의 역할을 사랑하게 될 것입니다. 그것은 우리로 하여금 중요한 자로 느끼게 합니다. 그러므로 여성들은 우리가 중요한 자로 여길 수 있도록 계속 노력해 주십시오. 우리도 당신들을 더욱 쉽게 사랑할 수 있을 것입니다. 그리고 우리가 성령의 충만을 받아서 우리 각자의 부인들을 사랑해 줄 수 있도록 기도해 주십시오.

우리는 해방신학을 어떻게 보아야만 하는가?

존경하는 대천덕 신부님께.

신부님이 계신 산골짜기에는 이번 장마로 피해를 보았는지 아니면 농사에 도움을 입었는지 궁금하군요. 언젠가 장마가 져서 도로가 유실되자 수련회 왔던 네비게이토 형제들이 수련회 기간을 몽땅 도로 복구하는 일에 바쳤던 일이 기억납니다. 그런데 신부님, 요즘에는 제가 다니는 신학교에 장마가 져서 좀 어려움을 겪고 있습니다. 이 장마란 다름 아닌 '해방신학'이란 장마인데 우리가 가는 곳마다 빗물이 우리의 몸을 적시고 있답니다. 저는 혹시 이 신학적인 장마로 인해 하나님께로 가는 길이 침수되어 길이 유실되지나 않을까 적이 걱정이 됩니다.

신부님, 해방신학이란 것과 또 그것의 전통적인 신학, 성경 그리고 성령론과의 관계에 대해서 좀 쉽게 설명해 주시겠습니까? 그리고 그것은 어디를 향해 나아가고 있는지요? 그리고 브라질의 신학자 봅(Boff) 신부와 또 해방신학을 놓고 그와 바티칸 사이의 긴장 관계는 어떻게 보시는지요? 신부님의 답변을 듣고 싶습니다.

— 장보수 올림

사랑하는 보수 형제에게.

편지 주시고 염려해 주셔서 감사합니다. 최근에 내린 비는 별 문제가 되지 않았습니다. 지난번 장마로 인해 유실된 도로를 복구하느라고 네비게이토 형제들이 고생한 것은 우리도 생생하게 기억하고 있습니다. 그때도 감사했지만 지금도 감사하게 생각하고 있습니다. 형제도 그때 그들과 함께 많은 수고를 한 것 같은데 내 기억이 맞는지 모르겠습니다.

형제가 물어온 해방신학에 대한 질문은 아주 빈번히 제기되는 질문입니다. 이곳 예수원을 방문하는 신학생마다 여기에 대해서 한번씩 물어오더군요. 나는 이 문제에 대해 분명한 자세로 대처해야 한다고 생각합니다. 그리고 이 문제에 대해서 몇 번씩 지난 편지에서 언급했던 적이 있습니다. 그런데 사실 이 문제는 내가 40년 전 신학교 다니는 도중에 잠시 선원(船員)생활을 할 때 한번 부딪쳐 보았던 문제입니다. 나는 그때 옷이 맞는지 안 맞는지 시험 삼아 입어 보듯 그 문제와 한번 씨름했던 적이 있습니다. 나는 그때 선원 노동자 연맹의 열렬한 회원이었고 내가 타는 배에서는 연맹의 대표로 일했습니다. 나는 상선(商船)의 선원으로서 여러 나라를 방문했는데 가는 곳마다 그곳의 부두 노동자 연맹 회원들과 만나면서 자국 사정에 대한 그들의 입장을 들어보았습니다. 나는 또 좌익 계통의 책들과 팸플릿을 입수하여 특히 정치, 경제 분야에 관한 것을 많이 읽었습니다. 그리하여 한때는 오늘날 해방신학이 말하고 있는 내용과 똑같이 사고하며 연구했던 적이 있었습니다. 그러나 거기에 대해서 책을 쓰기 전에 나는 그것이 영적인 자양분을 갖고 있지 못하다고 결론을 내리고 말았습니다. 그것은 현실과 괴리되어 있었고 문제를 해결할 수도 없었습니다. 그러나 나는 사회의 문제점들을 너무나 적나라하게 알고 있었으므로 상인 연맹 조합에서는 계속해서 적극적으로 뛰었고 나중에 인권 연맹에 가담하여 미국 남부의 흑인들의 인권을 위해서 일하기도 했습니다. 그러나 나는 또 다른 한편으로 나와 하나님과의 인격적인 관계도 증진시켜야 할 뿐 아니라 지혜와 아울러 능력도 주시는 성령님께 의지해야 한다고 생각했습니다. 그런데 실제로 나와 함께 같은 목적을 가지고 뛰던 친구들은 모두 하나님과 인격적인 관계도 없었을 뿐 아니라 하나님의 존재 문제까지 의심하는 사람들이었습니다. 그래서 그들은 자신들이 하는 일에 하나님이 개입하시도록 하지 않았고 따라서 노동쟁의, 시위, 데모 같은 행동이 그들이 가진 유일한 소망이었습니다. 그리고 그들이 추구하는 목표는 그들이 그것을 이루고자 취하는 수단만큼이나 폭이 좁았습니다. 그들이 추구하는 최고의 목표는 '복지사회 건설'이었습니다. 나는 그때 복지국가의 허위성에 대해서도 몰랐지만 토지세의 효율성, 순수성에 대해서도 모르고 있었습니다. 토지세에 대해서 들어 보긴 했어도 그것을 성경에서 직접 찾기 전까지는 한번도 의미심장하게 생각해 보지는 않았습니다.

  해방신학의 핵심은 복음은 가난한 자들을 위한 것이라는 주장입니다. 누가복음 4장 18절에서 우리는 주님께서 가난한 자들에게 복음을 전하러 왔다고 선포하시는 모습을 볼 수 있습니다. 이 말은 교회가 가난한 사람들에게 복음이 되어야 한다는 말입니다. 해방신학자들이 말하는 것들 중에서 이런 정도의 말은 옳다고 생각합니다. 그러나 문제는 가난한 자들에게 복음을 전하기를 원하는 그들 자신은 정작 복음이 무엇인지 모르고 있다는 사실입니다. 그들은 복음이 무엇인지 설명하기 위하여 많은 말을 하지는 않으나 말하는 것을 가만히 들어 보면 그들이 주장하는 복음이란 칼 마르크스의 이론 속에 있다는 사실이 분명해집니다. 칼 마르크스는 사회 문제의 소재가 지주들에게 있다는 사실을 알고 있었습니다. 그러나 그는 자본주의를 비난하라고 매수받은 뒤 실제로 그대로 하고 말았습니다. 그가 지주 문제에 대한 해결책을 제시하는 것도 그가 쓴 〈자본론〉의 마지막 책, 마지막 장에서나 볼 수 있습니다. 그는 진짜 문제는 '자본'이 아니라 토지라는 것을 밝혀 놓고서는 소위 혁명이라는 것을 유발시키도록 하기 위해 고의적으로 자연스런 결론을 피해 버리고 말았습니다.

지난 가을 나는 개인적인 퇴수회(退修會)를 가졌는데 그때 유명한 신부 토마스 머턴(Thomas Merton)이 쓴 작품을 읽었습니다. 그는 가난한 자들에게 많은 관심을 가지고 있었으나 그의 발길은 배운 사람들에게만 닿았습니다. 반면 봅(Boff) 신부가 바티칸 교황청과 맞섰던 이유는 신학적인 문제였다기보다는 교회가 계속해서 가난한 자들을 멸시할 수 있느냐 하는 문제였습니다. 그러나 봅 신부가 미처 깨닫지 못했던 점은 실제 이슈는 다름 아닌 토지와 교육에 있다고 하는 사실이었습니다. 따라서 그는 엉뚱하게도 '인본주위 신학'(해방신학)만을 옹호해 버리고 말았습니다. 오늘날 우리는 신교, 구교를 막론하고 어느 교회에서나 '권력 추구형 지식인' 즉 교회 내의 상부구조(super structure)를 볼 수 있습니다. 이런 교회들로 하여금 가난한 자들에게 복음을 전하라고 부탁할 수 있을까요? "천국 가면 풍성하게 먹을 수 있을 것이니 조금만 참으십시오."라고 말할 수 있을지는 몰라도 그렇게 실행하기는 힘들 것입니다.

우리가 봅 신부를 한 가지 인정해 주어야 할 것이 있는데 그것은 그의 교회가 가난한 자들로 가득 찬 교회라는 것입니다. 반면 그를 비난하는 사람들의 교회에는 예수님으로부터 이런 말을 들었던 사람들과 같은 부류의 사람들로 가득 차 있습니다. "화 있을진저 너희 부요한 자여 너희는 너희의 위로를 이미 받았도다 화 있을진저 너희 이제 배

부른 자여 너희는 주리로다"(눅 6:24~25). 그러면 해방신학이 우리에게 던져 오는 질문들이 무엇입니까? 여기에 나의 주관대로 요약해 보기로 하겠습니다.

   1. 당신은 가난한 자들에게 복음을 외치고 있습니까?
   2. 당신은 가난한 자들이 듣고 기뻐할 수 있는 기쁜 소식을 갖고 있습니까?
   3. 당신은 가난한 자들의 짐을 그들 스스로에게만 지우렵니까?
   4. 당신은 교회 내의 힘을 가진 사람들로부터 필히 올 핍박을 맞이할 수 있습니까?

이제 그러면 이 질문들에 대해서 좀 생각해 보기로 합시다. 우리가 다니는 교회 안에는 소위 제국주의적인 사고의 틀을 가진 사람들이 있습니다. 다시 말하면 자신들이 가난한 사람들을 위해 무엇인가 하려고는 하지만, 가난한 자들이 자기들을 위해 하려고 하는 것을 못하게 한다는 것입니다. 이것을 보고 영국의 시인 러디어드 키프링(Rudyard Kipling)이란 사람은 '백인들의 근심'(the white men's burden)이란 말로 꼬집었습니다. 이처럼 내가 보기엔 해방신학을 하는 사람들은 나쁘게는 가난한 사람들과 참된 만남을 갖지 못하고 있고 또 기껏 잘한다는 것도 가난한 사람들이 스스로 할 수 있도록 도와 주기보다는 자신들이 일을 좌지우지해 나간다는 것입니다. 만약 우리가 가난한 사람들을 직접 섬길 수 있거나 아니면 우리의 간섭 없이 그들이 직접 자신들을 서로 섬길 수 있도록 해 주지 않는 이상 우리는 누구도 그들을 돕는다고 할 수 없습니다.

두 번째 그들의 질문은 "당신은 가난한 자들이 듣고 기뻐할 수 있는 기쁜 소식을 갖고 있습니까?"라는 것이었습니다. 그러면 도대체 무엇이 가난한 자들에게 기쁜 소식입니까? 혁명입니까? 싸우다가 죽는 것입니까? 적어도 남미의 니카라과에서는 이것이 가난한 자들을 위한 복음입니다. 그러나 그런 투쟁을 계속하는 그들의 실상은 가히 상상의 범위를 넘어설 만큼 처절하고 비참한 상황입니다. 혹 그 복음이란 것이 캄보디아나 베트남, 에티오피아 등의 나라들에서 보는 것처럼 한편으로는 승리했으나 결국은 모든 것을 잃어 버리고 마는 것인가요? 이 나라들은 차례차례 현재의 상태가 이전의 상태보다 훨씬 비참하게 되고 말았습니다. 이것이 가난한 자들에게 들려 줄 복음인가요?

그러면 무엇이 가난한 자들을 위한 복음입니까? 성경은 그것을 세 가지 단계로 제시합니다. 첫째로, 죄 사함을 받고 성령을 선물로 받는 것입니다. 둘째로는 성령 안에서 행해지는 성도 간의 교제 속으로 들어오는 것입니다. 가진 것을 서로 나누는 성도의 교제를 통하여 우리는 서로 사귀며 하나님과도 교통할 수 있습니다. 이것은 모두가 주지는 않고 받기만 하는 것이 아니고 또 주기만 하고 받지 않는다는 것도 아닙니다. 그것은 당장 현재 필요한 것만은 적어도 나누어 가질 수 있다는 말입니다(행 2:44~45, 4:32~34). 지금은 '지금'입니다. 혁명이 끝나고 나서도 아니고 죽고 나서도 아닙니다. 세 번째 단계는 만약 누구든지 정치적인 역량을 발휘할 수만 있다면 그런 능력을 토지 문제를 해결하는 데 사용하는 것입니다. 왜냐하면 자유, 자유 떠들지만 토지가 곧 자유이기 때문입니다. 여기에 대해서는 성경이 아주 구체적으로 가르치고 있으며 나는 지난달 편지에서 좀 설명한 적이 있습니다. 그러므로 해방신학은 신약성경의 진수를 빼어 놓고 있는 신학입니다.

그러면 해방신학자들이 제기하는 세 번째 질문 "당신은 가난한 자들의 짐을 가난한 자들에게만 담당시키려 합니까?"란 것을 생각해 봅시다. 우리는 가난한 사람들은 가난한 사람들끼리 모여 떡을 떼고 가진 것을 나누고 또 설교를 해야 한다고 생각합니다. 그러면 왜 우리는 돈 있는 사람들이나 받을 수 있는 17년 동안의 학교 교육을 받은 사람이 아니면 '떡 떼는 일'(성찬식)을 집례하지 못하도록 합니까? 적어도 정규 대학 과정은 마쳐야 안수를 주고 설교할 수 있는 권위를 부여하지 않습니까? 도대체 이것은 어떤 종류의 복음입니까? 이것이야말로 돈 있는 자의 복음이 아닙니까? 그런데 이것이 오늘날 개신교와 가톨릭 교회의 실상입니다. 우리가 성찬식을 인도하고 강단에 서서 말씀을 선포하려면 석사학위(M.A)나 그에 상당하는 학력 조건을 갖추어야만 한다는데, 성경 어디에 이런 가르침이 있습니까? 오늘날 우리 교회의 교회법에 따르면 예수님은 목사나 사제가 될 수 없었던 것입니다. 예수님의 열두 제자들 중에서도 마태나 유다를 빼놓으면(신학공부를 한 것은 아니지만 경영학을 공부했으니까) 목사 자격을 갖춘 사람이 없습니다. 아마 집사나 장로가 될 수 있었을지는 모릅니다. 그리고 예수님, 베드로, 요한은 지금 사셨더라면 심지어 집사마저도 되지 못했을 것입니다.

나는 이전에 교사에 대해 언급하는 성경 구절이 겨우 손가락을 꼽을 정도밖에 안되지만 그 교사란 말이 '서로서로에게'(one another)란 말에 언급되어져 사용된 것은 70회나 되고 이것은 곧 교사 직분에 대한 기본적인 가르침이라고 언급했던 적이 있습니다. 또 나는 소위 교육적 목회를 한다는 분들이 인용하기 좋아하는 유일한 성경 구절, 즉 디모데전서 3장 2절 말씀은 번역이 잘못되었던 것이라고 지적한 바 있습니다. '가르칠 만하여'(teachable)라고 번역되어야 할 말이 '가르치기를 잘하고'(able to teach)라고 번역된 것입니다. 이것은 계급, 차별, 무시를 뜻하는 말들입니다. 우리는 사도행전 4장 13절, 요한복음 5장 44절, 7장 15절, 48절, 49절에서 당시 유대인들이 예수님과 제자들이 소위 학력이 없다고 무시하는 것을 볼 수 있습니다. 오늘날 우리가 가지고 있는 제도는 따라서 비성경적이요, 제국주의적인 요소를 지닌 것입니다. 보수 형제, 형제는 나의 글이 책으로 나올 때마다 읽었고 예수원에도 왔었습니다. 그리고 내가 훌륭한 교육을 받은 교사들을 굳이 반대하지 않는다는 것도 알고 있습니다. 또 내가 히브리어와 헬라어 그리고 교회사를 연구하기를 좋아한다는 것도 알고 있습니다. 그러나 나는 교사의 역할과 장로의 역할을 혼동하고 싶지는 않습니다. 우리가 이런 일을 범함으로써 가난하고 배우지 못한 자들을 교회로부터 내어쫓고 교회를 부자들의 손에 넘겨 주게 되는 것입니다.

이런 까닭에 나는 해방신학자들이 제기하는 질문들을 4번과 같이 요약했습니다. 만약 우리가 가난한 자들을 진실로 섬기려고 한다면 우리가 그들을 제쳐 두고 일할 것이 아니라 그들 스스로가 자신들을 서로 섬겨 주도록 도와야 한다는 것입니다. 그들은 몇몇 사람들만 일하게 하고 나머지는 교회와 분리, 격리되어서는 안 됩니다. 그들은 모두 자유스럽게 모여 주의 만찬에 참석할 수 있어야 합니다. 그리고 그들은 훈련받은 사람들을 교사로서 기용할 수 있어야 하고 그런 교사들을 가진 교회 활동에 자유스럽게 참여할 수 있어야 합니다. 그러나 만약 우리가 이것을 실제 행동으로 옮기고자 하면 교회 내의 소위 힘쓰는 사람들로부터 올 핍박을 미리 예측해야 합니다. 종교개혁 초기에 재세례파 교인들(anabaptists)은 교회 내에서부터 오는 핍박이 너무나 극렬해서 유럽에서 러시아로 피신을 가야만 했습니다(지금은 이들이 러시아에서 미국으로 도망하고 있다). 왜 그런지 아십니까? 왜냐하면 그들은 교회 내의 지주들과 배운 사람들의 힘에 도전했기 때문이었습니다. 교회 내의 이 두 계급들은 서로 손을 잡고 힘을 합쳐 유럽과 미국에서 지금까지 실력을 행사하고 있으며 그들의 힘에 어떠한 위험이라도 가하려 하면 즉각 핍박을 가해 옵니다. 내가 지금 그렇게 핍박을 당하지 않는 것은 심지어 나의 제자들까지 나를 문제 삼지 않기 때문입니다. 만약 내가 목회하는 교회 내에 봅 신부의 교회처럼 가난한 자들이 가득 차 있다면 사람들은 나를 문제 있다고 볼 것입니다. 그러나 나는 보는 그대로 체제에 아무런 위협을 주지도 않고 따라서 나의 글이 출판도 되고 영광도 받고 있습니다.

우리는 이제 새삼 새로운 신학을 필요로 하지 않습니다. 우리는 단지 성경과 종교개혁의 원칙으로 돌아가기만 하면 될 것입니다. 다시 말하면 교회 내에 힘을 가진 특별한 엘리트 그룹을 갖지 않고, 모든 회중들이 자유스럽게 만나 서로를 섬기고 또 가난한 자들을 데려오기 위하여 그들을 만나고 그들을 형제로 영접하여 물질적, 영적으로 도우면 이것이 바로 참된 교회요 개혁입니다. 이제 우리에게는 이런 도전이 주어졌습니다. "우리는 가난한 자들이 기뻐할 수 있는 복음을 갖고 있는가?" 우리는 도전자 자신들이 복음이 무엇인지 모른다고 해서 또 그들이 우리에게 제시하는 요구사항이 하나님에 대한 우리의 관계를 흔들어 버릴 것이라거나 또 우리 교회의 재정적 기반마저 위태하게 할 것이라는 이유 때문에 그들의 도전으로부터 도망하지 말아야 할 것입니다. 우리는 성경이 가난 문제에 대한 해답을 갖고 있고 노동자들을 귀하게 여길 줄 안다는 사실을 직접적인 행동을 통하여 보여 주어야만 합니다. 우리는 성경이 영적으로만 가치 있는 것이 아니라 실제적으로도 가치 있는 책임을 보여 주어야만 합니다. 우리가 성경을 알고 그 내용을 이야기하고 있으면 실제로 보여 주기도 해야 합니다. 마태복음 5장 16절은 이렇게 말합니다. "너희 빛을 사람 앞에 비취게 하여 저희로 너희 착한 행실을 보고 하늘에 계신 너희 아버지께 영광을 돌리게 하라." 예수님은 좋은 신학을 가르치라고 하지 아니하시고 좋은 행실을 보여 주라고 하십니다. 이 문제는 예수님이 감람산에서 설교하신 후 1955년 동안 교회 앞에 던져온 도전이었습니다. 그런데도 우리는 이 도전을 적절하게 받아들이지 못함으로 이슬람교가 일어나 12개의 기독교 국가들을 삼켜 버리도록 내주고 말았습니다. 지금도 우리는 이 도전 앞에 무기력하게 대처하기 때문에 이제는 소위 사회주의란 것이 일어나 또 다른 기독교 국가들을 그들의 손에 내어주고 있습니다. 그러므로 이제 이 한국만은 경우가 좀 달라지도록 기도합시다. 가난한 사람들이 교회에 와서 우리의 선한 행실을 보고 그들이 하나님께 영광 돌릴 수 있도록 해 줍시다.

인플레와 대 환난에 대한 크리스천의 대책

존경하는 대천덕 신부님께.

　신부님, 전에 인플레를 이겨내는 방법을 말씀해 주신다고 약속하셨는데, 우리가 온갖 인플레 극복 노력에 실패하고 바야흐로 불경기에 빠져들게 될 경우 어떻게 해야 할까요? 또 신부님은 '짐승의 표'에 관해 두 가지 말씀하셨는데, 첫째는 그 표가 없는 사람은 물건을 매매할 수 없을 것이라는 사실과, 둘째는 그 표를 받은 사람은 영원히 계속되는 형벌을 받게 될 것이라는 사실에 대해 언급하시고 환난을 당할 때 견뎌내는 방법을 말씀해 주시겠다고 하셨습니다. 많은 제 친구들은 교회가 대 환난을 거쳐야 할 필요가 없을 것이라고 단정하고 있어서 토론이 통하지 않는답니다. 이 문제에 대해 신부님이 좀 분명히 가르쳐 주시면 좋겠습니다.

　　　　　　　　　　　　　　　　　　　　- 김진호 올림

진호 형제에게.

크리스천들 간에 가장 의견대립이 날카로운 문제들을 지적하셨군요. 자유의지와 예정론, 성경의 성령영감설과 교회 권위 같은 해묵은 문제들뿐만 아니라 요즈음 '휴거'(携擧)에 관한 논쟁으로 크리스천들의 의견이 크게 분열되고 있습니다. 휴거가 있을 것인가, '대 환난'이 있을 것인가, 대 환난 전에 교회는 세상에서 들어올려질 것인가 등등에 관해서 말입니다.

우선 나는 크리스천들이 다른 다수의 크리스천들이 강력한 반대 견해를 갖고 있는 문제에 대해서는 너무 교조적이 되는 것이 온당치 않다고 말해 두렵니다. 성령이 '너희를' 모든 진리 가운데로 인도하실 것을 약속하셨습니다(요 16:13). 나는 C.I.스코필드의 '환난 전 휴거론'의 바탕 위에서 자랐으며 그 이론은 내 세대 거의 전체에 영향을 미쳤습니다. 그러나 나 자신의 성경연구로는 이 이론에 중대한 의문을 갖게 합니다. 내가 존경하는 신학자 한 분은 이 진리는 '자명하며', '충분히 확증된 것'이라고 최근 한 저서에서 주장했습니다. 그러나 내가 그분에게 이에 관해 문의하는 편지를 보내었더니 그러한 결론을 내려 줄 만한 어떤 성경 구절도 제시하지 않았습니다. 그분의 추론은 순환논리가 아닌가 하는 느낌을 갖지 않을 수 없습니다. 즉 "A가 참이면 B가 참이고, B가 참이면 C가 참이고…그가 참이면, A가 참이다. 그러므로 A는 참이다." 하는 식입니다. 각 논증마다 서로 순환적으로 가정하고 있어서 기본 가정, 즉 출발점을 찾을 수 없습니다. 반면에, 모든 성경 구절들을 가장 단순히 해석해 보면 적어도 일부 교회들은 대 환난기간 중 어떤 기간을 거치게 될 것을 의미했습니다.

데살로니가후서 2장은 분명히 휴거가 두 가지 사건, 즉 '배도'와 '불법의 사람'(살후 2:3)이 나타난 후에야 있을 것임을 말씀하십니다. 내가 아는 한 신학도는 그리스도의 "깨어 있으라."(마 24:42, 25:13; 막 13:33~37)는 말씀에 유의하는 크리스천들은 다른 성도들보다 훨씬 먼저 적그리스도(불법의 사람)를 알아낼 수 있을 것이며 그들은 '슬기로운 처녀들'(마 25:1)이 되어 먼저 휴거되는 데 반해 다른 크리스천들은 아마도 3년쯤 뒤에야 일이 어떻게 되어 가고 있는가를 깨닫고 그 후에야 먼저 휴거된 성도들의 뒤를 따르게 된다고 믿습니다. 나는 그것도 그럴듯한 해석이라고 봅니다.

어쨌든, 오늘날 세계 도처에서 크리스천들은 중대한 대 환난을 겪고 있으며 우리들은 그러한 핍박을 받고 있는 성도들을 위해 기도할 뿐만 아니라 우리들 자신도 환난에 대비해야 한다는 코리 텐 붐의 충고를 상기해야만 할 것입니다. 이것을 염두에 두고 나는 두 종류의 환난, 즉 우리가 그리스도에 속해 있고 세상은 우리를 미워하기 때문에 야기되는 환난과 세상이 하나님의 계명을 지키길 거부하고 경제적 재난과 전쟁을 자초함으로써 일어나는 환난에 관해 언급하겠습니다.

경제적 재난과 전쟁에 관해 크리스천이 할 수 있는 일은 무엇입니까? 그 해답은 모든 가정이 그들의 기업인 땅을 가져야 하며 크리스천들은 모든 재산을 공유해야 한다는 성경의 가르침 속에 들어 있습니다. 실업과 전쟁은 시골생활보다는 도시생활에 더욱 심각한 타격을 주기 때문에 도시 자산을 갖고 있는 크리스천은 도시에 갖고 있는 땅을 전부 혹은 일부 팔아 시골의 땅을 사두는 일을 신중하게 검토해야 할 것입니다. 도시에서의 직업을 얼마큼 오래 갖고 있어야 할지에 관해선 하나님께서 지혜를 주시겠지만 우리는 하나님이 "내 백성아, 거기서 나오라"(계 18:4)라고 말씀하실 때에 갈 곳을 갖고 있어야 합니다. 땅을 살 때 우리가 생각해야만 하는 것은 전쟁이나 심각한 경제위기의 경우 시장에서 아무것도 살 수 없게 될지도 모르고 사람들이 집승의 표를 받았을 때에는 더욱 그렇고, 따라서 먹을 식량과 연료와 식수를 얻을 땅을 갖고 있어야만 할 것이라는 점입니다. 가장 좋은 연료는 아카시아나무입니다. 속성수이며 그루터기만 남기면 아무리 베어 버려도 또 자라고 열량도 다른 나무에 비해 많습니다. 아카시아나무는 벌목허가를 받지 않아도 되고 울타리 나무로도 유용하며 땅을 황폐하게 만들지 않습니다.

만일 그 시골 땅에 집을 지어 두면 휴가 때는 별장으로 쓸 수 있을 것이며 다른 사람을 임시로 그곳에 살도록 하여 경작하게 하면 큰 재난이 닥쳐오기 전일지라도 실업이 축복으로 바뀔 것입니다.

토지만이 인플레보다 더 빨리 가격이 상승하는 유일한 재산입니다. 그리고 생산적인 시골 땅은 의지할 만한 유일한 재산입니다. 도시 땅은 가격이 급상승하는 경향이 있으며 그것이 인플레의 주요원인이기도 합니다. 그러나 불경기일 때에는 지각 없는 투기꾼들이 도시 땅을 비싼 값에 사들였다가 매매가 안 되는 것을 안 다음 큰 손해를 보고 팔게 되는 일을 종종 보게 됩니다. 그동안 높은 물가는 주택이나 공장 건축비를 너무 높여 놓아 건설업이 도산하게 되고 인구의 상당수가 실직하게 되며 다른 산업들도 문을 닫기 시작하게 됩니다. 머지않아 지주들 외에는 돈 있는 사람이 없게 되고 모든 물건들을 쌀 때 사들였던 지주들은 그것들의 값이 오를 때 팔고 다시 싸지면 사들이면서 2, 3년간 조용히 앉아서 다른 사람들이 불경기의 문제를 해결하기를 기다립니다. 지난 백여 년 동안 불경기에 대한 유일한 해결책은 전쟁이었습니다. 수백만의 목숨과 엄청난 재산 파괴라는 대가를 치러야 산업의 바퀴가 다시 돌아가기 시작하고 고용이 창출됩니다. 그러나 그것을 하나님의 해결책이라고 부를 수는 없습니다.

한국에는 아직도 미개발, 저개발 된 땅들이 많이 있고 한때 생산적이었던 것이 지금은 방치되어 있는 땅이 있기는 하지만 다른 나라들에 비해 쓸 수 있는 땅이 매우 적습니다. 그러나 미국으로 이민할 생각은 하지 마십시오. 왜냐하면 미국의 땅은 한국에 비해 좀 싸긴 하지만 토지를 구하기가 어렵고 토지 소유권 취득도 매우 복잡하여서 토지 개간권을 위한 특정한 기업이 따로 있을 정도입니다. 누가 미국 땅을 소유하고 있는지 아무도 확실히 모르지만 이 문제를 면밀히 조사한 사람들은 미국의 개인소유지 중 95%가 전체 미국 인구의 5%에 의해 소유되어 있는데 그들은 토지의 위력을 알고 팔지 않는다고 합니다. 나머지 95%의 미국인들은 1인당 평균 6백 평씩을 소유하고 있습니다.

뉴질랜드 같은 나라에서는 엄청난 토지세가 부과되었기 때문에 사람들은 당장 쓰지 않을 땅은 사들이지 않습니다. 그 결과 많은 땅이 공유지로 남아 있고 재정착을 기다리고 있습니다. 그러나 뉴질랜드 사람들은 땅을 갖고 농사짓기보다는 도시에서 배급받고 사는 쪽을 더 좋아합니다. 사실 한국만큼 땅 좋고 기후 좋은 축복을 받은 나라도 흔치 않습니다. 남미에 갔던 한국 농민들이 그곳의 토질이 너무 조악한 데에 실망하여 되돌아오는 것을 우리는 봅니다. 그럼에도 불구하고 세계에서 한국만큼 인구 1인당 소유 토지가 적은 나라도 없을 것입니다. 싱가포르나 홍콩 같은 도시국가는 예외겠지만 사실 홍콩에도 놀고 있는 땅은 많습니다.

짐승의 표에 관해선 어떤가요? 요한계시록에서 두 가지 기억해 두어야 할 중요한 사항이 있습니다. 첫째는 그 표가 없는 사람은 물건을 매매할 수 없을 것이라는 사실입니다. 둘째, 그 표를 받은 사람은 영원히 계속되는 형벌을 받게 될 것이라는 사실입니다. 첫째 것은 우리가 자급자족의 생활로 매매 행위에 관여하지 않는다면 상관없을 것이고, 둘째 사항은 크리스천이라면 그 표를 받느니 차라리 굶어 죽어야 할 것입니다.

그런데 그 표란 무엇일까요? 그에 대해 많은 이론이 있지만 우리가 확실히 알 수 있는 것은 하나님께서 그의 백성들을 모른 체 버려두시지 않을 것이라는 점입니다(마 24:22, 24, 31; 롬 8:33; 골 3:12; 벧전 1:2 등).

계시록 14장은 하나님이 세 천사를 땅에 보내어 모든 족속에게 경고하실 것임을 분명히 말씀하십니다. '여러 나라와 족속과 방언과 백성에게' 그 천사들은 3가지를 경고할 것입니다. 그 첫째는, '영원한 복음'으로서 창조주를 경배하라는, 인본주의에 대한 적극적 경고이며, 둘째는, 바벨론이 무너질 것(우리는 이 바벨론이 문자 그대로 현재 건설 중에 있는 이라크의 수도 바벨론인지 혹은 그때의 세계 제도를 언급하는 것인지 확실히 알 수 없으나 때가 되면 각자의 마음속에 하나님이 말씀하신 것이 무엇인지를 알게 될 것입니다)이라는 경고입니다. 그리고 셋째는 짐승의 표를 받은 사람은 영원히 고난을 받을 것이라는 것입니다.

세계는 지금 그러한 방향으로 움직여 나가고 있는가요? 그렇게 보입니다. 선진 서방국가들에서는 크레디트 카드 없이는 활동하기가 점점 힘들어지고 있고 벌써 카드를 분실했을 때 일어나게 되는 여러 가지 문제들을 막기 위해 손이나 이마에 카드 대신 번호를 도장 찍는 것이 언급되고 있습니다. 그렇다고 해서 크리스천이 호주머니 속에 있는 크레디트 카드 때문에 걱정할 필요는 없다고 생각합니다. 그러나 나는 이마나 손에 문신으로 자기 신분증 번호를 새겨 넣는 일은 분명 한도를 넘는 짓이라고 봅니다. 계시록 13장 17~18절에서는 "짐승의 표는 곧 짐승의 이름이나 그 이름의 수라…그 수는 '사람의 수'니 666이라." 라고 말씀하고 있습니다.

이 숫자는 어떤 의미를 갖고 있을까요? 나는 적어도 3가지 의미를 갖고 있다고 생각합니다.

첫째 해석은 시편 8장 5절에 "저를(인간을) 천사보다 조금 못하게 하시고."에 근거한 것입니다. 성경에서 7이라는 숫자는 천사들과 밀접한 관계가 있으므로 그보다 '조금 낮은 것'은 6이며 6은 인간의 숫자일 것입니다. 그렇다면 666은 인간이 자기 자신을 하나님으로 세워 놓고 삼위일체를 표상한 것, 즉 인본주의의 극치를 의미할지도 모릅니다.

두 번째 해석은 왕상 10:14; 대하 9:13의 솔로몬의 세입금 중수가 666 금 달란트라고 한 데에 근거한 것입니다. 몇 년 전 나는 그것을 당시의 금값으로 대충 환산해 보았더니 미화 20억 달러에 대한 연간 이자소득에 해당했습니다. 오늘날 그 정도의 수입을 갖고 있는 사람은 세계에 있다 해도 손꼽을 정도일 것입니다. 이것은 인본주의와 막대한 부가 손을 잡고 세계를 지배할 것을 시사합니다.

세 번째 해석은 '그 이름의 수라'는 표현에 바탕을 두고 있습니다. 이것은 헬라(그리스)어의 각 철자가 숫자로도 사용될 수 있으며, 성경기록 당시 헬라어는 아라비아 숫자나 한자 숫자를 사용하지 않았기 때문에 그러한 맥락에서 해석이 가능합니다. 네로에서 키신저에 이르기까지 세계역사상 많은 인물들의 이름이 이런 방법으로 계산하여 합계가 666에 맞아떨어졌다고 합니다(내가 갖고 있는 대영백과사전을 갖고 계산했을 때 네로 황제는 607이었습니다). 참고하시고 싶은 분들을 위해 이 계산법을 소개한다면 알파(영어의 a에 해당), 베타(b), 감마(c), 델타(d), 엡실론(e)은 1부터 5를, 특수 자모인 바우 혹은 디감마(f)는 6을, 제타(g), 에타(h), 데타(th)는 각각 7, 8, 9를 이오타(i), 카파(k), 람다(l), 뮤(m), 뉴(n), 크시(x), 오미크론(o), 피(p)는 10에서 80까지를, 또 하나의 특수문자 코프는 90을, 로(r), 시그마(s), 타우(t), 윕실론(y), 피, 키(x), 프시, 오메가는 각각 100부터 800까지를, 특수 문자 삼피는 900을 각각 표시합니다. 그러므로 적그리스도의 이름을 찾아내기 위해서는 당신이 검토하고 싶은 이름을 헬라어로 번역하여 그 철자에 해당하는 숫자로 대입해 보면 됩니다. 적그리스도가 출현하면 그는 666인 자기 이름을 자랑할 것이며 아무도 그것에 의문을 갖지 않을 것입니다.

 기억해야 할 중요한 것은 계시록이 적어도 어떤 크리스천들은 "장차 온 세상에 임하여 땅에 거하는 자들을 시험할 때를 면하게"(계 3:7~13, 빌라델비아 교회)할 것임을 시사하는가 하면, 대부분의 성인들은 하나님의 어린 양의 피와 자기들의 흘린 피로 결국 사탄을 이길 것임을 말씀하신 것입니다. 계시록의 주제는 '이기는 것'이며 우리는 우리 자신의 생명을 사랑할 것이 아니라 우리 생명을 버림으로써 사탄과 적그리스도와 거짓 선지자들을 이길 준비를 해야 한다는 것입니다. 예수님은 오고 계십니다. 누가복음 12장 37절은 "주인이 와서 깨어 있는 것을 보면 그 종들은 복이 있으리로다."라고 말씀합니다.

 우리 서로를 위해 환난을 피할 수 있게 해 주실 것을 기도합시다. 그러나 환난을 당한다 해도 우리가 이겨내어 예수께서 우리를 복 있는 자라고 부르시게 되길 또한 기도합시다.

성경은 불교와 유교에 얼마만큼 영향을 끼쳤는가?

산골짜기에서 온 편지

모든 법은 성경을 바탕으로 만들어져야 한다

존경하는 대천덕 신부님께.

신부님께서 음력설을 지켜 주셔서 감사합니다. 저는 지난 음력설 때 예수원에서 정말 재미있는 시간을 보냈습니다. 신부님께서는 그때 법을 공부하는 데 대해서 말씀해 주셨죠. 저는 그때 신부님께서 말씀해 주신 것을 다시 한번 말씀해 달라는 부탁을 드리기 위해 이 편지를 드립니다. 저와 함께 교제를 나누고 있는 많은 친구들이 신부님께서 말씀하신 내용에 대해 관심을 갖고 있습니다. 저는 그때 몇 차례의 사법고시에 실패하자 저의 교회 목사님께서는 저더러 신학을 공부하여 주의 종이 되라고 권유했다고 말한 적이 있습니다. 그러나 신부님께서는 그때 다시 한번 재도전해 보라고 말씀하셨습니다. 저는 웬일인지 신부님의 의견이 제게 더 합당하다고 생각됩니다. 그리고 저는 아직도 그것이 하나님이 뜻이라고 마음속에 확신하고 있습니다. 그 밖에 저는 크리스천 법학도들이 알아야 할 것들에 대해서 신부님의 가르침을 듣고 싶습니다.

— 김재복 올림

사랑하는 재복 형제에게.

형제가 예수원에서 우리와 함께 음력설을 지내게 되어서 얼마나 기뻤는지 모릅니다. 우리는 성경이 제시해 주는 월력이 바로 음력이라는 사실을 알아야 합니다. 그러므로 비록 성경 월력의 첫 달이 한국의 그것보다 한 달이 뒤지긴 해도 그리스도인들이 음력설을 지킨다는 것은 그만큼 자연스러운 일이라 하겠습니다. 만약 형제가 윷놀이를 잘하는 만큼 법학 공부도 잘해 준다면 다음 시험에서는 무난히 합격할 수 있을 것이라 생각합니다.

하나님께서 때로는 우리를 올바른 길로 인도하시기 위해 우리의 길을 막으실 때가 있다는 사실은 전적으로 옳다고 봅니다. 그래서 당신이 사법 고시에서 실패한 것은 당신이 다른 일을 시도해 보도록 하려는 하나님의 어떤 징표일 가능성도 큽니다. 또 당신이 나가는 교회의 목사님은 나보다 훨씬 더 당신을 잘 알고 계실 것이므로 내가 목사님의 의견에 또 다른 의견을 제시한다는 것은 어쩌면 좀 건방진 태도인지도 모릅니다. 그러나 나이가 많은 어른들과 의논을 하고 나서도 결정을 해야 하는 사람은 본인 자신이어야 한다는 것은 어쩔 수 없는 사실입니다. 성경에서 가장 비극적인 사건의 하나는 하나님의 선지자가 자기의 길을 가려고 할 때 그 길 대신에 자신의 의견을 따르도록 꾀었던 어떤 선지자에 대한 이야기입니다. 이것과 비교해서 고린도전서 4장 2~3절을 또한 읽어 보시기 바랍니다. 만약 주님께서 당신의 결정에 대해서 평안과 계속해서 강한 목적의식을 주신다면 그것이 주님의 뜻인 줄 알고 그대로 행하면 좋을 것입니다.

나는 교회에서 '주의 종', 또는 '목자'라는 표현이 꼭 설교하는 목사들만 지칭하는 것으로 잘못 사용하는 것을 보는데 이것만큼 나를 혼동케 하는 것은 없습니다. 실제로 그리스도인 중에 주님의 종(주의 종)이 아닌 사람은 있을 수 없으며 만약 있다면 그는 마귀의 종일 것입니다. 예를 들어 주의 종이 아닌 법률가, 정치가가 있다고 해봅시다. 그는 마귀의 종일 뿐입니다. 그러나 바사의 왕 고레스의 경우처럼 하나님께서 특별히 간섭하시는 사람은 그가 비록 하나님을 모르는 사람일지라도 그 자신도 모르게 하나님이 사용하심으로 말미암아 주의 종이 될 수도 있습니다. 에스라 1장 1절, 이사야 44장 28절, 45장 1절을 주목하여 읽어 보십시오. 하나님께서는 고레스를 '나의 종'이라고 부르고 계십니다. 성경은 목자와 목사의 의미를 따로 구별시키지 않고 있습니다. 이 구별은 한국 성경에서 번역자들이 성경을 번역할 때 만들었던 것입니다. 나는 목자라는 말이 성경에서 종교지도자들을 가리키기보다는 정치가들을 지칭하는 경우가 더 많거나 아니면 최소한도 비슷한 횟수로 쓰여지고 있다고 알고 있습니다. 따라서 법을 공부하고 있는 당신은 장차 목자 혹은 주의 종이 될 준비를 하고 있는 것이나 다름없는 것입니다.

 성경은 우리가 제일 우선적으로 기도해 줘야 할 사람들이 바로 정치가들이라고 말합니다(딤전 2:1~2). 나는 정치가들이 그리스도인이면 그들을 위해 기도해 주기가 훨씬 쉬울 것이라고 생각했습니다. 그러나 불신의 정치가를 그리스도께 인도하는 일과 믿는 정치가가 타락하지 않도록 붙잡는 일 중 어느 것이 더 쉬운 일인지는 나도 모르겠습니다. 아마도 어렵기는 두 가지 모두가 일반일 것입니다. 그러나 모든 그리스도인의 당연한 바람이라고 한다면 정치가들은 물론 모든 부류의 사람들이 다 의와 사랑과 정직과 자비와 충성의 열매를 맺을 뿐 아니라 자신을 모든 유혹으로부터 지켜 달라는 부탁일 것입니다. 그리고 사실상 더욱 어려운 것은 정치가나 법률가들보다는 사업가들이 유혹에 빠지지 않게 되는 일입니다. 그렇지만 그리스도인이 사업을 하지 말아야 한다고 반대를 하는 사람은 아무도 없습니다.

　모세도 법을 공부하는 법학도였고 다니엘도 그랬습니다. 그리고 이스라엘의 모든 왕들도 법을 공부하도록 되어 있었습니다(신 17:18). 그러나 법을 공부하는 학생들은 그들이 꼭 해결하고 넘어가야 하는 문제 하나가 있습니다. 그것은 그가 공부하는 법 그 밑에 깔려 있는 '정신'을 계속해서 조사하고 연구해야 한다는 것입니다. 이것은 경영학이나 경제학을 전공하는 학생들도 마찬가지입니다. 그는 자신이 공부하는 법을 하나님의 법과 끊임없이 비교해 보아야 하는 것입니다. 그런데 이상스럽게도 서구의 법은 전혀 성경에 바탕을 두지 않고 있다는 것입니다. 그것은 로마법, 혹은 영국의 보편법(common law)에 기초를 두고 있습니다. 나는 로마법이 로마의 다신교, 플라톤의 이상주의 및 인본주의, 그리고 카르타고의 바알 숭배 정신에 깊이 뿌리를 내리고 있다고 알고 있습니다. 미국의 법률이 심각한 위기에 처해 있는 것은 그것이 인본주의 정신에 많은 영향을 받고 있기 때문입니다.

　약 25년 전 내가 성 미카엘 신학원에서 학생들을 가르치고 있을 때, 나는 우연히 영국의 아세아 학술원 한국 지부에서 출판된 최초의 학술 논문집 한 권을 읽게 된 적이 있습니다. 함병춘 박사가 그 책을 썼는데 거기에는 구미의 법과 한국의 법이 어떤 철학적 상이점들을 갖고 있는지에 대해서 서술되어 있었습니다. 함 박사는 책 속에서 한국의 법이 서구의 법보다 훨씬 훌륭하다고 말하고 있었습니다. 나는 여기에 대해서 한동안 의심을 했는데 어느 날 성경을 읽다가 비로소 이 의심을 해소할 수 있었습니다. 그 말씀은 "사람이 율법을 법 있게 쓰면 율법은 선한 것인 줄 우리는 아노라 알 것은 이것이니 법은 옳은 사람을 위하여 세운 것이 아니요 오직 불법한 자와 복종치 아니하는 자며 경건치 아니한 자와 죄인이며…위함이니"(딤전 1:8~10)라는 말씀이었는데 이것은 바로 함 박사가 이야기하고 있는 내용이었습니다. 나는 법학자가 아니라서 더 이상 깊이 언급하지 않겠습니다. 나는 다만 법은 각기 다른 정신을 갖고 있으며 그중 어떤 것은 보다 성경의 정신에 가깝다는 것을 지적하고 싶은 것입니다. 이 같은 성경의 정신을 한국에 적용하여 실시되도록 하는 것이 함 박사뿐만 아니라 당신이 당면한 과제라고 나는 생각합니다. 함 박사의 책을 읽고 난 몇 년 후, 나는 미국에 갔다가 한국으로 돌아오기 위해 워싱턴에 있는 한국 대사관에 비자를 신청하러 간 적이 있습니다. 그때 함 박사는 미국 주재 대사로 있어서 나는 아내와 함께 대사관에서 그를 만나 그가 쓴 논문에 대해서 재미있게 이야기를 할 수 있었습니다. 나의 바람은 당신도 그를 강사로 모셔 이 땅에서 법을 집행하는 데 있어서 반드시 깔려 있어야 할 기독교적 원칙을 주제로 강연회나 토론회를 열었으면 좋겠다고 하는 것입니다.

  법과 관계를 맺고 있는 사람들 중 특히 입법자(立法者)로 일하는 사람들이 잊기 쉬운 것은 법에는 두 가지 법, 즉 규범법(normative law)과 기술법(descriptive law)이 있다는 사실입니다. 처음의 것은 소위 우리가 자연법(laws of nature)이라고 부르는, 엄밀히 말하면 하나님의 법이라고 일컬을 수 있는 것이고, 나중의 것은 인간의 행위를 다스리기 위해서 사람이 제정한 법률이라고 말할 수 있는 것입니다. 나는 현재 이와 같은 현상이 미국 내에서 진행되고 있는 것을 보는데 얼마나 무시무시한 일인지 알 수 없습니다. 이러므로 형제는 한국의 법을 제정하는 사람들을 위해서 기도하십시오. 그래서 이 나라가 잘못된 법으로 망하지 않도록 노력하십시오.

  다수결(多數決)이라는 것이 성서적인 개념으로 여겨진 것은 아무 때도 없었습니다. 성경은 성령의 인도함이 없이도 자주, 다수가 될 수 있다고 말하고 있습니다. 다수결이라는 개념은 인간은 선하며, 하도록 허락만 해 준다면 얼마든지 최선의 결정을 내릴 수 있을 만큼 영리하고 똑똑하다는 밑도 끝도 없는 가정하에서 생겨난 개념인 것입니다. 그러나 실상인즉, 인간은 죄인이며, 심지어 그리스도인이라고 주장하는 사람들조차도 극도로 이기적이며 또한 사람들은 하나님의 뜻을 찾기 위해 말씀을 공부하지도 않는다는 것이 인간 실존의 보편적 상황입니다. 그러므로 인간은 공평하고 지혜로운 결정을 내릴 만큼 현명하거나 정의롭지가 못하다고 인정해야 하는 것입니다. 그런데도 인간은 선하다는 이 개념은 널리 퍼져 있어서 사람들은 다수결이란 잘못 될 수 없으며 따라서 다수가 원하는 것은 무엇이든지 할 수 있다고 생각하고 있습니다.

11세기 영국의 왕이었으며 동시에 덴마크와 노르웨이의 왕이기도 했던 커누트 대왕(King Canute) 때도 이것은 마찬가지였습니다. 그에게 아부하는 사람들은 왕의 권위는 절대적이어서 이 세상의 그 어떤 것도 그의 권세에 굴복치 않는 것이 없다고 말했습니다. 그러자 어느 날 왕은 그의 신하들에게 그의 보좌를 어느 해변가에 옮겨 놓도록 한 다음 자신이 그 보좌에 앉았습니다. 그러고서 그는 멀리 나가 있는 밀물을 향해 다시 들어오라고 명령을 내렸습니다. 그러나 바닷물은 그의 명령에 순종하기를 거부했습니다. 그의 신하들은 어떻게 되었겠습니까? 졸지에 바보처럼 되고 말았습니다. 하나님의 법은 인간들이 자신의 권세가 얼마나 있다고 생각하든지 간에 인간의 결정에 따라 변화될 수가 없는 것입니다. 그러므로 하나님의 법을 잘 연구하여 사람들이 자연법에 어긋나는 법을 만들지 못하도록 하고 또 이 나라가 그들로 말미암아 조종당하지 못하도록 노력하는 것이 그리스도인 법학도들의 의무인 것입니다. 이렇게 할 때 이 나라의 평화는 깨어지지 않고 번영을 계속할 수 있을 것입니다.

하나님의 법은 성경 전체를 통하여 두루 발견되어지고 있는데 이것은 성경 전체의 맥락 속에서 연구되어져야 하며 하나의 덩어리로 보아야 하는 것들입니다. 바울이 말했듯이 우리가 그 법을 법에 맞게 사용하기 위해서는 그 밑에 흐르는 기본 정신을 이해하는 것이 중요합니다. 나는 어떤 법학자가 그 정신이 무엇인지 연구해 본 적이 있는지 모르겠습니다. 나는 정치 규제를 받게 된 어느 유명한 정치가 한 사람에게 성경을 연구하여 법과 경제에 대한 성경적 원칙들이 무엇인지 알아 봐서 나중 정치 활동의 규제가 풀리게 되면 그때 이 나라가 그 원칙대로 이끌어지도록 해보라고 권유한 적이 있습니다. 그러나 내가 알고 있는 한 그는 나의 충고를 듣지 않았고 그리스도인임에도 불구하고 그나 그의 지지자들 중 어느 누구도 성경을 의미 있게 공부하지 않았습니다.

반면 법을 만드는 사람들이 먼저 자신들을 성경 앞에 세워보고 디모데전서 1장 8절 말씀을 이해하고 있는가, 없는가를 알아보았다는 서구 역사 속의 한 단편은 우리에게 얼마나 소중한 교훈을 주는지 알 수 없습니다. 요한 칼빈은 스위스 제네바에 신권정체(神權政體)를 세웠던 적이 있는데 청교도들은 그것을 영국에서 세우려고 했다가 다시 신대륙에다가 건설하려고 했습니다. 로저 윌리암스는 그것을 로드(Rhode) 섬에다 세우려고 했고, 윌리암 윌버포스(William Wilberforce) 같은 정치가는 현존하는 정부 기관들 속에 그것을 실천하려고 했습니다. 토마스 후커(Thomas Hooker)는 그의 저서 〈법과 성서적 정치〉를 통하여 성경의 개념을 교회와 국가에 동시에 적용하려고 했습니다. 그리고 존 록크(John Locke)는 〈시민 정부에 관한 소고〉라는 책을 썼는데 이것은 후커의 정부 이론에서 끌어낸 것이었습니다. 대영백과사전은 록크의 이 이론은 후커가 인정하지 않은 것을 비약, 발전시켰다고 하면서 후커의 것이 영국의 정치 발전을 통제시킨 최초의 주장이었다고 말했습니다. 이 법에 대해서는 엄청나게 많은 할 일이 남아 있습니다. 아무쪼록 하나님께서 형제를 귀하게 사용하셔서 한국이 세계 모든 나라들 위에 빛을 비출 수 있는 국가가 되기를 바라겠습니다.

성경은 불교와 유교에 얼마만큼 영향을 끼쳤는가?

존경하는 대천덕 신부님께.

신부님, 어떤 그리스도인들은 우리나라의 고대 전통은 모두가 미신에 가까운 것들이라고 보는 것 같습니다. 그들은 오랜 상고시대로부터 내려오는 것들은 모두가 마귀적이요, 따라서 우리 그리스도인들은 그것들을 무시해야 한다고 생각합니다. 반면 사람들은 서양의 것들은 쉽게 받아들이려고 합니다. 그러나 저는 신부님께서 서양의 이교사상(異敎思想)과 동양의 건전한 전통에 대해서 강연하시는 것을 들은 적이 있습니다. 신부님은 그때 성경이 불교와 유교에 큰 영향을 주었다고 말씀하셨습니다. 그 내용을 좀더 상세히 알고 싶습니다. 신부님의 상세한 답변을 기다리겠습니다.

— 주예레미야 올림

예레미야 형제에게.

나는 최근 중국 상(商)나라의 어느 고분에서 발견되었던 벽화를 복사한 그림 한 장을 본 적이 있습니다. 그 그림 속의 농부는 쟁기를 들고 밭을 갈고 있었는데 옷을 입고 있는 모습이 한국 사람과 똑같았습니다. 내가 가지고 있는 백과사전에는 중국의 상나라가 주전 1523년과 1027년 사이에 있었다고 합니다. 이것을 사실로 인정하고 이스라엘의 출애굽 연도를 주전 1462년이라 본다면 상나라가 건설된 것은 모세가 20살쯤 되었을 때인 것 같고 상나라가 망했을 때는 다윗왕이 즉위한 지 10년이 지났을 때인 것 같습니다. 그리고 다윗을 이어 솔로몬이 왕이 되었을 때는 주나라가 일어난 지 30년이 되었을 때입니다. 그런데 성경 열왕기상 4장 34절에 보면 바로 이즈음에 열국의 백성들이 솔로몬의 지혜를 듣기 위해 예루살렘으로 왔다고 말합니다. 최근 나는 한국의 개화기 초 선교사로 있었던 게일(Gale)이 만든 한국어 사전(Gale's Dictionary)에서 주목 왕(周穆王)이라는 임금의 이름을 발견했는데 그는 중국 주나라의 다섯 번째 임금이라고 되어 있습니다. 우리는 여기에서 게일이 왜 서양의 주전 947년대의 시기에 대해서 관심을 가지고 있는지 주목해 볼 필요가 있습니다. 나는 앞서 레젠과 클라센의 연대표를 인용하면서 이 연도가 한국과 중국에 특히 중요하다고 말한 바 있습니다. 만약 솔로몬이 주전 986년에 즉위했다면 이때는 그가 즉위한 지 39년째가 되는 해입니다. 새 아메리카 표준성경(New American Standard Bible)의 편집자는 솔로몬이 주전 931년에 퇴위했다고 제시하는데 그렇다면 주목 왕이 예루살렘을 방문한 것은 솔로몬이 물러나기 16년 전이라는 이야기입니다. 이 사건을 두고 세계적으로 그 권위를 인정받는 브리태니커 백과사전(Encyclopedia Britannica)은 다음과 같이 기록하고 있습니다. "나라를 일으킨 건국자가 죽고 나자 그 왕조는 뛰어난 임금을 배출하지 못했다. 그러나 그중 무 왕(즉 주나라의 목왕)이라는 임금은 대단한 여행가로 알려졌는데 그는 그의 여행길을 넓히고 넓힌 끝에 신비한 서방의 여왕-중국어로는 서왕모(西王母), 영어로는 the mysterious royal lady of the west 라고 기록되었음-에게로까지 뻗혔다." 나는, 이 부분의 기사를 쓴 편집자가 '서방의 여왕'이라는 말 앞에 일부러 '신비한'(mysterious)이라는 형용사를 붙였다고 생각합니다. 왜냐하면 그 서방의 여왕이란 실제 역사에 알려져 있지 않았다는 것을 알았기 때문이라는 것입니다. 그러나 만약 그가 중국 글자에 대한 한국어 발음에 익숙해 있었더라면 '서왕모'가 '서로모왕'처럼 발음된다는 사실을 알았을 것입니다. 그것은 시간이 지남에 따라 단어가 일부는 생략되고 일부는 첨가되어 조금씩 음절 배열이 바뀌어 일어나는 현상입니다. 지난 여름 캐나다와 대만을 거쳐 예수원을 방문한 어느 여 성도는 내게 중국의 역사학자들은 남성들이 지나친 영광을 얻는다고 생각될 경우 자주 남성 명사를 여성 명사로 바꾸는 경우가 있다는 것을 발견했다고 말해 주었습니다. 또 나는 음절을 바꾸는 중국의 언어 관습을 익히 알고 있습니다. 예를 들어 '큰 부더'(ko liao bu de)인데 이것은 그 본래의 음절 배열이 부커더료(bu ko de liao)였다가 음절이 뒤섞여 바뀐 것으로 보입니다. 또 '미안하다'는 '되부치'(duei bu chi)인데 이것도 본래는 부되치(bu duei chi)가 정상이었습니다. 이렇게 볼 때 주(周)나라의 목왕(穆王)이 만났던 서방의 신비한 '서왕모'(西王母)는 이스라엘의 '서로모왕' 즉 솔로몬 왕일 가능성이 큽니다. 성경도 그렇게 말하고 있습니다. 만약 그렇지 않다면 지금부터 2930년 전의 중국의 역사 기록을 어떻게 다르게 해석할 수 있겠습니까?

그러면 주목 왕이 솔로몬을 만났을 때 그가 솔로몬 왕으로부터 무엇을 배웠겠습니까? 나는 다음과 같은 기록이 남아 있다는 말을 들은 적이 있습니다. 즉 주목 왕이 솔로몬 왕에게 가서 배운 것을 글로 남겼는데 이것이 중국 전통사상의 골자가 되었으며 이것은 다시 공자와 맹자를 통해 그들의 제자들에게 전승되어졌다는 기록입니다. 주목 왕은 틀림없이 솔로몬에게서 성경을 배웠을 것입니다. 그러면 그때까지 전해 오던 성경은 어디까지였을까요? 지금 나의 책상 위에 펼쳐져 있는 영어성경은 구약만 880페이지를 담고 있습니다. 아마 당시에는 이중에서 467페이지 정도는 가지고 있지 않았을까 하는 생각입니다. 즉 오늘날 우리가 가지고 있는 구약성경의 반 정도는 가지고 있지 않았을까 하는 생각입니다. 그랬을 경우 모세오경은 물론 선지서들까지 주목 왕에게 알려졌을 것입니다. 내가 보기에 성경에서 중국 사상에 가장 큰 영향을 끼친 부분은 잠언과 모세오경의 율례법(ceremonial laws)이 아닌가 생각합니다. 우리는 공자와 맹자 선생의 글 속에서 어떤 것들은 잠언의 함축성 있는 가르침들과 아주 흡사한 내용들을 볼 수 있습니다. 또 우리는 올바른 예식(禮式)과 예법(禮法)을 상당히 강조하는 내용들도 볼 수 있습니다. 나는 시간이 없어 여기에 대해서 좀더 상세한 연구를 해보지 못했습니다. 그러나 나는 공맹사상(孔孟思想)과 구약성경 사이에 어떤 연결점이 있다는 것이 결코 우연의 일치라고 보고 싶지는 않습니다. 한편 인도에서 솔로몬의 지혜를 듣기 위해 파송된 사신들은 '헛되고 헛되니 모든 것이 헛되도다'라는 내용의 요지를 이루고 있는 전도서의 내용에 제일 많이 영향을 받은 것 같습니다. 바로 이와 같은 사상은 '색즉시공(色卽是空)'이라는 함축성 있는 말로 불교의 경전을 통해서 오늘날 우리에게도 전해 내려오고 있습니다. 석가모니 선생은 왕족(王族)이었는데 아마 그의 조상 중 누군가가 인도의 사신으로 솔로몬의 궁전을 방문했을지도 모릅니다. 내가 추측컨대 인도의 사신들은 히브리서 11장에 언급되어져 있는 내용대로 이삭을 제물로 바친 아브라함, 애굽에서의 요셉, 바로의 궁전보다는 이스라엘을 위해 고난받기를 택한 모세 등의 이야기를 그 의미에 대해서는 충분히 사색도 하지 않은 채 단순히 기억만 하고는 돌아왔음이 분명하다고 생각합니다. 그래서 석가모니 선생은 어느 날 이 모든 이야기들의 요점이 바로 '공즉시색'이라고 보리수나무 아래에서 깨달았던 것 같습니다. 그는 그와 동시대에 살았던 중국의 현인(賢人)들보다 좀 열등한 역사의식을 갖고 있는데 내가 살펴본 바로 그는 성령께서 그에게 깨우쳐 주셨던 내용들에 대해서는 별로 언급을 하지 않고 있다는 것입니다.

그러면 다시 중국과 한국에 관련지어 생각해 봅시다. 먼저 절기에 대해서 생각해 보면, 오늘날 우리에게는 솔로몬 시대의 율례, 절기법들이 그대로 지켜져 내려온다는 것입니다. 절기에 대해서 따질 때 가장 중요한 사항 중의 하나는 그것의 날수를 정확하게 계산해야 한다는 것입니다. 솔로몬 시대에는 모세의 명에 의해서 지키게 된 유월절, 오순절, 장막절이 있었는데 이 세 가지 절기들이 오늘날 한국에도 지켜지고 있습니다. 유월절은 첫 해 달의 만월(滿月) 즉 이스라엘 사람들의 정월 대보름이었습니다. 그러나 무슨 이유와 어떤 영향을 받아서인지는 모르나 한국의 정월(正月)은 유대인의 그것보다 한 달을 앞서 가고 있습니다.

그리고 또 거기에는 하루의 차이가 생기는데 이것은 유대에서는 14일째가 만월이 되지만 한국에서는 15일째가 만월이 되기 때문입니다. 그리고 나머지 두 절기는 한국과 꼭 하루 차이가 나는 날에 지켜지고 있습니다. 오순절은 유월절이 지난 50일째 지켜지는 절기인데 이것은 이스라엘의 세 번째 달 6일에 해당하고 한국은 네 번째 달 7일에 해당되는 날짜입니다. 그런데 우리는 이보다 하루 후인 4월 8일(유대인의 오순절 이틀 후)을 석가모니 선생의 생일로 정해 놓고 지켜오고 있습니다. 장막절은 솔로몬 시절 일곱 번째 달의 15일에 지켜졌는데 이것이 한국에서는 여덟 번째 달의 16일이 되고 이 날은 바로 추석 다음날입니다. 이렇게 볼 때 한국의 대보름과 사월 초파일 그리고 추석은 적어도 절기상으로는 성경의 그것들과 일치함을 볼 수 있습니다. 그리고 유대인의 오순절에 해당하는 4월 초파일이 석가모니의 생일이 되기 전에는 그것이 무슨 절기로 지켜졌는지는 아직 자세히 모르겠습니다. 이스라엘에서는 이 절기가 보리를 추수하는 것에 대해서 감사하고 또 모세가 시내산에서 율법을 받은 것을 기념하는 절기입니다.

우리는 석가모니와 공자 두 사람 모두 예루살렘으로 솔로몬을 방문했던 사람들보다 4백 년 후에 태어났다는 사실을 알아야 합니다. 석가모니는 주전 563년경에 태어났는데 이때는 이스라엘이 바벨론의 포로로 있을 때였고 에스겔과 다니엘이 이미 선지자로서 활동하고 있을 때였습니다. 나는 공자가 석가모니보다 몇 살 위일 거라고 생각했는데 백과사전을 보니 그의 출생시기가 주전 551년으로 기록되어 있었습니다. 하여튼 공자 역시 이스라엘 백성이 포로로 있을 당시에 태어난 것이 분명합니다. 그러나 그들의 일생 중 중요한 사건을 말해 주는 전통적이 연대, 즉 예를 들면 공자가 노자를 만난 사건, 그리고 석가모니가 도를 깨친 사건의 연대는 스룹바벨이 성전을 건축하기 시작하여 완성을 본 해와 일치하고 있습니다. 그리고 또 공자의 생일은 추석날로 지키고 있습니다. 그렇다면 우리들은 비기독교적인 철학자들로 하여금 기독교인들이 성스럽게 여기는 거룩한 절기에 태어나게 하신 하나님의 섭리가 어디에 있는지 한번 생각해 볼 필요가 있지 않겠습니까? 나는 그 해답이 요한복음 1장 17절, 갈라디아서 3장 24절, 사도행전 14장 17절에 있다고 생각합니다. 요한은 "율법은 모세로 말미암아 주신 것이요 은혜와 진리는 예수 그리스도로 말미암아 온 것이라."라고 했습니다. 하나님께서는 모세를 보냈고 또 이어서 솔로몬을 통하여 이스라엘 백성을 준비시켰던 것처럼, 이방인을 위해서도 석가모니와 공자를 보내셔서 준비시켰다는 것입니다. 즉 모세가 예수 그리스도께서 통치하는 새로운 시대의 출발을 위해서 이스라엘 백성들을 준비케 했던 것처럼 석가모니와 공자는 인도와 중국과 한국 그리고 일본 백성들을 준비케 했다는 것입니다. 바울은 갈라디아서에서 모세(율법)는 그리스도께서 오셔서 우리를 온전히 알게 하시기까지 우리를 가르치는 몽학선생(guardian reacher)이라고 했습니다. 이처럼 나는 석가모니와 공자는 이방인들을 위해 마치 이 몽학선생처럼 사용되어졌다고 생각하는 것입니다. 네스토리우스(Nestorean) 계열의 선교사들이 저지른 가장 큰 실수는 이와 같은 동양의 철학자들을 모세와 율법에 비교시키기보다는 로고스(말씀) 즉 예수님과 비교시켰다는 것입니다. 사도행전 14장 17절을 읽어 보십시오. 바울은 하나님께서 예수님 이전에도 이방인들에게 자기를 증거하지 아니하신 것이 아니었다고 말하고 있습니다. 그래서 나는 옛날의 그 동양 철학자들이 하나님께서 자기를 나타내기 위해서 보내신 증거자였다고 보는 것입니다. 우리는 그 동양 철학자들이 증거한 그 증거가 어느 정도 빗나갔는지를 성경과 비교하여 알아 낼 수가 있습니다. 우리는 그들의 가르침 속에서 상이점들은 물론 많은 공통된 부분들을 발견할 수가 있습니다. 그리고 크리스천으로서 우리들은 성령과 일치하지 않는 부분들은 지적하여 바로잡아야 하겠지만 공통된 것들은 교훈으로써 즐겨 받을 줄도 알아야 하겠습니다.

솔로몬 시대에는 선지자들도 인정하지 않았고 또 모세의 율법에도 기록되어 있지 않았던 다른 의식이 행해지고 있었는데 예루살렘을 방문했던 한국의 사신들은 그것을 눈으로 배워왔다고 보여집니다. 그것은 다름 아니라 산당에서 제사를 드리는 것을 말합니다(왕상 3:2, 11:7~8; 왕하 12:3을 찾아보십시오). 산당에서 제사를 드리는 것은 당시 이스라엘에서 널리 행해지던 악한 풍습이었습니다. 이것을 한국의 사신들이 눈으로 배워 와서 그대로 실시했다고 볼 수 있습니다. 왜냐하면 우리는 한국의 어느 마을을 가더라도 제사를 드리는 산당이 없는 곳은 찾아볼 수 없으니까요. 한편 제사를 드릴 때 이스라엘을 모방하여 동물의 희생을 드리지 않고 곡물을 제물로 바쳤던 것은 한국인들의 공적이라고 하겠습니다. 우리는 하나님께서 희생의 제사를 폐기시키신 것이 아니라 완성하셨다는 사실을 알고 있습니다. 그러므로 우리들은 제사에 대한 성경의 가르침을 잘 연구하여 이것을 한국의 고대 제사 풍습과 비교해 보아도 좋을 것입니다.

또 다른 성경의 고대 전통이 역경(易經)이라는 학문으로 극동지방에 전해 내려오고 있는데 '음양이론'이 바로 그것입니다. 이것은 솔로몬 시대보다 조금 일찍 중국에 있었다고 하는데 의견이 학자들마다 일치하지 않고 있습니다. 우리는 창세기의 첫 장(1장 27절)에서 바로 이 개념을 볼 수 있는데 아마 셈에 의하여 극동지방에 전해지지 않았나 생각됩니다. 내가 볼 때 이 개념은 가볍게 무시할 수만은 없는 것이라고 생각됩니다. 성경은 음과 양을 하나님의 형상(image), 다시 말하면 생명과 진리에 대한 기본적인 설명이라고 말합니다. 그러나 흥미롭게도 한국에는 태극무늬가 삼위일체가 되도록 조합되어져 있습니다. 나는 누군가가 좀 깊이 연구하여 삼위일체를 상징하는 이 태극 모양이 신라 때의 네스토리안 선교사들이 전도를 했던 그 이전 시대에까지 연결되는지를 확인해 주었으면 합니다.

공자의 가르침이 잠언에 나와 있는 솔로몬의 가르침과 유사하다는 사실과는 대조적으로 석가모니의 가르침은 솔로몬의 말기 사상인 허무와 비관주의를 잘 반영해 주고 있습니다. 솔로몬은 잘 아는 대로 그의 통치 말기에 하나님을 떠났던 사람입니다(왕상 11:7~9). 그래서 당시 그가 썼던 책인 전도서를 보면 거의 불신앙적인 허무주의를 표방하고 있습니다. 그런데 놀랍게도 석가모니는 이 위에다 '색즉시공'(色卽是空)이라는 아주 확신 있는 메시지를 덧붙이고 있습니다. 나는 석가모니의 이 메시지가 모든 것이 헛됨을 강조하는 솔로몬의 전도서로부터 받은 영향이 아닌가 생각합니다. 그리고 석가모니는 또 다른 하나의 진리를 깨달았는데, '공즉시색'(空卽是色)이 바로 그것입니다. '공즉시색'이란 다시 말하면 자신을 없는 것처럼 비워 버리면 참영광을 발견하게 된다는 말입니다. 아브라함의 '전적 순종'과 완전한 '자기 포기' 그리고 요셉과 모세의 이야기에서도 우리는 이 진리를 발견하게 됩니다. 그러나 이와 같이 자기를 완전히 비워 버리는 예가 한 인간을 통하여 완벽하게 실천되게 된 것은 오직 우리 주 예수 그리스도를 통해서였습니다. 빌립보서 2장 5~11절은 여기에 대해서 아주 잘 설명해 주고 있습니다. 예수님만이 그 공즉시색의 진리를 완벽하게 성취하신 분이셨습니다.

'길' 즉 한자로 '도'(道)에 대해서 이야기하자면 우리는 또한 노자(老子)를 생각하지 않을 수 없습니다. 그는 우리로 하여금 '도'를 추구하도록 준비시킨 사람이었습니다. 우리는 예수님이 길이며 또 그 길의 천지가 그로 말미암아 지어진 그 말씀이라는 사실을 알게 될 때 노자의 도덕경(道德經)이 비로소 예수님 안에서 의미를 가지게 된다는 사실을 알 수 있습니다. 하나님께서 우리에게 죽 이어져 내려오는 전통을 주신 것은 우리의 문화와 생각이 그리스도를 이해하고 영접케 하도록 하기 위함이었습니다. 말하자면 노자 역시 동방에 사는 우리가 도를 따르는 삶, 즉 예수님을 영접하도록 길을 예비한 사람이었다는 것입니다. 이 노자의 사상은 선불교(禪佛敎, Zen Buddism)를 통하여 간접적으로 우리에게 영향을 미쳐왔는데 이것은 불교가 완전히 제 궤도를 이탈치 못하도록 붙들어 주는 역할을 했고 또 우리에게는 창조주를 기억하도록 해 주었습니다. 그러면 어떤 사람이 이렇게 물을지도 모릅니다. "모든 옛날의 성현들의 가르침이 예수 그리스도 안에서 성취되었다면 우리가 구태여 그 옛날 철학자들의 가르침을 공부할 필요가 무엇입니까?"라고 말입니다. 이와 같은 질문은 서구에서도 모세와 관련 지어 자주 제기되어 온 질문입니다. 다시 말하면 모세의 율법이 예수 그리스도 안에서 모두 성취되었으니 율법은 생각할 필요가 없다는 말입니다. 그러나 유감스럽게도 이렇게 주장했던 사람들은 모두 정도(正道)에서 벗어나고 말았습니다. 그리고 사실상 여호와의 법이 아니라 바알의 법인 지주제도가 발생되도록 기회를 준 것은 모세의 법에 순종치 못한 교회의 잘못이었습니다. 또 회교와 공산주의자들이 일어나서 교회를 맹렬하게 대적했던 이유도 바로 이 때문이었습니다. 이 회교와 공산주의 국가들도 한때는 이름만이라도 기독교 국가들이었지만 성경의 토지법을 지키지 않고 있는 것은 지금도 마찬가지입니다. 만약 교회가 모세의 율법을 무시하지 않고 지켰더라면 회교니 공산주의니 하는 비기독교 국가들이 생기지 않았을 것입니다. 이처럼 모세의 율법을 지키고 공부할 필요가 있다면 우리는 도교와 유교 그리고 불교도 성경과 비교, 연구해 볼 필요가 있는 것입니다. 이렇게 할 때 우리는 좀더 완전하게 하나님께서 예수 그리스도를 통하여 동양 사람들에게 하시는 말씀을 들을 수가 있을 것이고 그리고 보다 순수하고 원색적인 한국의 언어로서 복음을 전달할 수도 있을 것입니다.

    그러면 지금까지 이야기한 것이 한국이 기독교와 연결되는 접촉점의 전부일까요? 결코 그렇지는 않다고 생각합니다. 마태복음 2장에 동방에서부터 온 박사들도 극동에서 왔을지 누가 압니까? 다만 확인할 길이 없을 뿐입니다. 그리고 당시 점성학이 발달했던 곳이 극동이었던 것은 분명했습니다. 만약 동방에서 온 박사들 중에 한국이나 중국에서 온 사람들이 끼어 있었더라면 그들이 돌아올 때 성경을 복사한 책이나 혹은 그 부분들을 지니고 왔을지 모릅니다. 성경 속의 문화와 한국의 문화 사이에는 어떤 유사점들이 있는지를 헤아려 보면서 말입니다.

　우리는 6세기경의 선교사들이 북경과 콘스탄티노플(북경과 경주는 물론)을 연결하는 비단길(silk road)을 따라 중국인들이 소위 경교(景敎)라고 부른 기독교를 중국과 한국에 전했다는 사실을 확실히 알고 있습니다. 숭실대학교 박물관에는 이 시대에 있었던 많은 유적들이 지금도 남아 있음을 볼 수 있습니다. 우리는 하나의 조직으로서의 기독교와 교회가 남아 있지 않다고 해서 그것의 영향도 남아 있지 않다고 생각할 수는 없을 것입니다. 나는 선불교는 한국에서부터 나와 불교와 도교의 상호 영향 아래서 자랐다고 하는 말을 들었습니다. 그러나 나는 여기에 기독교의 영향도 포함되어 있다고 생각합니다. 기독교가 훨씬 후에 천도교와 원불교에 영향을 미쳤던 것처럼 말입니다.

　신라가 망한 후에 중국에는 다른 선교단체들이 있었는데 그들이 남긴 문화적 유산의 하나가 한국에도 남아 있습니다. 한국의 음력 절기표가 서양의 선교사들이 남긴 흔적 중의 하나입니다. 중국의 명조(明朝) 말기와 청조(淸朝) 초기 사이(한국에는 조선조 중기)에는 가톨릭의 예수회(Jesuit Mission)라는 선교단체가 중국정부에 상당한 영향을 미쳤습니다. 그중 아담 샬(Adam Schall)이란 사람은 예수회의 회원인데 그는 명나라의 천문기상 장관으로 임명되어졌습니다. 아담 샬은 장관이 되고 나자 월력(calendar)을 고치는 작업을 단행했습니다. 그런데 내가 여러 방향으로 나의 지식을 최대한도로 동원하여 알아본 바에 의하면 지금 한국에서 쓰여지고 있는 음력은 아담 샬이 개혁한 달력임이 분명하다고 보여집니다. 그 이유 중의 하나는 날(日)의 명칭들이 오늘날 프랑스와 이태리에서 사용되고 있는 것과 똑같기 때문입니다. 그리고 한국의 달력에서 부활절을 계산해 보려고 하면 너무 쉽게 할 수 있는 것도 그 이유 중의 하나입니다. 이것은 지금 유럽제국에서 사용되는 로마달력에서 이 일을 하는 것이 얼마나 힘든 일임을 비추어 볼 때 우연히 그렇게 되었다고 보기에는 너무 신기하다고 생각되는 점입니다.

  한국의 음력 달력은 달(月)을 계산할 때는 1달, 날(日)을 계산할 때는 딱 하루가 차이난다는 점만 제외하면 성경의 월력과 너무나 일치하고 있습니다. 유럽 사람들의 달력에는 부활절과 그 밖의 큰 절기들이 해마다 바뀌는 데 반하여 한국의 달력에서는 항상 2월 15일이 부활절, 4월 7일이 오순절, 8월 16일이 장막절이 됩니다. 그 밖에 유사한 점들이 많지만 그중에 24절기는 교회력(敎會曆)에 나오는 절기와 고대 유명 성도들의 기념일과 모두 일치하고 있습니다. 그것들을 적어 보면 별표와 같습니다.

  지금까지 이야기한 것을 통해서 볼 때 우리는 하나님께서 자기를 증거하지 아니하신 것이 아님을 알 수 있습니다(행 14:17). 그러므로 우리는 우리의 전통문화를 이해하기 위해서 성경을 사용할 필요가 있으며 또 성경을 이해하기 위해서 우리의 문화를 도구로 사용할 필요도 있습니다. 율법은 모세로 말미암아 왔고, 은혜와 진리는 예수 그리스도를 통해서 왔다는 사실을 늘 기억하면서 말입니다(요 7:17). 만약 우리가 진리의 성령을 보내 주시겠다는 하나님의 약속을 믿기만 하면 오해에 빠질지 모른다는 두려움도 갖지 않을 수 있을 것입니다. 그러나

음력절기	교회력 절기	음력 절기	교회력 절기
소한	공현	입추	오주병용
대한	성 악네스	처서	성 바돌로메오
입춘	성 아가타	백로	성모 마리아 탄일
경칩	성 페르페뚜아	추분	성 마태
춘분	성 베네딕	소설	성 세실리야
청명	성 암브로스	대설	성 니콜라
입하	성 모니카	동지	성 도마
하지	성 알반		

예레미야 형제여, 그 이전에 한 가지 조건이 있습니다. 우리가 단지 호기심만으로 이 일을 하려고 한다면 길을 잘못 들고 말 것입니다. 만약 형제의 친구 중 한 사람이 내가 말한 것에 대해서 대학원에서 공부할 수도 있을 것입니다. 그러나 그 형제는 먼저 자신에게 물어보아야 할 것입니다. "이 일을 하는 것이 하나님의 영광을 위함이냐 아니면 나의 영광을 얻기 위함이냐."라고 말입니다. 만약 그의 마음속의 동기가 박사학위를 쟁취하는 것이나 또는 교수들을 기쁘게 하기 위한 것이라면 그 일이 그의 신앙에 도움을 주지는 못할 것입니다. 요한복음 5장 44절을 보면 그가 비록 박사라 할지라도 사람의 영광을 구하는 자는 결코 하나님을 믿을 수 없다고 말하고 있습니다. 만약 당신의 친구가 하나님의 영광을 위해서 이 일을 하고자 한다면 하나님께서는 그에게 필요한 모든 지혜와 지식들을 허락해 주실 것입니다. 비록 그가 박사학위는 받지 못할지는 모르지만 말입니다. 하나님께서 형제가 하시는 모든 일 위에 축복해 주시기를 바라며 이만 줄입니다.

산골짜기에서 온 편지

'서원하는 것'과 '맹세하지 말라'는 가르침은 어떻게 조화되어야 할까요?

존경하는 대천덕 신부님께.

몇 해 전 예수원을 방문했던 제 친구가 신부님께서 어느 날 아침 성경 공부 시간을 인도하시면서 '서원'에 대해서 매우 흥미 있는 강의를 하셨다고 하더군요. 신부님께서는 그때 여자는 서원을 했어도 그 서원을 취소시킬 수 있는 조건이 있지만 남자는 없다고 하셨다면서요? 저는 구약성경에서는 서원에 대한 말들을 많이 보았지만 신약성경에서는 보지 못했습니다. 저는 이런 서원에 대한 가르침들이 예수님의 그것 즉 맹세하지 말라는 가르침과 어떻게 조화되어야 하는지 무척 궁금하답니다. 제 친구들 중에서 아무도 여기에 대해 명확하게 알고 있는 사람이 없습니다. 그래서 신부님께서 '맹세', '서약'에 대해서 성경적으로 설명해 주셨으면 고맙겠습니다. 신부님은 기꺼이 대답해 주실 수 있으시죠?

— 남순옥 올림

사랑하는 순옥 자매에게.

편지해 주셔서 감사합니다. 자매는 아주 좋은 질문을 해 주셨습니다. 자매가 언급한 대로 내가 성경 공부 시간에 그 주제를 가지고 잠깐 가르친 것은 사실이었습니다. 그러나 나는 그때 충분히 연구하지 못했기 때문에 정확하고 확신 있게 답변해 주지 못하였습니다. 또 그 때문에 이 편지도 지금까지 늦어지게 되었습니다. 그러나 지금은 확실한 것을 파악했다고 생각합니다. 나는 그동안 여기에 관계된 구절들을 헬라어와 히브리어로 된 구약성경에서 찾은 다음 이것들을 신약성경에서 나오는 단어들과 비교해 보고 또 영어와 한국어에는 어떻게 번역되었는지를 살펴보았습니다. 좀 힘들었지만 반면에 재미있고 해볼 만한 가치도 있었습니다. 그러면 이제 내가 공부한 것들을 말씀해 드리겠습니다.

먼저 그 단어들은 구약성경에서는 네 개의 다른 단어로, 신약성경에서는 세 개의 다른 단어로 사용된다는 것입니다. 구약성경에서는 ① 셰부아(shebuah, 헬: horkos, 영: oath, 한: 맹세) ② 이싸르 (issar, 헬: deo, 영: bind, 한: 억제, 제어, 매다) ③ 나자르(nazar, 헬: euche, 영: nazarite vow, 한: 나실인 서원 ④ 나다르(nadar, 헬: euche, 영: vow, 한: 서원). 그런데 이 중 처음 세 개는 그 의미하는 바가 하나로서 한국어 번역은 '맹세하다', '매다'로 비교적 정확하게 번역되었습니다. 그러나 네 번째 말은 뜻이 하나 이상입니다. 한국어에서도 '서원'이란 말은 여러 가지 의미를 지닙니다. 나는 약 55년 전에 발간된 고전 한국어 사전에서 이 단어를 찾아보았는데 그것은 '맹세'란 뜻도 되고 '간절한 바람'이란 뜻도 되었습니다. 이것은 헬라어에도 비슷한 의미로 쓰여지고 있는데 나아가 '나실인의 서원'이란 뜻도 갖고 있습니다. 여기에 대해서는 나중에 더 설명하기로 하고 먼저 앞의 세

가지 단어들이 성경에서는 어떻게 사용되었는지 보기로 하겠습니다.

맹세(oath)에 대한 좋은 예가(부정적인 뜻으로는 '저주'가 있음) 열왕기상 19장 2절에 나옵니다. 여기서 이세벨은 만약 자신이 선지자 엘리야를 죽이겠다고 약속한 것을 지키지 않으면 자신의 신이 자기에게 큰 벌을 내려도 괜찮다고 맹세하는 것을 볼 수 있습니다. 그러나 실상 이세벨의 마음에는 자신의 신이 맹세하는 그 현장에 있지 않았으므로 자기가 참말을 하든 거짓말을 하든 거기에 참견을 하지 않을 것이라고 생각했다는 것입니다. 대게 이런 식의 말버릇은 "…하면 내가 이빨을 몽땅 뽑을게." "사팔뜨기가 될게." "내 손에 장을 지져라." "문둥이가 되어서 가족들과 떨어져 살아도 좋아." 등 그 표현이 회화적(繪畵的)이면서 무서운 심판을 그리는 내용들입니다. 시편 109편 6~15절에도 보면 이런 식의 표현이 나오는데 여기서는 시편 기자 자신이 그 저주를 자기의 원수에게 내려달라는 것인지 아니면 자기의 원수가 그런 식으로 자기를 저주했다는 것인지 분명하지는 않습니다.

이런 식의 맹세 혹은 제어(制馭)를 달리 표현하는 방법 중의 하나는 하나님께서 자기의 기도를 응답해 주시면 무엇을 그 대가 혹은 선물(소나 혹은 양)로 바치겠다는 말입니다. 이와 똑같은 예를 사사기 11장 30~31절에 기록되어 있는 입다의 서원에서 찾아볼 수 있습니다. 이와 같은 경우 성경은 서원과 맹세를 동일하게 보고 있는 것입니다.

'나자르'(nasar)란 말은 나실인이 특별히 드리는 서원이란 말인데 이것은 민수기 6장에 상세히 기록되어 있습니다. 그러나 서원의 목적이 무엇인지에 대해서는 말하지 않고 다만 서원하는 사람은 그 서원의 기간이 언제까지인지 밝혀야만 했던 것 같습니다. 삼손의 경우 그것은 종신(終身)서원이었습니다. 사도행전 21장 23~24절에 나오는 4명의 유대인 성도와 바울의 경우에 있어서는 그 해의 오순절 날까지

였음을 알 수 있습니다(행 20:16). 그런데 바로 이 사도행전 20장에는 '서원'(vow)이라는 말과 함께 같은 뜻으로 '정결케 하다'(purify)란 말도 쓰여지고 있는데 똑같은 말이 헬라어로 된 구약성경(70인역)의 민수기 6장에도 발견되고 있습니다. 이것은 '나실인'(nazirite)이란 말이 헬라어에 없으므로 나실인이란 말 대신에 '정결케 된 자'라고 썼기 때문입니다. 나실인들은 특별한 서원의 원칙 아래에서 살아야 했으므로 머리칼을 깎지 말아야 했고, 건포도, 포도주스, 포도주, 포도알 등 하여튼 포도열매에서 나온 것은 아무것도 먹지 말아야 했습니다. 그러나 그들이 어떤 기도를 드렸는지에 대해서는 성경이 말하지 않고 있습니다.

이제 우리는 '서원'이란 말을 생각해 볼 차례가 되었습니다. 이 말은 영어로는 '바우'(vow) 헬라어로는 '유케'(euche) 히브리어로는 '나다르'(nadar)입니다. 이 단어는 여러 가지 다른 뜻을 가지고 있습니다. 그중에서도 가장 기본적인 의미는 '매우 정직한 기도'입니다. 이것을 할 때는 약속(서약)이나 맹세가 동반되기도 하고 안 되기도 합니다. 이 단어가 이런 의미로 얼마만큼 쓰여졌는지 볼 수 있도록 신약성경에 있는 구절들을 여기에 열거해 보겠습니다. vow(서원, 행 18:18, 21:23), prayer(기도, 약 5:15). 그리고 이것의 동사형은 '유코마이'(yukomai) 인데 다음 구절들에서 볼 수 있습니다. wish(원하다, 구하다, 간구하다, 롬 9:3; 고후 13:9; 요삼 1:2), pray(구하다, 간구하다, 고후 13:7; 약 5:16), want(원하다, 행 26:29), wish long for(고대하다, 행 27:29). 그러면 이제 우리는 이런 질문을 해야 할 것입니다. "도대체 이것이 우리에게 가르치고자 하는 내용은 무엇인가?" 앞에서 언급되어진 바 있는 사도 바울과 4명의 유대인 성도들은 그들이 일정한 기간까지만(오순절 날까지) 서원을 지키는 나실인의 서원을 하는 데 대해 그것이 조금도 잘못되었다고 생각하지 않았습니다. 내가 추측키로는 바울은 자기와 동행하는 일행들이 가지고 가는 이방인들의 구제 연보를 유대인 성도들이 제발 좀 받아 주기를 간절히 기도했던 것 같습니다. 그리고 그런 선한 일로 인하여 유대인 성도들이 이방인 성도들 역시 그들과 동일하게 진실된 그리스도인들이라는 사실을 믿어 주기를 바랐고 또 유대파 그리스도인들로부터 이방인 성도들에게 주어지는 끊임없는 압력이 제발 좀 줄어들었으면 하고 간절히 (서원)기도를 드렸던 것 같습니다(고후 8:12; 롬 15:25~31, 16 참조). 그런가 하면 또 바울은 마치 하나님을 자신의 말에 대한 증인으로 세우는 것처럼 '내가 하나님 앞에서'(갈 1:20), '내가 주의 이름으로'(살전 5:27)와 같은 표현들을 사용하는 데 대해 그것이 조금도 예수님의 가르치신 것과 상충되지 않는다고 보고 있습니다. 그런데 맹세에 대한 예수님의 가르침에 대해서 가장 두드러지게 거슬린 행동을 한 사람은 바로 베드로였습니다. 그는 거짓 맹세하지 말라는 그리스도의 가르침을 정면으로 거역한 사람이었습니다(마 26:72). 그러나 그의 이런 행동은 결국 용서를 받았고 그 뒤로 그가 어떤 벌을 받겠다고 구했는지는 모르나 우리가 아는 바로는 그에게 아무런 벌도 임하지 않았습니다. 한 마리의 닭 울음소리와 자신을 응시한 예수님의 눈길이 그의 마음을 깨뜨렸고 그는 곧장 이른 새벽 공기를 가르고 밖으로 나아가 심히 통곡했습니다. 그로 인해 그는 어떤 벌도 받지 아니했습니다. 잘못 서원한 것도 진정으로 회개하면 용서받는다는 말일 것입니다.

여기에 대해서 예수님이 가르치신 것은 각각 부정적 측면과 긍정적 측면이 있습니다. 부정적 측면이라 함은 "맹세하지 말라."는 것이고 긍정적이라 함은 "예면 예, 아니면 아니요 하라."는 말입니다. 다시 말하면 모든 사람들이 우리를 믿을 수 있도록, 우리의 말이 곧 보증수표인 것처럼 생각할 수 있도록 늘 참말만 하라는 말입니다. 이것은 우리의 일생 동안의 문제이기도 합니다. 물론 개중에 어떤 사람은 일생 동안 서원이나 그와 비슷한 그 어떤 것이라도 한번 해보지 않고 사는 사람도 있습니다. 그러나 보통 우리는 매일같이 이런 고민에 싸이게 됩니다. "정직하게 말할까 아니면 몇 가지는 접어 둘까?", "있는 그대로 말할까 아니면 그 사람이 기분 나쁘지 않도록 좀 틀리게라도 얘기할까?"

영국의 시인이며 소설가인 리디어드 키플링이 지은 작품 중에 〈북 치는 소년〉이란 이야기가 있습니다. 그 북 치는 소년은 영국 군대의 일원으로서 인도에 가게 되었는데 그의 임무는 북을 쳐서 신호를 내는 일이었습니다. 그런데 이 소년은 특별한 10대 소년들이 그러하듯이 행실이 좋지 않았습니다. 그는 술 마시기를 좋아했고 이성 관계도 문란했습니다. 그러나 그는 그의 임무만은 제대로 감당하기 위해 근무 시간에는 술을 먹지 않으려고 최대한 노력했습니다. 그런데 어느 날 부대 안에 큰 액수의 현금 도난 사고가 발생했습니다. 쉽게 범인이 발견되지 않자 결국 혐의가 북 치는 소년에게로 돌아가게 되었습니다. 어느 날 연대장이 그를 불러 심문했습니다. 그 소년은 자기가 돈을 훔치지 않았다고 대답했습니다. 그러나 연대장은 그의 말을 믿지 않고 그에게 실형을 선고하려고 했습니다. 바로 그때 그 북 치는 소년이 소속되어 있는 중대의 중대장이 할 말이 있다고 연대장에게 왔습니다. 그는 그의 직속상관이었습니다. 그는 연대장에게 이렇게 말했습니다. "연대장님, 그가 그전에는 이처럼 나쁜 일에 한두 번 가담하지 않았을 가능성은 없습니다. 그러나 이번 경우는 예외입니다. 그가 그것을 하지 않았다고 하면 그것을 믿으십시오. 그것은 사실입니다. 나는 그를 잘 압니다."

예수님은 바로 이런 종류의 평판(reputation)을 당신의 제자들이 듣게 되기를 바라셨습니다. 다시 말해서 그들이 "예, 그것은 그렇습니다.", "아니요, 그것은 그렇지 않습니다."라고 하면 우리가 그것을 액면 그대로 믿을 수 있는 그런 사람이 되기를 바라셨던 것입니다. 만약 사람들이 하나님의 종들을 믿지 못하면 어떻게 하나님을 믿을 수 있겠습니까(여기서 하나님의 종이라고 해서 성직자만을 가리키는 것이 아니고 모든 그리스도인들을 말합니다. 우리는 모두 하나님의 종이요, 세상 사람들에게 그리스도가 누구인지 알리는 것은 목사님의 설교가 아니라 평범한 그리스도인들의 삶 그것입니다)? 그래서 사도 바울은 맹세한 것을 지키지 못하는 사람, 즉 거짓 맹세하는 사람을 가장 비루하고 악한 사람들의 위치에 올려 놓고 있습니다(딤전 1:10).

그러면, 그리스도인들이 서원(making vows)하는 일은 어떻게 보아야 하겠습니까? 그리고, 또 한 가지 질문해야 할 것이 있습니다. 왜 그리스도인들이 서원을 합니까? 내가 보기에 우리들 중에는 그들이 하나님의 팔을 비틀 수 있다고 믿는 사람이 있는 것 같습니다. 다시 말해서 하나님께 무엇을 좀 바치면 하나님이 본래 응답해 줄 계획이 없었음에도 불구하고 그 받은 것 때문에 기도에 억지로 응답해 주실 것을 믿는다는 것입니다. 그러나 사실은 하나님께서 기도에 응답해 주실지 아니하실지를 이미 결정해 놓고 계시다는 것입니다. 왜냐하면 하나님은 당신의 뜻대로 구하는 자들 혹은 예수님께서 말씀하신 바 그 안에 거하는 자들에게만 응답해 주시기 때문입니다(요 15:4~7). 하나님께서 무슨 일을 하시려고 하지만 아무도 그 일을 하시도록 구하지 않으면 그 일은 지체되어지고 맙니다. 그래서 하나님께서는 누군가가 간구할 때까지 기다리십니다. 하나님께서는 당신 안에 거하시며 당신께서 하시고자 하는 그 일이 무엇인지를 가장 잘 알리고 또 아는 그 사람이 나타나기를 기다리십니다. 그리고 이런 사람은 기도하다가 시간이 지나면 금방 잊어버리고 마는 그런 종류의 사람이 아닙니다. 그는 매우 진지하게 그의 모든 마음을 쏟으며 구하는 사람입니다. 이런 자세로 하는 것이 바로 서원이고 헬라어의 '유케'가 의미하는 바입니다. 바울을 보십시오. 그는 심지어 마치 나실인의 서원처럼 언제까지라는 기한까지 정해 놓고 자기가 결사적으로 그 기도에 매달리고 있음을 공적으로 알려지도록까지 했습니다. '언제까지'라는 조건이 붙은 나실인의 서원은 그로 하여금 그 문제를 위해 기도해야 한다는 것이 얼마나 중요한지를 늘 상기시켜 주었고 그 서약 기간 동안 늘 그것을 위해 기도하도록 해 주었습니다. 그는 매 식사 때마다 그것을 기억했을 것입니다.

이것에서 조금 변형된 서약이 있는데 '사랑의 서약'(love vow)이 그것입니다. 두 사람의 남녀가 하나님과 교회 앞에서 죽음이 두 사람을 갈라 놓을 때까지 서로 아끼며 사랑하겠노라고 서약합니다. 그들은 이 서약을 자신들의 가슴속에만 두고 동거할 수 있습니다. 그들은 그 서약을 당사자들 사이에만 주고받는 것이라 생각할 수 있습니다. 그러나 우리들은 본인 자신들을 위해서뿐만 아니라 이 사회를 위해서도 그 서약을 모든 사람들에게 하라고 요구합니다. 이럴 때 그들은 서약을 무엇을 받기 위해서가 아니라 자신을 서로에게 주기 위해서 하는 것입니다. 이처럼 어떤 사람들은 하나님에 대한 그들의 사랑을 하나님께 보여 주고 자신들을 주님께 드리기 위해서 서약을 합니다. 수녀와 수사들이 하나님 앞에 드리는 서약은 바로 이런 사랑의 서약입니다. 이와 비슷하지만 단순한 형태의 서약들은 얼마든지 있습니다. 이런 서약들이 하나님을 기쁘시게 합니다.

여기에 대한 예수님의 가르침 중 또 다른 한면을 보도록 하겠습니다. 형제가 다른 사람들에게 거짓말을 할 수 없듯이 하나님께도 거짓말을 하지 마십시오. 만약 형제가 하나님께 무엇을 약속했다면 그 약속을 지키십시오. 그러나 절대로 성급하거나 경망스럽게 약속하지 마십시오. 약속을 하거나 결정을 내리기 전에 하나님께서 당신이 어떻게 결정을 내리기 원하시는지 또 얼마만큼의 융통성을 발휘할 수 있는지 한번 기도해 보십시오. 나는 매일 아침 하나님께서 그날 나에게 무엇을 하기를 원하시는지 말씀해 달라고 기도하곤 합니다. 하나님께서는 대부분의 경우 좀 단순하지만 구체적인 지시 사항을 말씀해 주시는데 나는 그것을 그대로 실천하고 나면 빈 시간이 남지 않게 됩니다. 어떤 때는 그 지시 사항이 좀 애매해서 "이런 일을 우선 시작해!"라고 하실 때도 있습니다. 그래서 오늘 그 일을 끝내지 않아도 되는 줄 알고 일을 하다 보면 저녁 때쯤 되어 언제 그만 두라는 말씀을 주십니다. 또 어떤 때는 해야 할 일이 아홉 내지 열 가지가 될 때가 있는데 예기치 않은 일이 생길 경우도 있습니다. 이럴 때 나는 무엇부터 먼저 해야 할지 일의 우선순위를 하나님께 묻습니다. 그러면 하나님께서는 그 순서를 가르쳐 주시고 나는 그 일에다가 순서를 매깁니다. 나는 그 일을 끝내려고 최선을 다 해보지만 또 예기치 않은 방문객이 올 때도 있고 일이 생길 수도 있습니다. 이때 나는 이것이 하나님께로부터 된 줄 믿고 좀 여유를 가지고 쉬면서 사람들을 만나고 일을 처리합니다. 그러고 난 다음, 나는 다시 했던 일을 시작합니다. 내가 그날 해가 지기까지 두 가지를 했거나 아니면 여덟 가지의 일을 했거나 간에 나는 하나님께 약속을 지켰고 그의 인도하심에 따라 산 것이며 그분이 내게 하도록 한 일을 한 것입니다.

    순옥 자매, 혹시 내가 한 얘기가 너무 전문적이었거나 너무 구체적이지 않았나 염려스럽군요. 만약 그렇다면 용서하십시오. 여기서 잠시 자매들을 위해 특별히 한 말씀 드리려고 합니다. 민수기 30장을 한번 찾아보십시오. 여기에 보면 결혼하지 않은 여자가 하나님께 한 서약이나 결혼한 여자가 하나님께 한 서약은 그 아버지나 남편이 물릴 수 있다고 되어 있습니다. 그러나 남자가 하나님께 한 서약은 아무도 물릴 수가 없습니다. 왜 하나님께서 이렇게 남자에 대해서는 별도로 취급하실까요?

하나님께서는 여자에게 따뜻하고 정열적이며 감정이 풍부하고 종속(순종)하는 면이 있게 하셨고 그것을 원하십니다. 이것은 아내 혹은 어머니의 역할을 감당하는 데 꼭 필요한 정서적 요건들입니다. 이것은 '음'(陰)적인 기질입니다. 그러나 하나님께서는 남자로 하여금 냉정하고, 주의 깊고, 계산에 능하고, 비감정적이며, 주체적이 되도록 하셨습니다. 이것은 '양'(陽)적인 기질입니다. 이런 기질은 아버지, 남편, 마을의 장로, 재판관, 군인, 학자 등과 같은 역할을 수행하기 위해 필요한 요소들입니다. 어떤 심리학자들은 만약 여자가 20~30%의 남성적 기질을 가지지 못하거나 남자가 20~30%의 여성적 기질을 갖지 못하면 같이 살기가 매우 힘들어서 결혼 생활이 실패로 끝나기가 쉽다고 말합니다. 아마 이런 이유 때문에 태극 무늬가 그저 반으로 죽 나뉘어져 있지 않고 반면에 곡선 형식으로 서서히 좁아지다가 넓어지게 그려지지 않았나 생각됩니다.

이제 자매는 알게 되었을 것입니다. 여자는 좀 정열적인 기질상 냉정하고 사려 깊지 못한 서원, 약속을 할 가능성이 많습니다. 만약 그렇다면 그녀의 아버지나 남편이 그 약속을 무를 수가 있고 하나님 앞에 죄도 되지 않을 것입니다. 그러나 그녀의 아버지가 그 서원을 옳다고 여겼을 경우는 물론 그 서약을 지켜야만 합니다. 나는 몇 해 전 아주 지혜롭고 냉정하게 서원을 했는지 안 했는지를 몰라 궁금해 하는 어떤 자매를 만났습니다. 내가 그 자매의 서원을 아버지께 상의했더니 그 아버지는 딸의 서원을 풀어 그것으로부터 자유하게 했습니다.

사랑하는 순옥 자매, 모든 그리스도인들이 진실되고 자기를 바치는 사랑의 서약을 드리게 되도록 나와 함께 간절히 기도하는 일에 참여하시기를 바랍니다. 그것이 하나님께 영광을 돌리는 서원이기 때문입니다.

산골짜기에서 온 편지

성경은 정신질환을 어떻게 보고 있는가?

존경하는 대천덕 신부님께.

신부님, 저는 지난 여름에 예수원을 방문했던 의사입니다. 저는 의사생활을 하면서 늘 마음속에 품고 있었던 두 가지 질문을 신부님께 드리고자 합니다.

첫째는, 제가 가지각색의 환자들에게 예수 그리스도의 구원을 전할 때, 저와 환자들 사이에서 부딪히는 문제들 중에서 궁금한 것들로서, 구원은 예수 그리스도를 믿을 때 얻어진다고 하는데, 그러면 기독교 신자가 아닌 다른 종교를 믿는 사람들에게는 구원이 없으며 따라서 그들은 배척을 받아야 하는 것인지요?

둘째로, 저는 특히 크리스천 정신과 의사로서 정신질환자들을 어떻게 대해야 하는가의 문제입니다. 마귀와 죄악이 질병의 원인이 된다고 주장하고 있는데, 그렇다면 정신과에서 가르치는 질병의 여러 원인들, 즉 환경적, 성격적, 사회적, 문화적, 생화학적, 심리적 요인들은 성경적으로 어떻게 해석하고 이해를 해야 하는지요? 정신질환자들에 대한 전문 지식이 너무도 무지하며, 오직 기도나 구마(驅魔)로만이 치유될 수 있다고 믿는 목회자나 기도자들에게 정신병 환자를 맡기는 것이 하나님의 뜻이 될 수 있는지요?

이들 궁금한 질문들에 대해서 성경적인 견해를 명확히 할 수 있도록 신부님의 도움을 받고 싶습니다.

— 어느 의사 올림

사랑하는 의원님께.

많은 질문을 해 주신 당신의 고무적인 편지에 감사드립니다. 나는 정신병학 분야에 대한 전문적 지식은 없지만, 구마(驅魔, exorcism)나 내적치유(內的治癒, inner healing)에 관한 여러 경우들을 알고 있습니다. 이 분야를 다룬 서적들(영어로 된)이 요즈음 많이 나오고 있는데, 나는 당신이 이런 것들을 많이 접하고, 또한 가능하다면 이런 책들 중에서 한국에서 보는 관점에서 가장 적합한 것 몇 권을 한국어로 번역할 수 있도록 주선하시기를 적극적으로 추천합니다.

기독교의 구원이 타 종교인에게는 해당되지 않는가?

당신의 첫 번째 질문은, 회개하고 하나님께서 예수를 죽은 자 가운데서 살리신 것을 믿고 그를 '주'로 고백함으로 '구원'을 받는다는 일반적인 기독교 교리를 약술한 다음에, 이러한 구원이 또한 불교나 마호메트 교도들에게도 해당되느냐는 것입니다. 사도행전 17장 30절에 보면 바울은, "알지 못하던 시대에는 하나님이 허물치 아니하셨거니와 이제는 어디든지 사람을 다 명하사 회개하라 하셨다."라고 가르치고 있습니다. 요한복음 14장 6절에서 예수님은 자신이 '길이요 진리요 생명'이시며 하나님 아버지께 나아가는 유일한 길이 되신다고 주장하고 있습니다. 많은 그리스도인들이 '구원'이라는 말이 어떤 사람이 죽을 때, 천국에 가는 것을 뜻하는 것이라고 생각하고 있는데, 이러한 주장은 확실히 어떤 증명이나 반증을 할 수 있는 것이 아닙니다. 그러나 요한복음 8장 31~36절에서 예수님은 자유케 되는 일에 대해 말씀하시는데, 이것은 바울이 갈라디아서 1장 1절에서 사용한 것과 같은 단어입니다. 또한 갈라디아서 3장 2절에서 바울은 갈라디아에 있는 그리스도인들이 성령을 받은 실제적인 경험에 호소하고 있습니다. 성경 전체를 통해서 우리는 '구원'이라는 것이 치유나 혹은 어떤 다른 당면한 문제에 대한 해결책을 지칭하고 있음을 발견하게 됩니다. 우리는 여기 예수원에서 구원이라는 단어가 사용되는 모든 구절들에 대한 조사를 시작했는데, 나는 이 단어가 보통 어떤 명백한 문제에 대한 확실하고 구체적인 해결책을 뜻한다는 것, 즉 하나님이 이런 문제를 해결하신다면, 또한 이후의 삶에 대한 문제도 해결하실 것을 암시한다는 느낌을 받았습니다.

기독교인이 타 종교인과 어울리는 것은 하나님의 율법에 위배되는 행위인가?

당신은 그리스도인이 불신자들과 섞이는 일에 대해 질문을 해 주셨습니다. 그리스도인의 입장에서 보면 그가 그들을 진리 가운데로 이끌기 위해서 그들과 섞이는가 아니면 핍박받기를 피하기 위해서 그들과 섞이는가에 있습니다. 첫 번째 동기는 모든 사람을 자신에게 이끌라고 하시는 그리스도의 명령에 순종하는 것이며, 두 번째의 동기는 그리스도를 부인하는 것이 되는데, 그리스도는 사람 앞에서 자기를 부인하는 사람은, 자신도 하나님 아버지 앞에서 그를 부인하겠다고 말씀하셨습니다.

기독교인이 타 종교인에게 전도를 해야 하는가?

당신은 다른 종교를 믿는 사람들에게 그리스도를 믿어야 한다고 말해야 하는지를 물으셨습니다. 성경에 있는 "주 예수를 믿으라."는 말은 "내가 무엇을 해야 하리이까?" 하는 특별한 질문에 대한 대답으로써 한 말입니다. 타 종교인이 그런 질문을 하지 않는다면, 그리스도인은 그에 대한 대답을 하도록 요청받은 것이 아닙니다.

앞의 질문들은 기독교가 증명될 수 없고 다만 주장만 되어지는 가르침이라는 가정에서 나온 것같이 보입니다. 이것은 대부분의 사람들이 그렇게 생각하고 있는 바이지만, 성경적인 것은 아닙니다. 만일 예수님께서 죽은 자 가운데서 다시 살아나시고, 그가 "내 이름으로 두세 사람이 함께 모인 곳에 나도 함께 있으리라." 하신 말씀이 사실이라면, 예수님께서는 우리 가운데 있는 문제들을 해결함으로써 그가 우리와 함께 하심을 증명하실 수 있는 것입니다. 만일 예수님께서 이런 문제들을 해결할 수 없고 해결하고자 아니하실 때, 그리스도인은 다음에 무엇을 하라고 보여 주실 때까지 잠잠히 있는 것이 좋습니다. 예수님은 또 하나 지혜를 주시겠다고 약속하셨고, 또 그를 따르는 자를 진리 가운데로 이끄시고, 그들에게 그가 하신 것과 같은 사역-즉 병든 자, 귀신 들린 자, 그리고 정신적으로 병이 든 자를 고치신 일-을 할 수 있는 능력을 주시는 성령을 주시겠다고 약속하셨습니다. 이 분야의 사역을 하는 그리스도인은 이 문제와 그 해결책에 주목하고, 병 고치는 일과 관계 없는 이론적인 문제에 집착하지 않도록 해야 합니다. 교회를 나타내는 한자어 '敎會'는 혼동을 가져오게 하는데, 그것이 '가르치는 일'을 의미하기 때문입니다. 그러나, 교회의 성격을 나타내는 가장 기본적인 단어는 사도신경에서 찾아볼 수 있습니다. "거룩한 공회와 성도가 서로 교통하는 것과 죄를 사하여 주시는 것을…믿사옵나이다…." '교통'(交通, fellowship)이라는 단어는 헬라어로 '코이노니아'(koinonia)라고 하는데, 이것은 신약에서 성삼위(聖三位)의 각 위격(位格, 곧 성부, 성자, 성신)과 교회의 구성원들과의 삼각형 관계, 곧 독단적이 아닌 개방적인 사랑의 관계를 표현하는 술어입니다. 이 말은 요한일서 1장에 가장 분명하게 나타나 있습니다. 여기에서 성경 기자는 그가(실제로는 '우리가'라고 말하고 있는데, 이것은 중요한 것입니다) 경험한 바를 선포하는 동기가 이 말을 듣는 사람들도 이러한 관계, 그가 말하는 대로 또한 하나님과도 함께 하는 관계 가운데로 들어오기를 바라기 때문이라고 말하고 있습니다. 이것은 즉, 이 관점에서 볼 때 정신병 환자에 대한 치료법은 따뜻한 사랑이 있는 집단 내에서 우애와 지지, 위로와 희망, 그리고 치유를 제공하면서, 이러한 모든 것들이 하나님께서 이런 환자와 함께 나누고 싶어 하는 관계를 반영한다는 것을 주장하는 것이어야 할 것입니다.

사도신경에 있는 "성도가 서로 교통하는 것"의 구절 뒤에는 "죄를 사하여 주심"이 바로 뒤따라옵니다. 그리고 용서를 중재하는 것이 바로 이러한, 사랑과 용서가 있는 교제입니다. 많은 정신질환자들이 심각한 죄의식에 시달리고 있습니다. 이것은 흔히 하나님의 요구가 매우 강압적으로 보이는 유대교 혹은 진실로 효도하는 자녀가 되는 것이 거의 불가능할 만큼 어려운 유교적 사회에서도 공통되는 사실입니다. 인본적인 치료법에서는, 환자가 자신 속에 깊이 자리 잡은, 지울 수 없는 죄책감을 가지고 있을 때, 원래 죄책감이라는 것은 존재하지 않는 것이라고 말함으로써 환자를 이전보다 한층 더 혼란 가운데 빠뜨리고 맙니다. 그러나 기독교의 용서는 이러한 환자에게 희망의 문을 열어 줍니다. 그러나 인간은 어려서부터 용서란 값싼 것이 아니라는 것을 알고, 또 거저 용서받는 것을 믿지 않으려는 경향을 지녀왔습니다. 마음 속 한군데서 "이것이 무슨 속임수일까? 감추어진 조건이 무엇일까?" 하는 의문이 생깁니다. 이에 대해 그리스도인이 솔직하게 첫째, 용서함의 대가는 하나님의 아들의 피이며, 둘째, 하나님의 아들을 주로 받아들인다는 것을 대답해 준다면, 이 환자는 적어도 그가 속고 있는 것이 아니라는 것을 알게 될 것입니다.

성경은 정신질환을 어떻게 보고 있는가?

당신의 두 번째 질문들은 정신질환에 관한 성경의 견해에 대한 것과 병원학(病源學)과 병을 촉진시키는 인자들에 대한 일반적 생각들이 성경의 그것과 모순되는지에 관한 것입니다. 제가 보기에는 성경은 정신질환의 여러 형태를 구별하고 있으며, 또 모든 정신질환이 나을 수 있다고 보고 있지만, 그 치료 방법이 단 한 가지만 있다고 보고 있지는 않습니다. 예수님께서는 육신의 질병이나 정신의 질병을 치료하는 데 있어 서로 다른 방법들을 사용하셨다는 사실이 확실하며, 성경은 '귀신 들린'(demon possessed) 환자들과 '미친'(lunatic) 환자들을 구분하고 있습니다. 어떤 번역에는 '간질병'(epilepsy)이라는 말이 나오는데, 어떤 경우에는 두 개의 개념이 결합되어 있습니다. 요컨대, 성경의 가르침은 병원학과 병을 유발시키는 원인들과 관계없이 하나님께서는 치료하실 수 있고, 또 치료하고자 하시며, 이런 일에 사람을 사용하시고자 하시고, 또 사용하실 수 있다는 것입니다. 또한, 병이란 육체적인 것이든 정신적인 것이든, 반드시 환자의 죄 때문에 발생한 것이 아닐 수 있다는 사실도 분명합니다(요 9:1~7). 모든 사람이 죽음의 형벌 아래 있는 것같이 모든 사람이 죄를 지었다는, 그러나 간단히 비유해서 말하자면, 정신적인 상처가, 자신이 스스로를 상처 입힌 것이거나 혹은 다른 사람들에 의해 죄 없는 사람들이 상처를 받을 수 있다는 사실입니다. 만일 이러한 상황에서 죄의 개념을 생각하자면, 환자들에게 정신적 상처를 입힌 것은 어떤 다른 사람의 '죄'일 수 있습니다. 환자를 혼동시켜 그로 하여금 그 질병이 자기 스스로가 상처 입힌 결과라고 생각하게 하는 것은 그의 형편을 나아지게 하는 것이 아니라 오히려 악화시키는 것입니다. 이런 뜻에서 모든 환자들을 '죄인'으로 다루는 것은 위험합니다. 이런 것은 예수님께 늘 정면으로 충돌했었던 바리새인들의 사고방식입니다. 같은 원리로, 정신질환은 이 환자가 '하나님에 의해 버림받았다.'는 낙인의 표시로 간주해서도 안 됩니다. 그는 제대로 가르침이나 양육을 받지 못해, 하나님의 치유하시는 능력이나 지키시는 능력을 제대로 이해하고 있지 못한 이름만의 기독교인일 수 있습니다.

당신의 다음 질문은 기도의 능력이 있다고 주장하지만, 숙련된 기술이 없고, 훈련받지 않는 비의료 요원에게 의탁해도 안전하냐는 것이었습니다. 나는 정신과 의사가 자신이 실제로 더 이상 정신과 의사로서 할 수 있는 것이 없다고 확신하지 않는 한, 생판 모르는 사람에게 환자를 보내는 것은 중대한 직무유기라고 생각합니다. 반면에 정신과 의사가 환자가 도움받을 수 있는 기회를 주기를 거부하는 것과 마찬가지로 의료윤리에 어긋나는 것일 것입니다. 제 생각으로는, 기도를 통해 성공적인 사역을 한 것으로 평판이 있는 사람을 정신과 의사와 함께 일하도록 초대하든지, 아니면 적어도 정신과의 요원들이 그런 사람들이 사역하는 것을 지켜보면서 그들이 환자를 육체적으로나 정신적으로 학대하지 않고 있다는 것을 판단해야 할 것입니다. 그 결과, 어떤 기도원이 정신과 환자들을 치료하는 데 있어 높은 성공률을 나타낸 것으로 알려지면, 의사들은 그들의 환자들을 그런 사람들에게 보이도록 허락하는 것이 직업상의 의무라고 생각합니다. 병을 고치는 데 사용하는 기술이 어떤 것이든 간에 환자들의 건강을 회복하는 데 분명히 성공한 사람들을 '돌팔이'로 매도할 수는 없습니다. 그것은 다른 종류의 기술과 다른 종류의 수련의 문제입니다. 그것이 어떠한 기술이든지 우리의 환자들이 사용할 수 있도록 하는 것이 우리의 의무입니다.

이러한 분야에 관해 근래 나오기 시작한 서적들에 관해서는 앞에서 말한 바 있습니다. 그것은 보통 내적치유라고 하는데, 가장 잘 알려진 저자들의 일부는 맥너트, 샌포드, 스테이플튼, 맥콜, 그리고 화이트 등입니다. 미국에는 이 분야의 학교나 신학교들이 있으며, 나는 의료에 종사하시는 분들이 이런 종류의 교육을 위하여 사람들을 보내시기를 권장합니다.

나는 정신질환을 일반적으로 세 가지의 종류로 나눔으로써 이러한 운동의 일반적인 이론을 요약할 수 있다고 생각합니다. 첫째, 물리적 혹은 생물학적 성격의 외적 요인에 의한 것(즉 출생 전, 임신부가 어떤 모종의 위기를 겪을 때에, 그때의 언어 내용이 태아의 정신 내부에 기록되면서 동시에 이 위기를 겪을 때에, 모체에 과다하게 분비된 아드레날린의 충격이 태아에 영향을 끼쳐, 그 말들이 마치 환자에게 최면을 걸고 있는 것 같은 효과를 가짐으로써 환자의 정신에 영향을 주는 경우. 이것은 관찰에 의한 것이고, 실험을 통해 입증되지는 않는 이론인데, 그러나 들어맞는 바가 많은 것 같습니다). 둘째, 초자연적인 외적 요인에 의한 것(즉 마귀의 세력). 셋째로, 의식적인 것이든 무의식적인 것이든 죄의식이나 공포 같은 것 등의 내적 요인에 의한 것. 그러나 이러한 내적 요인들도 유아 때에 혹은 출생 전에 조건지워진 요인들로부터 구별하기가 어렵습니다.

환자를 치료하는 데는 '지혜의 말씀'이라든가 '지식의 말씀', '영을 분별하는 일' 혹은 '병고침의 은사들' 중의 하나 같은 '영적 은사들'이 사용되어집니다. 성령의 은사들은 치유가 필요한 부분과 또 위해서 기도해야 할 구체적인 병 고침의 성격을 분별해 내는 것을 도와 줍니다. 치유의 능력은 기도 그 자체에서 나오는 것은 아니며 예수께서 그의 고난 받으신 삶과 무고한 희생물로서 죽으심을 통해 이루신 그의 제사장적인 사역과 또 그의 부활의 능력이 기도를 통해서 환자에게 가능하게 되는 것입니다. 여기에 관해 가장 많이 인용되는 성경 구절들은 시편 147:1~6; 이사야 53; 히브리서 4:14~16입니다. 이사야의 구절들은 그리스도의 고난을 환자에 관련지음으로써 해결될 수 있는 네 가지의 문제를 구분해서 말하고 있습니다. 즉 첫째, 죄책의 문제에 대한 해결책 둘째, 죄성(罪性) 즉, 그릇되게 행하려 하는 경향에 대한 해결 셋째, 평화의 문제 넷째, 치유의 필요입니다. 이 네 가지 문제들을 구분하는 것은, 전에 절망적인 혼동이 있었던 곳에 명확함을 가져다 주어 자기 문제의 성격을 파악하여, 스스로를 위해 조리 있게 기도할 수 있게 하는 것입니다.

어떤 환자가 자신의 인격과는 분명히 구분되는 어떤 영에 의해 잡혀 있는 것으로 보일 때는, 영을 다스리는 권세의 문제가 대두됩니다. 예수님은 그의 제자들에게 영들을 다스리는 권세를 주셨습니다. 신약 성경은 예수의 이름으로 이 권세를 사용하는 사람들의 여러 예를 보여 주고 있습니다. 이 문제에 있어서 중요한 것은 강한 분노, 증오, 혹은 자기연민의 감정을 품고 있는 사람은, 그가 용서하고자 할 때까지는 그러한 상태에서 구원받을 수 없다는 사실입니다. 그러한 경우에는, 먼저 예수님께서 그 환자의 과거로 돌아가서, 그를 상처 입히고 모욕하고 경멸하고 혹은 배반한 사람들을 찾아내어 환자가 그들 모두를 용서해 주도록 도와 주시기를 구해야 합니다. 환자가 용서할 수 있을 때 비로소 병으로부터 놓임을 받게 됩니다. 나는 개인적으로, 어떤 환자가 합리적으로 또 객관적으로 용서하지 않기로 결정한 경우를 알고 있습니다. 그는 그 결정을 내린 순간부터 정신질환 상태로 돌아가서 다시 난폭해지고 따라서 사람들은 그를 묶어 놓지 않으면 안 되었습니다. 환자에게 그의 문제의 원인이 그 자신이 초래한 것, 혹은 그 자신 혼자서만 초래한 것이 아니라는 사실을 알도록 하는 것이 환자에게 도움이 되기는 하지만, 이에 못지않게 중요한 것은 환자가 그에게 고통을 가져다 준 사람들에게 원한을 품지 않도록 하는 것입니다. 나는 이러한 분야에서 이루어지고 있는 새로운 많은 조사들이 한국의 의료 및 사회사업 혹은 상담에 종사하시는 분들에게 곧 널리 알려지기를 진실로 희망합니다.

성경은 참된 교육에 대해 어떻게 가르치고 있는가?

존경하는 대천덕 신부님께.

최근에 내린 눈으로 인하여 예수원 주위의 나무들은 마치 크리스마스 카드와도 같아 보였으리라 생각됩니다. 시골 면사무소의 서기로 근무하는 저 역시 자연과 맞닿는 그런 삶의 특권을 누리며 살아가고 있습니다. 그러나 저는 자주 이런 미심쩍은 생각을 하게 됩니다. 시골의 많은 사람들이 이런 특권을 버리고 어떻게 해서든 도시로 빠져 나갈 궁리를 하고 있습니다. 도시로 이주하려는 정확한 이유가 무엇인지 알아보면 결국 한 가지 목적을 위해서임을 알 수 있습니다. 제가 아는 한 그것은 자녀들의 교육을 위해서입니다.

또한 이것은 식구들을 이산가족화 한다는 것입니다. 자녀들은 도시로 부모들은 시골에서 각각 다른 살림을 차리게 만드는데다 사람들은 이것을 아주 당연한 일로 여겨 버리고 만다는 것입니다.

이런 문제들은 제게 깊이 생각할 수 있는 기회를 주었습니다. '성경은 교육에 대해서 무엇이라고 말하고 있는가?' 저는 이와 같은 의문들을 신부님께 여쭤보고 싶습니다. 신부님은 오늘날의 교육 문제에 대해서 어떻게 생각하고 계시는지요? 농촌에 사는 저희들이 자녀교육을 위하여 무엇을 가장 소중하게 여겨야 하는지 이에 대해 말씀해 주시기 바랍니다.

— 박성식 올림

사랑하는 성식 형제에게.

일찍부터 내린 그 눈이 형제의 마을에 어떤 피해는 입히지 않았는지 모르겠군요. 아마 가뭄에는 어느 정도 해갈이 될 것이고 겨울 보리도 잘 자라게 될 줄 믿습니다. 나는 밭을 휴경지화 하는 데에는 반대하지 않습니다. 그러나 맹목적으로 놀려둠으로써 이 나라의 곡물 소출을 감소시키는 일은 대단히 잘못되었다고 생각합니다. 물론 나는 상당한 양의 곡식들이 술을 만드는 데 쓸데없이 사용된다는 사실을 잘 알고 있습니다. 만약 우리가 이 아까운 곡식들을 술로 만들어 마시지 않는다면 식량에 있어서만큼은 자급자족 할 수 있을 것이며 따라서 수입을 하지 않아도 될 것입니다. 나는 보리를 키워 쌀과 함께 밥을 지어먹으며 엿도 만들고 지푸라기를 퇴비로 만들어 써왔던 조상들의 관습이 우리 자신들의 건강적인 면에서는 물론 경제적인 점에서도 여러모로 좋았다고 생각하고 있습니다. 나는 소위 '현대화'라는 것이 우리의 건강을 해치고 있고 돈도 축내고 있지 않는가 하는 우려를 해봅니다.

나는 서두에서 "형제가 묻고 있는 질문의 내용은 '농사'가 아니라 '교육'에 대한 것이군요."라고 할 참이었습니다. 그러나 형제의 질문은 농사에 대한 것이라고도 볼 수 있습니다. 왜냐구요? 이런 잘못된 농작법은 농민들의 가산을 다 털어먹게 만들었을 뿐 아니라 그들의 건강마저 부식시키도록 했는데 결국 이것은 올바른 교육을 받지 못했기 때문입니다. 그렇다고 해서 교육을 받으러 도시로 가라는 말은 더욱 아닙니다. 도시에 있는 학교들 역시 시골과 마찬가지로 타락한 서구문화로부터 수입된 무익한 교육을 답습하고 있기 때문입니다.

그러면 그리스도인으로서의 우리는 어디에서 이런 문제점들을 생각해 볼 수 있을까요? 창세기 1장, 2장, 4장에서입니다. 창세기 1장은 하나님께서 모든 자연세계를 창조하셨고 그것이 "하나님 보시기에 좋앉더라."라고 기록하고 있습니다. 자연과 더불어(이웃해서) 사는 삶이 '문명화되지 못한'(uncivilized) 것은 사실입니다. 그러나 그것은 하나님과 가까워지는 삶이며 또 그것은 '교양이 없는'(uncultured)이라는 말과는 구별되어야 합니다. 나는 지금 2개의 영어 단어를 생각하고 있는데 이것들이 한국어로는 다르지만 그 속의 함축된 의미는 실상 같은 것입니다. 영어에서 '깨지 못한', '미개한'(uncivilized)이란 말은 글자 자체로 옮기면 '도시화되지 못한'(un-citified), '도시 티가 나지 않는'이란 뜻입니다. 그러나 '교양 없는'(uncultured)이란 말은 정반대입니다. 즉 그것은 글자 그대로 따지면 '갈지 않은', '쟁기질을 하지 않은'(unplowed)이라는 뜻입니다. 서양의 언어들 중에서 '버릇없는'(rude), '야비한'(boorish)이란 말 따위의 본래 의미는 '시골에 속한'(belonging to country side)이란 뜻이었습니다. 그러나 이곳 극동지역에서는 시골 생활을 비하시키는 뜻이 전혀 없는 다른 좋은 말들을 사용하고 있습니다. 우리가 시골을 무시하거나 야만시하는 풍조에 젖게 된 것은 서양에서 건너온 질병 때문이었습니다.

창세기 2장 15절에는 하나님께서 인간에게 주신 두 가지 사명이 기록되어 있습니다. 그중 하나는 '다스리는 일'이고 다른 하나는 '지키는 일' 입니다. 그런데 이 두 단어는 그 의미의 폭이 넓은 것들입니다. 첫 번째의 '다스린다'는 말은 히브리 원어로 '예배한다'(worship)란 뜻이 있는가 하면 '경작하다'(cultrivate)라는 말로도 쓰이는 단어입니다. 이것은 다시 말해서 인간은 땅을 가꾸고 경작하되 그것을 '존중하는 마음으로'(with respect), '예배의 한 부분으로 생각하며' 행하고 또 자신을 그 땅의 종처럼 여기며 살라는 뜻일 것입니다. 요사이 미국에는 정반대되는 2가지의 농경법에 대한 견해가 사람들 사이에 퍼져 있습니다. 그중 한 부류는 소위 '과학적', '현대화된' 농법을 한답시고 땅을 자기들의 돈벌이를 위해서는 어떤 방법으로도 이용해 먹을 수 있다는 사람들인데 그들은 이미 수천 에이커의 땅을 완전히 못쓰도록 만들어 버렸고 또 다른 수천 에이커는 점차 생산 능력을 상실시켜 가고 있습니다. 그러나 이와 다른 정반대의 견해를 갖고 있는 사람들이 있습니다. 그들은 땅의 비옥한 정도를 높이기 위해 땅과 공생 또는 유기적 관계를 맺으며 사는 사람들입니다. 그들은 흔히 유기농법(organic farming)을 쓰는 사람들이라 불립니다만 한국에서는 이 유기농법이란 말이 너무 제한된 의미로 사용되고 있습니다. '오가닉 케미스트리'(organic chemistry) 하면 한국어로는 '유기화학'이란 뜻으로만 번역되지만 영어에서의 '유기적'(organic)이란 말은 훨씬 넓은 의미로 사용됩니다. 그래서 유기농법으로 농사를 짓는 사람들은 이 의미들을 모두 적용시키며 사는 사람들입니다. 나는 그들의 이 같은 영농 방법은 창세기 2장의 가르침을 이해했기 때문이라고 믿습니다.

창세기 2장에 나오는 인간의 사명 중 다른 하나는 '지키는 일'(watch over)입니다. 이것은 다른 성경에 '간수하다'(keep)라는 단어로도 번역되었습니다. 땅을 '간수하다'란 말 역시 두 가지 의미를 지니고 있습니다. 즉 땅의 비옥함을 간수(간직, 보존)한다는 뜻이 있는가 하면 땅(토지)은 한 가정이 소중히 간수(보존)하여 팔아서는 안되는 것이란 뜻이 있습니다. 그런데 성경에서는 이와 같은 의미로 '감독하다'(oversee)라는 뜻도 포함하고 있습니다. 이 '감독하다'는 단어는 '다스리는 사명'을 좀더 효과적으로 수행하기 위해 땅으로부터 '배우고' 그것을 조심스럽게 '조사하고', '연구한다'는 뜻을 내포하고 있습니다. 그런데 나는 이런 일을 도시 사람들이 우리를 위해 해 주리라고는 기대하지 않습니다. 그것은 바로 우리들이 해야 할 일들입니다. 나는 만약 모든 그리스도인 농부들이 이런 사명에 눈을 뜬다면 그들은 그들이 행한 '조사', '연구'에 스스로 재미를 느껴 그들이 배우고 얻은 바를 다른 사람들과 나눌 것이고 그렇게 되면 주일날은 보다 나은 농법에 대해서 이야기하거나 서로를 위해서 기도하고 또 성경을 공부하느라 한바탕 신나는 날이 될 것이라는 생각을 해봅니다.

또 창세기 4장에는 '도시'라는 단어가 나옵니다. 누가 최초의 도시를 만들었습니까? 그는 다름 아닌 최초의 살인자였습니다. 형제는 바로 이 창세기 4장에서부터 사무엘하 5장 7절까지에는 한번도 도시에 대해서 성경이 좋은 말로 표현하지 않고 있다는 점을 알게 될 것입니다. 그러다가 하나님께서 당신의 이름을 그 도시에 두시고 도시생활이 거룩하고 영광스러울 수 있다고 인정해 주시는 때와 장소가 나옵니다. 다윗이 시온을 정복하고 났을 때였습니다. 그러나 거기에도 제한이 있었습니다. 그리고 에스겔 48장에서 우리는 하나님의 도시인 천년왕국 때의 예루살렘의 면모를 볼 수 있게 됩니다. 그런데 그 크기가 4대문 안에 둘러싸여진 옛날의 서울보다 조금 작은 것으로 묘사되어 있습니다. 그 도시의 구체적인 면적은 기껏해야 사방 2.5킬로미터일 것이라 합니다. 솔로몬 시절의 예루살렘도 그만큼 크지 않았습니다. 나는 하나님께서 실제로 그렇게 행하실 것이라 생각합니다. 그 크기는 오늘날의 사방 35~50킬로미터나 되는 대도시 지역들과 비교하면 너무나 큰 차이가 있습니다. 성경은 도시를 인정할 때 기껏 한국의 전형적인 소읍(邑) 정도의 크기로 말하고 있습니다.

이와 같은 배경을 염두에 두고 생각해 보면 자식들의 교육을 위해 도시로 옮기는 일은 하나님이 원하시는 바와 전혀 거리가 먼 행동임을 쉽사리 알 수 있을 것입니다. 그러면 그렇게 행하는 것이 하나님의 원하시는 바가 아닐진대 무엇이 과연 그분의 뜻일까요? 우리들은 롯과 같이 소돔과 고모라의 도시생활에 푹 젖어 있다가 재난(전쟁)을 당하기 직전에야 허둥지둥 도망쳐 나와야 할까요? 나는 분명하게 가르치는 하나님의 약속의 말씀을 확실히 믿고 있습니다. 즉 하나님께서 그의 백성들에게 지혜를 주실 것이며 또 성령을 주셔서(소수의 대학생들에게만 아니라) 그들을 '모든 진리 가운데로' 인도해 주실 것이며, 누구든지 하나님의 뜻을 행하려 하면 그것이 하나님의 뜻인지 아닌지를 분명히 알 수 있을 것이라는 약속의 말씀입니다. 만약 내가 이 요한복음 7장 17절의 약속을 믿지 않는다면 이렇게 대담한 말을 하지 못할 것입니다. 나는 이 편지를 읽는 사람들에게 먼저 하나님의 뜻을 전적으로 행하게 해달라고 기도하라고 부탁드리고 싶습니다. 그러면 그분께서 약속하셨듯이 나의 가르침이 하나님께로부터 온 것인지 아닌지를 알게 해 주실 것입니다. 나는 시골에 있는 그리스도인들이 한 자리에 모여 이 약속의 말씀을 확실히 믿고서 하나님께 간구하기만 하면 그들이 해야 할 것을 한 단계씩 가르쳐 주실 것이라고 믿습니다. 요한복음 16장 13절을 보면 하나님께서는 어떤 갑작스러운 순간에 모든 진리를 다 보여 주시는 것이 아니라는 사실을 알 수 있습니다. 다시 말하면 조금씩 인도하시는 가운데 진리를 가르쳐 주신다는 말씀입니다. 형제가 인도함을 받으려면 인도자의 뒤에서 한번에 한 걸음씩을 걸어야 합니다. 결코 그를 앞서거나 끌려 다닐 수도 없습니다. 다만 한 걸음 한 걸음 내딛기만 하면 되는 것입니다. 나는 농촌에 사는 그리스도인들이 지금 이런 문제의식을 그들 사이에 조성시켜 해결하고자 한다면 분명 해답을 찾으실 수 있다고 믿습니다. 시편 119편 99~100절을 참조로 읽어보시기 바랍니다.

   나는 또 추가해서 몇 가지 생각들을 좀더 나누고 싶습니다. 나는 우리 마을이 진짜 기독교 마을이라면 그곳 사람들과 다음과 같은 사실들에 대해서 토론해 보고 싶습니다. 그러나 나의 제의에 대하여 주님께서 나의 마음이 바뀌도록 하실지도 모르니 그렇게 심각하게 받아들이지는 마시기 바랍니다. 먼저 나는 전도서 말씀과 더불어 '교육'과 '지혜'에 대해서 우리의 생각을 모으고 싶습니다. 왜냐하면 지혜를 소유하는 것이야말로 우리가 바라는 목표가 되기 때문입니다. 우리가 가장 먼저 발견하게 되는 것은 주님을 두려워하는 일이 지혜의 시작이라는 것입니다. 이 말은 시골의 교회들이 초등학교를 도와서 어린이들에게 조직적인 성경 공부를 시키도록 해야 함을 의미합니다. 만약 어린이들이 초등학교를 졸업할 때까지 기다리면 그때는 이미 늦어지게 됩니다. 왜냐하면 졸업할 때쯤이면 선생님, 친구, 텔레비전, 책들을 통하여 도시로 나가는 것이, 혹은 미국으로 유학 가는 것이 지혜의 시작인 양 세뇌당하고 말기 때문입니다. 지금 미국 사람들 가운데는 도시야말로 현대의 소돔과 고모라와 다를 바 없다고 생각하여 시골로 옮기는 사람들이 점점 늘고 있는데 이 사실을 내가 형제께 알릴 수 있다는 것이 얼마나 다행스러운지 모르겠습니다. 그들은 그들이 터득한 기술이 무엇이든지 상관치 않고 잘못된 가치를 버리고는 시골로 옮깁니다. 그들 중 많은 사람들은 농사에 대해서 무식합니다. 그러나 그것이 어려울지라도 그들은 참고 배우며 그 속에서 기쁨을 찾고 땅에 속한 자(또는 땅을 섬기는 자)의 새로운 자유를 경험하게 됩니다. 그들은 이전에는 기계나 회사 혹은 특정 영리기관의 노예에 불과했으니까요.

   나는 나의 개인 도서실에 미국 메노나이트 교도들이 출판한 책 한 권을 갖고 있습니다. 참고로 메노나이트 교도들을 잠깐 소개하면 그들은 도시생활과는 절대로 타협하지 않기 때문에 시골에서만 단순한 생활을 영위해 갑니다. 그들이 도시로 갈 때는 오직 선교적인 목적으로서 간호원, 교사, 기술자의 직업을 갖고 갑니다. 그런데 이들이 발간한 책 중에 〈뒤뜰에서의 실험으로 당신의 영농방법을 개선하십시오〉

(Improve your gardening with backyard research)라는 책이 있습니다. 이 책은 우리의 자녀들이 공부해야 할 책입니다. 만약 형제가 사는 마을에 도시에 가서 영어를 배워온 청년이 있으면 시골생활에 관한 그 책의 내용을 한국말로 번역토록 권해 보십시오. 또 어떤 비전이 있는 젊은 친구가 있으면 그에게 이 책을 교회에 소개하도록 권해 보십시오. 교회가 그것을 배워 시골 사람들에게 가르치면 그들이 농촌 생활이 얼마나 의미 있는지를 깨달을 수 있을 것입니다. 내게는 또 영어로 번역된 일본판 책 한 권이 있는데 아마 한국말로 번역한 것이 있는지 모르겠습니다. 그 책의 저자는 후쿠오카라는 분인데 그는 자연 그대로의 방법과 유기농법을 사용하면 다른 농부들의 반만큼만 일하고도 생산량은 똑같이 낼 수 있다고 주장하는 사람입니다. 이것은 무엇을 말해 주는가 하면 다른 사람들이 살려고 애쓰는 동안 자기는 여유를 가지고 손님을 접대하며 책을 읽거나 철학을 논하며, 현관을 칠할 수도 있고 아니면 그의 포도나무 아래에서 아름다운 사색도 할 수 있는 문화인(man of culture) 생활을 할 수 있다는 말입니다. 이것은 바로 성경이 가르치는 바 이상적인 농촌에서의 삶이라 할 수 있습니다. 성경은 농촌생활의 이상에 대하여 다음과 같이 여러 곳에서 이야기하고 있습니다. "그들이 각자 자기들의 무화과나무, 포도나무 아래에서-땀에 범벅이 된 삶이 아니라-안연(晏然)히 살았더라"(왕상 4:25; 왕하 18:31; 사 36:16; 슥 3:10).

이 말은 또 달리 해석하면 시골 사람들은 생존을 위해 일하는 시간과 나머지 시간을 활용하여 독서, 토론, 시골생활을 위한 성경 공부 또는 뒤뜰에서의 실험을 위한 시간적 여유를 갖기 위해 늘 배우는 자세로 일해야 함을 의미합니다. 그래서 만약 그들이 더욱 열심히 읽고 연구하면 더욱 효과적으로 농사를 지을 수 있을 것이고 또 더욱 효과적으로 농사를 지으면 더욱 많은 여유를 가지게 될 것입니다. 그리고 이 더 많은 여유는 그들로 하여금 더 많이 읽고 연구할 수 있도록 만들어서 결국 배가(倍加)된 효력과 결실을 얻게 되는 것입니다. 우리가 이런 일에 열중하는 동안 우리는 자녀들을 도시로 보내 필요한 정보와 지식을 배워오게 할 수도 있고, 아니면 아름답고 의미 있고 창조적인 시골생활에 대한 비전을 가지고 그것을 우리와 함께 나눌 수 있는 그리스도인 교사들이 있다면 그들을 우리 마을로 초대할 수도 있습니다. 이렇게 되면 우리 마을의 교육에 대한 질적 수준은 더욱 높아질 것입니다. 이것이 여의치 않으면 목사님들 중에서 그런 비전을 가지신 분들을 찾을 수도 있습니다. 그러나 이것도 여의치 않으면 우리는 성경을 펴 놓고 우리들끼리 모여 앉아 마치 초대교회가 그러했던 것처럼 성령님께 의지하여 우리에게 깨달음을 달라고 구하며 또 성경이 가르치는 대로 우리가 마땅한 성도의 삶을 살게 해달라고 주님께 구할 수 있습니다. 이제 우리는 교회를 '가르치는'(敎) 모임(會)이라고 여겨 왔던 잘못된 관념에서 벗어나 '나누고', '주고받는'(交) 모임(會)이라는 올바른 생각을 하도록 해야 할 것입니다.

이제 마지막으로 남아 있는 질문을 생각해 보도록 합시다. 오늘날의 교육에 대한 문제는 그것 자체가 이미 대답이 된다고 생각합니다. 무슨 말인고 하면 소위 우리가 말하는 교육이란 것은 더 이상 어떻게 살며, 생각하고, 하나님을 알고, 서로를 돕는가에 대해서 배우는 교육이 아니라는 것입니다. 단지 어떻게 하면 부자가 되고 출세를 할 수 있는가에 대한 교육이 되고 말았다는 것입니다. 이것은 바로 이교주의요 우상숭배입니다. 이제 우리 그리스도인들은 잠언서를 펼치고 성경으로 돌아가서 단순하지만 효과적인 우리 자신들의 교육 방법을 개발해 내도록 합시다. 만약 우리의 자녀들이 읽고 쓰고 셈하고 생각하기를 배운다면 그들이 스스로를 교육하거나 서로서로에게 가르칠 수 있을 것입니다. 오늘날의 교육이 하지 못하고 있는 것 하나는 사람들에게 생각하도록 가르치지 않는다는 사실입니다. 교육이 생각하는 사람들을 두려워하고 있습니다. 이것은 마치 세익스피어의 희곡 '줄리어스 시저'에 나오는 인물 시저의 말을 생각나게 합니다. 그는 말합니다. "캐시우스는 깡마르고 볼품없는 외모를 가졌어. 그는 생각을 너무 많이 해. 그런 친구들은 위험해." 이처럼 오늘날 우리의 사회는 생각하는 사람들을 두려워하고 있습니다. 하나님께서는 생각하는 남성과 여성을 원하십니다. 그리하여 성령님의 도우심으로 그들이 초자연적 사고와 초자연적 지식과 초자연적 지혜를 소유하기를 원하십니다. 원하기만 하면 우리 교회는 이런 사람들을 얼마든지 배출할 수 있습니다. 그러나 세상은 그런 사람들을 반기지 않는다는 것을 알고 계십시오. 그들은 이런 사람들을 위험하다고 생각하며 조롱합니다. 우리들을 문명에 뒤떨어졌다거나(미개하다고), 무식하다고 낙인 찍습니다. 그리고 우리가 그들에게 굴복하지 않으면 없애 버릴 방법을 찾습니다. 그러나 형제는 그렇게 염려하지 마십시오. 어느 때고 교회가 핍박을 받지 않으면 그것은 하나님의 왕국 즉 진정한 교회가 이 땅에 있지 않았기 때문입니다. 그것은 교회가 세상과 타협했고 세상에게 더 이상 도전이나 경고를 주어 미움을 받지 않았기 때문입니다.

성식 형제! 형제가 내게 편지를 한 것은 오래 전이었건만 답장이 늦어져서 얼마나 미안스러운지 모르겠습니다. 거기다가 답장 역시 긴 글이 되고 말았습니다. 용서하시기 바랍니다. 하나님께서 시골에 사는 형제에게 더 큰 삶의 보람과 지혜, 기쁨을 주시도록 기도합니다.

성경은 장로의 자질과 역할에 대해 어떻게 가르치고 있는가?

존경하는 대천덕 신부님께.

　신부님의 미국 여행은 즐거우신지요? 이제 좋은 휴식을 취하셨으니까 건강이 많이 좋아지셨으리라 믿습니다. 얼마 전 저는 신부님이 안 계신 예수원을 방문해 많은 은혜를 받았고 그곳에서 교회란 늘 우리들 모두가 모여 이루는 것이지 설교하는 목사, 가르치는 교사들만의 모임이 아니라는 것을 알게 되었습니다.

　사실 저는 바로 이 이유 때문에 편지를 쓰고 있는 것입니다. 저는 교회 안에서 평신도의 역할, 특별히 장로의 역할이 무엇인지에 대해 늘 혼동을 일으켜 왔습니다. 우리 교회의 목사님은 장로로서 저의 자질을 의심하기도 합니다. 그리고 얼마 전 어떤 목사님이 어느 신문에 기고한 글을 읽었는데 그 목사님은 교회 안에서 장로님들의 권위가 너무 크다고 비난하고 있었습니다. 저는 이 문제에 대해서 각 교단들이 그들의 교단 헌법에 명시하고 있다고 알고 있고 그 내용들이 모두 같지 않다는 것도 알고 있습니다. 그러나 신부님, 저는 성경이 장로들의 역할에 대해서 어떻게 가르치고 있는지 알고 싶습니다. 장로는 평신도인가요? 아니면 성직자인가요? 그리고 성경적인 장로의 권위는 어떤 것인가요? 그리고 디모데전서 3장에는 왜 장로들이 언급되어 있지 않은지요? 신부님의 답장을 기다리겠습니다.

- 조창노 올림

사랑하는 조 장로님께.

귀한 편지 주셔서 감사합니다. 특별히 예수원의 형제, 자매들에 대한 인사의 말이 더욱 고맙게 느껴집니다. 사람들은 저와 같은 성공회 성직자를 신부님이라고 부릅니다. 그러나 성경에는 그와 같은 호칭이 나오지 않습니다. 우리 성공회의 교회법으로 말하자면 저는 장로입니다. 영어의 '프리스트'(priest)란 말은 한국말로 주로 '사제'(司祭)라고 번역되는데 실제로 그 말은 장로(elder)를 의미하는 '프레즈비터'(presbyter)의 줄인 형태입니다. 우리 성공회 교회법으로는 심지어 주교(bishop)들도 장로로 불려집니다. 그래서 저는 마치 베드로가 말한 것처럼, '함께 장로 된 자로서'(벧전 5:1) 이 문제에 깊은 관심을 가지고 장로님의 질문에 답해 보려고 합니다. 그러나 저는 장로님께서도 질문에서 요청하신 것처럼 성경이 이 문제에 대해서 어떻게 말하고 있는가에 주로 집중하려고 합니다. 우리가 성경으로부터 여기에 대한 가르침을 추론하여 우리의 교회 규약의 기저로 삼는 것은 매우 합당한 일이며 또 그렇게 하는 것이 불가능한 일도 아닙니다. 장로님은 장로가 평신도인가 아닌가를 물으셨습니다. 성경에는 그런 단어를 찾을 수 없습니다. 우리는 모두 거룩한 제사장들입니다. 우리에게 차이가 있다면 은사와 책임에 있어서 뿐입니다(고전 12:5~6).

신약성경에 나타나는 장로에 대한 언급 중 제일 첫 번째의 것은 사도행전 14장 23절에 있는 것입니다(제가 한국을 떠날 때 성경 낱말 사전을 두고 와서 새로 하나를 주문했는데 아직 도착하지 않았습니다. 그래서 할 수 없이 기억을 되살려 보았는데 혹시 구절을 빼놓았거나 틀린 것이 있으면 용서해 주십시오). 이 말씀은 사도 바울이 실라와 함께 각 교회에 장로를 임명했다고 증거합니다. 그런데 우리는 이 단순한 구절에서 네 가지 사실을 생각해 볼 수 있습니다. 먼저 그 장로들은 장로가 된 지가 불과 몇 주 혹은 몇 달밖에 되지 않았다는 것과, 따라서 그들은 지극히 짧고 특별한 몇 가지 훈련들만을 받았다는 사실입니다. 둘째로 그들은 그 지역 출신의 사람이었습니다. 셋째로 그들이 장로가 될 때 안수(按手)라는 형식상의 절차가 있었다는 것입니다. 사도행전 14장 23절에는 '장로들을 택했다'고 되어 있는데 '택하다'(choose)라는 말의 헬라어 의미는 '손을 얹다', '안수하다'라는 것이고 저는 이것이 옳은지 그른지 알기 위해 길 건너에 있는 한 장로교회에 가서 확인해 보고 왔습니다. 네 번째로 이 말씀에 의하면 바울과 실라가 그 장로들을 주교나 목사 또는 다른 어떤 감독의 직분 밑에 두지 않았다는 것입니다. 오히려 이렇게 전합니다. "…저희들(장로들) 그 믿은 바 주께 부탁하고…." 오늘날의 그리스도인들은 어떤 감독자(supervisor)나 감독 기관이 그들을 다스려야 한다고 생각하지만 바울과 실라는 하나님을 신뢰하고 하나님이 그 일을 하시도록 맡겼다는 것입니다. 이것은 바로 저와 같은 외국인 선교사들이 가졌던 불신앙이었고 우리는 이것을 한국 교회에 가르쳤던 것입니다. 그러므로 장로님은 교회의 권위를 가지신 분들이 그 선교사들보다 믿음이 좋지 않다고 보여지면 인내심을 가지고 참아 보시기 바랍니다. 그리고 우리 모두가 사람들뿐 아니라 환경까지도 하나님께 맡길 수 있는 방법을 배울 수 있도록 기도해 주시기 바랍니다.

그리고 역시 사도행전 15장 4절에 예루살렘 교회에 사도들과 장로들이 있었다는 말씀이 나옵니다. 그런데 여기서는 그들이 교회의 정책을 결정하는 모임의 일원이었던 것 같습니다. 11장 1절에는 베드로가 고넬료와 함께 유하며 먹었고 또 이방인들에게도 성령을 물 붓듯 부었으므로 그들이 하나님께 영광을 돌린 연고로 사도와 유대인 형제들로부터 비난을 듣게 되었다는 말씀을 읽게 됩니다. 이때 그들 중에는 그 일에 대한 어떤 공식적인 결정이 필요했던 것 같았고 또 실제로 결정이 이루어졌던 것 같습니다. 그런데 16장 4절에는 바울과 실라가 사도와 장로들이 내린 그 결정 사항을 안디옥을 포함한 시리아와 길리기아 지방의 각 교회 앞으로 전달했다고 말합니다(행 15:23). 그러나 바울이 시리아, 길리기아와는 문화가 매우 다른 마케도니아를 지나 그리스-로마(Greece-Roman) 세계로 들어갔을 때는 이런 결정 사항들에 대한 이야기를 더 이상 언급치 않는 것을 볼 수 있습니다. 그런가 하면 심지어 바울은 그 결정 사항들을 그대로 전달하지도 않았습니다. 예를 들어 바울은 바로 이와 똑같은 문제를 놓고 고린도 교회에 편지를 썼는데 그는 사도들과 장로들이 내린 결정과 똑같이 가르치지 않았습니다. 그러나 그렇다고 해서 바울이 다른 문화적인 배경을 가진 교회들로부터 온 교인들에게 정신적인 충격을 준 고린도 교인들을 인정한 것은 아니었습니다. 하여튼 바울은 사도들과 장로들이 내린 공식 결정이었지만 그것을 전달할 때는 각 교회의 상황에 맞도록 융통성 있게 가르쳤다는 것입니다. 그렇다고 해서 그가 자기의 임의대로 핵심, 근본을 바꾼 것은 아니었습니다. 바울의 관심은 복음 그 자체에 있었고 유대인의 율법은 복음의 자유케 하는 능력을 약화시킨다는 문제를 알고 있었습니다. 나중 바울은 다시 예루살렘으로 와서 그 장로들을 만났고 그들의 권위 앞에 순종했습니다.

 장로에 대한 그 다음의 언급은 데살로니가 교회에 보낸 바울의 편지에 나오는데 이것은 그가 편지로 써서 가르친 첫 번째의 교훈입니다. 데살로니가전서 5장 12절에 이런 말이 나옵니다. "형제들아⋯주 안에서 너희를 다스리며 전하는 자들을 너희가 알고⋯." 그런데 여기서 '다스린다'는 말은 헬라어로 '너희들 앞에 서는 자'(those who stand in front of you)로서, 두 가지 중요한 사실을 배울 수 있습니다. 먼저 11

절은 '서로를 세워 주라'고 가르칩니다. 이것은 장로들뿐만 아니라 모든 그리스도인들의 기본적인 책임입니다. 그리고 앞에 서는 자들, 즉 장로들을 일컬어 말하기를 '그들을 가장 귀하게 알라'고 하시는데 이것은 그들의 '계급'(rank) 때문이 아니라 그들의 역사(works) 때문에 그렇게 하라고 명하십니다.

데살로니가후서 3장 8~9절에서 바울은 자기 자신에 대해서 언급하며 이렇게 말합니다. "…스스로 너희에게 본을 주어 우리를 본받게 하려 함이니라." 바울은 교회 지도자들이 다른 사람에 대하여 모범을 보여 주는 삶을 살아야 한다는 것입니다. 그리고 특별히 데살로니가 교인들에게 본을 보여 따르기를 원하는 것은 교회를 위해 일을 할 때 돈을 기대하지 말고 그들 자신의 수고로 먹을 것을 벌어가며 봉사하라는 것입니다. 그러나 나중에 그는 고린도에 편지를 쓰면서 자기 자신은 그런 식으로 일하며 교회 섬기기를 계속하되 누구든지 교회에서 가르치는 일 외에 다른 직업이 없는 사람은 항상 교회로부터 도움을 받을 권리가 있다고 말합니다.

바울과 실라가 비시디아 교회에 장로를 세우고 마케도니아, 그리스, 소아시아, 온 지역에 교회를 개척한 다음, 바울은 또 한번의 마케도니아 여행을 떠났습니다. 그러나 그는 디모데를 에베소에 남겨 두었습니다. 그것은 그가 그 지역에 있는 교회들이 급속도로 성장하여 분명히 장로, 집사들이 필요할 것이라 믿었기 때문입니다. 그래서 그는 디모데에게 편지할 때 어떤 사람들이 선택되어야 할지에 대해서 아주 상세하게 썼던 것입니다. 바울은 그의 편지 5장에 가서야 장로에 대해서 언급하고 있는데 거기서 디모데에게 말하기를 "장로들을 꾸짖지 말고 아버지에게 하듯 대하라."라고 말하고 있습니다. 저는 신학교를 갓 졸업한 젊은 교역자들이 특별히 이 권면을 잊지 말아야 한다고 생각합니다.

 거의 같은 시기에 사도 바울은 그레데에 떨어뜨려 둔 디도에게도 편지를 썼는데 여기서는 장로에 대해서 좀더 구체적으로 언급하면서 그들을 감독(bishop)이라고 지칭하고 있습니다. 아마 그 당시에는 감독과 장로라는 두 직분 사이에 분명한 선이 그어져 있지 않았기 때문이 아닌가 생각됩니다. 그런데 사실 이 직분에 대한 호칭들은 오늘날 우리가 쓰기 좋아하는 감투의 이름이라기보다는 그 직분에 대한 기능이 무엇인가를 설명하는 말이라고 보여집니다. 만약 우리가 이 디도서와 디모데전서를 비교해 보면 바울이 장로 혹은 감독들에게 요구했던 기능상의 내용들이 무엇이었는가를 알 수 있을 것입니다. 그리고 장로의 자질에 대한 논란이 있을 경우 우리는 바로 이곳을 보아야만 합니다. 여기에는 감독, 장로의 자질들이 무엇인지 아주 명료하게 서술되어 있습니다. 그러나 오늘날의 교회가 이 가르침을 심각하게 받아들이지 않는 것을 보면 얼마나 가슴이 아픈지 모르겠습니다.

 그러면 장로의 자질들이란 도대체 무엇입니까? 첫째로 책망받을 것이 없어야 합니다. 이 말은 다시 말해서 모든 사람들에게서 좋은 평판을 얻는 자라야 한다는 말입니다. 모든 사람이란 믿는 자뿐만이 아니고 안 믿는 자도 포함한다는 말입니다. 둘째로 한 아내의 남편이어야 합니다. 세계에는 두 가지 형태의 일부다처 제도가 시행되고 있습니다. 아프리카에서는 한 남자가 여러 명의 아내를 거느리되 그들이 살아 있을 때까지 먹여 살려야 합니다. 서구에서는 한 남자가 여러 명의 아내를 거느릴 수 있습니다. 그러나 그들의 습관이 아프리카와 다른 것은 아프리카의 경우 한꺼번에 거느릴 수 있지만 서구에서는 한 사람씩 차례로(죽거나 혹은 이혼을 해서) 거느릴 수 있다는 것입니다. 그리고 그들은 그들이 살아 있다고 해서 모두 부양해 줄 책임도 지지 않습니다. 바울은 여기에 대해 두 제도 중 어느 하나가 더 좋거나 나쁘다고 말하지 않습니다. 다만 교회 지도자가 되려면 이 둘 중 아무것도 따라서는 안 된다는 것입니다. 그들은 어떤 경우라도 한 아내만 가져야만 합니다. 우리는 바울이 아내가 한 사람 이상인 사람은 세례만 받을 수 없다고 말하지 않았음에 주목해야 합니다. 세례는 물론이거니와 장로가 되는 조건에는 더더욱 있을 수 없다는 것입니다. 그럼에도 오늘날 우리는 그것을 세례 받지 못하는 조건으로만 삼는다는 것입니다.

　바울은 계속해서 세 번째의 중요한 사항을 덧붙여 말합니다. 즉 장로의 자녀들은 그가 속한 사회에서 좋은 평판을 얻어야 한다는 것입니다. 이 말 속에는 그가 성인이 될 때가지 별 비방거리 없이 자라야 한 자임을 포함하고 있습니다. 바울은 교회를 다스릴 수 있는 자질을 가정을 잘 다스린 자로 본다는 것입니다. 따라서 자녀가 없거나, 어린 자녀를 가진 사람에 대해서는 그가 얼마만큼의 자질을 갖추었는지 우리가 잘 판단할 수 없습니다. 대개의 경우 자녀들이 빗나가거나 탈선하는 것은 20살이 되어서거나 아니면 바로 그 직전에 생깁니다. 그래서 20살을 무사히 넘긴 자녀를 둔 자나 혹은 20살 전후에 동네에서 좋은 평판을 듣는 자녀를 가진 자라야 장로의 자격이 있다는 것입니다. 바로 이 원칙을 적용하면 저는 아직도 장로가 될 자격을 갖추지 못했습니다. 저는 우리 성공회에서 심지어 결혼도 하지 않아서 장로로 세움 받았고 지금은 아직도 20살이 되지 못한(19살짜리) 딸을 두고 있습니다. 결국 이 아이가 앞으로 1, 2년은 더 온전하게 지내야 그때 저는 비로소 명실상부한 장로가 될 수 있을 것입니다. 그래서 저는 신학교를 마친 젊은 사람들을 목사 혹은 장로로 임명하기보다는 교사로 임명해야 한다고 생각합니다.

　네 번째로 장로가 될 수 있는 중요한 요건은 그가 교회의 소유자 혹은 주인이 아니라 청지기라는 사실을 인식해야 하는 일입니다. 그러므로 그는 자신의 사욕을 좇아서는 안 됩니다. 사욕을 좇는 일은 남을 섬기거나 세워 주는 일과 정반대의 태도이기 때문입니다. 그래서 바울은 여기에 대해 계속해서 경고를 주고 있습니다. 다섯 번째로 그는 화(분노)를 빨리 내는 사람이어서는 안 됩니다. 여섯 번째는 술을 좋아하는 사람이어서도 곤란합니다. 일곱 번째는 남을 구타하는 사람은 결코 장로가 될 수 없습니다. 여덟 번째로 더러운 이(利)를 탐해서도 안 됩니다. 제가 아는 어떤 장로님은 부자라는 말을 들을 만큼의 돈을 갖고 있지 않으면서도 돈을 벌려고 전혀 애를 쓰지 않는 분이었습니다. 그분은 또 손만 대면 분명히 돈을 벌 수 있는 사업거리가 있었음에도 불구하고 거기에 관여하지 않는 분이었습니다. 그런데 놀라운 것은 그 장로님 교회의 목사님이 그 장로님에 대하여 매우 실망하시더라는 것입니다. 아홉 번째의 자격은 나그네를 잘 대접하는 일입니다. 나그네 대접하는 일을 이야기할 때 꼭 생각나는 장로가 바로 '가이오' 입니다. 그는 늘 남에게 호의를 베풀며 접대하기를 즐겨했던 사람이었습니다. 그런데 이 접대란 것은 어느 정도 물질적인 부요함이 있어야 가능하긴 하지만 꼭 부자가 되어야 한다는 말이 아님을 알아야 합니다. 오히려 저는 매우 가난하면서도 대접 잘하는 사람을 많이 알고 있으며 심지어 어떤 사람들은 재산을 축내면서까지 다른 사람을 즐겁게 해 주려고 하는 것을 보았습니다. 열 번째는 선을 좋아하는 사람이어야 합니다. 열한번째는 근신할 수 있어야 합니다. 열두 번째는 불의하거나 불공평한 일을 하지 않는 것입니다. 열세 번째는 거룩해야 합니다. 열네 번째는 절제할 수 있어야 합니다. 열다섯 번째는 그가 받은 대로 건전한 내용을 가르칠 수 있는 자라야 합니다. 그는 가르치되 따지기 좋아하는 자는 잘 설득하고 성실치 못한 자를 잘 권면하는 일에 힘쓸 수 있어야 합니다. 그런데 오늘날 우리들의 교회에서는 이 구절의 말씀을 17년간의 학교 교육을 받은 사람이라야 가르칠 수 있는 것처럼 해석하고 있습니다. 그러나 성경에 학교에 다녔던 자라야 한다는 언급은 없습니다. 오히려 디모데후서 2장 2절에 보면 디모데는 그가 바울로부터 배운 것을 다른 사람에게 전하였고 또 받은 사람이 다시 그것을 다른 사람에게 가르치도록 했다는 말을 듣게 됩니다. 그리고 디모데전서에서 우리는 두 번씩이나 '가르치기를 잘하고'(apt to teach)라는 단어를 보게 되는데 이것은 분명 잘못된 번역으로 보여집니다. 제가 찾아본 바 이 헬라어 단어가 쓰여진 곳은 단 한 군데인데 그것이 의미하는 바는 '가르칠 만하며', '가르칠 수 있는'(able to teach)이란 뜻입니다. 저는 이 뜻이 바울의 사상과 더 일치된다고 생각합니다.

이제 그러면 야고보서 5장 14~16절로 넘어가 보도록 하겠습니다. 야고보는 교회의 장로들이 아픈 사람들에게 기름을 바르고 죄를 고백하는 자의 병 낫기를 위해 기도해야 한다고 말합니다. 여기서 다시 16절의 말씀을 보십시오. 우리는 바울이 가장 즐겨 사용하는 표현 중의 하나인 '서로'(each other)라는 말을 발견합니다. 죄를 '서로' 고하고, '서로' 병 낫기를 위해 기도하라고 말합니다. 우리는 장로들만이 일반적으로 고백을 들었는지는 잘 모르겠지만 오랜 세월 동안 교회는 '지혜로운 사람은 행한다'라고 가르쳐 왔습니다.

마지막으로 우리는 베드로전서 5장 1절에서 11절까지를 보게 되는데 여기서 우리는 베드로가 자신을 어떻게 부르고 있는지 볼 필요가 있습니다. 그는 자신을 사도라 부르지도 않았고 더더욱 '교회의 반석'(이것은 예수님이 베드로에게 붙여 주신 명칭임)이라고 소개하지도 않았습니다. 그는 자기 자신을 단순히 '장로'로 소개합니다. 그는 장로를 뽑는 자격을 말하지 않고 장로가 하나님 앞에 보여야 할 태도와 마땅히 해야 할 일이 무엇인지를 말하고 있는 것입니다. 그는 두 가지 사항을 열거합니다. 첫째는 양떼를 먹이는 일이고 둘째는 양떼를 돌보는 일입니다. 그리고 베드로는 다시 장로가 피해야 할 것이 무엇인지 지적합니다. 그것은 첫째로 책임을 회피하지 않고 기꺼이 행하려는 것과 둘째로 돈을 위해서 할 것이 아니라 자발적으로 할 것이며 셋째로 군림하는 자로서가 아니라 삶으로 모범을 보여 주는 자로서 행하라는 것입니다.

저는 이런 성령의 가르침들을 읽어갈 때 하나님은 누가 어떤 호칭으로 불리우며 그 호칭을 들을 만한 자격이 무엇인지 밝혀 주는 원칙, 규정들에 대해서는 별 관심이 없으시다는 것을 알 수 있습니다. 하나님은 당신의 교회를 당신의 '가족', '양떼'로 보고 예수님을 감독자, 목자로 보고 계시며 또 그 안에 있는 구성원들은 하나님으로부터 성령을 통하여 부여받은 사명이 있다고 보시는 것입니다. 그러므로 하나님이 가지시는 관심은 우리 모두가 열정과 기쁨과 겸손한 마음을 가지고 우리가 해야 할 일을 하는 데 있는 것입니다. 특별히 하나님은 오래 믿은 신자가 장로로서의 책임을 겸손하고 조용하게 받기를 원하시며 또 젊은 신자들(교사 혹은 디모데와 같이 젊은 목회자)은 그들을 존경함으로 대하라고 말씀하십니다.

장로님, 신약성경에 나오는 책임에 대한 말들은 항상 '서로서로'라는 말로 메워질 수 있는 말이었다는 것을 모르셨겠죠? 사랑은 곧 그런 것입니다. 서로가 서로에게 하는 것입니다. 그렇게 하는 곳이 교회인 것입니다. 하나님께서 장로님을 귀하게 쓰시기를 기도합니다.

예수 그리스도의 사랑의 4차원성

산골짜기에서 온 편지

삶의 진정한 의미는?

존경하는 대천덕 신부님께.

신부님, 그간도 안녕하신지요? 신부님과 예수원 형제, 자매님들의 기도 덕분에 저는 어떤 교회에 소속된 기숙사로 이사를 하였고 따라서 기독교적인 신앙 분위기 속에서 생활할 수 있게 되었답니다. 그런데 저는 기도를 하거나 곰곰이 생각해 볼 때마다 다음과 같은 근본적인 질문을 가슴속으로부터 듣게 됩니다. "내 주위에 있는 신앙인들 중에는 왜 많은 숫자가 일종의 습관 혹은 강박관념하에서 교회에만 다녔지 교회 일을 하지 않는가? 또 신앙이 없는 사람들은 왜 인생사에 대한 궁극적인 질문들을 하지도 않는가?"

물론 바로 이와 같은 것은 지금 미국의 각급 학교에서 가르쳐지고 있다는 것을 알고 있습니다. 즉 사람이란 우주 폭발의 우연한 부산물이며 단지 진화된 존재이며 나 스스로의 쾌락을 찾는 것 이외에는 세상에서 추구할 궁극적 가치는 없다는 것입니다. 어떤 사람에게는 삶이란 곧 권력을 의미하므로 그것을 수행하기 위해 부지런히 앉다 갔다 하기만 합니다.

때때로 저는 그들 자신들에게 이런 질문을 해보고 싶어질 때가 있습니다. '당신은 왜 살고 있습니까?', '삶의 의미는 무엇입니까?', '당신의 젊음을 투자해도 좋은 가치가 있는가?', '과연 사랑과 겸손을 배울 필요가 있는가?', '그것은 하나님의 영광을 위한 것인가?' 그러나 이런 질문들은 너무나 막연한 질문인 것 같습니다. 신부님, 이런 질문들의 진정한 의미는 무엇입니까? 신부님의 좋은 말씀 기다리겠습니다.

— 송주 올림

사랑하는 송주 형제에게.

며칠 전 형제의 편지를 받고 얼마나 기뻤는지 모릅니다. 형제는 또 좋은 질문도 주셨습니다. 나는 형제가 그 기숙사로 이사하게 된 것과 이제부터는 사람, 심지어 친족까지도 의지하지 않고 하나님만 바라보겠다고 결심하게 된 것이 바로 하나님의 인도하심이었다고 믿습니다. 나는 형제가 미국 사람들의 생각이 얼마나 얄팍하며 그들이 얼마나 목적 없는 삶을 살고 있는가를 알게 되어 매우 기쁩니다. 나는 형제가 기숙사에 있는 다른 젊은 친구들과 교회 사람들에게 계속 그와 같은 근본적인 질문들에 대해서 생각할 수 있도록 도전을 주기를 바랍니다. 그런 궁극적인 문제를 해결하지 못하는 사람은 누구에게나 닥치기 마련인 시련을 맞이하면 표류하기가 쉽고 결국 비참한 말로를 보게 될 것입니다.

형제가 맨 먼저 제기한 질문이 장로교의 대요리 문답 제1번이 제기하는 질문과 똑같은 것은 매우 흥미롭습니다. 장로교 대요리 문답 제1번은 이렇게 묻고 있습니다. "인생의 제일가는 목적이 무엇이뇨?" 여기에 대한 답은 이렇게 적고 있습니다. "하나님을 영화롭게 하고 그를 영원토록 즐거워하는 것이니라." 그러나 성공회 교리서는 좀 다른 관점에서 출발하고 있습니다. 그것은 이런 질문으로 시작되고 있습니다. "너는 누구이뇨?" 그리고 질문들은 계속해서 '하나님과 내가 어떤 관계에 있는가?'라는 관점에 따라 이어지고 있습니다(예를 들어 하나님의 자녀, 그리스도의 지체, 하나님의 나라 상속자 등). 이 두 질문들 중 하나는 목적론적(teleological)이요 다른 하나는 존재론적(ontological)이라고 할 수 있습니다. 당신이 누구인지 안다는 것은 매우 중요합니다. 당신이 누구인지 알게 될 때 당신은 왜 내가 여기에 있는지 알 수 있기 때문입니다. 성공회 교리서는 당신이 하나님의 자녀요, 그리스도의 지체며 하늘나라를 유업으로 받을 자라고 말합니다. 그러나, 이런 전제 없이 즉 당신이 하나님의 자녀라는 구체적인 전제가 없다고 가정해 보십시오. 장로교 교리서의 질문은 여전히 그 자리에 머물러 있을 수밖에 없을 것입니다. 즉 단지 당신이 '사람' 그 자체에 불과하다면 당신이 이곳에 존재하는 목적이 무엇이며 인생의 목표가 무엇인가에 대한 답은 할 수 없을 것입니다.

첫 번째 질문에 대한 장로교 교리서의 답은 물론 옳습니다. 그러나 사람들은 그중 두 번째 부분의 것, 즉 하나님을 영원토록 즐거워한다는 말을 경시해 온 경향이 있습니다. 사람들은 하나님을 '즐거워해야 할' 대상이란 사실을 미처 생각하지 못하고 있다는 것입니다. 하나님은 우리가 치러야 할 희생에는 아랑곳하지 않고 그저 영광만 독점하려는 늙은 전제 군주 정도로 보았다는 것입니다. 실제로 우리는 하나님을 그와 같은 관점에서 보기가 쉽습니다. 그래서 하나님은 나보다 크고 힘이 세어서, 내가 맞붙어 싸울 수가 없으니까, 다시 말하면 울며 겨자 먹는 식으로 순종하고 즐겁게 해 주고 영광 돌리려 한다는 것입니다. 나는 나의 어린 시절의 대부분을 이런 태도로 삶에 접근하려고 했습니다. 나는 성경의 가르침들 중 겸손을 배운다는 것에 대해서는 잘 이해하지 못했지만 사랑에 대해서는 비교적 정확하게 이해했습니다. 시간이 지나감에 따라 하나님께서는 내가 당신의 자녀인고로 나를 사랑하시며 내가 또 그를 즐거워하기를 원하신다는 사실을 알게 해 주셨습니다. 나는 내가 죽고 난 다음 천국에서나 아니면 또 다른 장소에서 그를 즐거워할 것이 아니라 바로 '지금' '여기서' 즐거워해야 함을 알게 된 것입니다. 나는 지금 아버지이기 때문에 나의 자녀들이 내가 그들의 아버지 됨을 즐겨 주기를 바라는 것입니다. 나는 그들이 나를 존경하고 나의 이름을 더럽히지 않기를 바랍니다. 그러나 그보다도 나는 그들과 내가 서로를 즐거워하기를 바랍니다. 만약 우리가 서로 마음이 잘 맞고 같은 삶의 목적을 갖고 있다면 우리는 더 쉽게, 더 깊이 서로를 즐거워할 수 있을 것입니다. 나는 바로 이와 같은 이치대로 내가 하나님을 즐거워하기를 원하는 것입니다. 그분은 하나님이십니다. 그분은 모든 것을 지으신 자이십니다. 그러므로 그분 혼자만이 영광을 받으실 자격이 있습니다. 그분에게 영광을 돌리는 것은 모든 피조물들이 마땅히 해야 할 바입니다. 그런데, 실제로 내가 피조물들을 바라보면서 느끼는 것은 많은 피조물들 중 하나님께 영광을 돌리지 않는 것은 인간뿐이라는 것입니다. 대부분의 사람들은 그들의 힘을 자기 자신들을 영화롭게 하는 데 쓰고 있습니다. 바로 이 때문에 인간은 한때 아름답기가 그지없었던 이 땅을 쓰레기장으로 만들어 가고 있는 것입니다. 그러나 하나님께서는 우리가 그의 단순한 피조물이 되기를 원치 아니하시고 그가 낳으신 자녀가 되기를 원하십니다. 이것이 가능해지게 되는 것은 물론 예수님의 구속의 은혜에 의해서입니다. 그러나 우리가 거듭나서 하나님의 자녀가 된 다음에 해야 할 일이 또 하나 있습니다. 그것은 바로 그를 즐거워하는 일입니다.

　이것은 또 하나의 질문을 제기시켜 줍니다. 하나님을 영화롭게 하는 것과 하나님을 즐거워하는 것은 서로 모순되는 일이 아닌가 하는 생각입니다. '하나님께 영광 돌리는 일을 하는 것은 재미나는 일이 아니지 않는가?', '하나님께 영광을 돌리는 일을 과연 즐길 수 있는가?' 하는 의문이 생길 수 있습니다. 나는 오랫동안 이 두 개의 일이 서로 별개의 것인 줄로만 생각했었습니다. 나는 이 땅에서 하나님께 영광을 돌리는 동안에는 좀 고통스럽게, 좀 슬프게 살고 하나님을 즐기는 일은 죽은 다음 천당에 가서나 할 일인 줄 알았습니다. 그리고 바로 그것이 장로교 대요리 문답 제1번이 의미하는 바일 거라고 생각했습니다. 즉 '인생의 제일가는 목적은 이 땅에 있는 동안 하나님을 영화롭게 하고 그를 천국에서 영원토록 즐거워하는 것이다.'라고 믿었던 것입니다. 그러나 지금 나는 '영원토록'이란 말이 '영화롭게'란 말과 '즐거워하는'이란 두 말에 모두 걸린다는 사실을 깨달았습니다. 우리는 영원토록 하나님을 영화롭게 해야 하고 영원토록 즐겨야 하는 것입니다. 그리고 이 두 가지 일은 모두 이 땅에서 동시에 시작되어야 하는 일인 것입니다. 형제는 바로 이 일에 당신의 삶을 투자할 수가 있는 것입니다. 그런데 이 두 가지 일을 어떻게 한번에 다 할 수 있습니까? 답은 형제가 제기한 질문 안에 있습니다. 즉 '나는 사랑과 겸손을 배워야 할 필요가 있는가?'라는 질문 속에 있습니다. 겸손은 '하나님을 영화롭게 한다'는 말이고 사랑은 '하나님을 즐거워하는 일'에 해당합니다. 만일 어떤 남자가 연애 중이라고 생각해 보십시오. 인간적인 표현을 빌려 말하자면 그는 그의 애인과의 순간순간을 즐기며 살 것입니다. 그리고 자신의 친구들에게 애인에 대해서 자랑하는 일도 즐길 것입니다. 미국의 어린이들은 자기들의 아버지를 이렇게 자랑하기를 좋아합니다. "우리 아버지가 최고야." 그들은 아버지에 대해서 자랑하는 일을 즐기는 것입니다. 우리도 하나님께서 우리를 위해 놀라운 일을 하셨다는 사실을 알게 될 때 이렇게 말하기를 좋아합니다. "하나님은 정말 놀라운 분이야.", "그는 가장 위대한 분임에 틀림없어." 만약 우리가 그의 자녀이고 그가 우리의 아버지라면 우리는 그에 대해 자랑하는 일도 즐겨야 할 것입니다. 그리고 그것은 곧 그분에게 영광을 돌리는 일인 것입니다.

그러면, 사랑과 겸손을 어떻게 배울 수 있겠습니까? 이것들은 모두 성경에서부터 나옵니다. 성경에는 하나님의 목적이 무엇이며, 인간이 어떻게 하여 하나님을 영화롭게 하는 일에 실패하였으며, 하나님을 영화롭게 하려다가 어떻게 세상을 망쳐 놓았는가에 대해서 말해 줍니다. 그리고 그것은 하나님이 얼마만큼 우리를 사랑하셨는가, 심지어 그의 유일무이한 아들을, 자녀로 채 입양도 안 된 우리들을 위해서 보내실 만큼 사랑하셨다는 것을 말해 줍니다. 이 땅의 우리들은 마치 고아와 같았습니다. 온갖 미움, 증오, 추함, 분노로 가득 차 있었고 또 철저히 우리 자신들 속에만 갇혀 있어서 하나님에 대해서는 전혀 무관심했습니다. 그리고 우리의 분 냄이 그에게 대한 것이 아니었을지라도 우리는 그분에게 조금이라도 무엇을 해달라고 요구할 수 없었던 존재이었습니다. 그런데 바로 이 같은 우리들에게 그분이 아들과 함께 오셔서 우리와 함께 계시는 것입니다. 그리고 그의 아들은 조금도 그를 거슬러 행하지 아니하였고 그분이 기뻐하시는 일만 하였습니다. 이런 하나님이 고아였던 우리들을 그의 양자로 삼기로 결정하였다니 놀라운 일이 아니겠습니까? 그리고 그분은 그분의 진짜 아들을 어떻게 하셨습니까? 그분은 당신의 아들을 양자 된 우리들의 맨 위에 두도록 하셨어야 했을 것입니다. 그러나 성경은 우리에게 어떻게 말하고 있습니까? 하나님께서는 당신의 아들을 우리들 중의 하나가 되고 우리들을 위해 죽게 하셔서 우리가 그의 아들들이 되고 그의 아들과 함께 유업을 받을 자로 삼도록 하셨다고 말합니다.

자, 그러면 이제 우리는 하나님의 사랑이 어떤 것인지를 알 것 같습니다. 그러면 어떻게 그 사랑을 느끼며 또 내 마음속에 있는 분노, 자기 연민, 나를 위해 살고자 하는 생각들과 그것을 대체시킬 수 있을까요? 로마서 5장 5절은 하나님의 사랑이 성령으로 말미암아 우리 마음에 부은 바 됨이라고 말합니다. 그렇습니다. 내가 마음속으로 그 사랑을 알고 있는 만큼 그 사랑을 경험하기를 원한다면 나는 성령이 내 속에 있도록 해야 합니다. 요사이 심령에 대한 많은 관심이 일어나고 있지만 대부분 성령의 은사적인 관점에로만 쏠리는 경향을 보여 줍니다. 만약 우리가 하나님을 영화롭게 하기를 원한다면 성령의 세례는 우리가 그것을 할 수 있도록 힘을 줄 수 있습니다. 그러나 우리가 그분을 즐거워하려고 한다면 우리는 사랑이 필요합니다. 그것은 우리의 가슴 속에, 우리 자아의 가장 깊은 곳에 있어야 합니다. 그리고 그 사랑은 성령께서 우리의 위로만이 아니고 우리의 속으로도 주시는 것입니다.

그리고 또 한편으로 우리는 보혜사 성령이 오시면 그가 우리를 모든 진리 가운데로 인도해 주실 것이라는 약속을 받았습니다. 하나님은 진리이시며 또한 사랑이십니다. 그렇기 때문에 진리 가운데로 인도하시겠다는 말은 사랑으로 인도하시겠다는 말이기도 합니다. 그러므로 하나님에 대한 우리의 의무와 인간에 대한 우리의 의무가 무엇인지 깨닫도록 도와 주는 것은 성령의 역사임을 알 수 있습니다. 그리고 그분은 우리로 하여금 그 의무를 다하고 또한 그것을 행하기를 즐거워할 수 있도록 초자연적인 아가페의 사랑을 주시기도 합니다. 이런 이유 때문에 우리는 그를 좋으신 분, 재미있는 분이라고 말하며 그에 대해서 찬양하기를 아끼지 아니하는 것입니다. 사랑에 빠진 사람은 그의 사랑을 노래하며 그녀에 대한 시를 짓기도 합니다. 마찬가지로 성령이 우리 마음속에 부으신 바가 될 때 우리 속에는 하나님에 대한 사랑과 시로 가득 차게 되는 것입니다.

송주 형제, 나는 성공회 신자이며 내가 누구인지를 알아야 한다는 중요성도 인정합니다. 그러나 나는 내가 옛날 장로교에서 받은 훈련도 나에게 도움이 되었음을 인정합니다. 나는 하나님을 사랑하고 그분에게 매료되기 이전에 벌써 이 사실을 인정하지 않을 수 없었습니다. 즉 나는 하나님이 분명히 계시다면 그분을 찾고 그의 뜻을 행해야지 그 이상의 선택은 우리에게 있을 수 없다는 사실을 인정하게 되었다는 것입니다. 나는 하나님을 즐거워해야 한다는 부분에 대해서 관심을 가지지 않았습니다. 앞에서 이야기한 대로 그것은 이다음에 이루어질 일이라고 생각했기 때문입니다. 그런데 그것이 지금 나에게 와서 이루어지고 있습니다. 다만 그것이 내가 예상했던 것보다는 일찍 왔다는 것뿐입니다. 나는 기쁨이 넘쳐 놀라워할 정도였습니다. 성공회 평신도 신학자 루이스(Lewis)는 이렇게 말하고 있습니다. "나는 하나님의 뜻을 행하고 그를 영화롭게 할 수 있도록 성령을 주십사고 구했다. 그랬더니 어느 날 그분이 나에게 하나님의 뜻을 행하도록 힘과 의지를 주셨을 뿐 아니라 그것을 행할 때 대단한 재미, 기쁨을 맛볼 수 있는 은혜까지 주셨다." 형제도 아시겠지만 영어의 '조이'(joy)와 '엔조이'(enjoy)는 실제로 같은 말입니다. '엔조이'는 어떤 대상 혹은 사람 안에서 기쁨을 찾는다는 뜻입니다. 이 말의 의미를 그대로 적용하여 형제의 질문, 즉 '나의 젊음을 투자해도 좋을 가치가 있는가?'에 대답해 보면 어떨까요? 대답은 "예, 있습니다. 그것은 쾌락이 아닌 기쁨을 얻기 위함입니다."라고 해도 좋지 않을까요? 대부분의 사람은 '자기 탐닉'(self-indulgence)의 뜻으로 '쾌락'(please)이란 말을 사용합니다. 그러나 자기 탐닉의 삶은 결코 우리에게 기쁨을 가져다 주지 못합니다. 그것은 물 속에서 사람이 살 수 없고 공기 속에서 물고기가 살 수 없는 것과 마찬가지입니다. 모든 피조물들은 자기가 지음받은 환경 속에서, 자기에게 필요한 요건을 취하면서 살아야 하는 것입니다. 인간은 하나님을 영화롭게 함으로써 기쁨을 찾도록 지음받았습니다. 그러므로 기쁨을 얻기 위해 다른 길을 찾으면 그것은 궁극적으로 불안과 파멸과 죽음을 가져다 줄 것입니다.

형제의 친구들 중에는 값싼 쾌락에 탐닉하는 대신에 '니카라과 해방', '전쟁 박멸' 등 거창한 명분에 자기를 바치는 사람들도 있을 줄 압니다. 그 사람들은 올바른 궤도에 진입해 있습니다. 그들은 인간이면 누구나 하나님을 영화롭게 해야 한다는 하나님이 세워 주신 법칙에 자신도 모르게 반응을 나타내고 있는 것입니다. 그런데 불행하게도 문제는 소위 신앙을 가졌다는 사람들에게 있습니다. 그들은 너무나 자기중심적일 뿐 아니라 관심을 하나님을 영화롭게 하는 일에 쏟기보다는 자기 스스로를 구원하는 일에만 쏟아 정의 운동을 하는 사람들에게 하나님에 대하여 잘못된 인상을 심어 준다는 것입니다. 그래서 그 사람들은 이렇게 생각합니다. '이 세상에 평화가 오게 하기 위해서는 먼저 하나님부터 추방시켜야 한다.' 나는 형제가 그들에게 그들이 추구하는 목표가 바로 하나님이 원하시는 목표라는 사실을 보여 주게 되기를 바랍니다. 또 신앙을 가진 형제의 친구들을 도와서 그들이 좀더 높은 목표를 갖고 무엇이 하나님께서 주시는 건전한 직감력(instinct)인지를 알게 되도록 해 주십시오. 그런 다음 올바른 방법을 보여 주시며 또 올바르게 행하도록 힘을 주시는 하나님을 떠나서는 조금도 일이 선하게 바뀌어지지 않는다는 것을 그들 모두가 깨닫게 되도록 도와 주십시오. 교회 안이나 혹은 밖에 있는 사람들 중 많은 숫자가 사회정의를 매우 소리 높여 외치면서도 정작 하나님의 지혜는 구하지 않으며 그분의 책도 참조하려 하지 않습니다. 그들은 성공할 가능성도 없는 정책과 기술을 찾아서 먼 길을 가고 있습니다. 성경은 케케묵었고 사회정의에는 전혀 적용될 수 없는 지침만을 가진 책이라는 미신이 우리 가운에 퍼져 있습니다. 그러나 이것은 사탄이 지어낸 거짓말입니다. 성경이야말로 사회정의 문제를 다루는 가장 기본적인 핸드북입니다. 성령님의 조명을 받으면 그 책은 사회정의를 실현할 수 있는 가장 효과적이며 포괄적인 방법을 우리에게 가르쳐 줍니다. 우리는 어떻게 하나님을 영화롭게 할 수 있습니까? 하나님 말씀은 우리에게 '전도운동'과 '사회정의 운동'에 의해서라고 가르쳐 주십니다. 사탄은 오늘날 이 문제를 가지고 교회로 하여금 갈라지도록 만들고 있습니다. 한쪽 진영은 전도에 강호인가 하면 다른 한쪽은 사회정의에 강호입니다. 형제는 이 두 진영이 세상과 육체와 마귀에 대항하여 싸우는 동맹군이라기보다는 서로 으르렁거리는 적군 같다는 생각이 들지도 모릅니다. 그러나 우리는 어느 한쪽 면을 무시한 채로 하나님을 영화롭게 할 수는 없습니다. 그들은 하나님의 때에, 하나님의 방법으로, 하나님의 인도에 따라, 하나님의 능력을 갖고 손을 잡은 채 함께 가야 합니다. 그리할 때 우리는 우리가 하는 일에 놀라운 흥미를 찾을 수 있을 것이며, 그것은 고상한 목적 추구가 될 것이며, 사는 이유가 될 것이며, 말할 수 없는 기쁨이 될 것입니다.

 편지 주신 송주 형제에게 다시 한번 감사를 드립니다. 바라기는 이 두서없는 글이 형제에게 조금이라도 기쁨을 주었으면 하는 것입니다. 나는 형제가 더 깊은 삶의 의욕과 열정, 그리고 그분의 뜻을 행하고자 하는 단호한 결단을 가질 수 있도록 기도하겠습니다. 그것은 앞으로 형제가 계속 살아가는 데 가장 가치 있는 일이 아니겠습니까? 내가 찾은 것도 바로 그런 삶이며 나는 그것보다 더 큰 만족을 얻을 수 있는 길을 찾지 못했습니다. 어떻게 보면 나는 하나님에 의해서 너무 많이 혹사당해서 하나님에 대한 그 어떤 것도 즐길 수 없을 것 같다는 생각도 해봅니다. 그러나 나로서는 그것이 가장 최고의 길입니다.

 하나님께서 축복하시기를 바랍니다.

우리는 부동산 투기를
어떻게 없앨 수 있을까?

존경하는 대천덕 신부님께.

국회에 있는 저희들에게 〈가난에서 벗어나는 길〉이라는 책자를 보내 주신 신부님과 예수원에 있는 모든 분들의 친절에 감사를 드립니다. 제가 답장을 곧바로 못 드린 까닭은 그 책자의 내용을 면밀히 읽을 때까지 기다렸기 때문입니다. 그 책은 제게 대단한 흥미와 자극을 주었습니다. 그리고 그 내용들은 가난을 만들어 내는 불의(不義)와 또 그 가난에 대처하는 우리의 자세를 좀더 잘 이해하는 데 도움을 줄 것입니다.

신부님도 아시다시피 저는 장로교인입니다. 그런데 저는 성경적인 관점에서 아주 구체적으로 저술된 정치, 경제에 관한 서적들이 있는지 여쭤보고 싶습니다. 그리고 또한 신부님의 관점에서 볼 때 국회의원으로서의 제가 현 시점에서 무엇을 할 수 있는지도 알고 싶습니다. 신부님으로부터 또 한번의 소식을 듣게 된다면 제겐 큰 기쁨이 될 것입니다.

- 어느 국회의원 올림

존경하는 위원님께!

우리가 똑같은 동문(同文)의 편지를 여러 곳으로 보냈고 또 책들을 모든 국회 기관들 앞으로 보냈지만 답장은 많이 받아 보지 못했습니다. 그런데 의원님으로부터 감사의 말과 아울러 귀한 편지를 받고 보니 얼마나 고맙고 감사한지 모르겠습니다. 제가 더욱이 감사의 마음을 갖는 것은 의원님께서 제가 보내 드린 책의 주제에 대해서 또 한번 제 개인의 의견을 듣고 싶어 하셨기 때문입니다.

의원님은 두 가지 질문을 주셨습니다. 하나는 현재 우리가 당면한 정치, 경제 문제에 대한 장로교인의 관점이 무엇이며 또 하나는 현재 당신이 어떤 구체적인 발걸음을 내디딜 수 있는가 하는 문제였습니다. 그런데 마침 미국의 개혁주의, 즉 다시 말해서 장로교인들을 위한 문제 해결의 정보가 제게 있어 의원님께 알려 드릴 수 있게 되어 대단히 기쁩니다. 〈가난에서 벗어나는 길〉이란 책은 근본적으로 영국 성공회의 신학적 관점에서 쓰여진 책입니다. 이 책을 좀더 압축시켜 핵심만 담겨 있는 〈발전과 가난〉이란 책을 쓴 사람은 헨리 조지인데 그는 미국 성공회 신자였습니다. 그는 성공회의 위대한 성자인 토마스 훅커(Thomas Hooker)의 신학에 깊이 몰두해 있던 사람입니다. 나는 그가 실제로 훅커의 책을 읽었는지 안 읽었는지는 모르지만 영국과 미국의 성공회 신학교를 다닌 것은 사실이었습니다. 그러므로 그는 훅커의 영향을 받았을 것입니다. 그는 말하자면 책을 통한 간접적인 영향을 받았을 것입니다. 그런데 우리가 헨리 조지의 설교문들을 읽다 보면(그는 평신도였음에도 불구하고 자주 토지세에 대한 강연을 부탁받곤 했는데 그의 강연은 강연이라기보다는 차라리 설교에 가까웠다) 그 속에는 구약의 선지자들이 뿜어내었던 열정과 열화, 그리고 성경을 그대로 인용한 성구들로 가득 차 있는 것을 볼 수 있습니다. 이러한 그의 특이

성 때문에 사람들은 그에게 '샌프란시스코의 선지자'라는 별명을 붙여 주었습니다. 그 후로 몇 년간 그의 가르침은 미국, 영국, 러시아, 오스트레일리아, 뉴질랜드 등과 같은 나라들을 온통 휩쓸고 갈 것 같은 인상을 주었습니다. 그래서 대문호인 톨스토이마저 영국과 러시아는 가난의 원인이 되는 불의(injustice)의 문제를 가장 먼저 해결할 나라라고까지 예언하였던 것입니다. 그러나 불행하게도 러시아의 지주들은 톨스토이 백작만큼 원시안적이며 기독교적이지 못했으니 얼마나 가슴 아픈 일입니까? 기독교적인 해결책을 거부했던 까닭에 그들은 볼셰비키 혁명을 일으키게 하고야 말았습니다. 영국은 소위 자유진영에 남아 있기는 합니다만 고질적 경기 침체, 갖가지 경제적 곤경, 불안, 폭동 그리고 지주들이 사실상 국가의 감독자라는 점 등으로 계속적인 어려움을 겪고 있습니다. 위대한 정치가인 윈스턴 처칠 경은 지주들에게 세금을 부과하자고 하원의원 선거전에서 부르짖었지만 그가 소속한 당에서는 그의 외침을 완전히 묵살시켜 버리고 말았습니다. 개혁주의(장로교) 전통에 젖어 있는 남아프리카에서는 토지 가치별 과세 제도의 타당성을 인정했습니다. 그러나 실제적으로 얼마만큼 그 제도가 실시되고 있는지에 대해서는 아는 바가 별로 없어 확실히 말씀드리지 못하겠습니다. 오스트레일리아와 뉴질랜드에서도 이 제도를 인정하고 있습니다. 그러나 지난 수년 동안 약삭빠르고 욕심 많은 사람들은 아무것도 모르고 고분고분하기만 한 사람들을 요상한 계책을 만들어 교묘하게 꾀어왔습니다. 그 결과 이 나라들은 많은 장점들을 잃어 버리고 심지어는 지금까지 극심한 실업(失業)난에 허덕이고 있습니다.

내가 아는 바로 최근 미국 정계에 나타난 일들 중 가장 멋진 일은 공중정의위원회(公衆正義委員會, Association for Public Justice)라 불리우는 장로교인들로 구성된 모임의 출현이 아닌가 합니다. 실제로 그들은 초교파로 구성되어 있습니다. 그러나 전체적으로 보면 장로교인과 이 모임을 발족시킨 개혁주의 신자들이 주류를 이루고 있습니다. 그들은 이 시대의 모든 정치적 관심들에 대해서 신학적으로 사색해 보기 위해 대단히 애쓰고 있습니다. 그들은 미국의 정치적 생존과 관계된 중요한 문제들, 예를 들어 과세제도에서부터 토지사용, 교육, 인권에 이르기까지 모든 문제들을 그들의 신학적 사색의 대상으로 삼고 있습니다.

나는 의원님께서 장로교인이시므로 그들이 펴낸 서적들을 읽으시면 상당히 공감되시리라 믿습니다. 그들이 다루고 있는 문제들 중 어떤 것들은 우리가 당해 보지 못한 것들도 있긴 합니다. 그러나 그들이 문제를 바라보는 통찰력은 한국에도 직접적으로 적용될 수 있는 것들입니다. 나는 그 모임의 의장인 제임스 스킬랜(James Skillen) 박사와 개인적으로 서신을 교환했는데 그는 부동산 투기 문제에 대해서는 좀 더 신경을 써야 할 것이며 그 밖에 한국이 당면한 문제들에 대해서도 비상한 관심을 표명했습니다. 이 토지 문제는 미국 국내의 법률안으로는 좀처럼 상정되지 않습니다(왜냐하면 지주들이 각계의 비판의 소리들이 국가적인 차원으로 확대되는 것을 막았기 때문입니다. 반면 그들은 각 지방적인 차원에서는 백성들의 소리를 막는 데 비교적 성공하지 못했는데 미국의 많은 세금이 바로 이 지방에서 거둬들여지고 있습니다). 그래서 지주들은 이 문제에 대해서 특별히 여론의 잔소리를 듣지 않고 있는 것입니다. 최근 공중정의위원회 소속 국회의원들은 일리노이 주 휘튼 시에서 정치, 경제 문제를 위한 그리스도인 간담회를 개최하였는데 각계각층의 기독교 모임을 대표한 연사들이 참석하였습니다. 여기서 사람들은 이제 미국의 그리스도인들은 드디어 정치, 경제 분야에서 책임있게 행동하고 사고하려 한다는 사실을 보여 주었습니다.

 공중정의위원회의 주소는 '2000k.st.N.W.suite 300, Washington, D.C. 20006'입니다. 나는 국회의원으로 있는 그리스도인들과 교회는 출석치 않지만 사회 윤리에 대하여 깊은 관심이 계신 분들은 그들이 발간하는 책자들에 한번 관심을 가져 보라고 권하고 싶습니다. 그리고 의원님께서도 일단 그 책을 한번 보시고 그것이 우리 한국에도 적용될 수 있다고 생각되시면 동료 국회의원님께 소개하도록 해 보십시오.

 의원님의 두 번째 질문은 국회의원으로서 현 시점에서 할 수 있는 구체적인 일들이 무엇인가 하는 문제였습니다. 나는 두 가지로 답을 드리려고 하는데 하나는 다소 일반적인 것이고 다른 하나는 아주 구체적인 것입니다. 일반적인 것이라고 한다면 "땅이 없이는 기업도 집도 자연자원 개발도 식량생산도 일으킬 수 없다. 그러므로 우리들은 모든 사람들이 모든 땅을 소유하는 권리를 가지고 있음을 믿는다."라는 사실을 명시해 주는 인권선언문을 만들어야 한다는 것입니다. 땅이 없는 사람은 전적으로 땅이 있는 사람들의 수중에 놀아날 수밖에 없으며 이것이 바로 가진 자와 못 가진 자를 근본적으로 갈라 놓게 만드는 이유인 것입니다. 그렇다고 이 말은 정부가 모든 사람들에게 서울시의 땅을 천 평씩 보장해 주라는 요구가 아닙니다. 그러나 원칙적으로 땅에서 일을 하려고 원하는 사람들은 사용할 만큼의 땅을 구할 수 있도록 해 주거나 아니면 국가 재정으로부터 충분한 돈을 대여해 주어 땅에서 소득을 올리도록 도와야 한다는 것입니다. 그래서 그들이 국가나 지주들을 의존하지 않고도 자신들을 부양할 수 있도록 해야 한다는 것입니다. 내가 알기로 바로 이런 취지하에서 1950년의 토지개혁이 단행되어졌다고 믿고 있습니다. 그리고 바로 이런 취지가 모든 국민들에게 일자리를 줄 것이며, 최저 수입을 보장해 주며, 의료혜택과 교육의 기회를 책임지겠다는 정부의 공약보다 우선되어져야 할 정신이라 믿습니다. 토지 분배의 보장이 없는 약속은 모두 노예의 권리일 따름이지 자유인이 가지는 권리는 아닌 것입니다. 인류 역사를 검토해 보면 노예 사회는 꼭 노예들에게 의료혜택, 취직, 최저 생활, 주택, 의복 등은 보장해 주었다는 사실을 알 수 있습니다(교육에 대한 보장은 노예 소유자들에게 이익이 있을 때만 해 주었음). 그리고 오늘날 유엔(UN) 역시 이것들을 인간의 기본적인 것처럼 천명하며 토지 소유의 권리는 인정치 않고 있는데 이것은 유엔이 인간을 국가의 노예로 본다는 것을 시사하는 것입니다. 우리 그리스도인들에게 있어 이와 같은 견해는 도무지 용납할 수 없는 견해인 것입니다.

다시 이야기를 정리하면 한편으로는 땅이 없는 자들이 땅을 원하고 사용하려 하면 땅을 주어야 한다는 것이고 또 한편으로는 땅을 소유한 자들로부터 토지임대료를 받아야 한다는 것입니다. 성경의 율법을 보면(레위기 25장, 특별히 15장) 이 임대료는 본래 그 땅을 소유했던 사람의 후손에게 지불되어져야 한다고 말합니다. 그러나 오늘날은 이같이 할 수 없으므로 국가나 지방행정관저(도, 군, 면, 리)가 이 임대료를 거두어서 지방주민들의 복지 혹은 정책을 실시하는 일에 사용해야 한다는 것입니다. 이 토지임대료 수입은 현재 우리가 내는 많은 세금, 예를 들어 관세나 수입세를 면제시켜 줄 수 있는 상당한 액수의 수입을 조달해 줄 것입니다. 그리고 또 하나 이로운 점은 이 제도가 부동산 투기를 영원히 종식시킨다는 점입니다. 나는 부동산 투기에 대한 대통령 각하의 강경한 자세와 그리고 이 부동산 투기를 억제하기 위하여 취하신 여러 가지 조치들에 대하여 대단히 고마움을 느끼고 있습니다. 그러나 지금까지 취해진 여러 조치들이 너무 까다롭고 번거롭거나 한

정되어 있지 않았나 하는 생각이 듭니다. 단지 까다롭고 번거롭기 때문에 돈 많고 권력 있는 자들 중에서 부동산 투기를 생활 방편으로 삼는 자들은 얼마든지 파고 나갈 구멍을 찾거나 돌아가는 방법을 강구하도록 해 주며 또 요리조리 법망을 피해갈 수 있다는 것입니다. 그래서 신임 국회의장께서도 말씀한 바대로 부동산 투기를 해서 이익을 보는 사람이 있는 한 부동산 투기는 결코 막지 못하는 것입니다. 이것은 암시장에도 그대로 적용되는 말입니다. 이것은 단속을 하거나 처벌을 해서 될 일이 아니라 단순히 이런 행위를 통하여 생기는 이득이 없도록 해야 하는 것입니다. 만약 정부가 생계유지에 필요한 땅(시골에서는 1천~3천 평, 도시에서는 10평 정도)보다도 더 많은 토지를 소유한 자에게 그 땅에 대한 토지 대여비를 에누리 없이 거둔다고 해보십시오. 이것이야말로 부동산 투기를 오히려 손해 보도록 만들지 않겠습니까? 그러므로 큰 빌딩을 지을 만큼의 막대한 잠재력을 가진 땅 소유자들은 싼 가격에 그 땅을 내 놓아서 그 땅에다가 기업 발전은 물론 주거용 건물을 지을 수 있도록 할 것입니다. 제가 전에도 편지로 말씀을 드렸지만 동해시 개발계획이 실패로 끝난 것은 지나치게 비싼 땅값으로 인하여 아파트나 상점, 그리고 공장 건설을 위한 사업이 도리어 손해가 나도록 했기 때문입니다. 토지는 하나님께서 어떤 몇몇의 특정인들을 위해서가 아니라 모든 사람들을 위해서 창조하신 것입니다. 그리고 그 땅의 효용가치가 높아지는 것도 정부가 그 땅 위에다가 도로를 놓고 상수도, 하수도를 묻고, 전화 및 전기를 가설함으로 이루어지는 것입니다. 한편 부동산 투기자들은 이미 정부가 애써 창조한 그 땅의 효용가치를 이용해서 최대한의 이익을 보는, 엄밀히 말하자면 국가 재정의 일부를 도둑질하는 사람들인 것입니다. 그러므로 이같이 땅을 많이 소유한 사람들이 만들지도 아니하고 가치 창조도 하지 않은 땅에 대해서 토지 사용료를 지불하도록 한다면 땅값은 언제나 낮은 수준으로 유지될 것입니다. 그리고 기업가들은 이 땅 위에다가 상점, 사무실, 아파트 그리고 공장들을 짓기 위해 몰려들 것입니다.

그러므로 토지 문제에 관한 한 가장 현실적인 해결책은 기본 생활을 영위하는 데 필요한 적정량 이외의 땅에 대해서는 (정부가) 임대료를 거두도록 할 수 있는 법안을 만들고 통과시키는 일인 것입니다. 이 법안이 통과되고 나면 건물은 물론 토지에 부과되는 모든 특별 세금은 없애야 합니다. 이렇게 되면 의원님께서는 건축 붐에 이어 일반적으로 따라오는 기업(상업)붐을 보고 대단히 놀라게 되실 것입니다.

그러나 아시는 분들 중 가장 점잖았던 사람들이 갑자기 변하여 가장 무서운 적이 되고, 이 법을 반대하는 함성의 소리가 높아지더라도 놀라지는 마십시오. 가장 경계해야 할 부동산 투기업자들은 조용히 숨어 살며 누구에게도 들키지 않은 채 서서히 자기의 배를 채우는 법입니다. 그들은 부동산 거래를 한답시고 펄펄 날뛰지 않습니다. 조용히 기식하며 일반 국민들에게 돌아가야 할 이익을 가로채는 것입니다. 그들은 공산주의를 무서워하는 이상으로 토지 임대료 내기를 무서워하는 사람들일 것입니다. 그래서 만약 북한 공산집단의 침입이 있게 된다고 하면 이들 중 많은 숫자가 불의하게 번 돈을 미리 저축해 둔 은행이 있는 곳으로 몰래 빠져나갈 것입니다. 만약 그렇지 아니하고 그들이 임대료를 내지 않을 수 없게 되고 그들이 직접 일을 해서 수입을 올려야 하는 법적 조치가 취해진다고 하면 그들은 암암리에 그 법을 무효화시키기 위해 갖은 방법을 다 동원할지도 모릅니다. 그러나 그 노력이 실패로 끝나면 이제는 그 법이 공산주의식이라고 비난하거나 매스컴을 통하여 여론을 조성시켜 국민들의 생각을 혼란스럽게 할 것입니다. 이때 50여 년 동안 당신의 친구로 지내던 사람이 갑자기 살인적 증오심을 품고 당신을 바라보게 될지도 모릅니다. 그 이유는 선지자들이 바알의 법을 지키는 것이라고 비난했던, 그 법이 바로 이 법이며 그리고 바로 이것이 여호와의 율법과 모든 사회의 법을 가장 기본적으로 범하는 일이기 때문입니다. 이때 당신은 놀랍게도 누가 많은 토지를 소유하고 있는지 알게 될 것입니다. 그들이 토지 대여세(稅)를 그렇게 기피하려고 하는 이유 중의 하나는 그것이 가장 손쉽게 세금을 부과할 수 있고, 가장 쉽게 거두어들일 수 있는가 하면, 또 가장 탈세하기가 어렵기 때문입니다. 이 세금 이외의 대부분의 다른 세금은 단지 중산층이나 노동자 계층이 지불하는 세금입니다. 우리는 최근의 신문 방송을 통해서 돈이 많은 사람일수록 더 많은 탈세의 방법을 갖고 있다는 사실을 잘 알고 있습니다. 그러나 토지에 부과되는 세금은 거의 탈세하기가 어렵게 되어 있습니다. 물론 현재 토지에 세금이 부과되고 있는 것은 사실입니다. 그러나 그것은 건물세 건물 개축세(改築稅) 등과 혼합되어져 있어 개인이 만든 가치, 정부가 덧붙여 준 가치, 하나님께서 허락하신 가치의 구별을 어렵게 해 주고 있습니다. 그 외에도 존재해야 할 이유가 없는 건물세가 너무 비싼가 하면 토지세는 너무 적습니다.

모든 사람들이 부동산 투기는 나쁘다고만 합니다. 그러나 그것이 하나님의 법에 얼마나 전적으로 저촉되며, 또한 그것이 인플레이션, 실업(失業), 경기 침체를 유발시킨다는 사실을 모르고 있습니다. 그러므로 바로 이 사실을 모든 사람에게 알리는 것이 한 사람의 국회의원으로서 지금 할 수 있는 일이 아니겠습니까? 이 일은 국가를 위해서 할 수 있는 다른 어떤 일보다도 더욱 좋은 일일 것입니다. 그러나 이 일은 아마 가장 심한 반발을 유발케 될지도 모릅니다. 심지어 그 반발은 부동산 투기를 억제해야 한다고 가장 크게 부르짖던 사람으로부터 일어나게 될지도 모릅니다. 왜냐하면 그는 지금까지 아무 효과도 없는 방법을 만들어 마치 가장 효과적으로 부동산 투기를 막는 것처럼 연막전술을 써왔기 때문입니다.

 우리들은 최근 예레미야서를 읽어 오고 있습니다. 여기에 보면 예레미야의 시대에 여호와의 율법을 실시하려고 하자 아주 사나운 반발을 백성들로부터 받고 있는 장면이 나옵니다. 그러나 그 결과는 이방인의 침입을 받아서 온 성이 훼파되며 모든 백성이 포로로 잡혀가고 말았습니다. 존경하는 위원님, 그러므로 우리 모두 기도하고 애씁시다. 그리하여 이 나라가 물질적, 영적 구원을 모두 얻도록 합시다. 안녕히 계십시오.

이 땅의 선교사들, 무엇을 잘못했나?

존경하는 대천덕 신부님께.

꽤 오래 전이라고 생각되는데 신부님께서는 그때 우리 기독교회는 이슬람에게 용서의 빚을 지고 있다고 말씀하셨습니다. 그 이유인즉 우리가 하나님의 의로운 법을 어긴 결과로 한때는 기독교 지역이던 북아프리카와 중동이 지금은 모하메트 교도들의 땅으로 변해 버렸기 때문이라고 했습니다. 근래에 와서 한국 교회 지도자들을 향하여 회개를 촉구하는 강한 외침의 소리가 있어 왔지만 별다른 반응은 없는 것 같습니다. 저는 각 교단의 평신도들 가운데서 지금이야말로 회개할 때라고 시인하는 사람들을 많이 보아왔습니다. 그러나 지도자들 중에서 그런 말을 하는 사람은 별로 많이 보지를 못했습니다.

그런데 신부님, 교회 지도자들 가운데는 선교사들도 있다는 사실을 알고 계시죠? 신부님, 제가 이런 말씀을 드린다는 것은 얼마나 죄송스럽고 외람된 일인지 모르겠습니다. 차마 이 말씀은 못 드릴 것 같습니다. 그러나 저는 한편으로는 해야만 한다고도 느낍니다. 한국에 있는 선교사들은 응당 사과를 하고 용서를 구해야 할 것은 없는지요? 그리고 선교사님들의 가르침을 왜곡시키고 예수께서 보이신 본을 묵살시켜 버린 사람은 어리석고 욕심 많은 한국인들뿐이 없나요?

— 조성대 올림

사랑하는 성대 형제에게.

당신네 평신도 형제들은 사람을 곤란하게 만든다는 것이 어떤 일인지 정말 잘 알고 계시는 것 같군요. 하여튼 당신의 편지에 감사를 드립니다. 특히 우리 선교사들이 회개할 수 없으리만큼 강퍅해지지 않았으리라는 기대에 더욱 감사를 드립니다. 나는 형제의 기도모임에서 우리를 위해 기도했다는 사실을 알고 있습니다. 나는 형제가 전적으로 옳았다고 생각합니다. 우리들 선교사들은 여러분이 알고 있는 것보다 훨씬 많은 회개 제목들을 갖고 있습니다. 우리의 죄악들은 하늘에 상달될 것이며 그것들은 십수 세기 전으로 거슬러 올라갑니다.

우리들은 서기 597년을 시작으로 7번씩이나 아시아 복음화를 시도했었습니다. 그러나 6번 우리는 하나님의 일을 망쳐 버리고 말았습니다. 그것은 때때로 교리적인 타협으로, 혹은 제국주의적 자만심으로, 혹은 문화적 교만, 혹은 우리들끼리의 반목으로, 때로는 권력에 아부함으로, 때로는 제국주의에 편들어 개혁을 반대함으로, 때로는 아편의 사용과 수출에 눈을 감아 주므로 그리고 결국은 하나님의 말씀을 그대로 가르치고 살지 못한 결과로 우리는 아시아 복음화를 망쳐 버리고 말았습니다. 때때로 하나님께서는 진실로 하나님의 사람을 일으켜 세우신 적이 있었습니다. 그러나 반면에 그저 시대 조류에 편승이나 하고 눈치만 보는 사람들도 있었습니다. 우리들은 고개를 들 수 없습니다. 우리는 극동지역의 교회에 남겨둔 불건전하고 기형적인 모습을 생각하면 수치와 오열로 얼굴이 붉어지지 않을 수 없습니다. 자비로우신 하나님께서는 진노의 막대기를 드셔서(사 10:5; 고전 4:21) 그의 아들들을 징계하셨습니다(히 12:6~11; 계 3:19). 우리는 다시 충성스럽게 되어지고 있는 교회들을 여기저기서 볼 수 있게 되었습니다. 우리의 잘못들을 더듬어 보기 위해 6세기 전으로 올라가기란 너무 멀다는 생각이 듭니다. 나는 내가 알고 있는 50여 년 전의 선교사적인 일만 말해 보도록 하겠습니다. 그 당시 선교사들은 로랜드 알렌(Roland Allen)이 제시했던 선교에 관한 메시지를 가지고 논란을 벌이고 있었습니다. 하나님께서는 그를 선지자로 세우셔서 선교사역에 관한 한 성경의 원칙으로 돌아가게 하라는 메시지를 전하게 하셨습니다. 그는 사도 바울이 그랬던 것처럼 예수 그리스도, 성령, 성경을 전파하는 일은 성령님께 맡기라고 했습니다. 그리고 선교사는 새로 얻은 개종자들을 성령의 인도함을 받도록 하고 자신들은 그곳을 떠나 다른 선교 사업을 일으키도록 해야 한다고 주장했습니다. 그러나 로랜드 알렌이 그와 같이 부르짖고 있을 때 이미 우리 선교사들은 우리 나름대로의 기반을 닦아두고는 큰 집에서 호화로운 생활을 하고 있었습니다. 우리들은 목사, 선교사들로 구성된 대단위 조직을 갖고 있었고 우리들 밑에서 봉급을 받고 일하는 일꾼과 성경을 날라다 주는 성경 보급원들이 있었습니다. 우리는 도무지 옮겨 다니기를 싫어했습니다. 우리들은 그렇게 하여 로랜드 알렌을 위시하여 사도 바울과 성경의 가르침을 무시하고 말았던 것입니다. 그리고 우리들은 우리들의 학교와 신학교를 성령과 대치시켰습니다.

  우리들은 부흥의 불길이 솟아오를 때 그것을 끄고 말았습니다. 우리들은 대신 큰 조직체들과 교만의 탑들을 쌓아올렸습니다. 우리들은 그리스도 예수 안에 있는 마음을 본받아 우리를 낮추어 종의 형체로 만들기보다는(빌 2:5~8) 주인과 권위자로 행세했습니다. 우리들은 서양인으로서의 주인의식을 철저히 파수하여 결코 자신들을 동양인들과 동일시하지 않았으며 우리들의 자녀들에게도 서양식 교육을 시켰습니다. 또 일선에서 물러난 이후에는 안락한 서양문화의 품안으로 안기곤 했습니다. 우리들은 동양의 문화를 이해하기 위해 별로 신경을 쓰지 않았으며 따라서 유교와 불교 가운데서 무엇이 성경적이며 혹은 정면으로 성경과 위배되는지를 분명하게 가려 줌으로써 그들의 교회를 도와 주지 못했습니다. 그 결과로 좋은 것은 배척되고 나쁜 요소는 받아 들여져서 이제는 우리 자신들조차도 이것들을 구별할 수가 없게 되었습니다. 그리고 우리들은 동양의 크리스천들에게 이것들을 구별하도록 허락치 아니했습니다.

나는 어렸을 때 중국 사람들이 서양 선교사들을 두고 '제국주의자'들 이라는 말을 사용하는 것을 자주 들었습니다. 이때 우리들은 껄껄 웃 으며 좀 우쭐함을 느꼈습니다. 왜냐하면 우리들은 영국인들이 제국주 의자라고 알았기 때문입니다. 영국인들이 그들의 자세를 뉘우칠 즈음 공산주의자들이 일어나서는 제국주의자들은 바로 미국인들이었다고 선언했습니다. 그러자 우리들은 기를 쓰고 그것을 부인하려 했습니다. 그러나 많은 사람들은 제국주의란 것이 우리 인간의 마음의 상태이며 따라서 아직도 우리는 제국주이자라는 사실을 모르고 있습니다. 하나님께서는 우리에게 긍휼을 베풀어 주셨습니다. 우리들은 너무나 자만 심에 차 있었고 또 우리가 우수하고 옳다는 사실을 너무나도 확신하고 있었던 까닭에 우리 스스로가 사람들과 다른 모든 것들을 마음대로 다 스리는 것은 하나님의 뜻이라고 생각했었습니다. 결국 50년이라는 세월이 흘러, 때가 지난 다음에야 우리들은 교회를 모든 것으로부터 독립되도록 했습니다. 그러나 우리는 그 와중에 자기 일에 보람을 느끼며 기관의 도움을 받지 않고 신실하게 일하는 선교사들은 다른 직업으로 내어 쫓고 대신 소명의식도 없는 사람들은 사역의 길로 들어서도록 했습니다. 그러고서 우리는 생각하기를 국가로부터 독립된 교회는 우리의 재정적 지원 없이는 제 구실을 할 수 없을 것이라 믿었습니다. 그래서 우리들은 돈을 모금하고 또 사용했던 것입니다. 우리들은 우리가 개척한 교회들에게 돈을 모금하는 방법만 가르쳐 줄줄 알았지 마태복음 6장은 가르칠 줄 몰랐던 것입니다.

힌두교 신자들은 하늘의 신들이 인간을 만나려고 인간의 몸을 빌려 입고 이 땅에 내려와 잠시 살다가는 다시 인간을 버려두고 하늘나라로 되돌아간다는 믿음을 가지고 있습니다. 그들은 인간의 육신을 빌려 입고 온 신들을 화신(avatar)이라고 부릅니다. 그러나 이 우주를 지으신 창조주께서 타락한 세상에 오셨을 때, 그분께서는 잠시 육신을 빌려 입으신 것이 아니라 완전히 육신이 되셨습니다. 그분은 사람이 되신 후에 나머지 여생도 사람으로 사셨습니다. 또한 그분은 사람으로서 고난을 받았으며 사람으로서 죽음을 맞이했습니다. 그리고 그분은 이 땅의 우리들에게도 똑같은 자세를 가지라고 말씀하셨습니다. 그러나 우리들은 그분의 요구가 너무 무리라고 생각했습니다. 그래서 우리들은 힌두교인의 신들처럼 미국이라는 하늘에서 잠시 내려와 외국어 몇 마디 정도 배우다가는 다시 하늘로 올라가는 화신이 되기를 더 좋아했습니다. 그리고 우리가 이곳에 머무는 동안 우리는 우리가 사는 땅에 울타리를 쳐 놓고 이곳 주민들과 격리되도록 했습니다.

그뿐만 아닙니다. 우리들은 우리 국내에서 지었던 당(黨)을 이 땅에까지 끌고 들어와 이곳에다가 영국 교회, 캐나다 교회, 남 장로교, 북 장로교 등등 별 희한한 선물까지 갖다 바치지 않았습니까? 그리고 우리는 이 땅 저 땅 나누기 시작했습니다. 우리들은 그 문제를 한국인들과 성령님께 맡기지 아니하고 우리 스스로가 결정권을 행사했습니다. 그리고 우리들 중 어떤 파는 신사참배를 놓고 찬성을 했는가 하면 어떤 파는 다른 입장을 취했습니다.

해방이 되자 한쪽 파는 많은 재산을 몽땅 소유하게 된 반면 다른 파는 알거지나 다름없게 되어 우리는 화해보다는 더욱 쓴 맛을 보아야만 했습니다. 그리고 오늘날까지 누구를 용서하겠다고 먼저 제의를 해 온 사람은 없었습니다. 또한 그 쓴 맛은 점점 퍼져나가고 있습니다. 그리고 교육과 목회에 관계해서는 성경의 명백한 가르침들을 우리 조상들의 유전과 바꿔치기 했고 그런가 하면 또 우리는 정직해야 하고 권세에 복종하라는 가르침을 거부하였습니다. 그리하여 우리들은 부정직한 돈으로, 가난으로 찌든 교회를 우리 마음대로 조종했습니다. 그러나 이 나라 사람들이 우리들의 하는 짓을 본받아 관리들에게 뇌물을 주고받거나 하면 우리는 홀로 의로운 체하며 비분강개하거나 아니면 그들과 일을 같이 할 수 없다며 교회를 또 갈라지게 만들었습니다. 그 교회는 바로 우리가 다른 모든 것으로부터 독립해야 한다고 부르짖던 교회였습니다. 그럼에도 불구하고 그 교회는 경악스럽게도 지금까지 우리의 손아귀에서 놀아나고 있는 것입니다. 오! 하나님 아버지시여, 우리는 부정직하고 사특하였습니다. 우리는 회개는커녕 용서하지도, 용서를 제의하지도 않았습니다. 우리는 지금 이 시간까지 철면피하게도 우리의 죄를 숨기고 있사오며 우리의 자존심이 손상받는 것을 무엇보다 가슴 아파하는 뻔뻔스런 자들이옵나이다. 우리 선교사들이 체면을 유지하려 하면 다른 사람의 체면은 무엇이 된단 말입니까?

  선교 초창기, 우리들 선배 선교사들은 깊은 오지로 가서 그야말로 극심한 고난을 그 지역 주민들과 함께 나누었으며 그곳에다가 건강하고 영적인 교회를 세웠습니다. 그러나 우리 세대의 선교사들은 가난 속에서 일만 하는 시골 사람들에게는 관심을 두지 아니했습니다. 우리는 도시에 살며 서구 문화생활에 안주했고 우리의 제자들 역시 우리의 길을 따라 오고 있는 것입니다. 오 하나님이시여, 우리에게 자비를 베풀어 주소서.

  우리가 노동자 계층의 사람들에게 관심을 쓰는 듯할 때도 우리는 조금도 우리 자신을 희생하지 아니했습니다. 약자를 차별하며 가난한 자를 가루 빻듯 짓밟는, 한마디로 하나님의 정의에 대해서는 '정'자도 모르는 나라에서 온 우리들은 뻔뻔스럽게도 이 나라에 와서는 이곳 정부에게 인권을 부르짖기 시작했습니다. 그러니 우리들은 성경에 대해서 얼마나 무식한 자들이었습니까? 우리들은 정의와 공의에 대한 성경의 가르침은 공부하지 않았습니다. 그리고 우리들 중 어떤 부류는 의도적으로 하나님의 자비의 측면을 무시했습니다. 그런가 하면 또 어떤 부류는 공의에 대해서는 전혀 침묵을 지키고 자비만을 강조하며 만족해하는 부류들도 있습니다. 그러나 양(陽)이 빠진 음(陰), 음이 빠진 양은 모두 사단이 좋아하는 것들입니다. 왜냐하면 한쪽이 빠진 반쪽은 소용이 없기 때문입니다. 오직 자비와 공의가 같이 실시될 때(시 25:10; 잠 3:3; 호 10:12, 12:6; 미 6:8; 마 23:23) 하나님께서는 영광을 받으시고 문제는 해결되며 사탄은 기운을 잃고 마는 것입니다. 그런데도 우리는 옳은 문제는 걸러 버리고 쓸데없는 문제만 가지고 교회를 쪼개 버리고 만 것입니다.

  우리들은 오직 성경만 믿노라고 공언해 왔습니다. 그러나 우리들은 서양 교회의 전통을 가르쳤으며, 돈, 기도, 금식, 직분, 서열, 안수(ordination) 등에 대한 성경의 가르침을 무시했습니다. 우리들은 성령을 교육으로, 하나님의 백성을 목사 또는 성직자로 대치시켰습니다. 그리고 우리들은 사람들을 가르칠 때 교회는 그리스도의 몸이며 우리 각자는 그 지체라고 가르치지 않고 '교회=목사'라는 등식 관계로 가르쳐 왔고 또 교회는 목사가 주주(株主)들이고 평신도들은 고객인 것처럼 가르쳐 왔습니다. 그래서 우리들은 권력, 돈, 안일을 잡기 위해 혈안이었고 속임수 위에다가 부패를 첨가시켰고 회개를 촉구하는 소리에 대해서는 벙어리 행세를 해왔던 것입니다. 그렇습니다. 성대 형제,

내가 죄를 지었고 우리의 선조들이 죄를 지었고 또 모든 선교 운동이 죄와 관련을 맺었습니다. 그러나 선교역사를 들춰 보면 영광스러운 시절이 없었던 것은 아닙니다. 그리고 그것들은 오늘날 현대 선교사인 우리들에게 있어서는 히브리서 11장과 같은 본을 보여 주고 있습니다. 그리고 오늘날도 그와 같이 때 묻지 않고 그야말로 성인의 위치에서 일을 하고 있는 사람이 없는 것은 아닙니다. 그들은 자기 만족, 야심, 교만은 전혀 뒷전인 채 오직 하나님께서 그들에게 하도록 당부하신 그 일을 위해서 조용히 일을 하고 있습니다. 적은 누룩이 온 밀가루 반죽을 부풀게 합니다. 그러나 나는 우리 선교사들이 범한 모든 죄들을 용서해 달라고 하나님께 간구합니다. 그리고 나는 형제에게 우리 선교사들과 한국의 교회 지도자들뿐만 아니라 7개 대륙의 모든 교회들을 위해서도 기도해 주시기를 요청하는 바입니다. 5대양 6대주 어느 곳이거나 간에 우리 주님을 위해서 애쓰고 고생하며 죽기까지 하여 이 세상의 빛이 되고 있는 자랑스러운 선교사들이 있습니다. 그리고 하나님의 말씀은 모든 대륙에서 우리들처럼 교만하고 자고한 사람들에게 들려지고 있습니다. "내 이름으로 일컫는 내 백성이 그 악한 길에서 떠나 스스로 겸비하고 기도하여 내 얼굴을 구하면 내가 하늘에서 그 죄를 사하고 그 땅을 고칠지라"(대하 7:14). "하나님 집에서 심판을 시작할 때가 되었나니 만일 우리에게 먼저 하면 하나님의 복음을 순종치 아니하는 자들의 그 마지막이 어떠하며"(벧전 4:17).

 성대 형제, 우리 다 함께 기도합시다. 우리가 서로 기도하고 서로를 위해 회개하여 하나님께서 우리에게 눈물을 흘릴 수 있는 은혜를 주시도록 합시다. 하나님께서 심판의 막대기를 들고 우리들을 방문하시기 전 회개함으로 우리의 교회가 정결케 되도록 간구합시다.

 오 자비로우신 아버지여, 우리에겐 긍휼을 베풀어 주옵소서. 우리의 탐욕스럽고 강퍅한 마음을 당신의 은혜로 녹여 주옵소서! 그리하여 속히 회개케 하옵소서. 예수님의 이름으로 기도하옵나이다. 아멘.

산골짜기에서 온 편지

예수 그리스도의 사랑의 4차원성

존경하는 대천덕 신부님께.

  신부님께서도 알고 계시다시피 조용기 목사가 지은 〈4차원의 영적 세계〉라는 책은 각계 사람들로부터 좋은 반응을 받아 왔습니다. 그러나 최근에 들어와서 어떤 사람들은 4차원이라는 표현은 비과학적인 말이므로 잘못 사용되었다고 비난합니다. 우리가 알고 있기로 신부님께서는 한때 물리학과 자연과학을 공부한 적이 있는 학생이었고 또 한국과학기술원(KAIST)에서 여러 차례 강의를 했다는 사실도 알고 있습니다. 그래서 우리들은 신부님이라면 이 문제에 대해서 뭔가 만족할 만한 답변을 하실 수 있을 것이라 생각했습니다. 조 목사님의 책이 비과학적이라고 헐뜯는 말을 듣는 저희 회원들로서는 기분이 여간 씁쓸하지가 않습니다. 신부님의 대답을 듣고 싶습니다.

  − 카리스마 클럽 회원 드림

사랑하는 카리스마 회원들께.

형제들의 관심과 편지에 감사드립니다. 나는 조 목사를 비판하는 사람들이 과학이나 신학 또는 문학 같은 분야를 거의 모르고 있기 때문에 그와 같은 비판을 했다고 보고 싶습니다. 그러므로 형제들은 그런 사람들의 이야기에 그렇게 신경을 쓸 필요가 없다고 봅니다. 그러면 우리가 왜 그런 표현을 정당하게 쓸 수 있는지 생각해 보기로 합시다.

먼저, 문학 특히 그중에서 시와 같은 장르에서는 여러 가지 종류의 상징과 비유들이 흔히 사용됩니다. 그러나 사람들은 그것들이 굳이 과학적이 되기를 기대하지 않습니다. 만약에 우리의 목사님들이나 시인, 작가들이 다른 분야에서 비유나 상징을 끌어다 쓸 수 없다고 생각해 보십시오. 이 세상이 얼마나 메마르고 삭막해지겠습니까? 특히 문학에서는 우리 인간의 경험이 3차원의 세계에 제한되어 있기 때문에 인간의 경험 저편에 있는 그 어떤 무엇을 밝혀 내기 위해 4차원이라는 표현을 정당하게 사용할 수가 있는 것입니다.

두 번째로 우리가 비록 시간을 지칭하기 위해 과학에서 흔히 사용되는 것처럼 4차원이라는 표현을 사용한다고 할지라도 우리가 시간의 흐름에 대해서 다루게 된다면 그것은 그때부터 초자연의 범주에 속하게 된다는 사실입니다. 왜냐하면 자연 상태의 인간은 시간상에서 단 1초 동안이라도 앞으로나 뒤로 움직일 수가 없기 때문입니다. 그러나 하나님께서는 영원하신 분이십니다. 그러므로 하나님은 시간의 제약을 받지 아니하십니다. 그는 시간선상의 전후(과거, 미래)를 마음대로 왔다 갔다 하시는 분이십니다. 바로 이 때문에 하나님께서는 우리의 기도를 응답하실 수가 있는 것입니다. 따라서 우리가 지혜의 말씀, 지식의 말씀, 신유, 능력 행함 등 여러 종류의 성령의 은사를 그분이 주시는 대로 사용할 수만 있다면 우리는 과학에서 통하지 않는 시간의 지평을 넘을 수가 있으며 또 시간을 초월하면서 우리의 미래를 바꾸실 수 있는 하나님과도 만날 수 있는 것입니다. 조 목사님이 이야기하고 있는 4차원이란 바로 이런 관점에서 보여진 것입니다.

그렇긴 해도 나는 '과학', '과학자', 또는 '과학적이 된다'는 것이 무엇인지에 대해서 그 중요한 핵심은 짚고 넘어가고 싶습니다. 과학이란 오늘날 우리 현대인의 삶에 아주 중요한 부분이 되었고 또 과학자가 아닌 사람들은 과학의 경이에 압도되어서 그런지 무엇이 과학이고, 무엇이 과학이 아닌지를 잊고 말았다는 것입니다. 과학이란 자연세계 즉 3차원의 세계에서 일어난 현상을 관찰하고 그것을 공식적으로 보고하는 일련의 과정을 말하는 것입니다. 약 5백 년 전 이라크의 바그다드에 사는 어떤 사람은 처음으로 전기 도금법을 발견해 내었습니다. 그러나 고고학자들이 발굴해 낸 것들에서 추측해 본 결과 그는 그 전기 도금법을 이용해서 사람들을 속여 왔음이 분명했습니다. 하지만 그는 그만이 알고 있는 그 비결을 가지고 죽었거나 살해되었을 것입니다. 그러므로 오늘날 우리가 부르는 과학자로서의 그런 과학자가 아니었습니다. 왜냐하면 그는 그가 발견한 것들을 알려지도록 하지 않았고 따라서 그로 인하여 이 세계는 전기를 발견하기 위해 또 다른 4백 년을 기다려야 했기 때문입니다. 과학자들이 자기가 발견한 것을 세상에 알리도록 하는 가장 중요한 이유는 그것을 다른 실험가들에게 알게 하여 그들이 그것을 다시 실험해 보고 그 새로운 발견을 확증하도록 하기 위함입니다. 만약 다른 실험가들이 실험을 하여 똑같은 결과를 얻는다면 그것은 하나의 과학적 사실로 수용될 것입니다. 그러나 과학자들은 자연세계를 이해하기 위해 가설(hypothesis) 혹은 이론이란 것을 갖지 않으면 안 됩니다. 이 가설 또는 이론은 실제의 실험 결과가 그것을 옳다고 밝혀 줄 때까지는 그대로 가설로 남게 되는 것입니다.

과학자들은 있는 모든 종류의 가설은 과학자들 중에서도 더욱 인기가 있는 것도 있습니다. 그러나 그것들 역시 직접적인 실험으로 증명되지 못하면 '과학'이라고 부를 수가 없는 것입니다.

이론이 과학을 하는 데 있어 '사실'(fact)이 아니라 단지 도구로 사용되어지는 것처럼 언어 역시 과학에 있어서는 도구로 사용되는 것 중의 하나입니다. 언어가 없으면 전달(communication)이 되지 않고 전달이 되지 않으면 비교 또는 시험을 할 수가 없는 것입니다. 조금 전에 언급했던 전기를 발견했던 사람-엄격히 말해서 그는 오늘날 우리가 부르는 전지(電池)를 발명한 사람이었다-은 언어라는 도구를 사용하기를 거부했고 따라서 그는 자기만 알고 있는 그 재주를 가지고 죽고 말았습니다. 이런 의미에서 그는 과학자가 아니라 단지 한 사람의 '재주꾼'에 불과했습니다. 수학은 과학자들이 사용해야만 하는 하나의 언어입니다. 수학 중에서도 어떤 부분들은 대부분의 과학자들이 사용해야만 하는 언어입니다. 그러나 수학자 자신들은 대체 수학(alternatemathematics)이란 것을 만들어 즐거워하고 있는데 그들은 이것으로 멍청하기는 하지만, 정확하게, 그리고 신속하게 일을 해치우는 컴퓨터라고 알려진 놈과 대화를 시켜본 결과 대단히 유용하다는 사실을 증명해 보였습니다. 나는 약 12가지 정도의 컴퓨터 언어가 있는 것으로 알고 있습니다. 그러나 여기서 중요한 것은 과학의 언어를 과학적 사실과 혼동해서는 안 된다는 사실입니다. 4차원이란 표현은 과학자들이 사용하는 하나의 언어학적 도구입니다. 그러나 만약 누군가가 그것을 다른 관점에서 좀 가볍게 사용하자고 한다면 그는 얼마든지 그렇게 할 자유가 있는 것입니다. 우리는 객관적 사실로 증명된 과학을 실험상의 도구로 사용되어지는 이론 또는 언어와 혼동을 해서는 안 되는 것입니다. 그러나 불행하게도 많은 아마추어 신학도, 철학도, 문학도들은 과학자들이 점유하고 있는 세계의 지식들에 대해서 너무 무식한 까닭에 그 차이점을 알지 못하며 나아가서는 과학이 아닌 것을 과학이라고 하여 자신들을 바보로 만들기도 하는 것입니다. 여기에 해당되는 가장 좋은 예로는 근 1백 년 동안이나 과학적인 사실처럼 받아들여져 왔으나 여전히 눈꼽만한 증거 하나도 없는 여러 종류의 진화론을 들 수 있습니다. 생각해 보십시오. 1백만 년 전에 일어났던 사실을 어떻게 증명할 수 있겠습니까? 그래서 사실인즉 그 진화론이 기본적인 과학법칙들과 너무 상치되는 점이 많아 그 진화론을 믿는 사람들은 무신론의 법률가들이나 급진적인 자유주의 신학자들뿐일 것입니다.

조 목사님의 책이 비과학적이니 잘못되었다고 비난하는 사람들이 알아야 하는 또 한 가지의 원칙이 있습니다. 그것은 미국의 아이들이 즐겨 사용하는 표현인데 "찾는 자가 임자다."(Finders keepers)라는 원칙입니다. 이 원칙은 말 그대로 무엇인가 먼저 찾는 사람이 그것을 소유할 권리를 가진다는 말입니다. 이 원칙에 따라 우리들은 발견가나 발명가 또는 나중 증명되어지는 최초의 이론을 제공하는 사람에게 최고의 찬사와 영광을 돌려 주고 있는 것입니다. 그런데 만약 우리가 비록 세속적이긴 하지만 이 원칙에 따라서 판단한다면 누가 4차원이란 단어에 대한 소유권을 지니고, 또 그가 좋아하는 대로 그 단어를 정의하는 권리를 가져야 하는지 아십니까? 그 사람은 다름 아닌 바로 사도 바울 선생입니다. 그는 성경에서 하나님의 사랑에 대한 4차원성을 이야기하고 있습니다. 그러니 어떤 기독교 신학자가 다른 사람이 바로 성경에서 나온 이 개념을 사용했다고 해서 그가 잘못했다고 비난할 수 있겠습니까? 나로서는 이해할 수가 없습니다. 오히려 과학자들은 4차원을 우리에게 설명하려는 위험한 짓을 하기 전에 먼저 그 말의 사용에 대한 허락을 우리에게 받아야만 했을 것입니다. 4차원이라는 개념은 약 1930년 동안 우리 크리스천의 개념이었던 것입니다. 나는 조 목사님이 쓴 4차원의 세계에 대해서 전적으로 동의하면서, 하나님의 사랑의 4차원성을 주제로, 내가 전했던 나의 설교 한 편을 보여 주었으면 합니다. 물론 조 목사님께서도 자기가 그 책을 쓰기 전에 그 4차원에 대해서 설교를 하셨겠습니다만 나는 조 목사님의 책이 나오기 훨씬 전에 그 설교를 했던 적이 있습니다. 오직 성경만을 신앙의 근간으로 삼는 두 사람이 똑같은 신앙의 파장 위에 서 있는 자신들을 발견한다는 것은 얼마나 놀라운 일입니까?

당신들은 성경의 어느 부분에서 하나님의 사랑의 4차원성을 이야기하고 있는지 짐작하실 수 있는지요? 그것은 에베소서 3장 18~19절에 나오고 있습니다. 사도 바울은 여기서 우리가 믿음으로 그리스도를 마음속에 모시고 또 우리가 사랑 가운데서 뿌리가 박히고 터가 굳어져서 그리스도의 사랑의 그 '넓이'와 '길이'와 '높이'와 '깊이'를 알라고 권면하고 있습니다. 당신들은 여기서 성령께서 말씀하시는 것을 나만큼 자유스럽게 해석할 수 있을 것입니다. 따라서 이 말씀은 여러 가지로 다르게 해석할 수 있고 또 그것은 나름대로 타당한 근거를 가질 수 있을 것입니다. 그러나 사도 바울이 종국적으로 말하고 있는 것은 결국 그것은 우리 인간의 지식 너머(beyond)에 있다는 것입니다. 그래서 60명의 다른 신학자가 하나님의 4차원성에 대해서 60가지의 다른 해석을 내놓았다 하더라도 그것들은 역시 그들의 짧은 지식에서 나온 것이며 따라서 그 해석은 부분적으로만 옳을 수밖에 없는 것입니다.

그러면 이제 내가 이해하고 있는 4차원에 대해서 이야기해 보고자 합니다. 만약 여러분이 내가 강론한 내용에 대해서 관심이 있으면 내가 있는 이곳 예수원으로 오시기 바랍니다. 테이프가 준비되어 있습니다. 그러나 나는 여기서 간단하게 거기에 대해서 요약해 보려고 합니다. 먼저 나는 예수님의 사랑의 넓이를 이 세상 땅의 넓이와 비교해 보겠습니다. 그분은 모든 사람이 구원받기를 원하십니다. 그분은 우리가 복음을 전파하는 자가 되기를 원하십니다. 하지만 그분은 우리가 단지 세련되거나 인텔리가 되기를 원치 아니하십니다. 그분은 이 세상 인구의 약 60퍼센트를 차지하는 가난한 사람들에게 복음을 전하시려고 오셨습니다. 그래서 만약 우리가 우리의 관심과 구제 그리고 전도의 발걸음을 우리와 같은 계층의 사람들에게만 제한시킨다면 우리는 너무 통이 좁은 사람이 되며 따라서 우리는 그리스도의 사랑의 넓이를 깨닫지도, 붙잡지도 못한 사람이 되는 것입니다.

그리스도의 사랑은 어느 한순간에 제한되어 있지도 않습니다. 그분의 사랑의 길이는 영원에까지 이르는 것입니다. 우리는 과거 하나님께서 행하셨던 위대한 일, 이 우주와 인간의 창조 그리고 짐승의 가죽으로 아담과 하와에게 입히셨던 일에서부터 홍해를 건너고, 갈보리 산에 십자가를 세우시고 그리스도를 통한 부활의 첫 열매를 주시고 그리고 지금도 예수의 이름으로 구할 때마다 베풀어 주시는 모든 기적에 대한 일들을 알고 있어야만 하는 것입니다. 그러나 그것은 현재에서 끝나지 않습니다. 예수님의 사랑의 길이의 차원은 미래에까지 이어져 가는 것입니다. 그래서 예수님은 다시 오시는 것이며 이 세상을 심판하실 것입니다. 그분은 또 그의 왕국을 건설하실 것입니다. 새롭고 영원한 새 예루살렘성이 하나님께로부터 하늘에서 내려오고 하나님께서는 당신의 장막을 우리 가운데 펴시며 또 영원토록 우리와 함께 거하실 것입니다(계 21:3~4). 이와 같이 하나님의 사랑의 시간적 차원을 이해하려면 우리는 먼 과거를 되돌아보아야 할 뿐 아니라(우리가 교회사를 연구해도 이것을 알 수 있다) 먼 앞날 하나님께서 이루어 주실 일들을 생각하며 경이로움에 잠겨볼 수도 있어야 하는 것입니다.

그러면 하나님의 사랑의 높이는 어떠한 것입니까? 물론 그것은 하늘이 높은 것만큼이나 높은 것이 분명합니다. 내가 좋아하는 미국 사람들의 속담 중에 이런 말이 있습니다. "그는 구름 아홉 위에 있어!" 이 말은 누군가의 기분이 너무 좋아 하늘에 붕 떠 있을 정도로 행복한 상태를 의미합니다. 성경은 말합니다. "마음과 손을 아울러 하늘에 계신 하나님께 들자"(애 3:41). 그리고 너희의 목소리를 높이고 머리와 눈을 하늘에 계신 하나님께 들라고 계속하여 여러 군데서 말씀하십니다. 우리가 하늘을 우러러 보고 목소리를 높일 때는 항상 기쁨으로 충만할 때입니다. 만약 우리가 예수 그리스도의 사랑에 감격하여 기쁨으로 즐거운 찬송을 소리 높여 부르면 그것만큼 아름다운 예배가 없을 것입니다. 이것은 1차원도 2차원도 아닌 바로 할렐루야 차원입니다. 예, 그렇습니다. 그리스도인이라면 누구나 꺼지지 않고 소멸되지 않는 그리스도의 사랑의 기쁨을 맛보고 항상 지니고 다녀야 할 것입니다. 이것이야말로 우리를 구름 아홉 위로 띄워 올리는 헬리콥터의 티켓일 것입니다.

그러면 네 번째로 깊이의 차원은 무엇이겠습니까? 하나님의 사랑은 얼마나 깊을까요? 그럼, 그보다 먼저 이 세상에서 가장 깊은 것이 무엇일까요? 시편 64편 6절에서는 사람의 속뜻과 마음이 깊다고 말하고 있습니다. 그리고 92편 5절에서는 하나님의 생각이 심히 깊다고 말하고 있습니다. 또 계속하여 잠언 20장 5절에는 사람의 마음에 있는 모략은 깊은 물과 같다고 하고, 고린도전서 2장 10~11절에서는 성령은 '하나님의 깊은 것'을 통달하신다고 말씀하고 계십니다. 그리고 성경에는 깊은 곳이 또 하나 있다고 말하는데 그곳은 바로 지옥입니다. 그리스도의 사랑은 우리를 바로 이 깊디깊은 지옥에서부터 건져 내신 것입니다. 그러나 그보다 더 내가 강조하고 싶은 것이 있습니다. 즉 그리스도의 사랑은 우리의 무의식과 잠재의식의 세계가 아무리 깊다고 할 지라도 그곳까지 통달하셔서 우리가 미처 깨닫지도 못하는 그곳의 상처들을 치료해 주신다는 것입니다. 나는 성령께서 자주 지식의 말씀의 은사를 주셔서 어떤 사람의 잠재의식 속에 숨겨져 있는 상처들이 무엇인지 보여 주시고 또 그들에게 치료의 사랑을 베푸셔서 그들이 두려움과 강박관념, 열등의식 그리고 불건전한 정신상태에서 놓임받게 하시는 것을 보았습니다. 이를 보고 나는 그리스도의 사랑의 깊이가 얼마나 깊은지 새삼 놀라게 되었습니다. 그러므로 우리들은 이 땅의 모든 그리스도인들이 지식을 초월하는 이 같은 하나님의 사랑을 깨닫게 되도록 그들을 위해 기도합시다. 그럼으로써 그들이 교회를 통하여 영광을 받으시는 하나님의 온전하심을(예수 그리스도로 말미암아) 충만히 받게 되도록 말입니다.

산골짜기에서 온 편지

토지세 제도를 통해 토지 투기를 없애야 한다

존경하는 대천덕 신부님께.

신부님, 요즈음 농장 일로 매우 바쁘시겠군요. 적당량의 비와 함께 좋은 날씨가 계속되길 하나님께 기도드립니다. <토지와 자유>라는 제목의 신부님이 쓰신 책을 읽고 하나님께 감사드리고 있는 것은, 하나님께서 신부님에게 얼마간의 땅을 가지게 해 주신 일입니다. 한 사람의 경제학도로서 저는 성경 속에 경제학에 관한 특별한 가르침이 있다는 것을 알게 되었을 때 매우 기뻤습니다. 하지만 신부님, 제가 그런 성경에서 가르치는 경제적인 문제들을 다른 사람에게 설명해 주면 그들은 꼭 신문에 난 것을 가지고 어려운 질문을 한다는 것입니다. 그래서 저는 신부님께 단일세라고도 불리우는 그 토지세가 자본축적, 실업, 주택문제, 인플레이션, 수출, 임금, 국제 경쟁력 등의 경제 분야에 미치는 영향력에 대해서 여쭤보고 싶습니다. 신부님께서 늘 인용하시며 또 전적으로 같은 입장을 취하시는 헨리 조지 박사는 이 토지세가 바로 하나님께서 재정해 주셨고, 인정해 주시는 것이라고 했습니다. 만약 이것이 사실이라면 이 토지세가 각 경제 분야에 끼치는 영향력도 긍정적이라야 하지 않겠습니까? 왜냐하면 그것은 하나님께서 만드신 것이니까요. 좋은 답변 기다리겠습니다.

- 서금석 올림

사랑하는 금석 형제에게.

먼저 저희 농장 일을 위해 기도해 주셔서 감사드립니다. 촉촉한 봄비와 함께 저희 농사일은 잘 되어가고 있습니다. 그러나 기후란 것은 하나님만이 통제하실 수 있는 일인지라 하나님께 좋은 날씨를 달라고 기도하고 있습니다. 형제가 토지세에 대해서 특별히 관심을 보여 주시니 더욱 감사합니다. 사실 이 토지세란 것은 우리가 꼭 실시해야 되는 성경의 원칙 즉 희년 제도(Jubilee)를 현 시대의 상항에 맞게 적용시킬 수 있는 가장 좋은 방법인 것입니다. 그래서 무엇보다 먼저 토지세에 관한 성경적 원칙을 좀 말해 보도록 하겠습니다.

헨리 조지(Henry George)가 쓴 유명한 책 〈진보와 빈곤〉에 이 토지세에 대한 내용이 매우 논리정연하게 기술되어 있습니다. 우리 인간 사회는 지금까지 '재산'(property)이란 단어를 좀 포괄적으로 사용해 왔습니다. 이 단어는 분명히 두 가지 내용을 함축하고 있는 말입니다. 무슨 말인고 하면 우리 인간이 스스로 만든 물건은 그 즉시 우리 인간의 소유가 되기 때문에 그것을 팔 수가 있는가 하면 또 다른 사람이 만든 것을 살 수도 있습니다. 우리는 이것을 사유 재산 혹은 개인 재산(personal property)이라 부를 수 있습니다. 그러나 이것과 정반대로 인간이 만든 것이 아니라 하나님께서 인간에게 주신 것이 있습니다. 예를 들어 땅이나 부인(婦人)은 인간이 스스로 만든 것이 아니고 하나님께서 주신 것입니다. 그러므로 앞에서 말한 것들과 똑같은 의미로 이것들을 자신의 재산으로 부를 수 없다는 것입니다. 땅은 하나님께서 만드셨고 그것을 열국(列國)에 분배해 주셨습니다. 하나님께서 우리 인간들에게 토지를 주신 데는 분명한 뜻이 있었습니다. 즉 누구든지 그 땅에 살며 먹을 것을 얻을 수 있도록, 다시 말해서 한 식구가 생존에 필요한 충분한 땅을 가질 수 있도록 허락하셨다는 것입니다. 하나님께서 누구든지 가족의 생계를 꾸려가도록 하기 위해서 필요한 땅을 주셨고 따라서 누구든지 자기의 토지를 가지고 거기에 사는 한 그는 자유인이 될 수 있습니다. 그러나 공장, 부두, 광산, 부자의 농장 등지에서 고용되어 일을 하며 먹고 사는 사람들은 누구든지 비자유인입니다. 지구의 표면에 발을 내리고 사는 우리 인간에게 있어서 가장 기본적인 권리는 바로 이 토지를 소유하는 일인 것입니다. 그러므로 이 권리를 상실했다고 생각해 보십시오. 나머지 다른 권리는 소유해 보았자 노예가 가질 수 있는 권리나 무엇이 다르겠습니까?

그러므로 사람이 만들어 자기의 소유라 주장할 수 있는 개인의 재산은 절대적이라 할 수 있으나 하나님이 만드셔서 우리에게 주신 토지는 조건적인 것입니다. 왜냐하면 토지란 것은 하나님께서 각 가정에게 빌려 주신 것이기 때문입니다. 그러므로 그 가정의 어떤 식구도 그 땅을 자신의 개인 소유처럼 팔아치울 수 없는 것입니다. 물론 어떤 가정이 특별한 사정으로 돈이 필요할 때 자신의 토지 사용권을 희년이 될 때까지 다른 사람에게 넘겨 주고 돈을 얻어 쓰는 경우는 예외였습니다. 그러나 오늘날 우리는 이런 방법으로 토지를 재분배하지 않고 있다는 것입니다. 그래서 헨리 조지 박사는 정부가 땅의 수탁자가 되어 토지 대여세를 징수하게 하고 그 대신 개인이 자신의 노동으로 생산한 물건에 대해서는 세금을 부과하지 않도록 하는 안을 만들어 제의했습니다.

이것은 따라서 우리로 하여금 재산세 문제를 생각하도록 만드는 내용인 것입니다. 오늘날 대부분의 국가에서는 '재산세'란 말을 사용할 때 뜻이 다른 정반대의 의미를 포함시켜 사용하는 탓에 상당한 혼동을 불러일으키고 있습니다. 그런데 이같이 혼동을 일으키게 만드는 말을 사용하도록 조장하는 사람들이 있는데 소위 지주들이 바로 그들입니다. 그들이 이런 말을 사용하도록 조장하는 이유가 있습니다. 지주들은 이런 말을 사용하게 함으로써 재산세 문제를 혼란스럽게 만들 뿐 아니라 그들이 져야 할 부담을 다른 사람에게 전가시키기가 훨씬 쉽기 때문입니다. 즉 땅은 자기들이 소유하고 있으면서 세금은 자신의 노동력으로 직접 생산에 참여한 사람들이 내도록 할 수 있다는 것입니다. 다시 말하면 요즈음의 재산세란 것은 토지에 대한 세금과 그 토지의 활용분(땅이나 건물을 빌린 사람이 자신의 노동력과 자본을 투자해서 얻은 이익분)에 대한 세금을 다 말한다는 것입니다. 그런가 하면 더욱 기가 막히는 것은 토지에 대한 세금보다도 그 토지의 활용분에 대한 세금이 훨씬 크게 책정되어 있다는 것입니다. 저의 친구 한 사람도 토지와 가옥을 동시에 소유하고 있는데, 그 토지와 가옥의 시가는 7천만 원에 상당한다고 합니다. 하지만 가옥에 대해서 징세된 세금은 토지에 대한 것에 비해 10배가 된다고 합니다. 이것은 정확히 말해 경제적 타락현상입니다. 사실 세금의 전액은 토지에 대해서 징수되어야 하며, 인간 자신의 노동에 의해 이루어진 활용분, 즉 가옥이나 빌딩 등에 대해서는 징세되지 말아야 하는 것입니다. 따지고 보면 토지에 대한 가치는 그 지역사회 자체에 의해서 만들어지는 것입니다. 예를 들면, 도로를 만들고, 전기 및 전화를 가설하고, 상하수도 시설을 하고, 또한 이웃에 다른 좋은 집들을 짓는다든가 하면, 그것들은 지역사회 자체에 의해 행해지는 일들입니다. 이 경우 그 땅들은 실제 이용되건 안 되건 관계없이 토지의 값은 오르게 되어 있지요. 토지소유자가 그 가치를 정한 것이 아니라 지역사회 자체가 그 가치를 정한 것이지요. 이런 경우는 그 지역사회가 그 토지에 대한 임대료를 징수해야만 하는 것입니다.

이러한 현상은 순수한 부동산 투자가와 토지투기꾼과의 차이를 또한 설명해 주고 있습니다. 사람들이 그들의 자본을 빌딩이나 공장이나 그 밖의 활용분들에 투자한다면 그것은 바람직한 일이겠지만, 그냥 토지를 매입하고, 지역사회가 도로나 서비스업 등의 시설을 개선한 후 토지 값이 상승했을 때 그 토지를 일체 이용하지도 않고 되돌려 팔아 이익만을 노린다면 그것은 바람직하지 못한 일입니다. 그 이유는 소위 불로소득이기 때문입니다. 토지매매 가격의 차액은 모두 지역사회 자체에로 귀속되어져야 합니다.

이제, 우리의 노력으로 이루어 놓은 토지의 활용분에 대해서는 면세가 되고, 토지 자체에 대해서만 징세가 되어진다고 해봅시다. 그래서 그것의 결과가 무엇인지 알아봅시다. 첫째, 아무도 토지를 그냥 소유만 하고 있지는 않을 것입니다. 그 토지를 이용하여 정당한 이익을 얻으려고 노력할 것입니다. 토지 투기꾼에게는 이제 토지가 쓸모없이 될 것이며 대신에 순수하게 그 토지를 이용하려고 하는 사람에게도 훨씬 더 쉽게 이용되어질 수 있을 것입니다. 지주들도 그 땅을 자신들이 이용하거나 다른 사람들이 이용할 수 있도록 양보할 것입니다. 토지세제도는 사람들로 하여금 토지를 가장 효율적으로 적절하게 이용하도록 해 주고 투자에 대한 노동자 자본의 자연스러운 기회를 제공해 주게 됩니다.

사람들은 더 이상 그들의 저축을 토지투기에 이용하지 않을 것이고 그 저축은 건설, 제조, 그리고 농업 등에 정당하게 투자될 것입니다. 이러한 것은 직접 또는 간접(은행을 통하여)적으로 투자될 것이며 은행의 저축은 한결같이 증대될 것입니다. 동시에 재벌 그룹들도 더 이상 이윤추구를 위해 토지투기를 하지 않을 것입니다. 과거 5년 동안 한국의 10대 재벌기업들의 이윤이 신문지상에 발표되었는데 놀라운 것은 그들의 사업의 크기는 양적으로 증대했으나 이윤은 한결같이 감소했다는 것입니다. 이러한 현상은 그들의 이윤이 토지투기로 인하여 생겨난 높은 임대료(rent)와 인플레이션에 의해서 장식되어졌기 때문입니다. 그들 재벌기업들이 토지투기에 열을 올렸을 때 그들의 자본은 생산에 투자되지 않았고, 고용을 증대시키지도 못했습니다. 오로지 토지투기로 인플레이션만 조장해 왔습니다. 사실 유휴토지는 경제를 위해 아무것도 기여할 수 없기 때문에 이러한 토지투기가 성행하게 되면 수년 내에 전체 경제는 붕괴되고 말 것입니다. 건설업과 제조업만이 경제를 건전하게 지속시켜 줄 뿐인데도 토지 값이 너무 높게 되면 그들 건설과 제조업 또한 정지하고 말 것입니다.

경제가 건설과 제조업에 의해 정상적으로 유지되어질 때는 저축과 건전한 자본축척이 이루어지고, 축척된 그 자본들은 다시 건전한 생산에 투자되어서 결국 고용도 증대되어집니다. 또한 투기화 되어졌던 토지의 값은 결국 실물 그 자체 가치의 수준에만 머물게 되어 주택지가 쉽게 찾아지고 따라서 주택난이 해소될 것입니다. 사람들은 아파트나 개인주택에 낮은 전세금으로 살 수 있을 것이며 직장에서 얻는 그들의 임금 또한 인상되어질 것입니다. 제조업자들은 더 이상의 토지 값의 상승으로 인해 불필요한 임대료를 떠맡을 필요가 없게 되고 그들의 공장이나 장비에 대해서 세금을 적게 물거나 물지 않음으로써 상품 가격을 싸게 출고시킬 수가 있으며 아울러 국제경쟁력도 강화시킬 수 있게 됩니다. 이것에 대한 실례로서 대만과 홍콩의 높은 고용률과 상품의 낮은 가격을 들 수 있습니다. 수출 업무 또한 더 이상 인공적으로 인플레이션 된 토지 값에 대한 경비를 부담치 않아도 될 것입니다.

인플레이션의 주된 원인은 토지투기 그 자체이기 때문에 토지세(빌린 땅에 대한)에 의해서 그 투기가 멈추어지게 되면 인플레이션 또한 멈추어지게 됩니다. 달마다, 해마다 치솟는 토지 값으로 인해 상품가격의 상승이 가져오는 실질 임금의 감소 효과는 더 이상 유지되지 않을 것이고 그 임금으로서의 실질 구매력은 동일 수준이거나 증대되어 질 것입니다.

토지세 제도를 통하여 토지투기가 없어질 때 생겨나는 또 다른 결과는, 국제경쟁력을 두려워할 필요가 없으며, 수입세를 없앨 수 있고, 완전한 자유무역을 할 수 있다는 것입니다. 다시 말하면, 하나의 상품에 대하여 우리나라의 생산가격이 외국의 생산가격보다 훨씬 낮을 때 우리는 그 생산품을 외국에 판매할 수 있게 됩니다. 그 결과 우리의 산업과 서비스업은 보다 더 자유무역주의로 향할 수 있도록 탄력적이 되어질 것이고 마침내 상품의 질을 높이는 데 이바지되어질 수 있다는 것입니다. 한국의 투자가들도 자유무역 제도가 뒷받침해 준다면 세계 시장에서 경쟁하여 이길 수 있다는 것을 확신하고 있습니다.

이제, 형제는 이상의 일들이 이상 세계에서나 있을 수 있는 일이 아닌가 하고 실제의 증거를 보여 달라고 할지도 모르겠습니다. 실은, 그것의 실현이 오랜 시간을 두고 가능해진다는 것뿐이지 이상 세계의 것도, 하나님의 왕국의 것도 아닙니다. 성경은 토지제도와 관련되어지는 이자(利子)에 관한 또 다른 경제법칙을 설명해 주고 있습니다. 이러한 법칙에 입각한 토지제도가 많은 곳에서 부분적으로 행해지고 있습니다. 홍콩과 대만이 그 좋은 보기입니다. 그들은 모든 세계시장에 상품들을 팔고 있고 한국과도 상당한 경쟁 상태에 있습니다. 홍콩의 땅은 중국에 귀속되어 있고 1997년에 중국에 반환됩니다. 그러므로 홍콩의 토지는 전부 임대되어지도록 되어 있습니다. 그리고 거두어진 임대료는 계속, 증가되는 피난민들을 위해 학교를 짓는다든가 그 밖의 도시 행정에 필요한 경비에 충분하게 사용되어지고 있습니다. 바로 몇 년 전 까지만 해도 해마다 세계에서 흑자만 내는 자치령이었습니다. 그러나 불행히도, 토지투기꾼들이 그 제도를 파괴시키고 말았습니다. 그래서 그들은 자기들이 지불했던 임대료의 2~3배의 액수를 받으면서 타인에게 재임대해 주면서 이익을 가로챘습니다. 이러한 행위는 도둑질하는 것과 같은 것이며, 결과적으로 투기꾼들이 갈취한 액수만큼 도시 당국에서는 다른 명목의 세금을 거두기 시작했던 것입니다.

캐나다의 엘버타 시(市)의 경우, 유전(油田) 소유자들은 그들의 토지의 가치에 맞추어 세금을 지불합니다. 그리고 징수된 그 세금은 도시의 모든 경비(대학 교육비 포함)에 충당되어지고 있습니다. 소득세 같은 것은 일체 없습니다. 미국의 펜실베니아 주의 피츠버그 시(市)에서는 시민들이 해마다 토지에 대한 세금을 올리고 대신에 그 토지를 이용한 빌딩이나 가옥 기타 공장 같은 활용물에 대해서는 세금을 낮추도록 강력하게 건의해 오고 있습니다. 그렇게 될 때 '슬럼가'(빈민촌)나 다른 지저분한 공장지대에는 깨끗하고 고상한 건물들이 즐비하게 들어서게 되어 도시의 면모가 바뀌어지게 된다는 것입니다.

덴마크에서는 토지제도가 있었을 때 실업이 없었습니다. 그러나 토지투기꾼들이 토지세를 없앴을 때 실업은 다시 생겨났던 것입니다. 그런데, 실업자는 정치적인 아무런 힘을 갖지 못했으므로 계속해서 실업자로 남아 있을 수밖에 없었습니다.

영국의 상원은 지주들을 위한 단체와도 같았고 그들은 토지에 대한 세금 부과를 효과적으로 막아 왔습니다. 젊은 정치가 처칠도 처음에는, 선지자 엘리사와 미가와 같이 지주제도의 철폐와 토지세의 부과를 찬성했으나 그의 정치적 성공이 지주들과의 마찰을 피하는 데 있다는 것을 깨닫고 그의 처음의 신조를 정치를 위한 실용주의에 굴복시키고 말았습니다. 이제, 실용주의적 영국은 세계에서 가장 높은 실업률 보유국 중의 하나가 되었고 가장 높은 집세(rent)를 물어야 하는 국가가 되어 아주 심각한 주택문제에 처하게 되었습니다.

제가 쓴 책 속에 언급되었던 '해리슨'의 〈토지 속의 힘〉은 모든 경제학과 도서실이나 신학대학의 도서실에 비치되어 있습니다. 해리슨은 영국뿐만 아니라 일본, 오스트레일리아, 소련 그 밖의 다른 나라들로부터 많은 자료들을 수집하여 이 책을 저술하였던 것입니다. 소련 경제가 붕괴되었던 부분적인 이유는 그들이 경제에 있어서 토지의 역할을 이해하지 못했기 때문이라고 했습니다.

  한국에 관한 한, 가장 중요한 문제는 토지세 제도가 정치적으로 가능한가 하는 것입니다. 제가 보기엔 그렇게 때가 늦지는 않은 것 같습니다. 토지세 제도는 모든 농부들, 산업노동자들을 포함한 일반대중 모두의 관심거리입니다. 그리고 생산자와 수출자 전부에 관련된 문제이기도 합니다. 해마다 토지투기꾼들은 그들의 힘을 강하게 만들고 있습니다. 그들은 발각되면 사회에 그 명단이 공개되고 감옥에 가게 되어 있습니다. 그들은 실제로 활발하게 투기를 자행하고 있지는 못합니다. 그러나 주의할 것은, 인권에 대해서는 시끄럽게 떠들고 토지권에 대해서는 묵비권을 행사하는 그런 류의 정치가들은 조심해서 경계해야만 합니다. 또 한가지 우리가 기억해야만 할 것은 우리들이 토지투기꾼들에 대해서 말할 때, 신문지상에 오르내리는 그런 큰 투기꾼들에 대해서 단지 언급하는 것으로만 그쳐서는 안 됩니다. 중요한 것은 투기의 내용과 그 결과가 더 비중 있게 다루어져야만 합니다.

  언젠가 제주도에서 어떤 유명한 사람이 부동산 투기사건에 개입되었을 때, 그 내용을 상세히 주시해 보면 다음과 같은 사실을 발견하게 됩니다. 그가 매입한 토지에 지어 놓은 건물들의 가격은 20년 동안에 3배가 상승했습니다. 이 3배의 가치는 그 건물을 짓는 데 소요된 노동에 대한 정당한 대가(인플레이션된 몫을 감안)로 주어질 수 있기 때문에 그 자체에는 아무런 죄가 성립되지 않습니다. 그러나 그가 보유만

하고 이용하지 않았던 토지는 매입 당시보다 그 가격이 70배가 뛰었다는 것입니다. 그는 그 토지에 아무런 노동을 투여하지 않았고, 말하자면 불로소득만을 취했던 것입니다. 가치의 모든 증식분은 도로를 건설하고 상하수도를 시설하는 등의 토지가치를 증대시킬 수 있는 일들에 투자된 제주도민의 노동력과 세금 납부에 의하여 순전히 생겨난 것입니다. 모든 이익분은 제주도민에게 귀속되어져야 하며 따라서 토지세(도로세, 전기세, 수도세 등)의 한 형태 속에서 다시 그들에게 환원되어져야 하는 것입니다.

사실, 큰 토지투기꾼들만이 문제가 되는 것은 아닙니다. 상당히 많은 양은 아니지만 유휴토지를 보유하고 있는 수천 수백의 적은 토지투기꾼들이 존재하고 있는데 그들은 높은 집세를 받아내면서 자신들은 아주 적은 양의 토지세만 지불하고 있습니다. 정부가 적절한 토지세 제도를 통하여 제주도의 토지투기를 막지 못한 것과 같이 빌딩이나 기타 건물에 세금을 징수시킴으로써 가난한 사람들에게 더 많은 부담을 전가시키고 있는 적은 투기꾼들을 막지 못하고 있습니다.

정부가 토지의 활용분에 대해서는 징세를 중단하고 동시에 토지에 대해서만 징세를 증가시킨다면 이러한 적은 토지투기꾼들은 은행으로부터 돈을 차용하여 그들의 자산을 관리, 개선해 나갈 것이며, 아울러 대도시에는 합리적인 가격에 상당하는 안락하고도 아름답고 매력적인 주택과 아파트들이 마치 정원처럼 즐비하게 들어설 것입니다. 우리들은 적고 큰 부동산 업자들에게 토지의 활용분에 대한 징세를 지양하고 대신에 토지에 대해서만은 징세를 증가시켜 갈 때 그것의 결과가 그들에게 유익하게 된다는 것을 주지시키면서 그들을 도와 주어야만 하겠습니다. 금석 형제! 저와 함께 이 개혁운동에 참여합시다.

우리는 고통의 문제에
어떻게 대처해야 할까?

존경하는 대천덕 신부님께.

어느덧 나무들이 푸른 녹색의 여름옷 대신에 울긋불긋한 가을 옷으로 바꿔 입는 때가 되었군요. 가을이 아름답긴 하지만 항상 서글픈 색조를 띠게 되는 것은 혹독한 추위가 다가올 것이라는 사실과 그 푸르던 잎이 낙엽으로 변해간다는 사실 때문이 아닌가 생각됩니다. 이러한 사실은 하나님과 슬픔(sorrow), 하나님과 고통(suffering)에 대하여 경이감을 갖도록 해 줍니다. 우리는 지금 경건하게 살아 보려고 애쓰고 있으면서도 늘 많은 고통을 감수하며 살아가야 하는 것 같습니다. 우리에게는 예기치 않은 죽음도 닥쳐옵니다. 그런데도 예수님은 아버지가 허락하지 아니하시면 참새 한 마리도 땅에 떨어지지 아니한다고 말씀하셨습니다. 우리는 고통의 문제에 어떻게 대처해야 할까요? 고통당하는 자들을 어떻게 위로해야 할까요? "의인은 믿음으로 말미암아 살리라."라고 한 성경 말씀은 무엇을 의미하는 말인가요? 신부님, 시간을 내어 주셔서 이와 같은 문제에 좀 답을 해 주셨으면 고맙겠습니다. 저와 제 친구들에게 큰 도움이 될 것입니다.

— 송준호 올림

사랑하는 준호 형제에게.

편지해 주신 형제께 감사드립니다. 우리가 여름에게 작별인사를 고하자 잎의 색깔은 변해가고 형제가 말한 그 서글픔이 이곳 하늘에 점점 물들어 가고 있습니다. 그러나 나뭇잎 하나하나가 땅에 떨어져 거름이 되는 것을 보면서, 비록 그것은 다시 회생하지는 못하지만 땅을 비옥케 해 준다는 생각을 해보며, 우리는 '사망'과 '썩어짐' 위로 거둘 수 있는 승리가 있음에 대하여 감사하지 않을 수 없습니다. 그것은 우리가 그리스도 안에서 쟁취할 수 있는 승리입니다. 사도 바울은 말합니다. "생각컨대 현재의 고난은 장차 우리에게 나타날 영광과 족히 비교할 수 없도다…그 바라는 것은 피조물도 썩어짐의 종노릇 한 데서 해방되어 하나님의 자녀들의 영광의 자유에 이르는 것이니라"(롬 8:18, 21). 이것은 매우 장엄하며 우리의 가슴을 설레게 하는 말씀입니다. 바울 사도는 우리에게 고난이 있으며, 썩어짐의 종노릇 함도 있다고 합니다. 그리고 그것이 현재의 우리에게 있어야 함이 정상이라고 말합니다. 그러나 그는 또 한번 우리에게 확신을 주고 있습니다. 즉 하나님의 자녀인 우리가 그날에 예수님처럼 될 때는 모든 우주가 현재의 썩어짐의 법칙에서 벗어나게 되는 놀라운 변화가 일어나게 될 것이라는 사실입니다(요일 3:2 참조). 사도 바울의 그 말에 또 다른 의미가 담겨 있는지 모르겠습니다. 그러나 하나님과 우리는 이 우주를 새롭게 하기 위해 창조의 일을 계속해 나갈 것입니다. 우리가 그것을 함으로 얻는 모험감, 기쁨은, 현재의 고통, 슬픔을 어느 정도 덜어 줄 것입니다. 그러나 바울과 요한은 그것이 우리의 소망일 뿐이라고 분명히 말합니다. 그것은 완전히 나타나지 않았습니다. 현재에 있어서 고통은 우리가 사탄과의 싸움에 있기 때문에 당연히 있어야 하는 것입니다. 베드로는 우리에게 고난받는 일에 놀라지 말라고 권면하며 그것은 당연히 있어야 할 것임을 말하고 있습니다(벧전 4:12~19). 그렇다면 이 말은 고난은 피할 수 없는 것이며, 고난을 당하는 자들을 위해서는 가혹한 인내만을 보장해 줄 수밖에 없다는 말인가요? 우리는 사람들에게 축복을 기대하게 해 줄 수는 없는가요? 그리고 사람들에게 예수를 믿고 성령의 충만함을 받으면 축복을 받게 될 것이라고 약속해 주면 안 될까요? 그러면 과연 예수님은 뭐라고 하셨습니까?

예수님은 많은 종류의 축복을 약속하셨습니다. 그러나 우리는 자주 우리의 부주의로 인해서 예수님이 무엇을 축복으로 여기셨나에 대해서는 보지 못했습니다. 누가복음 6장에 보면 예수님은 가난한 것이 복이며, 핍박받는 것이 복이며, 차별대우를 받는 것이 복이며, 슬픔을 당하는 것이 복이며, 배고픈 것도 복이라고 말씀하고 있습니다. '설마 그게 사실이려고…'라고 우리는 생각할 수 있습니다. 물론 이것들은 모두 영적인 비유들임에 틀림없습니다. 그러나 예수님은 이것만은 분명히 하셨습니다. 즉 우리가 세상에서 가난하고, 핍박받고, 헐벗고, 굶주리는 자들과 같이 되면 예수님 오실 때 우리도 그들과 함께 승리와 영광과 기쁨을 누리게 될 것이라고 말입니다. 그러므로 우리가 지금 받은 축복이 있으면 우리는 가지지 못한 자들을 위해서 지금 그것을 베풀어야만 합니다. 왜냐하면 그렇게 하지 못할 경우 예수님 오시는 그날에는 참여할 수 있는 즐거움이 아무것도 없어지기 때문입니다.

마태복음 5장을 보면 우리는 복에 대해서 말씀하시는 예수님의 또 하나의 설교를 듣게 됩니다. 여기서 예수님은 '계급이 낮은 것'(to be low in rank)이 복이 있으며, 불의의 희생자가 되는 것이 복이 있다고 말씀하십니다. 그리고 또 온유한 자, 긍휼을 베푸는 자, 마음이 청결한 자, 그리고 화평케 하는 자도 복이 있다고 말씀하십니다. 그러나 실상 이것들은 보통 우리가 복이라고 말할 때 열거되는 복은 아닙니다.

실제로 우리가 말하는 복은 그것과 정반대의 복입니다.

그러나 여기서 우리가 조심스럽게 '주목'해야 할 점이 하나 있습니다. 즉 예수님이 말씀하신 복의 요건들은 모두가 '나와 다른 사람과의 관계'(our relationship to other people)에 대한 것들이며 또 예수님은 '불운'(bad luck), '재난'(disaster) 혹은 '질병' 들에 대해서는 이것들이 복이라고 말씀하시지 아니했다는 것입니다. 예수님은 부자들일 경우에 그들이 가난한 자들에게 물건을 나누어 줌으로써 가난해지기를 바라셨지 투자를 잘못하거나 사고를 만남으로 인하여 가난한 자가 되기를 바라지는 아니하셨다는 것입니다. 물론 욥은 몇 차례의 재난으로 인하여 재산을 몽땅 잃었던 사람입니다. 그러나 그는 하나님을 믿는 믿음만은 끝까지 포기하지 않았습니다. 우리가 복을 받는 일에 대해서 성경이 보여 주고 있는 바람직한 형태는 건강한 사람이 자신의 건강을 사용하여 다른 사람을 돕는 일, 또 섬기는 일이 너무나 바쁜 나머지 재물을 모을 겨를이 없는 사람, 또는 모은 재산을 섬기는 일에 다 써버린 사람 등을 말하는 듯합니다. 많은 사람들이 이렇게 간증하는 것을 들었습니다. "당신은 하나님께 더 드리지 못한다." 이 말은 즉 하나님께서는 우리가 드리는 것 이상으로 도로 주신다는 것입니다. 그들은 아마 "주라, 그리하면 너희가 받으리니."란 말씀을 체험했던 것 같습니다. 그들은 남에게 주는 만큼 하나님으로부터 받는 사람인 것입니다. 그들은 그들이 가진 것을 즐기려고 결코 한가하게 앉아 있지를 않습니다. 그들이 가진 것은 단지 다른 사람에게 더 주기 위한 선물일 따름인 것입니다. 그들은 가난하지만 동시에 부자인 사람들입니다. 그들은 계속 주기 때문에 가난한 것이며 또 하나님으로부터 계속 받기 때문에 부자인 것입니다. 자발적인 가난, 핍박, 그리고 복음을 위해 겪는 시련은 우리 모두가 다 축복이라 인식합니다. 그러나 질병이 축복이란 말은 들어보지를 못했으며 십자가가 축복이란 말은 더욱 들을 수가 없습니다. 십자가는 자발적인 고난을 의미합니다. 예수님은 십자가를 피하실 수도 있었습니다. 그러나 예수님은 십자가를 받아들였습니다. 왜냐하면 그것이 세상의 구속을 위한 것임을 아셨기 때문입니다. 그러므로 바로 이같이 우리들도 다른 사람을 위해 고난을 겪을 수 있는 기회를 가져야만 하는 것입니다. 세상을 구속하는 일 가운데 내가 참여할 수 있는 몫을 가져야 한다는 말입니다. 바울은 이것을 "그리스도의 남은 고난을 그의 몸 된 교회를 위해 내 육체에 채우는 일"(골 1:24)이라고 말합니다. 그러나, 질병이 이런 일의 한 부분이 된다는 말은 듣지 못합니다. 물론 드물긴 하지만 그 유명한 다미안 신부처럼 값지고 의미 있는 봉사의 삶을 살다가 질병을 얻었거나 혹은 죽은 경우도 있습니다. 그는 몰로카이 섬에서 나환자들을 너무나 극진히 섬겼던 나머지 나병을 얻었고 결국은 목숨까지 잃었던 사람이었습니다. 그러나 이런 경우는 그리 흔하지 않습니다. 대개의 경우 우리는 질병에 대해 이기려고 합니다. 바울이 고린도후서 12장 7절에서 9절까지 말하고 있는 그 육체의 가시가 정말 질병이었는지 아니었는지는 확실히 모릅니다. 다만 그것이 사탄의 사자였다고만 말합니다. 그것이 질병이었다고만 추측할 이유는 없습니다. 그가 갈라디아서 4장 13~15절에서 언급하고 있는 그 눈병은 단지 잠시 겪는 어려움이었지 않았겠느냐는 것이 제 추측입니다.

질병이 그리스도인에게 있어서는 축복도 아니고 정상적인 상태도 아닌 것이라고 말을 합니다. 그러나 또 우리가 동의할 수 없긴 하지만 축복이라 말할 수 있는 다른 것들이 있습니다. 우리들은 그것을 고통이라 일컫습니다. 바울은 그의 믿지 않는 유대인 형제들을 생각할 때 고통이 있었다고 했고 그 고통은 좀처럼 치유하기 힘든 것이었다고 말합니다(롬 9:2). 다른 형제들의 탐욕, 불신앙, 또는 교회 안에서 생겨나는 위선들을 보고 고통스러움을 느끼지 못하는 사람은 하나님의 마음과 합치지 못한 사람입니다. 고린도후서 6장 10절에서 바울은 우리가 늘 근심(고통)하는 것 같으나 또 항상 기뻐하는 자라고 말합니다. 우리는 아버지의 마음을 근심되게 하는 사람을 보고는 고통스러워해야겠지만 또 회개하는 죄인들이 있으면 즐거워할 수 있는 것입니다. 우리의 시선은 하나님과 그의 자녀들 위에 머물 수 있도록 해야 할 것이며 또한 우리 자신들에게 일어나는 일들은 사소한 것으로 여겨야 합니다.

베드로는 우리가 불 같은 시험을 당할 때 놀라지 말라고 권면하고 있습니다. 그것들이 우리에게 닥치는 것은 마귀와 세상이 우리를 미워하므로 당연한 일인 것입니다. 하나님은 세상이 우리를 칭찬하게 되면 우리가 어려움을 당할 것이라고 경고하셨습니다. 왜 그렇습니까? 왜냐하면 현재 전쟁이 계속되고 있기 때문입니다. 만약 우리 중에 친구가 전선에서 죽어가고 있는데 자신은 호텔에서 호화롭게 지내는 군인이 있다면 그를 어떻게 생각해야 할까요? 오래 전 나는 지나치게 안일하게 살려고 하거나 아니면 사소한 시련도 참지 못해 불평하는 사람들에게 자주 이런 말을 해 주는 것을 들었습니다. "지금 우리가 전쟁 중인 줄 모르십니까?" 그런데 이 말은 꼭 우리 그리스도인들에게 맞는 말입니다. 우리는 지금 전쟁 중에 있습니다. 우리는 지금 사탄의 손아귀에서 이 세상을 취하기 위해 전면전을 수행하고 있으며 우리는 최전선에 배치되어 있는 것입니다. 그러니 어떻게 우리가 시련당하지 않기를 기대할 수 있겠습니까? 어떻게 우리가 시험을 당한다고 놀랄 수가 있겠습니까? 디모데후서 2장 3절은 우리가 군인이지 호화생활을 하는 민간인이 아님을 상기시키고 있습니다. 그리고 4장 5절에서는 크리스천 지도자들의 삶을 이렇게 기록하고 있습니다. 그는 적군이 나타날까 봐 항상 경계해야 하고(is to watch), 고통을 받아야 하며, 자신의 직무에 충실하고, 전도인의 일을 잘 감당하고 있는지 자신을 시험하고 증거를 받아야 한다고 합니다. 만약 그가 고통을 이기지 못한다면 전도인으로서의 그의 삶은 실패인 것입니다. 야고보 역시 똑같은 말을 우리에게 들려 줍니다. 그는 고통이 선지자의 삶에 있어서는 당연하게 따라오는 것이라고 말합니다. 구약에 나오는 선지자들 중에서 고통을 겪어보지 아니한 사람이 한 사람이라도 있었는가요? 그런데 베드로는 그것이 우리에게 적용된다고 말합니다. 그러면 우리가 고통을 당할 때 어떻게 하면 됩니까? 하나님께 말씀드리십시오. 우리는 바울과 실라가 피가 나도록 맞고 착고에 채인 다음 그 불결하고 깜깜한 감방 속에 갇힌 이후에 어떻게 했는지를 생각해 볼 수 있습니다. 그들은 기도만 했을 뿐 아니라 가장 큰 목소리로 하나님을 찬양했습니다. '할렐루야'가 그런 생활 중에서 그들의 언어였습니다.

그렇습니다. 이 세상에는 많은 문제, 어려움들이 있습니다. 그리고 성경에 보면 왜 이런 어려움들을 우리가 만나게 되는지 6가지로 설명하고 있습니다. 첫째는 하나님의 법을 어겼기 때문입니다. 우리는 하나님의 법을 어길 경우 곤란을 당케 될 것이라고 분명히 말씀하고 계심을 볼 수 있습니다. 그리고 그 하나님의 법은 '영적 법', '도덕적 법', '자연법' 모두에게 적용됩니다. 성경에는 이런 원칙들을 보여 주는 사건들이 가득 들어 있습니다.

두 번째 이유는 하나님의 계획을 묻지 않고 막무가내로 달려들기 때문입니다. 그래서 때때로 하나님께서는 우리의 하는 일을 중지시키고 다시 한번 "주님, 무엇을 원하십니까?"라고 묻도록 하기 위해 어려움을 주십니다. 세 번째 이유는 사탄의 공격 때문입니다. 그놈은 우리가 더 열심히 싸우려고 하면 더 세게 우리를 멸망시키려고 합니다. 그리고 네 번째 이유는 이 세 번째 이유 중의 일부입니다. 즉 타락한 크리스천들로부터 오는 공격이 있기 때문입니다. 이와 같은 종류의 경고는 많이 있습니다. 바울은 거짓 형제들로부터 핍박을 당했습니다(빌 1:16). 다섯 번째 이유는 타락한 세상으로부터 오는 공격입니다(롬 1:29~32).

마지막으로 우리는 가장 궁극적인 이유를 보게 되었습니다. 고난이 오는 것은 우리로 하여금 순종을 배우게 하려고 온다는 것입니다. 예수님도 고통받으심으로 순종을 배우셨습니다. 그리고 우리는 그것을 통하여 예수님과 같이 구속의 역사에 동참할 수가 있습니다. 그리고 예수님이 이루지 못하신 그 일도 완성할 수가 있습니다. 그러면 형제는 "신부님, 잠깐만요. 예수님이 이루지 못한 일이라뇨. 그것이 무슨 말씀입니까?"라고 물으시겠죠. 물론 예수님의 일은 완전히 이루어진 바가 되었습니다. 그러나 그것은 '죄'와 영생으로 인도하는 문을 여는 일에 있어서만 이루신 완성이었습니다. 모든 사람들이 다 예수님께서 자신들을 위해 하신 일이 무엇인가를 알게 되기까지는 예수님의 일은 이루어지지 않은 것입니다. 그리고 예수님이 무슨 일을 하셨는가, 알리는 그 일이 우리에게 맡겨진 것입니다. 그 일은 반드시 고난을 불러일으키게끔 되어 있습니다. 왜냐하면 사탄이 가장 싫어하는 일이 그 일이기 때문입니다. 사도 바울이 그리스도의 남은 고난을 그의 몸 된 교회를 위해 내 육체에 채운다고 한 까닭도 바로 이 때문입니다. 하나님을 위해서 이루어져야 될 미완성 작품이 우리에게 있습니다. 그러나 그 일은 고난을 부르는 일입니다. 만약 우리가 이 고난을 피하려고 한다면 우리는 언제 그리스도를 부인하는 위험에 빠질지 알 수 없습니다. 바울과 같이, 스데반과 같이 그리고 실라와 같이 우리는 이런 종류의 고난은 기쁨으로 받아들여야 합니다. 그것을 영광으로 여길 줄 알아야 합니다(약 1:2; 행 20:24).

또 형제는 참새 한 마리가 나오는 성경 말씀에 대해서 물었습니다. 우연이란 것은 없습니다. 어떤 일도 우연하게는 일어나지 않습니다. 하나님은 모든 것을 아시며 우리가 기쁨과 감사로 문제를 하나님께 드리면 하나님은 그것을 해결해 주실 준비를 하고 계십니다. 우리는 하나님의 뜻대로 부르심을 입은 자들에게는 모든 것이 합력하여 선을 이뤄진다는 말씀을 듣고 있습니다. 특별한 경우만이 아니라 범사에 감사하라는 말씀을 받았습니다. 가끔이 아니라 항상 기뻐하라고 하셨습니다. 이것들은 명령입니다. 만약 우리가 불행한 일에 대해서도 감사를 드린다면 어떤 변화라도 일어날 것입니다. 바울은 불행한 일을 만났을 때 그 불행이 바뀌어지도록 기도하지 않았습니다. 그는 그 불행에 대해서 감사했습니다. 하나님께서는 당신이 사용하실 여러 가지 계획들까지 사용하셔서 우리를 해방시켜 주시는 것입니다. 우리는 결국 사탄을 보기 좋게 물리치신 하나님을 찬양함으로 우리의 고난의 문제를 종결짓게 되는 것입니다. 그러므로 우리의 눈을 환경, 사건 그 자체에 향하게 하지 말고 예수님을 향하게 하도록 해야 합니다.

그리고 형제는 어떻게 우리가 고통받는 자들을 위로할 수 있는지를 물었습니다. 먼저 우리는 고통의 문제가 앞서 언급한 그 원인들 중 어느것으로 인하여 야기되었는지부터 물어 보아야만 합니다. 그리고 지혜의 말씀, 위로의 말씀을 달라고 기도해야 합니다. 예수님은 "그날에 너희가 말할 것을 이르리라."라고 약속하셨습니다. 때로 그분은 매우 단호하게 말씀해 주십니다(그는 자주 내게 이렇게 말씀하셨다). "너무 미안해하지 말아라. 나는 너를 사랑해. 기적을 구하라. 나를 쳐다보라. 자기 연민에 빠져 나를 욕되게 하지 마. 내가 그것을 끊어 버리겠어. 내 길에서 비켜 서! 나를 믿고 즐거워하고 찬양하라. 그래야 나는 일을 할 수 있어. 그러나 네가 자기 연민에 묶여 있는 한 한 가지의 일도 이룰 수 없어. 기뻐하라. 내 말을 듣고 있어? 내가 다시 말하지만 기뻐하라!"

  형제는 또 "의인은 믿음으로 말미암아 살리라"(합 2:4; 롬 1:17)한 말의 의미가 무엇인지 물어 주셨습니다. 우리는 '믿음'(faith)이란 말이 세 가지 뜻을 갖고 있음을 알아야 합니다. 히브리어, 헬라어, 영어, 한국어에서는 '믿음'이라는 말이 하나밖에 없습니다. 그러나 한문에는 세 가지 말들이 있습니다. 우리는 믿음이라는 말을 사용할 때 한 부분에 국한된 뜻으로서가 아니라 이 모든 의미를 다 포함하는 말로 사용해야 합니다. 이 세 가지 한자어는 '신앙'(creed), '의지'(trust), '충성'(loyalty)입니다. 예수님은 우리를 의롭다 하셨으므로 우리가 이 모든 의미를 다 가지고 살기를 원하십니다. 우리는 삼위일체와 사도신경에 나타나는 기본 진리에 대한 올바른 지식을 가지고 살아야 합니다. 또 주님께 의지하고 신뢰하는 습관을 가지고 살아야 합니다. 그리고 그가 우리를 위해 하신 일에 대하여 감사할 줄 알면서 그것을 행동으로 보이는 즉 충성하는 삶을 살아야 하는 것입니다. 그리스도의 피로써 의롭다 함을 받은 의인은 하나님의 계획을 이해하고 또 그것대로 살아갑니다. 이것은 올바른 신앙(belief)입니다. 의인은 하나님의 사랑과 능력을 신뢰할 줄 알고 그것에 맡길 줄도 압니다. 그런 사람은 어려움과 핍박이 오더라도 비겁해지거나 겁을 먹지 않습니다. 이것은 올바른 의지(trust)입니다. 의인은 하나님의 명령에 복종하는 자이면 그것들을 행합니다. 그는 사랑을 베푸는 자이며 순종하는 자이며 하나님의 사랑과 돈으로 살 수 없는 '구속'에 대하여 자기의 할 바를 다하여 응답하는 자입니다. 이것은 올바른 충성(loyalty)입니다. 이것이 바로 우리가 살아가야 할 삶입니다. 우리는 한순간 아니 우리의 전 일생 동안 이런 삶을 살아야 합니다. 성령께서는 그리스도 예수 안에 있는 그 계약의 피를 통하여 우리를 도와 주심으로 그런 삶을 살게 해 주십니다.

하나님께서 준호 형제를 축복해 주시기를 원하며 형제와 형제의 성경 공부 모임 안에 있는 모든 분들 속에 당신의 영광을 나타내 주시기를 기도합니다. 편지해 주셔서 감사합니다.

한국 교회와 토착화 문제

산골짜기에서 온 편지

한국 교회와 회개할 제목들

존경하는 대천덕 신부님께.

저는 요즘 우리들의 교회를 바라보면서 적이 염려되는 바가 있습니다. 저는 예쁜 장식들로 뒤덮여 푸르고 예쁘기만 했던 크리스마스트리가 뿌리가 깊지 못함으로 말미암아 곧 말라 죽게 되는 것을 보았습니다. 바로 이와 같은 위기가 우리 교회에 임하지 않을까 하는 염려입니다. 마치 크리스마스트리와 같이 한꺼번에 아름다운 모든 것을 보여 주긴 하지만 생명이 없는 것처럼 말입니다.

저는 우리들의 교회에 많은 회개가 있어야 한다고 사람들이 이야기하는 것을 자주 들었습니다. 그리고 신부님께서도 거기에 대해서 언급했다는 것도 알고 있습니다. 그러나 저는 구체적으로 무엇을 회개해야 되는지는 분명히 알 수가 없습니다. 신부님께서 우리가 기도할 수 있는 것들에 대해서 구체적으로 좀 적어 주시지 않으시겠습니까? 어떤 교회들은 회개의 필요성조차 느끼지 못하고 있는 것 같습니다. 저희들이 회개할 바에 대해서 상세한 답변을 바라겠습니다. 한국 교회에 진정한 부흥의 기운이 일기를 바라면서.

— 조창원 올림

사랑하는 창원 형제에게.

형제의 편지에 감사를 드리며 아울러 우리에게 소망을 갖도록 봄을 허락해 주시는 하나님께 감사를 드립니다. 해마다 이맘때쯤이면 가을이나 겨울에 비하여 좀더 좋지 못한 일을 당하기가 쉽습니다. 나는 솔직히 비판하는 일은 하고 싶지가 않습니다. 가끔 비판은 우리로 하여금 비판 대상이나 사건에 대한 구체적인 것을 원하도록 만드는 치사한 호기심이 되기도 하기 때문입니다. 나는 제발 그런 일이 되지 않기를 바라면서 잘 이해되지 않고 있는 문제점들을 다루어 보기로 하겠습니다.

첫 번째로 공 모(某)라는 형제가 1983년 한국의 교회 지도자들에게 선지자적인 말로 지적한 몇 가지 점을 간단하게 살펴보기로 합니다. 하나님께서는 그를 통해 몇 가지의 구체적인 죄를 지적했는데 공교롭게도 바로 그즈음 그와 같은 죄를 짓고 예수원을 찾아온 사람들이 있었습니다. 그래서 나는 공 형제의 그 선지자적 지적이 바로 하나님께로부터 왔다는 사실을 믿게 되었습니다. 그가 지적한 몇 가지 죄악들은 '거짓말', '돈에 대한 탐욕', '성적 문란' 등이었습니다. 나는 장로, 집사 등 평신도는 물론이거니와 많은 교역자들까지 반드시 '참말'을 해야 한다는 필요성을 느끼지 못하고 있는 것이 아닌가 생각합니다. 그들은 어떤 문제가 자기들의 체면에 관계된 것이면 참말은 창문을 열어 날려 보내고 즉석 거짓말 요리를 만들어 구미가 당기도록 합니다. 예수님은 길이요, 진리요, 생명이십니다. 그로 말미암지 않고서는 아무도 아버지께로 올 자가 없습니다. 그러므로 진실을 말하지 않는 자가 어떻게 아버지께로 가는 길을 찾겠습니까? '진리'란 것은 몇 가지 신학적인 '명제'를 일컫는 것이 아닙니다. 그것은 내가 생각하는 모든 것에 정확성을 기울여 어떤 상황에서건 늘 진실을 토해 내는 것을 말합니다. 그것은 또 어쩌면 아주 하찮고 사소한 것, 즉 회의에 참석한 사람들의 숫자를 불리지 않고 밝히거나, 구원받은 사람들의 명수를 과장하지 않는 것까지도 말합니다. 또 그것은 모든 일에 있어서 절대 정직, 숨기지 않고 드러내는 것을 의미합니다. 예수님은 우리가 다른 사람이 믿어 주기도 전에 무엇을 맹세하게 되면 그것은 이미 하나님의 길을 떠난 것이라고 말씀하셨습니다(일반 세상에서는 공중인 앞에서 문서로 서약을 하지 않는 한 자기가 한 거짓말에 대해서 책임을 지지 않아도 됩니다). 하나님께서는 우리 그리스도인들이 입으로 쏟아내는 말 한마디 한마디가 정확한 것이 되도록 원하십니다(마 5:33~37).

두 번째로 지적한 것은 돈에 대한 문제입니다. 예수님께서는 우리가 하나님과 돈을 동시에 섬길 수 없다고 하셨습니다. 우리가 이 땅에 쌓아두는 어떤 돈도 결국은 잃게 될 것입니다. 그러나 우리가 가난한 사람을 구제하기 위해서나 혹은 하나님께서 인도하시는 일을 위해 쓰는 돈은 모두 천국 은행에 저축될 것입니다. 그러나 오늘날 일부 교역자들은 성도들이 아낌없이 드리는 관대함으로 인하여 오히려 잘못된 길을 걷고 있는 분이 있어 염려가 됩니다. 평신도들은 하나님께 온전한 십일조뿐만 아니라 각종 헌금을 바칩니다. 그런데 성경은 십일조로는 절대로 토지를 소유할 수 없다고 가르칩니다. 그러므로 교역자라면 자신이 성경에서 말하는 레위인의 신분인지 아닌지를 분명히 결정해야만 합니다. 만약 그들이 레위인으로서 자처할 수 없으면 절대로 십일조의 일부를 받아 생활할 수 없습니다. 또 그들이 레위인이라고 할진대 결코 땅을 살 수도 없음을 알아야 합니다. 그들은 십일조를 가난한 자, 집이 없는 자, 과부나 고아들에게 나누어 주어야만 합니다. 모세의 율법이 여기에 대해 분명하게 가르치고 있습니다. 물론 우리의 교역자들 중에서 많은 숫자가 여전히 가난한가 하면 또 겸손한 것도 사실입니다(미국에는 목사를 위한 장로의 기도라는 속담이 있는데 그 내용은 이렇습니다. 주여, 당신은 그를 겸손케 하십시오. 우리는 그를 가난하게 만들겠습니다). 그러나 역시 적지 않은 숫자가 돈이 있어 교만한가 하면 부자들과 영향력 있는 사람들과만 사귀려는 교역자들도 있습니다. 형제는 복음서나 고린도전서 또는 야고보서만 읽어 보더라도 이것이 얼마나 잘못된 처사인지 알게 될 것입니다(벧후 2:1~3, 14~21).

세 번째로 지적한 문제는 '성적문란'이었는데 지극히 일부에 불과한 일이겠지만 믿을 수 없을 정도의 타락된 생활을 하고 있다는 것입니다. 이것은 큰 죄악입니다.

나는 지금까지 언급했던 세 가지의 죄악들 중 어떤 것이 가장 가증스러운 일인지 잘 모르겠습니다. 그러나 한 가지 분명한 사실은 우리가 회개하지 않으면 안 될 그 사람들을 위해 기도해야 한다는 사실입니다. 그렇지 않으면 하나님께서 지금까지 이 나라에 부어 주신 축복을 거두어 가실 것입니다(벧전 4:17).

공 형제가 직접 지적한 말씀 이외에도 나는 회개해야 할 또 다른 어두운 부분들이 있음을 알고 있습니다. 여기에는 평신도와 교역자 사이에 차이가 없다고 믿습니다. 나는 이 문제는 모든 교회가 다 회개해야 할 일이라고 생각됩니다. 제일 먼저 언급되어져야 할 것은 가난한 사람들에 대한 그리스도인들의 태도에 대한 문제입니다. 예수님은 가난한 자들에게 복음을 전하러 오셨다고 당신의 임무를 밝히셨습니다(눅 4:18). 만약 그것이 예수님의 임무라면 우리의 임무이기도 합니다. 왜냐하면 우리들은 그의 몸이기 때문입니다. 예수님은 말씀하셨습니다. "아버지께서 나를 보내신 것같이 나도 너희를 보내노라"(요 20:21). 그리고 예수님은 제자들에게 성령을 주시겠다고 약속하셨을 때 바로 이 말씀을 하셨습니다. 오늘날 우리 한국 교회에서는 성령운동이란 것을 일으키고 있습니다. 그러나 안타까운 것은 성령운동을 하면서도 가난한 사람들에 대해서는 많은 신경을 쓰지 못했다는 것입니다. 우리가 성령을 받은 이유는 가난한 사람들에게 복음을 전하도록 부르심을 받았기 때문입니다. 만약 우리가 우리의 위에 계시고 안에 거하시는 성령을 받았다고 한다면 우리는 단순히 복음을 외칠 힘만 받은 것이 아니라는 것입니다. 우리가 성령을 받았다 함은 '사랑하는 힘을 받았다' 함입니다. 즉 우리가 사도행전에서 목도할 수 있는 바대로 가난한 사람을 위하여 복음만 나누는 것이 아니고 나의 생명, 나의 소유까지 나누고자 하는 간절한 소원으로 불타게 됨을 의미합니다. 만약 우리가 계속해서 가난한 자들을 무시하고 그들을 마치 교회 안의 2류급 인생들로 취급하게 된다면 그들은 결국 우리에게 등을 돌려대고 말 것입니다. 9세기 경 중동과 북아프리카의 가난한 교인들이 그랬고 20세기 동구 나라들이 그랬습니다. 한때는 북아프리카와 중동 지역의 백성들이 그리스도인들이 되었던 적이 있습니다. 그러나 교회가 가난한 사람들을 잊어 버리고 부자들의 장단에 보조를 맞추었습니다. 또 교회의 직분은 교육받은 사람들에게만 한정해서 주기도 했습니다. 그러자 가난한 사람들이 부자들에 대항하여 일어나서는 결국 모하메트교도들이 되고 말았습니다. 이와 똑같은 일이 지금 동구권 나라에서 일어나고 있습니다. 만약 우리가 이런 죄를 회개하지 않고 우리의 태도를 바로 잡지 않는다면 동일한 결과를 초래하게 될지 모릅니다.

   우리는 교회에서 직분자가 가질 조건에 대해서 가르치고 있는 하나님의 말씀을 우리의 전통으로 무효화시켜 오고 있습니다. 우리는 다른 여러 자질들을 무시해 버리고 오직 한 가지 즉 "가르치기를 잘 하며"(딤전 3:2; 딤후 2:24)라는 것만 강조했습니다. 이것이 아이로니컬

한 것은 '가르치기를 잘하며'라는 이 표현이 잘못된 번역이라는 데 있습니다. 그런데 실제로 그 단어의 뜻은 '가르칠 수 있는', '가르칠 만한'(teachable)이란 뜻이며 우리의 지도자들은 바로 그래야만 된다는 것입니다.

나아가서 우리들은 우리 교회의 '분리주의', '다툼'을 회개해야 합니다. 나는 사람들이 내게 이런 말을 하는 것을 자주 듣습니다. "모두가 자기네가 정통이고 다른 곳은 비방하니 어떤 교회를 다녀야 할지 모르겠습니다." 지금 우리들은 믿음이 어리거나 믿지 않는 사람들을 혼동시키고 있을 뿐 아니라 우리가 사랑이 없다고 공공연히 나타내고 있습니다. 성령의 충만함을 받지 못했음을 알려 주고 있습니다. 바울 사도는 갈라디아서 5장 20절에서 이런 것은 육에 속한 것이요 영에 속한 것이 아니므로 하늘나라를 유업으로 받을 수 없다고 가르치고 있습니다. 그러므로 우리의 형제, 자매들은 바로 이 같은 우리의 교회들을 위해서 가슴을 쳐야만 합니다. 교회가 분리되도록 조장한 자들은 결코 용서받을 수 없으며, 무서운 심판대 앞에 설 수밖에 없을지도 모릅니다. 우리는 우리의 증오의 죄들을 회개합시다. 다른 그리스도인들과 다른 교단을 증오했던 죄악을 회개합시다. 나의 적이 되었던 사람과 우리의 부모들과, 어렸을 때 품었던 증오심을 회개합시다. 우리의 국가적인 원수에 대한 증오심도 회개합시다. 증오심은 육에 속한 것이요 하늘나라를 유업으로 받을 수 없습니다. 우리가 우리의 원수를 용서치 아니하면 하나님께서도 우리 자신들을 용서치 아니하실 것입니다. 많은 사람들이 주기도문을 외우긴 하지만 "우리가 우리에게 죄지은 자를 용서하여 준 것같이."란 이 부분을 무시해 버립니다. 이런 사람들도 천국을 유업으로 받을 수 없을 것입니다. 이것 역시 하나님께서 보실 때는 다툼, 살인, 간음, 술 취함과 같은 육신의 일과 다름없는 것입니다. 우리 모두 회개합시다.

나아가서 우리들은 더 나쁜 일을 행하면서 불신자들을 비방했던 죄를 회개해야 합니다(마 3:7; 딤전 5:8). 불신자들은 나쁜 짓을 하고 난 뒤 그들이 나쁘다는 사실을 압니다. 그러나 그들은 이 세상이 전부요 또 다른 소망이 있다는 사실에 대해서는 전혀 무지한 사람들입니다. 그러나 우리들은 그들과 다른 사람들이라고 주장합니다. 우리는 구원을 받았고 성령의 충만함을 받았다고 주장합니다. 그러면서 우리들은 어떻게 합니까? 그들과 똑같은 일을 행합니다. 성경은 분명히 경고합니다. 믿는 우리가 더 큰 심판을 받게 될 것이라고 말입니다(약 3:1).

우리는 토지에 대해서 가르치는 하나님의 율법을 어긴 것에 대해서 회개해야 합니다. 많은 신자들이 부동산 투기에서 손을 떼지 못하고 있습니다. 성경은 건물을 소유하는 일에 대해서는 죄를 정치 않습니다. 왜냐하면 건물이란 인간의 손의 수고요 사람이란 누구나 자기가 수고한 대가는 받을 수 있기 때문입니다. 그러나 땅을 투기하는 일에 대해서 성경은 단호한 논조로 이를 금하고 있습니다. 왜냐하면 땅은 하나님의 소유요, 그러므로 모든 사람들에게 골고루 나누어지도록 주셨기 때문입니다. 그 누구도 땅을 사두었다가 값이 오를 때까지 기다려 그것을 다시 판 뒤 이득을 볼 권리가 없습니다. 그런데 실상 오늘날 대부분의 재산 증식이 바로 이런, 성경이 철저하게 금하는 방식으로 이루어지고 있습니다. 불신자들이 이와 같은 바알의 법을 따라 돈을 벌기를 원한다면 내버려 둘 수밖에 없습니다. 그러나 그리스도인들이 그와 같은 일에 손을 댄다는 것은 용납받을 수 없는 일입니다. 나는 〈토지와 자유〉(Land and Liberty)라는 조그만 책 한 권을 펴냈는데 거기에 이 문제에 대해서 좀더 상세하게 다루었습니다.

우리는 또 정부가 어떤 일을 했다든지 또는 안 했다는 구실로 욕했던 죄를 회개해야 합니다. 우리는 크리스천 정부가 들어서서 일을 해야 한다고 주장합니다. 그러나 어느 때고 대한민국이 기독교국임을 선포한 적은 한번도 없었습니다. 그리고 정부가 그리스도인들에 의해서 인도되어야 할 의무도 없습니다. 이스라엘 역사에는 선지자들이 적어도 형식적으로나마 크리스천 정부임을 표방하는 정부에게 여호와의 이름으로 예언하는 장면을 볼 수 있습니다. 그런데 이사야 56장을 읽어 보십시오. 우리가 조심스럽게 읽으면 이것이 정부에 대한 것이 아니라 그 안의 믿는 사람들에게 주는 말씀임을 알 수 있습니다(특별히 1~2절을 읽으십시오. 10~11절은 교역자들에 대한 언급입니다). 또 이사야 57장 15절을 읽으십시다. 우리가 회개할 수 있도록 말입니다. 그리고 16~18절 말씀이 우리에게 적용되어지도록 노력합시다. 58장 1~5절을 읽어 보십시오. 주님께서 잘못된 동기와 자세로 금식하는 것을 꾸짖고 계십니다. 오늘날 우리는 금식하는 일에 있어서는 대단합니다. 그러나 그 금식하는 동기가 이사야 선지자 시대의 사람들만큼이나 불순하지는 않은지 반성해 보아야 하겠습니다. 6절과 7절을 읽어 보십시오. 하나님께서 원하시는 금식은 단지 먹는 것을 삼가는 것이 아니라 탐욕과 불쌍한 자를 학대하는 일과 억울한 사람의 권리를 탈취하는 일에서부터 멀리 떠나며 나아가서 그 불쌍한 자들을 바로 우리의 가정으로 인도하는 것이라고 말합니다. 우리들은 그들을 우리의 가족들의 한 사람으로 맞아들여야 한다고 말합니다. 집 없는 사람과 아버지 없는 자녀들과 과부들에 대한 냉대, 무관심은 우리가 깊이 회개해야 할 제목 중에 하나입니다. 고아들과 양로원 신세를 지고 있는 노인들을 이끌어 내어서 우리의 가정으로 모셔 들입시다. 그리하여 그런 수용시설들이 문을 닫게 되도록 합시다.

헌금하는 사람들의 이름을 기록하거나 불러 주는 일을 회개합시다.

예수님의 명령에 순종하여 모든 교회 헌금은 무명으로 드릴 수 있도록 합시다(마 6:1~21). 창원 형제, 이제 내가 더 이상 우리가 회개해야 할 죄목들을 열거하지 않아도 될 줄 압니다. 형제가 먼저 성경을 읽으십시오. 그리고 여백에다가 표시를 해가며 교회가 이것을 실천하고 있나 없나를 살펴 보십시오. 어떤 사람들은 이제 구약의 원칙들은 우리에게 적용되지 않는다고 주장합니다. 그러나 예수님이 뭐라고 하셨습니까? 나는 율법을 폐하러 온 것이 아니라 이루기 위해 오셨다고 하셨습니다. 구약에서 가르치는 율법들을 번갈아가며 살펴 보고 우리 자신들에게 물어 봅시다. 오늘날 교회가 우리가 알고 있는 그대로 그 율법을 성취하고 있는가 하고 말입니다. 그러면 '성취한다'란 말은 무엇을 뜻할까요? 정반대로 하면 된다는 것일까요? 요한복음 7장 17절, 16장 13절, 그리고 야고보서 1장 5~8절의 말씀들을 보면 우리가 얻는 확신 한 가지가 있습니다. 그리스도인들이 하나님의 뜻(율법)을 진정으로 행하려고 한다면 성령께서 그 상황 속에서 그 일을 하도록 뜻을 보여 주신다는 것입니다. 또 요한복음 16장 13절에는 한 가지 의미가 더 곁들여져 있습니다. 즉 우리가 성령님의 인도함을 받으려면 서로 모여 겸손하게 의논의 과정을 거쳐야 한다는 것입니다. 이와 관련해서 사도 바울은 우리가 날 지키는 것과 먹는 것을 가지고 문제 삼지 않을 것과 또 돼지고기나 제사에 드린 음식을 먹어야 하는가, 먹지 말아야 하는가, 안식일을 토요일로 할 것인가 일요일로 할 것인가, 주일날만 거룩하게 보내야 하는가, 아니면 모든 날을 다 주일처럼 보내야 하는가 하는 문제로 싸우지 말라고 가르치고 있습니다. 여기서 바울은 그저 다투지 말아야 할 것을 주지시키는 데 그치고 있습니다. 그러나 사도 바울이 아주 강경하게 전혀 합당치 않으므로 하지 말아야 한다는 것이 있습니다. 가난한 자를 착취하거나 이용해 먹는 일, 재산 증식을 위해 땅을 투기하는 일, 거짓말하는 일, 간음하는 일, 수준 이하의 임금을 지불하는 일, 부자에게 상석을 내어 주는 일, 예수님 자신의 가르침을 무시하는 일 등입니다. 토지와 희년에 대해서 가르치는 레위기 25장의 율법을 우리는 결코 바알의 법과 대치시킬 수 없습니다. 그것은 하나님의 법과 정면으로 상치되는 것입니다. 그런데 바로 이 바알의 법을 미국과 한국의 도시에서 시행하고 있습니다. 지금 시골에서는 성경과 일치하는 1950년의 토지 개혁의 원리가 그대로 남아 있기는 하나 빛 좋은 개살구 구실밖에는 못하고 있습니다. 왜냐하면 터무니없이 비싼 소득료 때문에 실제로는 이득이 없기 때문입니다. 땅 없는 농민이 요사이 내는 소작료는 요셉이 애굽의 총리로 있을 때 법으로 제정했고 또 성경의 그 어느 곳에서도 이것보다 더 올려 받은 기록이 없는 20퍼센트의 소작료보다 훨씬 더 많습니다. 오늘날의 그리스도인들이 레위기 23장과 25장의 가르침을 성취하기 위해서 사용할 수 있는 방법은 사도행전 2장, 4장에서 보여지는 '코이노니아'(성도의 교제)입니다. 여기에 보면 그리스도인들이 모든 소유를 서로 나누어 가졌으므로 아무도 그들 중에 궁핍함을 당하는 사람이 없었음을 알게 됩니다. 우리의 교회는 '코이노니아'란 말이 성경에서 사용되지 않았음을 반성해야 합니다. 이 단어는 무려 19가지의 다른 단어들로 바뀌어 번역된 까닭에 진정한 성도의 교제가 무엇을 의미하는지 그 뜻과 정신이 사라지고 말았습니다. 또 우리는 'redeem'(무르다)을 어려운 한자어 '구속'(救贖)이라고 번역한 실수를 회개해야 합니다. 이것은 많은 그리스도인들이 이해하지 못할 뿐더러 사람을 잡아 가두는 구속(拘束)과 발음이 같아 혼동을 일으키게 하고 진정한 의미가 전달되지 못하도록 하고 있습니다(레위기 25장 24절에는 이 말이 정확히 '무르다'란 뜻으로 번역되었습니다).

이번에는 내가 보기에 회개하고 개혁되어야 할 우리들의 교회생활에 대해서 말씀드리려고 합니다. 종교개혁이 일어난 지도 어언 470년이란 세월이 흘렀습니다. 종교개혁 당시 가장 강조되었던 점 하나는 "모든 그리스도인은 다 제사장이다."라고 선언함으로써 평신도를 중요시한 것과 성직자들의 군주적인 태도에 대하여 개혁자들이 비난을 가했다는 점입니다. 종교개혁 전에는 그래도 성직자들이 군주처럼 행세하는 데 대하여 변명할 거리가 있었습니다. 교회 안에서 평신도들이 무식해서 글을 읽고 쓸 줄도 모르는 데 반하여 성직자들은 모두 훌륭한 교육을 받은 사람들이었기 때문입니다. 그러나 오늘날은 상황이 전혀 다릅니다. 전 세계에 걸쳐 교육이 보편화되었고 문맹률도 상당히 낮아졌습니다. 그래서 어떤 곳은 교역자들보다 평신도들의 교육적 수준이 더 높은 곳도 많습니다. 이제는 교역자라고 해서 군림하려 하거나 거만해질 수 있는 핑계거리가 없어진 것입니다. 그런데도 나는 돈 많고 지위가 좀 있는 사람이 아니면 심지어 장로들까지 무시하는 목사님을 종종 보고 있습니다. 내가 이전에도 말했지만 성경은 결코 교회 내의 직분상의 차등을 인정하지 않고 있습니다. 성경은 모두가 모두에게 필요한 지체라고 가르치고 있습니다. 만약 우리가 이 점을 회개한다고 하면 우리는 고린도전서 12장 14절에서부터 13장, 14장에까지 길게 묘사하고 있는 교회의 덕스러운 면모를 성취할 수 있을 것입니다.

  그 다음 우리는 사회적 문제에 대해서 너무 무관심한 태도를 회개해야하지 않을까 합니다. 어떤 교회들은 이런 문제에 개입하면 "자유주의적이다."라고 하면서 무조건 무시하려는 경향이 있습니다. 그런가 하면 어떤 교회들은 사회적인 문제점들을 지나치게 강조하는가 하면 인간적이고 세상적이며 비성경적인 해결책들을 지지하기도 합니다.

교회는 늘 가난하고 억울하게 권리를 무시당하거나 의지할 데 없는 사람들에게 깊은 관심을 보여야 합니다. 그런데 성경은 교회가 이들에게 어떤 방법으로 관심을 나타낼 수 있는가를 구체적으로 가르치고 있다는 것입니다. 먼저 성경은 우리가 개인적으로 혹은 개교회적으로 바로 우리 주위에 있는 그들부터 도와 주라고 가르칩니다(신 26:12 참조). 두 번째로 성경은 먼 곳에서 기근이나 홍수, 화재 등의 어려움을 당했을 경우 그들에게 도움을 보내어 줌으로써 관심을 보일 수 있다고 가르칩니다(고후 8~9장, 행 11:27~30). 세 번째로는 민주주의 국가의 시민인 우리가 성경적인 법률들이 만들어지고 집행되도록 우리의 참정권을 잘 사용해야 한다는 것입니다. 우리 사회에 많은 법들이 있지만 가장 기본적이라고 할 수 있는 것은 역시 경제적인 것과 관계가 있는 법이라고 하겠습니다. 예수님은 "보물이 있는 곳에 우리의 마음도 있다."라고 하셨습니다. 그리고 경제에 대한 법 중에서도 가장 기본적인 법이 레위기 25장에 나오는데 우리는 이 가르침들을 현실적이고도 구체적인 방법으로 실천할 수 있는 방법을 찾아야만 합니다. 우리 할아버지 R.A. 토리 박사도 주장했지만 나도 땅의 가치에 따라 땅세(地稅)를 받아야 한다고 생각합니다. 왜냐하면 바로 이 방법을 통해서 희년의 원칙과 '주의 해'에 대한 예수님의 말씀을 구체적으로 적용해 볼 수 있기 때문입니다. 그리고 예수님은 자발적인 '주의 해'(year of the Lord)에 대해서도 말씀하셨습니다. 내가 늘 반복하여 말했지만 누가복음 4장 19절에 나오는 '주의 은혜의 해'란 말은 '주의 자발적인(voluntary) 해'로 바뀌어 번역되어야 한다고 했습니다. 무슨 말인고 하면 우리 그리스도인들은 영향력을 행사하여 가난한 사람들을 도울 수 있는 법이 만들어질 때까지 기다릴 필요가 없다는 것입니다. 그러기 이전에 먼저 각자가 '자발적으로' 희년(주의 해)의 정신(원칙)을 실천해야 한다는 것입니다.

그리고 우리는 일이 조금 어렵게 되면 양떼들을 버려두고 도망치고자 하는 '삯꾼 의식'(hireling mentality)을 회개하도록 합시다. 우리는 6.25전쟁 때 양양에서 목회하시던 이 디모데 신부님의 모범을 본받아야 할 것입니다. 그는 많은 사람들이 남쪽으로 피신할 수 있도록 도왔으나 그 자신은 남쪽으로 가기를 거부했습니다. 목자는 결코 양떼를 떠나서는 안 된다는 것이었습니다. 나중 그는 한(韓) 목사라는 분을 살리기 위하여 그와 자리를 바꾸었고 결국 그 대신에 총살형을 당했습니다. 한 목사님은 그의 희생의 대가로 목숨을 건졌고 아이들과 아내에게로 돌아갈 수 있었습니다. 더 좋은 목회지만 나타나면 미련 없이 양떼를 떠나고 싶어 하는 우리의 작은 믿음을 회개합시다.

교회 다니면 이득이라도 생기지 않을까 하는 마음을 회개합시다. 요새 많은 사람들이 무엇이 생기지 않을까 하는 기대감을 가지고 예수를 믿거나 교회생활에 열심인 사람들이 있습니다. 그들은 그 기대감이 성취되면 그것을 축복이라고 생각합니다. 그러나 주님께서는 우리가 가난할 때 복을 받았으며, 멸시받을 때에 복을 받았으며, 우리의 삶이 세상적인 것과 전혀 반대일 때 복을 받았으며, 자기만을 아는 사람들이 복이라고 믿는 그 상태와 전혀 반대되는 입장에 있을 때 복을 받았다고 말씀하셨습니다. 또 어떤 사람들은 공포심을 해소하기 위해 신자가 되기도 합니다. 그들은 부모로부터 믿지 않으면 지옥 간다는 그 말을 듣고 무서워 신자가 됩니다. 그래서 이런 사람들은 핍박이나 환란 등 또 다른 두려움이 생기면 금방 믿음을 버리게 되는 것입니다. 성경은 이런 사람들이 불 못에 들어가게 될 것이라고 말합니다(계 21:8).

우리가 져야 할 책임을 지지 못하는 죄를 회개합시다. 로마서 12장, 고린도전서 12, 14장에는 모든 그리스도인들이 그리스도의 지체로서 감당해야 할 역할이 있다고 분명하게 가르칩니다. 우리는 모두 한 가지 내지는 그 이상의 책임을 가진다는 것입니다. 그럼에도 불구하고 너무나 많은 그리스도인들이 사회에서나 교회생활에서 아무 책임도 지지 않고 무책임하게 지내는 것을 볼 수 있습니다. 우리는 다른 사람에게 짐을 지우려고 합니다. 어떤 사람들은 성경이 분명히 가르치는바 가정에서 져야 할 책임을 가지고 있습니다. 그런데도 교회에서 해야 할 일이 많답시고 이것들을 등한시하는 사람들이 있습니다. 또 남자들이 책임을 여자에게 미루는 버릇을 회개하도록 합시다. 하나님께서는 남자가 기도하기를 원하시며 남편도 예배에 참석하기를 원하십니다. 남자가 교사가 되어 가르치기를 원하십니다. 그런데도 남자들은 어떻습니까? 주일날이면 자기는 집에서 쉬는 대신 아내더러 대표로 예배에 참석하라고 합니다.

우리는 교역자들을 위해 기도하지 못하는 죄를 회개합시다. 교역자들이 성도들의 기도 지원 없이 성공적으로 사역을 할 수 있다고 생각하십니까? 사탄은 평신도 1백 명보다 교역자 한 사람 실족시키기를 더 바랍니다. 목자 한 사람을 붙잡으면 양떼들도 자연히 그의 수중에 둘 수 있기 때문입니다. 우리가 사탄과 싸울 수 있는 무기는 기도밖에 없으며 교역자들이 교만, 탐심, 정욕, 게으름 등 많은 유혹을 피할 수 있는 방법도 그들은 물론 성도들이 그들을 위해 끊임없이 드리는 기도밖에 없는 것입니다.

성경을 있는 그대로 해석하지 않거나 성경이 가르치는 대로 살지 못하는 죄를 회개합시다. 우리는 조상들이 물려 준 전통을 붙잡고 살 때가 많고 세상적인 척도에 따라 신앙생활을 할 때도 종종 있습니다. 우리는 성경대로 살지 못하고 있습니다. 성경 말씀이 가슴을 찔러 마음이 괴로우면 성경 말씀을 빙빙 돌려 엉뚱한 방향으로 영적해석을 하기도 합니다. 그러나 이것은 하나님이 그렇게 말씀하지 않았다고 속이는 것과 다름없습니다. 이 말은 다른 말로 하나님은 거짓말쟁이라고 하는 것과 같습니다. 많은 성경 구절들이 2개 이상의 뜻을 갖고 있는 것이 사실입니다. 그러나 우리는 가장 분명하고 표면적인 뜻부터 먼저 취해야 함이 옳습니다. 설령 글자 그대로의 뜻 외에 영적인 의미를 찾는다고 하더라도 그것이 이 말씀의 일차적인 의미와 모순되지 말아야 합니다. 말씀의 의미를 바꾸는 행위는 하나님을 거짓말쟁이로 만드는 것과 무엇이 다르다고 하겠습니까? 조심성 없이 무분별하게 성경을 읽는 습관을 회개합시다. 의심스러운 말씀은 그 주제에 맞는 다른 구절들과 비교해 보도록 합시다. 많은 사람들이 나만 보면 던지는 질문이 있는데 십일조에 대한 의문이 바로 그것입니다. 성경에 보면 이 십일조에 대한 가르침들은 너무나도 명확하게 이해할 수 있도록 나와 있습니다. 그것들은 어느 한 구절에만 나와 있는 것은 아닙니다. 십일조에 대한 내용들은 상당히 많은 구절에 걸쳐 언급되어져 있습니다. 그래서 그것들을 다 읽고 서로 비교해 본 다음에야 전체적인 의미를 확실히 붙잡을 수 있는 것입니다. 우리는 가까운 기독교 서점에만 가면 성경 〈용어색인사전〉(concordance)은 물론 앞뒤 용어를 대조해 볼 수 있는 간단한 성구 사전을 구할 수 있습니다. 따라서 우리는 이것과 저것이 서로서로 관계가 있는 말씀인 줄 몰랐다고 하거나 전체적인 의미를 파악하지 못했다라고 하는 구차한 변명은 할 수 없는 것입니다.

또 우리는 하루 24시간, 일주일의 7일간 모두 크리스천이 되지 못하는 생활에 대해서 회개합시다. 많은 사람들이 일주일 중 일요일 날에 그것도 아침에만 그리스도인이 되는 사람들이 있습니다. 그러나 보통 날 아침 8시나 9시부터 그 후로는 믿지 않는 사람과 똑같이 되는 사람들이 있습니다. 그들은 크리스천인 척도 안 하고 주위의 사람들과 똑같은 방식으로 살고 있습니다. 그들은 술과 담배는 하지 않을지 몰라도 그 이상에서는 기독교적인 행동과는 닮은꼴도 보여 주지 못하는 사람들입니다. 나는 몇 해 전 갓 크리스천이 된 젊은 교수 한 사람을 알았던 적이 있습니다. 그는 경제학을 전공한 교수였는데 어떻게 하면 경제 문제를 성경적인 방식으로 해결할 수 있을까를 고민하던 사람이었습니다. 그런데 그가 어느 온천장에서 열렸던 크리스천 대학 교수 모임에 참석하게 되었습니다. 교수들은 그곳에서 어떻게 하면 술, 담배를 하지 않고도 교수 사회에서 성공적인 교수생활을 할 수 있는가에 대해서 열띤 토론을 벌였습니다. 한참 후 그 젊은 교수는 다른 교수들에게 그들의 신앙을 어떻게 교직생활에서 적용시키고 있는지에 대해서 물었습니다. 그러나 사람들은 그의 이야기를 못 들은 척하고 지나갔습니다. 좀 있다가 그는 다시 동일한 질문을 던졌습니다. 이제는 다른 젊은 교수 한 사람이 자기도 신앙을 어떻게 교직 생활에 적용시키고 있는지를 다른 교수들에게 배우기 위해 왔다고 거들었습니다. 그래도 아무도 그들의 말을 들은 척하지 않았습니다. 할 수 없이 젊은 교수는 세 번째로 질문을 던졌습니다. 바로 그때 좀 나이가 든 교수가 화를 내며 말했습니다. "어이, 젊은 친구, 난 말이야 강의실에 들어갈 때 종교는 문 밖에 두고 들어가네!" 우리는 모두 이중적인 삶을 사는 태도를 회개합시다. 선지자 엘리야가 이스라엘 백성들에게 한 말씀을 진지하게 들어봅시다. "너희가 어느 때까지 두 사이에서 머뭇머뭇 하려느냐 여호와가 만일 하나님이면 그를 좇고 바알이 만일 하나님이면 그를 좇을지니라"(왕상 18:21). **여호수아는 또 말합니다.** "만일 여호와를 섬기는 것이 너희에게 좋지 않게 보이거든 너희 열조가 강 저편에서 섬기던 신이든지 혹 너희의 거하는 땅 아모리 사람의 신이든지 너희 섬길 자를 오늘 택하라 오직 나와 내 집은 여호와를 섬기겠노라"(수 24:15).

예수님은 무엇이라 말씀하셨습니까? "한 사람이 두 주인을 섬기지 못할 것이니…너희가 하나님과 재물을 겸하여 섬기지 못 하느니라"(마 6:24). 그런데도 믿는다는 사람들의 상당한 숫자가 바로 이런 삶을 살고 있습니다. 회개하도록 합시다.

또 걱정 근심하는 죄를 회개합시다. 예수님은 염려하지 말라고 하셨습니다. 먹을 것, 입을 옷, 살 집, 나의 사업에 대해서 염려하지 맙시다. 하나님은 우리의 아버지이시므로 당신께서 직접 우리를 위해 염려하십니다. 또 그분은 염려해 주실 뿐 아니라 문제를 해결하실 수 있는 전능하신 분이십니다. 그런데도 우리가 염려할 필요가 있겠습니까? 마태복음 6장에 보면 25절에서부터 마지막 절까지 줄곧 이 문제에 대해서 언급하고 있는데 제일 마지막에는 "내일 일을 위하여 염려하지 말라."면서 끝이 맺어지고 있습니다. 그런데 바로 이 말씀을 믿고 그대로 사는 사람은 얼마나 될까요? 염려하는 죄를 회개합시다. 우리의 질병이 어디에서 오는지 아십니까? 의사들의 말에 의하면 많은 종류의 질병이 염려하기 때문에 생긴다고 합니다. 성경에는 질병이 사랑이 모자라서 생긴다고도 합니다. 즉 우리가 서로를 무시하거나 다른 사람을 그리스도의 지체로 인정을 하지 않기 때문이라고 합니다(고전 11:30~32). 따라서 육체 건강법이든지 정신 건강법이든지 또는 영적 건강법이든지 간에 우리가 하나님의 여러 가지 법을 어긴 연고로 병을 얻었다고 하면 하나님의 기적적인 치료의 효과를 기대하지 맙시다. 고린도전서 11장을 읽어 보십시오. 거기에는 영적 건강법에 대해서 이야기하고 있지 않습니까? 상대방을 그리스도의 지체로 인정하기를 거절할 때 그는 육체의 병을 얻게 될 뿐 아니라 어떤 때는 죽기까지 한다고 말합니다.

우리는 신학교육을 받은 사람들 또는 소수의 영감을 받은 선지자(실상은 점쟁이)들만이 하나님의 뜻을 알 수 있다고 생각하는 잘못된 사고를 회개합시다. 계속 반복되는 얘기이지만 하나님께서는 당신의 뜻을 행하려고만 한다면 그것이 어떤 종류의 가르침이든지 간에 하나님께로부터 왔는지 아닌지를 알게 해 주신다고 약속하셨습니다(요 7:17). 또 약속하시기를 지혜가 부족하다면 그저 구하기만 하라고 하셨습니다. 그러면 구하는 자가 두 마음을 품지 않고 있는 이상 그것을 받게 될 것이라고 하셨습니다. 우리가 하나님의 자녀인 이상 마땅히 가져야 하는 자부심을 갖지 못하는 데 대하여 회개합시다. 자녀이면서 우리에 대한 아버지의 마음을 모르고 있음에 대하여 회개합시다. 또 쓸데없는 고집이 세어서 아내나 부모, 또는 동역자들의 생각과는 전혀 반대되는 의견을 하나님의 뜻이라고 무식하게 확신해 버리는 사람들도 있습니다. 그래서 우리는 매우 겸손해지지 않으면 안 됩니다. 이런 주장을 하기에 앞서 하나님께서 자신의 눈이 뜨여지도록, 그의 마음을 감동시키도록, 그가 기꺼이 순종할 수 있게 되도록 기도해야 할 것입니다. 우리가 남편이나 아내 혹은 다른 동역자들의 관점을 이해하기 위해 충분히 노력을 했고 또 우리가 그리스도의 마음을 품었다고 해봅시다. 그래도 과연 나만 옳다고 감히 고집하거나 끝까지 의견 대립을 할 수 있을까요? 만약 자신의 주장이 끝까지 옳다고 생각하더라고 행할 때는 조용히 겸손한 가운데 행해야 할 것입니다. 그리고 그가 여자일 경우 조용하게 자신이 하나님의 뜻이라고 생각하는 바를 남편에게 한번 정도 얘기해 볼 수 있습니다. 남편이 듣지 않을 경우라도 그 다음은 두말없이 남편에게 순종하는 것이 좋습니다. 거짓된 겸손과 교만은 똑같이 하나님 앞에서 죄가 되는 것입니다.

마지막으로 우리는 한국 교회를 토착화시키지 못한 데 대하여 회개합시다. 우리는 예복(禮服), 음악, 예배형태, 절기행사 등 맹목적으로 서양식의 전통을 수용한 것을 반성하도록 합시다. 그러므로 우리는 우선 찬송가에 더 많은 한국 음률을 사용하고 더 많은 한국적 예술품, 한국식 의상, 한국식 예배, 한국식 절기를 사용하고 지키는 것부터 시작합시다. 절기를 지킬 때는 적어도 추석만은 로마식 달력에서 온 양력보다도 음력이 더 성경적이므로 음력을 따르기로 합시다. 우리는 한국 국민이며 하나님께서 우리로 하여금 성취하도록 원하시는 특별하고도 구체적인 목표가 있다는 사실을 확신하도록 합시다. 그럴 때에 마지막 날, 모든 족속, 국가들이 하나님의 영원한 도성으로 들어갈 때, 부끄러움을 당치 아니할 것입니다.

   이제 나는 진실로 그만 두어야 할 때가 되었습니다. 다음에는 더 이상 언급하지 않아도 될 것입니다.

산골짜기에서 온 편지

교회의 토착화

존경하는 대천덕 신부님께.

신부님, 과거에는 우리가 교회의 '토착화'라는 말에 대해서 제법 자주 들어왔으나 지금은 그렇지가 못한 것 같습니다. 제 생각에는 토착화가 교회 성장의 열쇠라고 했기 때문이 아닌가 생각해 봅니다. 그러나 지금 우리는 상상을 초월할 정도의 엄청난 교회 성장을 보게 되었습니다. 그래서 이제는 토착화 문제가 찬밥 취급을 받게 되고 말았습니다. 그러나 저는 이 문제가 여전히 관심의 대상이 되어야 한다고 생각합니다. 오늘날 한국 교회는 우리 문화에 뿌리를 내리고 서 있는지 아니면 우리의 것과 체질이 맞지 않아 쉽사리 뿌리까지 흔들릴 정도인지 이것이 궁금합니다. 토착화라는 것은 과연 중요한 문제인가요? 만약 그것이 사실이라면 우리는 어떻게 해야 옳은가요? 저는 요즘 한국 사람이 한국 스타일로 작곡한 찬송가가 점점 늘고 있다는 사실도 알고 있습니다. 그러나 저는 이것보다 더 근본적인 시도를 할 수 있는 방법은 없는지 궁금합니다. 저는 신부님께서 이 문제에 대해서 어디선가 언급하시는 것을 들은 적이 있어 여기에 대해 사려 깊은 대답을 주실 줄 믿습니다. 여기에 대해서 성경은 어떠한 근거를 제시해 주고 있는지요? '토착화' 그것은 자유주의 신학자들만이 꾸는 꿈인가요?

— 김요한 올림

사랑하는 요한 형제에게.

형제의 편지를 받고는 대단히 기뻤습니다. 나는 형제의 편지 덕분에 평소 깊이 생각하지도 못했고 또 강의도 해 본 적이 없는 문제에 대해서 다시 한번 사색해 볼 수 있었습니다. 형제가 제기한 교회의 토착화 문제는 선교의 방법에 대해서 저술된 롤랜드 알렌의 저서를 보면 명백하게 드러나고 맙니다. 나는 그 책이 한국어로 번역되기를 바랍니다. 롤란드 알렌이 생각하는 바는 다음과 같습니다. 즉 "선교사가 주민들을 단순히 예수님과 성령 그리고 하나님의 말씀 앞으로 인도하기만 하면 예수님께서 성령으로 그들에게 세례를 베푸실 것이며 그리고 성령께서는 그들로 하여금 성경을 깨닫게 하시고 또 토착교회로 하여금 더욱 그 지역 문화에 뿌리를 내리도록 하실 것이다. 또 그런가 하면 동시에 성령께서는 그리스도와 토착문화의 부조화가 무엇인지도 알게 하실 것이다."라는 것입니다. 나는 우리 선교사들이 토속 문화에 대한 지식이 너무 부족하다는 사실을 솔직히 고백하고 싶습니다. 예를 들자면 우리는 사서오경이나 불경을 한 구절이라도 읽어 보라는 요청을 받은 적이 없으며 따라서 그중에서 어떤 사상들이 1천2백 년 전 솔로몬과 네스토리안(景敎) 선교사들의 손을 거쳐 전달된 성경으로부터 나왔는지 어림도 해보지 못했다는 것입니다. 따라서 우리는 선(善)과 진(眞)을 강조하여 가르치거나 거짓에 대하여 경고하는 일에 실패해 버리고 만 것입니다.

그래서 만약 우리가 롤란드 알렌이 말한 것처럼 행하려면 우리가 버티고 서 있는 길을 내어 주어 성령님께서 그 일을 하시도록 하는 것입니다. 그러나 우리들은 그 일을 우리들 스스로가 자진해서 하고자 덤벼들어 모든 교역자들은 우리가 세운 학교에서 공부해야 한다고 우겨 왔습니다. 그리하여 우리들은 현존해 온 문화들은 거들떠보지도 않고 유치원에서 대학원 과정에 이르기까지의 교육 기관들을 세웠습니다. 우리들은 우리 자신의 문화에 대한 충분한 비판력도 갖지 못한 채 그저 서구문화만을 가르치는 것으로 소위 교육을 끝내도록 했습니다. 그러나 그러한 교육은 근 5백 년이라는 세월 동안 기독교적 뿌리와는 점점 멀어지는 결과를 보여 오고 있습니다. 그래서인지 우리의 자녀들은 서양적이지도 못하며 동시에 동양적이지도 못한 어정쩡한 가운데 교육 과정을 마치고 있는 것입니다.

최근 부산 고려신학대학의 하도례(Theodore Hard) 선교사는 문화공보부의 승낙을 받은 후 〈문화와 신앙〉(Culture and Conviction)이라는 제목의 책을 발간했습니다. 이 책은 다소나마 우리에게 놀라움을 가져다 주고 있는데 그는 이 책에서 다음과 같은 결론을 내리고 있습니다. "현재 기독교인의 수가 전체 인구의 5분의 1을 웃돌고 있고 또 그 기독교인들의 대다수가 장로교인들이라는 사실을 감안한다면 사람들은 누구나가 개혁된 문화의 한 단면을 우리 사회에서 찾아 볼 수 있을 것이라고 기대할 것입니다. 그러나 그렇지 못한 것이 우리의 실정입니다." 그는 계속해서 개혁교회의 신자들에게 우리의 문화를 현재와 같이 조성시킨 데 대해 우리가 냉정하게 책임을 지어야 할 것이라고 촉구하고 있습니다. 그는 문화란 종교적 집단이 가지고 있는 신앙을 재는 척도요 표지이며 또 개개인의 문화는 거기에 소속된 사람들의 신앙심을 반영시켜 주는 것이라고 믿고 있습니다. 만약 한국의 크리스천들이 작금의 몇 년 동안 한국의 문화에 아무런 영향을 끼치지 못했다고 한다면 우리의 신앙심은 강했다고 볼 수 있겠습니까? 잘 모르긴 하지만 한국의 크리스천들은 문화를 창조하는 사람들이 아니라 단지 문화의 산물인 것처럼 보입니다. 이 말은 우리들의 신앙이 너무 약해서 가장 기본적인 선에서조차도 이 사회에 아무런 영향을 끼치지 못했다는 말입니다. 이 이야기는 잠시 그만두고 이것을 한번 생각해 봅시다. 한국의 크리스천들은 한국의 전통적인 가족제도에 대해서 어떻게 생각하고 있습니까? 우리들은 흔히 한 가정의 식구들이 모두 교회에 나가기만 하면 그것으로 할 일은 끝났고 더 이상 가정을 변화시킬 필요가 없다고 생각합니다. 그러나 성경은 그렇게 가르치지 않습니다. 성경은 이런 한국의 가족제도가 하나님의 뜻과는 어긋난다고 가르치고 있습니다.

한국의 크리스천들은 화자(話者) 자신이나 혹은 상대방의 체면을 세워주기 위해서 거짓말하는 버릇에 대해서 어떻게 생각하십니까? 왜 우리들은 참말을 하면 아무개의 마음이 상처를 받거나 곤란을 당할 것이라고 생각하여 거짓말을 하지 않는 것이 오히려 악독하고 거칠고 예의가 없다고 생각합니까? 이것은 성경이 가르치는 바가 아닙니다. 평균 수준에 있는 한국의 크리스천들 중 토지와 돈에 대한 성경의 가르침은 어떻게 믿고 있는지요? 아니 교인들은 제쳐 두고서라도 목사님들은 어떻게 믿고 있는지요? "성경의 가르침은 시대에 뒤떨어져 우리의 생활에는 적용될 수 없습니다. 오히려 유교의 전통에서 물려받은 제도가 공평하고 유럽 자본주의 제도는 더욱 낫습니다." 혹시 이것이 그들의 솔직한 대답은 아닐는지요?

나는 한 민족의 기본적인 문화는 그들이 돈과 가족에 대하여 가지는 태도와 그리고 주고받는 언어에 반영된다고 봅니다. 만약 속이기 위해 말이 사용되고, 자기 자신을 위해서 돈이 사용되고, 가정을 위한 하나님의 법이 무시된다고 해봅시다. 우리는 고린도전서 15장 17절에서 말하는 대로 여전히 죄 가운데 있는 것이 아니겠습니까? 그것은 마치 우리를 새로운 생명 가운데서 살게 하도록 하기 위해 우리를 위해 죽으시고 다시 사신 그리스도를 부인하는 일과 마찬가지라고 성경은 가르침니다(롬 6:4).

　기독교가 처음 중국에 들어온 것은 지금부터 1천4백 년 전의 일이었습니다. 그리고 1천2백 년 전에는 커다란 비석 하나가 세워졌는데 거기에는 다음과 같은 글귀가 새겨져 있습니다. '대진경교유행중국비'(大秦景教流行中國碑). 풀이하면 '시리아로부터 기독교가 중국에 들어온 것을 기념하는 비석'이라는 뜻입니다. 그런데 여기에 보면 당시의 선교사들이 기독교는 유교나 불교와 크게 다를 바가 없다는 사실을 설명해 주기 위해 대단한 고통을 맛보았다는 흔적을 찾아 볼 수 있습니다. 이 사실을 가장 잘 표현해 주는 글귀는 다음과 같이 적고 있습니다. "말씀이 모든 장소와 시간 속에서 똑같은 방식으로 나타난 것은 아니다." 이 말은 예수님의 성육신은 한 번만의 사건이 아니라 다른 시간과 다른 장소에서 일어났고 또 일어날 수도 있다는 말인 것입니다. 다시 말해서 예수님 속에 있었던 말씀이 석가와 공자, 그리고 노자에게서도 나타났다는 말인 것입니다. 이것을 두고 우리는 지나친 토착화라고 부르는 것입니다. 몽고 당국의 초대 왕이었던 쿠빌라이 한은 어머니가 크리스천이었고, 또 그 자신이 선교사들을 중국으로 초빙한 사람이었지만 그는 그 당시의 기독교에 대해서 못마땅하게 생각하고는 결국 기독교를 등지고 말았습니다. 그 후로 기독교는 중국 땅에서 흔적도 없이 자취를 감추고 말았습니다. 역사학자들은 중국 시안에서 이 시대에 세워졌던 네스토리안 비석을 발굴하기 전까지는 기독교가 중국에 있었다는 사실을 결코 믿지 않았습니다. 약 2백 년 동안, 각 지방의 소재지마다 주교까지 두어가며 흥왕했던 네스토리안들의 기독교는 그만큼 깨끗이 자취를 감추었기 때문일 것입니다. 그들이 전하는 복음을 들었던 후세 사람들은 그것을 위해 죽을 가치를 느끼지 못했던 것입니다.

오늘 아침 젊은 전도사님 한 분은 내게 30년의 역사를 가진 조그만 시골 교회 이야기를 들려 주었습니다. 그는 마을 사람들 중에서 대여섯 번 정도 교회를 나와 보지 않은 사람이 없다고 했습니다. 그러나 그의 교회는 여전히 작고 교세는 줄어든다는 것입니다. 그는 바울 사도가 고린도에서 외쳤던 것처럼 예수 그리스도와 십자가만을 전하려고 했다고 합니다. 그렇지만 그는 교인들이 예수를 믿으면 복을 받을 줄 알다가 어려운 시골 환경에서 그런 복을 얻지 못하므로 교인들은 믿지를 않고 따라서 목회는 실패할 수밖에 없다는 사실을 알았다고 합니다. 그러나 사실인즉 그의 마을은 성경의 가르침과는 정반대의 사항이 담긴 마을 외부의 어떤 정신적 세력들에 의해 이미 정복당해 버리고 말았기 때문인 것입니다. 그들의 처지는 애굽에 있는 이스라엘 자손들과 똑같은 입장이었습니다. 그 전도사님은 마을 사람들의 정신상태가 모세의 인도로 광야로 왔으니 애굽으로 돌아가자고 불평하는 이스라엘 백성들의 그것과 흡사하다고 말했습니다. 그 교회는 지난 30년 동안 그 마을의 문화와 주민들의 실생활에 조그마한 영향도 끼치지 못했음이 분명할 것입니다. 그들이 당하는 곤경을 이해하도록 도와 주거나 그것을 참을 수 있는 위로도 주지 못했고 문제에 대한 해결책을 찾는 데는 더욱 무력했을 것입니다. 우리는 성령의 인도함을 좇을 수 있도록 사람들을 자유케 하는 대신 우리에게는 맞지도 않는 외국의 기독교 모형들을 언제까지 이 민족 위에 뒤집어씌우려고 합니까? 심지어는 성령에 대해서 가장 많이 이야기하면서도 사실은 그분의 인도함을 받기 위해서가 아니라 단지 성령에 취해 보려는 사람까지 있다고 합니다. 이런 사람들은 그로 인하여 엑스터시를 맛볼지는 모르겠으나 진정한 인도하심은 받지 못할 것입니다.

가끔 나는 한국의 기독교가 바울을 따라다니며 그가 조상들의 유전을 무시하고 새로이 신자가 되는 사람들에게 너무 많은 자유를 준다고 비난했던 유대교인들의 기독교와 닮았다는 생각을 해봅니다. 당시 열심 있는 유대주의자들의 대부분은 본래부터 유대인들이 아니라 대개가 유대 문화를 철저하게 받아들인 헬라 사람들이었는데 그들은 바울이 새 신자들로 하여금 자기들과 똑같은 신앙 양식을 갖도록 가르치지 않는다고 바울을 맹렬히 비난하던 사람들입니다. 그러나 이때 이 문제를 다루기 위해 예루살렘 공회가 열려졌고 사도들은 회의 결과 이방인 신자들도 성령의 인도함을 받는 자유를 가질 수 있다고 결정을 내렸습니다(행 15장). 이때부터 교회의 토착화는 시작되었고 이것이 토착화에 대한 성경적 근거라고 볼 수 있습니다.

오래 전, 나는 성공회 신자인 프란시스 웨이 박사가 쓴 책을 읽었습니다. 그는 중국의 교회가 토착화되기 위해서는 어떻게 조직화되어야 하는가에 대해서 아주 생각이 깊은 의견을 제시하고 있었습니다. 그는 그의 견해를 '성령과 중국 문화'라는 제목을 가지고 그의 책 마지막 장(章)에서 밝히고 있습니다. 그로부터 몇 년 후 나는 중국 중앙대학교에서 웨이 박사(웨이 박사는 이 대학의 총장이었음) 밑에서 선교사로 일하는 미국인 한 분과 이야기를 나누게 되었습니다. 그때 나는 그에게 중국 교회가 웨이 박사의 선교방식을 받아들이더냐고 물었습니다. 그는 "글쎄요, 그가 중국인 주교를 두고 있으니까 그렇게 하겠죠."라고 대답했습니다. 그러나 그들은 그 후로 때를 놓치고 말았습니다. 공산당이 그들의 선교방식을 시험해 보기도 전에 본토를 장악해 버렸기 때문입니다. 그렇지만 요한 형제, 나는 전적으로 비서구적인 입장을 제시하고 또 형제의 진지한 관심에 격려를 드리고 싶어 웨이 박사의 의견을 소개해 드릴까 합니다. 한국 교회가 이것을 수용하기에는 너무 독자적인 틀이 짜여져 있기는 하지만 나 개인적으로 이것이 실시되었으면 하는 바람을 갖고 있습니다. 누가 압니까? 혹시 한국 교회가 내가 평가하는 것보다 훨씬 더 많은 융통성을 가진 교회인지 말입니다. 그러므로 그것은 단지 '좋은 정책' 정도로만 간주해 버릴 문제가 아니라 성령께서 인도하실 거시라는 기대를 가지고 기다려야 할 문제인 것입니다.

웨이 박사는 그의 비전을 '포 센터 처치'(4 center church)라고 명명했습니다. 그는 중국 선교를 위해서 예배를 위한 센터, 사회봉사를 위한 센터, 교육을 위한 센터, 순례를 위한 센터, 이 네 가지가 있어야 한다고 보았습니다. 그러나 이것들 중 실제로 이루어진 것은 예배를 위한 센터뿐이었습니다. 하지만 이 방식을 채택했던 중국 교회는 33년간의 공산 치하에서도 무려 50배라는 교회 성장을 달성할 수 있었습니다. 예배센터를 위한 애초의 웨이 박사의 의견은 전통적인 중국 교파의 노선을 따르되 유급 교역자를 두지 않는 조그만 예배센터를 많이 세운다는 것이었습니다. 또 신자들은 교제와 기도와 예배를 위해 정기적으로 모여 십일조와 헌금을 거두되 이 돈들은 예배센터의 유지에 필요한 적은 액수를 떼고는 모두 사회봉사센터에 보낸다는 원칙도 가지고 있었습니다.

봉사센터는 비교파적이어야 하고 많은 크리스천들을 사역자로 고용하여 월급을 주어 그로 하여금 일정한 장소에서 봉사 업무를 맡도록 한다는 것입니다. 그들은 가능하면 여러 종류의 봉사를 그들의 능력과 훈련 정도, 자금 사정에 따라 혹은 구제, 혹은 고아원, 혹은 양로원, 혹은 의료 봉사, 혹은 청년 지도, 혹은 농사일을 위해 감당하도록 했습니다. 우리가 지금 아는 바대로 교회가 경제적 측면에서 이 같은 적절한 역할을 제대로 해 주지 못하여 지금은 공산주의가 모든 분야의 일들을 '칼 마르크스'의 이름으로 이루어 나가고 있는 것입니다.

교육센터는 크리스천 대학교를 세우는 것이 그의 목표였습니다. 이 교육 기관은 순전히 기독교 교육만이 아니라 기독교의 입장을 강조하되 모든 분야를 다 가르친다는 것입니다. 나는 그가 중국 중앙대학을 세운 것도 바로 이런 목적으로 세웠음을 확신합니다만 자질을 갖춘 인재는 많이 배출치 못했다는 것이 사람들의 평가입니다. 하여튼 그는 인본주의자들은 수학, 경제학, 역사, 의학, 문학 등 무엇을 가르치든지 그들의 입장만으로 가르친다는 사실을 지적하고 꼬집었습니다. 그러나 불행하게도 우리들의 크리스천 대학에서 가르치는 교수님들은 모두가 인본주의 교육방침을 가진 대학에서 훈련을 쌓은데다가 교회로부터도 그들이 쌓은바 지식에 인본주의적 선입견이 개제되어 있지는 않은지 살펴보라는 충고도 받지 못하고 있는 것입니다. 결과적으로 그들은 자기가 인본주의적 선입견을 가졌다는 사실을 의식도 못한 채 주일날은 주일학교에서 가르치다가 평일이면 학교에서 성경과는 정반대 되는 것을 가르친다는 것입니다. '크리에이션 리서치 센터'를 설립한 헨리 모리스 박사는 바로 이 같은 사실을 그가 가르치는 중에 깨닫고는 곧 그가 과장으로 있는 유명한 공과대학을 사임한 후 '크리스천 헤리티지 대학'(Christion Heritage College)을 세우게 되었습니다. 왜냐구요? 성경의 무오성을 강력히 믿으며 모든 과목들을 철저히 성경적인 입장에서 가르치기 위해서였습니다. 내가 알기로는 이것이 미국의 정통 기독교인이 시도한 첫 번째의 위업인 것으로 알고 있습니다. 나는 메노나이트 교도들과 소위 근본주의자들이 이런 교육적 태도를 갖고 있는 것으로 알고 있습니다만 그 숫자가 다른 여타의 기독교 대학들에 비하면 너무나 적을 뿐입니다. 이런 이상에 접근하고자 우리 한국에는 이런 대학이 생겨나지 않을는지 모르겠습니다. 만약 우리가 이런 대학을 만들면 크리스천 교수님들이 이곳의 교우들이 되려고 할까요? 아니면 무의식, 무비판적으로 모든 학계를 지배하고 있는 인본주의 대전제를 용납하기를 원할까요?

웨이 박사의 네 번째 원칙은 진실로 그 개념에 있어서 다른 방법과 확실히 구별되는 동양적인 원칙입니다. 그는 이것을 '순례자센터'라고 불렀습니다. 그는 영국 성공회가 유럽과 영국의 성당을 모방하여 도시에다가 성당을 세우려고 하는 것을 실패라고 생각했습니다. 그는 중국인들이 즐겨 순례하는 산 속의 절에서 우리도 배워야 한다고 했습니다. 그래서 우리들도 성당을 산세가 수려한 산 속이나 그 밖에 폭포나 물이 있는 풍치가 뛰어난 장소에다가 세워야 한다고 했습니다. 그러나 빌딩과 장소 확보에 대한 그의 관심은 인적(人的) 관심에 비하면 훨씬 낮은 것이었습니다. 그는 이런 성당, 즉 센터에는 지혜와 경험이 풍부한 은퇴 교역자가 있어야 한다고 생각했습니다. 그러면 사람들은 단지 예배나 기도를 하기 위해서가 아니라 그들로부터 개인 상담, 개별지도 등을 받기 위해 순례의 발걸음을 이을 것이라는 사실입니다. 특별히 그는 국가의 요직에 있는 자들이나 높은 위치에 있는 사업가들 혹은 정치가들이 이 교회의 노장에게로 와서 자문을 구하고 돌아가도록 하는 꿈을 갖고 있었습니다. 은퇴한 이들은 현직 목사가 그들에게 해 줄 수 없는 충고를 부담 없이 해 줄 수 있기 때문입니다. 그리고 더 나아가서 그들은 그들이 한평생의 삶 속에서 얻은 귀중한 경험들을 중요한 책임을 맡은 사람들에게 적극적으로 충고할 수 있을 뿐 아니라 동시에 모든 크리스천들이 이 조용한 산사에서 명상과 퇴수(retreat), 그리고 하나님을 함께 예배하는 영광스러움을 누리도록 해 주기 때문입니다.

사랑하는 요한 형제, 완전한 교회의 토착화에 대해서 말하려면 아직도 많은 이야기가 필요하다고 생각됩니다. 그러나 하나님께서 하시기를 원하는 것을 한국의 크리스천들이 스스로 찾도록 인도하는 것은 전적으로 성령님의 소관임을 말씀드리고 싶습니다. 우리 외국 선교사들이 할 수 있는 것은 격려해 주거나 경고해 주는 일밖에 더 있겠습니까? 우리들은 이곳 예수원에서 여러 가지 신앙의 방법들을 조금씩 실험해 보고 있지만 위대한 발견이라고 할 수 있는 것을 아직 찾지 못하고 있습니다. 주님께서 교회를 사랑하는 형제에게 위로해 주시기를 바랍니다.

산골짜기에서 온 편지

가난한 자의 구제는 정부의 책임인가, 교회의 책임인가?

존경하는 대천덕 신부님께.

놀리는 땅뿐만 아니라 모든 토지를 임대해 주는 것이 성경적이며 만약 그렇게 한다면 소위 크리스천이라고 하는 사람들이 제일 앞장서 반대할 것이라는 경고와 함께 신부님께서 어느 국회의원님께 보내 주신 편지는 매우 흥미로웠습니다. 그러나 그 편지를 읽자 제 마음속에는 다음 두 가지의 질문이 떠올랐습니다. 먼저 아무런 영향력도 끼칠 수 없는 위치에 있는 우리 평신도들이 할 수 있는 일은 무엇이며 그리고 만약 신부님께서 지난 편지에서 언급하신 그 법을 통과시키는 일이 불가능하여 소위 개발도상국가에서 볼 수 있는 실업, 인플레, 경기침체, 가난, 그리고 그에 따르는 사회 질병 문제가 계속될 경우 어떻게 하면 좋을까요?

최근 저희들은 로마서 13장과 사도행전 4장 19절 중 어느 한 가지 교훈을 선택하여 따르기로 결정할 경우 교회가 처하게 되는 난처한 입장들에 대해서 토론한 적이 있습니다. 만약 우리가 로마서 13장이 가르치는 대로 정부에게 복종만 한다면 우리는 겁쟁이 혹은 타협쟁이라고 욕을 들을 것 같고 또 사도행전 4장 19절을 준행할 것 같으면 정부와 충돌을 일으키게 될 것 같습니다. 그렇다면 어떻게 되는 것인가요? 우리가 무엇을 잘못 해석하고 있는 것은 아닌지요? 성경은 그야말로 서로 어긋나는 것을 다 가르치고 있는지요? 과연 성경에는 정부와 대립관계를 갖지 않고 사회적인 문제들을 해결할 수 있는 방법을 제시하지 않는지요?

- 김진호 올림

사랑하는 진호 형제에게.

형제는 몸으로 치면 가장 신경이 예민한 부위를 건드린 셈입니다. 오늘날 많은 교회들이 정부에 지나치게 맹종을 한다고 해서 종종 비난을 받고 있습니다. 그러나 사실 따져 보면 그들은 나팔만 불지 않는다는 것뿐이지(마 6:2), 실제로 가난과 사회문제를 해결해 보고자 많은 애를 쓰고 있습니다. 그리고 많은 개인들도 그렇게 하고 있습니다. 그러나 반면 정부와 충돌을 일으키면서까지 실시하려는 계획들은-확실히 조사를 해 보지 않아 장담은 못하겠지만-제가 보기에 실제 가난한 사람들의 편에 서서 보면 아무런 도움도 주지 못하고 구조적인 모순을 공격하지도 못하는 것들이 많이 있습니다. 이것은 다음 두 가지 사실을 모르기 때문이 아닌가 합니다. 첫째, 사람들이 이 분야에 대한 성경의 가르침이 무엇인지 모르고 있고 둘째, 그 가르침이 얼마나 실제적인가 하는 사실을 모른다는 것입니다. 한마디로 말해서 시끄럽게 떠들어 대는 사람들은 속박에서 풀어 주겠다는 것이 아니고 다만 신세를 좀 편하게 지내도록 해 주겠다는 의도인 것입니다. 이들에게 이론적인 배경을 제공해 주는 사람들은 모든 개개인이 국가의 예속을 벗어날 때만이 정의가 존재할 수 있다고 믿습니다. 유네스코에서도 그러한 해석 방법을 지적했지만 그러나 그것은 정의에 대한 성경적인 해석 방법이 아닙니다.

만약 우리 스스로가 가난한 사람들에게 먹을 것, 입을 것, 살 집을 제공해 준다면 정부와 결코 마찰을 빚지 않을 것입니다. 그러나 우리가 이 일을 정부에게 하라고 요구할 때 문제가 생기는 것입니다. 그러나 성경의 어느 부분에서 정부에게 그런 요구를 하라고 가르치고 있으며 또 정부가 그렇게 할 책임이 있다고 지적하고 있습니까? 성경이 국가에게 하라고 요구하는 것은 가난한 사람들을 보호하되 그들이 소유한 토지를 남에게 빼앗기지 않도록 해 주라는 것입니다. 그러나 과부와 고아, 집 없는 자, 레위인들을 구제하는 일은 각 지역적인 차원에서 이루어져야 한다고 가르칩니다(신 14:28~29, 16:11, 14, 26:11~15). 그러므로 가난한 사람들을 구제하는 일은 우리 크리스천들과 교회의 책임입니다. 국가로 하여금 그 일을 하도록 요구하면 비용도 엄청나게 증가할 뿐 아니라 그 진행하는 과정도 비인간적으로 만들고 말 것입니다. 그리고 크리스천이 비기독교 국가의 시민일 때 그들은 국가에게 그런 요구를 할 아무런 근거를 갖지 못한다는 것입니다. 사도행전 4장 19절은 로마정부에게 주어진 말씀이 아니라 교회의 지도자들에게 주어진 말씀입니다. 만약 민주주의를 표방하는 정부에게 한 시민이 자기가 주장하는 요구를 하였을 때 그 정부가 그것을 싫어하여 그를 투옥시키거나 입을 막아버렸다고 합시다. 그래도 그것은 정치적인 문제일 뿐이지 종교적인 문제는 아닌 것입니다. 형제가 주신 질문의 요지는 사회문제에 대하여 한 사람의 크리스천으로서 구체적으로 할 수 있는 일이 무엇인가 하는 문제였습니다. 나는 이에 대해 꼭 필요하고도 실제적인 몇 가지 방법을 제시하려고 합니다. 나는 먼저 '정의'와 '자비'에 대한 성경의 가르침을 논한 다음 가장 심각하다고 여겨지는 사회문제들, 실업문제, 사생아, 집 없는 청소년 문제, 그 다음 보건후생문제, 그 다음 토지개혁에 대한 크리스천의 견해 그리고 나서 마지막으로 인플레를 극복하는 방법과 '짐승의 표시'에 대해서 차례로 이야기하려고 합니다. 형제도 아시다시피 이 문제는 상당한 부분들을 짚고 넘어가야 할 것들이라 긴 편지가 될 것입니다. 나는 오래 전부터 이런 것들을 말해 보고 싶었습니다. 최근 들어서는 더욱 말할 기회가 자주 찾아왔는데 형제의 편지가 결정적인 계기가 되었습니다. 또 내가 이런 것들을 말해 보고픈 충동을 느낀 다른 부분적인 이유의 하나는 이곳 예수원에서 매일 기도회 때 구약의 예언서들과 함께 예레미야서를 읽어왔고 또 며칠 전에는 로마서 13장을 읽었기 때문이 아닌가 합니다.

먼저 실례적인 문제들을 이야기하기 전 가장 기본적인 문제 즉 성령에 관한 교리부터 생각해 보기로 하겠습니다. 고린도후서 13장 13절에서 바울 사도는 삼위일체 하나님께서 각기 밖으로 나타내 보여 주시는 세 가지의 다른 면들을 보여 주고 있습니다. 즉 아들이신 예수 그리스도의 '은혜'(값없이 주시는 죄 사함의 은혜와 값없이 주시는 성령의 은혜)와 하나님 아버지로부터의 '사랑'(하나님은 사랑으로 세상을 창조하셨고 사랑은 하나님의 기본 율법이며 사랑은 하나님의 성품이시며 자기 표시이다)과 성령의 '교통하심'이 그것입니다. 교통하심(koinonia)은 사랑이 행동으로 옮겨진 것입니다. 교통하심은 나누어 줌을 통하여 사랑을 나타내는 것인데 나누어 줌이라 함은 하나님을 모르는 자들에게 하나님을 나누고 우리 자신들을 나누고 우리의 물건들을 나눈다는 말입니다.

요사이 모든 교회들이 성령쇄신운동으로 인하여 깊이 영향을 받아오고 있습니다. 이 운동은 몇 단계의 과정을 거쳐 가고 있는 것처럼 보입니다. 대개 첫 번째의 단계는 성령은 실재하시는 인격이심을 발견하고 사도행전에서와 같이 오늘날도 그 역사는 동일하며 우리들 역시 고린도전서 12장과 사도행전 2장에 언급된 방언, 예언, 신유 같은 은사들을 사용할 수 있다고 믿는 단계입니다. 이것은 사도행전에서도 볼 수 있는 바대로 즉각 전도 폭발을 일으켜 주고 수천 명의 영혼들이 예수를 그들의 주로 찾게 만들며 성령으로 충만케 되어 다른 영혼들의 구원을 위해 또 불을 붙여 주도록 합니다.

그 다음 단계는 바로 이어서 나타납니다. 새 크리스천이 성령 안에서 성장을 계속하는 것처럼 연륜이 쌓인 크리스천은 성령께서 은사만 주실 뿐 아니라 성령의 열매도 맺게 하신다는 사실을 깨닫게 되는 단계입니다. 이 두 번째 단계는 첫 번째 단계처럼 겉으로 화려하게 나타나 보이는 것은 없습니다. 그러나 이것 없는 처음 단계는 소용이 없습니다(고전 13장). 이 단계는 사랑이 밖으로 표출되는 단계 즉 열매 맺는 단계가 됩니다.

세 번째 단계는 성령께서 초자연적 은사를 주실 뿐 아니라 초자연적 인도하심까지 허락하신다는 사실을 깨닫는 단계입니다. 즉 그분은 지혜를 주시고 성령 충만한 크리스천을 모든 진리 가운데로 인도하시겠다고 약속하신 것입니다. 바로 이 시점에 도달하면 사람들은 이런 질문을 던지기 시작합니다. 율법을 성취하기 위해 우리는 무엇을 할 수 있는가(마 5:17~19)? 우리들의 믿음을 어떤 식으로 표현해야 하는가(약 2:15~17)? 우리들의 사랑을 어떻게 구체적으로 나타낼 수 있는가(요일 3:16)? 이때 성령께서는 그들을 모든 종류의 일을 해야 할 단계로 인도하기 시작합니다.

네 번째 단계 역시 곧이어 나타나는데 코이노니아를 실천하는 것을 말합니다. 성령으로 충만한 사람들은 자연히 다른 크리스천들과 어우러지게 되며 초대교회의 크리스천들이 그랬던 것처럼 자신들의 삶을 서로 나누기를 원합니다. 오늘날 우리는 세계 도처에서 소위 카리스마 운동으로부터 파생되어진 많은 크리스천 공동체들을 발견할 수 있습니다. 그 동안 교회 안에서는 공동체에 대한 염원을 늘 불태워 온 것이 사실이지만 성령 안에서의 갱신이 없는 한 이것을 실현하기란 너무 힘들다는 사실이 입증되고 있습니다.

다섯 번째 단계는 감사하게도 현재 우리가 한국에서 목도하고 있는 현상인데 '회개'가 바로 그것입니다. 교회 안에서 회개운동을 일으키지 못하는 성령운동은 성령의 충만한 사역을 중단시키게 하거나 시들게 하며 또는 궤도를 벗어나 엉뚱한 방향으로 빗나가게 합니다(요 16:7~11).

이왕 말이 나왔으니까 내가 요한복음 16장 7~22절을 어떻게 이해하고 있는지를 좀더 상세하게 이야기할까 합니다. "죄에 대하여라 함은 저희가 나를 믿지 아니함이요"(요 16:9). 이 말은 예수님을 믿기보다 오히려 권력, 조직, 명예, 교회정치, 돈, 직위를 더 잘 믿는 종교가들에게 하시는 말씀입니다. 그들은 입으로만 예수님을 섬기고 그들의 성공의 기준은 너무나 세상적이어서 예수님께서 세우신 기준과는 너무 동떨어진 면을 지니고 있습니다. 그들은 우리를 율법으로부터 자유케 한 예수님의 십자가로부터 거창한 논리를 이끌어 내기는 하지만 그분의 가르치심이나 보이신 본은 무시하고 있습니다. 그래서 그들은 마음을 다하고 성품을 다하고 힘을 다하여 주 너의 하나님과 이웃을 사랑하라는 기본적인 계명까지도 거역해 가며 그들이 즐길 수 있는 것이라면 무엇이든지 할 수 있다고 말합니다. "의에 대하여라 함은 내가 아버지께로 가니 너희가 나를 보지 못함이요"(요 16:10). 예수님께서 아버지께로 가시고 우리가 그를 볼 수 없게 되자 그분은 바로 자신의 위치에 성령님을 보내 주셨습니다. 그리고 그 성령님은 예수님의 십자가로 얻어진 법(法)적인 의를 실제적인 의, 즉 성령의 열매를 맺게 하고 또 하나님의 뜻대로 살 수 있는 힘으로 바꾸어 주시는 것입니다.

"심판에 대하여라 함은 이 세상 임금이 심판을 받았음이라"(요 16:11). 베드로전서 4장 17절은 심판은 하나님의 집에서 시작된다고 말합니다. 왜 그렇습니까? 왜냐하면 이 세상 임금이 하나님을 대적하고 이 세상을 수중에 장악할 수 있는 방법은 교회 속으로 침투해서 교회를 타락시키는 길, 그 이상 더 좋은 것이 없기 때문입니다. 이런 이유 때문에 성령께서는 계속 우리들을 당신의 사랑과 회개 가운데로 불러 주시는 것입니다. 만약 우리가 진정으로 이 세상과 교회 안의 모든 불의와 도덕적인 타락에 가슴 아파한다면 우리들은 뼈저린 회개의 필요성을 통감해야 합니다. 나는 최근 대학생들 가운데서 일어나고 있는 이런 회개운동에 대하여 하나님께 깊이 감사하고 있습니다. 성령의 인도함을 받지 않고 사회 문제를 해결할 수 있다고 생각한다면 그것은 더욱 큰 불순종이요 패역하는 길인 것입니다(삼상 15:23~33).

그러면 지금부터 더욱 기본적인 신학 문제를 생각해 보도록 하겠습니다. 그리고서 사회 참여문제에 대한 실제적인 견해들도 생각해 보겠습니다. 서론이 너무 길어서 매우 죄송하게 생각합니다. 그러나 우선적으로 언급되어져야 할 것은 꼭 말해야 할 것 같기에 시간을 끌게 되었습니다.

첫째로 우리는 하나님께서 허락하시는 사회적 참여는 일을 시작하는 동기에 있어서나 계획을 세우는 일에 있어서 모든 것이 성령님으로부터 말미암는다는 사실을 알아야 한다는 것입니다. 두 번째로 알아야 할 것은 '의'(義)와 '자비'에 대한 분명한 차이를 알아야 하는 것입니다. 예수님께서는 "화 있을진저 외식하는 서기관들과 바리새인들이여 너희가 박하와 회향과 근채의 십일조를 드리되 율법의 더 중요한 바 의와 인과 신은 버렸도다. 그러나 이것도 행하고 저것도 버리지 말아야 할지니"(마 23:23)라고 말씀하셨습니다. 여기서 '신'(信)은 진실을 말하며 믿을 만하고 약속을 지키는 것을 말합니다. '의'(義, justice or judgement)는 인간으로서 누려야 할 인권 및 경제적 보장권에 관한 하나님의 법을 지키는 것을 말합니다. 이것은 한 가족이 집을 짓고 식물을 재배하고 그 밖에 생활에 필요한 것들—예를 들어 연료, 건축재료, 수공업 자재, 낚시 등—을 제공해 주는 땅을 가질 수 있도록 보장해 주는 가장 기본적인 법을 말합니다. 이런 법이 보장될 때 한 가족(개인)은 많은 땅을 가진 사람들의 손아귀에서 놀아나지 못하게 되고 자신이 직접 자기와 재산을 관리하는 주인으로 살아갈 수 있는 것입니다. '인'(仁, 영어로는 긍휼 또는 자비로 번역되었음)은 불의의 재난이나 무능으로 인하여 스스로를 부양치 못하는 사람들을 돕는 것을 말합니다. 그들을 구제하는 구체적인 실례가 레위기 25장, 신명기 15장, 23장 19~20절 등에 나오고 있습니다. 복지국가에 대한 인본주의자들의 견해에 의하면 그들은 이 구제 즉 긍휼을 베푸는 문제를 의(義, justice)에 관한 문제로 바꾸고 난 뒤 적당한 법을 제정함으로써 해결할 수 있다고 생각합니다. 그러나 그 결과는 전혀 혼돈만 불러일으킬 뿐입니다. 꽤 많은 사람들은 오히려 그 법을 통하여 덕을 보려고 하며 따라서 그 법을 집행하기란 여간 어려운 일이 아니며, 또 막대한 국가 재정까지 축나게 만들어 실제로 그 법이 적용되어 효력을 거둔다는 것은 기대하기가 어렵습니다. 긍휼(자비, 구제)을 베푸는 일은 크리스천 개개인의 책임이며, 각 지역사회에 속한 각 개교회가 감당해야 할 책임인 것입니다. 그리고 어떻게 긍휼을 베풀 것인가에 대한 문제는 원칙은 세울 수 있을지는 몰라도 법으로 재정할 성질의 것은 아닙니다. 요사이 우리 한국 교회의 한편에서는 이상한 현상을 볼 수 있습니다. 즉 이런 긍휼에 속한 문제들을 마치 의(義)에 속한 문제인 것처럼 생각하고는 정치적으로 해결하려고 하는 움직임이 그것입니다. 이들은 사람들이 기아와 질병으로 사망할 때에 이 문제를 해결해야 할 책임이 누구에게 있으며 또 무엇이 문제에 대한 최선의 해답인지를 열심히 따지고 있습니다. 한국 교회의 또 다른 한편에서는 사회정의를 실현하고 하나님의 공의를 실천하는 원칙은 망각하고 그저 약간의 구제비를 지출하거나 조그마한 긍휼을 베푸는 것으로 문제를 해결하려는 사람들이 있습니다. 그러나 우리가 토지에 얽힌 문제들을 해결하지 못하면 구제금을 필요로 하는 사람들은 점점 증가할 것입니다. 그리고 그 증가의 폭은 걷잡을 수 없을 정도로 늘어나서 결국 우리는 문제를 빤히 보고도 눈을 감을 수밖에 없게 될 것입니다.

나는 얼마 전 이미 일흔이 넘은 사랑하는 친구로부터 가슴을 미어지게 하는 편지 한 장을 받았습니다. 그는 불의한 토지제도로 인하여 사람들이 집과 일터, 음식, 의복마저 빼앗겨 버린 나라에서 그 사람들의 고통을 덜어 주는 일이라면 무엇이든지 하겠다는 단호한 각오를 하였다고 했습니다. 그는 참으로 옳은 결단을 내렸다고 생각합니다. 그는 그 자신이 개인적으로 그 토지 문제를 결코 해결할 수 없습니다. 그가 할 수 있는 것은 현재 고난을 당하고 있는 그 사람들을 직접 상대하여 필요한 도움을 주는 일인 것입니다. 그리고 그는 이 기본적인 문제를 해결하고자 압력을 가할 수 있는 어떤 운동을 시작할 수도 있을 것입니다.

지금까지 우리들은 기본적인 문제점들 성령님과 의와 인(자비)에 대한 성경적인 차이점들을 살펴보았습니다. 그러면 이제부터 좀더 구체적인 것들을 검토해 보도록 하겠습니다. 우리는 의에 관한 문제는 지난 편지에서도 그랬지만 국회에 일임하도록 할 것입니다. 그리고 우리는 다만 책임을 지고 있는 입장에 있는 사람들이 이 기본적인 문제들을 계속 바라볼 수 있도록 그들을 격려할 수 있는 일이면 무엇이든지 하도록 노력할 것입니다. 그와 같은 일들이 이루어지고 있는 동안 자비의 측면에서 실업(失業)문제를 위해 우리가 할 수 있는 일이 무엇일까요? 집 없는 아이들을 위해서, 후생문제를 위해서, 토지문제를 위해서 지금 우리들은 무엇을 해야 할까요?

실업(失業)이라는 말은 성경에 나오지 않습니다. 이것은 생각건대 모든 사람들이 땅을 가지고 있으니까 누구나 자기 땅에서 일하는 고용인이 될 수 있었기 때문이 아닌가 합니다. 물론 그가 다른 사람 밑에서 일하기를 자원했을 경우는 예외이지만 말입니다. 저임금 문제와 임금 지불을 지체하는 문제는 모세의 율법에 한 번 기록되어 있기는 하지만(레 19:13) 실제 그 사례를 발견할 수 있는 것은 모세 사후 7백 년이 되고 난 이후입니다. 임금 노동자에 대한 기록은 말라기 3장 5절과 학개 1장 6절에 언급되어 있습니다. 그 후로 신약성경이 형성되기까지는 여러 차례 이 임금 노동자와 관련된 언급들을 찾아볼 수 있는데 야고보서 5장 4절의 기록은 가장 유명한 것이라 봅니다. 여자와 어린아이들을 빼고도 4~5천여 명의 사람들이 예수님을 따라다녔다는 사실은 예수님 당시의 사회가 상당히 심각한 실업 상태에 허덕이고 있었음을 말해 줍니다. 이와 반면 사도행전에 나오는 예루살렘 교회에서는 단지 늙은 과부에 대한 문제에만 대부분의 관심을 쏟고 있는 것을 볼 수 있습니다. 이 문제가 예루살렘 교회에서 중요했던 이유는 해외에 거주했던 유대인들이 돌아와 여생을 보내고 있었는데 대개의 경우 남자가 여자보다 먼저 죽었기 때문입니다.

  우리가 이 문제와 관련하여 초대교회에서 발견할 수 있는 사실은 사람들이 자기가 가지고 있는 물건들을 서로 통용하여 어려움을 당했던 사람들이 없었다는 것입니다(행 4:34). 믿는 사람들로 구성된 크리스천 공동체의 장점은 단지 서로의 어려움을 알아 줄 수 있다는 것만이 아니고 서로서로를 위해서 일을 해 줄 수 있다는 사실임을 누구나가 다 알고 있습니다. 왜냐하면 돈도 중요하지만 사람의 노동력은 더 중요한 요소이기 때문입니다. 개인주의 사회에서는 돈이 없으면 빌어먹을 수밖에 없습니다. 그러나 협동(공동체) 사회에서는 비록 그가 돈이 없다 할지라도 자신이 가지고 있는 힘(노동력), 기술, 경험을 제공해 주고 돈을 얻을 수 있습니다. 나는 미국에서 경제적으로 상류층에

속하는 어떤 사람들(예를 들어 엔지니어)을 알고 있는데 그들은 자기들이 실업자라는 사실을 이웃 사람들이 알게 될까봐 매일같이 직장에 나가는 척하는 것을 보았습니다. 그들의 사정을 알고 있는 사람은 그들이 나가는 교회의 목사님뿐이었습니다. 그러나 목사님은 그들을 위해 아무것도 해 줄 수 없었습니다. 그러나 만약 그 교회에 진정한 사랑의 분위기가 형성되어 있었고, 직장을 잃게 된 사람들 또한 그들의 위신보다는 하나님을 더 의지했더라면 형편은 훨씬 달라졌을 것입니다. 즉 교회의 다른 성도들은 그들이 다니는 직장을 얻도록 도와 줄 수 있었을 것이고 실직한 사람들 역시 그들이 놀면서 보내는 시간을 교회나 혹은 이웃을 위해 유익하게 사용할 수 있었을 것입니다. 만약 사람들이 실직을 했을지라도 그것을 실직이라 생각지 말고 하나님께서 이웃을 돌볼 수 있도록 다소 한가한 시간을 주셨다고 생각한다면 남을 도울 수 있는 방법은 얼마든지 있습니다. 집을 수리하거나 개축할 수 있고 편지를 쓸 수도 있고 병든 사람을 방문하거나 돌보는 일 등 여러 가지 일들을 찾을 수 있습니다. 그들은 또 굳이 도움을 달라고 요청을 구할 필요도 없습니다. 그들은 오히려 이렇게 말할 수도 있습니다. "주님께서 제게 얼마간 쉴 수 있는 여가를 주셨는데 혹시 도움을 필요로 하시는 분은 안 계신지요? 저는 이런 일에는 자신 있습니다. 또 만약 그 일이 여자의 손이 가야 하는 일이라면 제가 집에서 아내의 일을 대신하고 제 아내가 당신을 도와 줄 수도 있습니다." 이런 식으로 말할 수 있는 사람들이 얼마 되지 않는 것이 사실입니다. 그러나 그렇게 하는 것이 가장 순수하면서도 실제적인 크리스천의 자세가 아니겠습니까?

함께 일하는 크리스천들이 실시할 수 있는 좀더 구체적인 방법들이 또 있습니다. 나는 미국에서 대학 다닐 때의 일을 기억하고 있습니다. 그때 우리는 N.Y.A.라는 단체를 갖고 있었는데 이곳에서는 학생들이 스스로 학비를 조달하도록 일할 기회를 제공해 주었습니다. 또 C.C.C.(시민보호대)라는 단체는 그때까지 하지 못했던 각종 선한 사업을 하고 있었습니다. 이 C.C.C.라는 단체에 많은 청년들이 마치 군에 입대한 것처럼 지원을 했는데 그들은 지원 후 제복을 입고 막사에서 생활하며 군에서 실시하는 훈련을 받으며 생활했습니다. 그러나 그들은 무기 대신 삽과 곡괭이, 낫, 톱, 망치 등을 들고 다녔습니다. 그리고 그들은 길을 닦고 수풀이 우거진 삼림 속에 산책로를 내고 늪에 있는 물을 퍼 내고 뚝을 쌓고 경사가 심한 곳에다가는 계단을 만들었습니다. 몇 년 전 나는 레바논을 방문할 기회가 있었습니다. 나는 그때 경사가 다소 완만한 산지에는 대부분 계단식 경작지가 일구어져 있는 것을 보고는 대단히 놀란 적이 있습니다. 그런데 그 계단들이 모두 돌로 만들어져 있었습니다. 나는 그 마을 주민들이 오랫동안 조금씩 그 계단을 만들었느냐고 물어 보았더니 오래 전에 그 땅의 임금들이 그렇게 하라고 했다는 것입니다. 지금 한국에는 계단식으로 만들면 경작이 가능한 많은 땅들이 있습니다. 그리고 진작 계단식으로 만들어 놓았더라면 침식되지 않았을 땅이 많이 있습니다. 그러나 이러한 일은 한 사람이 여기서 조금, 또 한 사람은 저기서 조금 해서는 감질나는 일밖에 없습니다. 그런데도 사람들이 이 일을 시도하지 않는 데는 이유가 있습니다. 자기 땅이 있는 사람들은 자기 농사짓느라고 바빠서 이 일에 손을 대지 못하고 땅이 없는 사람들은 계단식 경작지를 만들어 보았자 자신에게 돌아오는 유익은 없고 지주나 다른 사람들에게만 유익이 돌아간다고 생각하기 때문입니다. 나는 우리 크리스천들도 기독교 시민보호대(Christian Civilian Conservation Corps)란 단체를 만들면 얼마나 좋을까 하는 생각을 갖고 있습니다. 그 단체가 생기면 영어의 머리글자에 '씨'(C)자가 4개이므로 4-C클럽이라 부를 수 있고 또 한국의 4-H클럽과도 좋은 비교가 될 수 있을 것입니다. 한국에서 볼 수 있는 재미있는 현상 중의 하나는 육체노동자들보다 대학 졸업생들 사이에서 실업문제가 더 심각하게 대두된다고 하는 사실입니다. 기독 대학생들은 플래카드를 들고 다니며 누군가 이 문제를 해결하라고 요청하기보다 자신들이 직접 이 문제를 깊이 연구하여 보다 건설적인 방법을 찾아야 할 것입니다. 교육받은 사람들은 귀중한 재목들입니다. 그러나 이 불신자 사회는 그들을 위해 아무것도 하지 못하고 있습니다. 그러므로 교회가 이 귀중한 재목들을 대학졸업자들이 절대적으로 부족한 외국으로 파송하여 이웃 나라를 돕게 한다든지 또는 국내의 이웃을 돕도록 하는 방법을 마련해야 할 것입니다.

일단 4-C 클럽이 발족만 되면 회원들이 돌아다니며 각 교회의 철저한 청지기 의식을 가진 크리스천들로부터 기부금을 받아 모임을 이끌어 갈 수 있을 것입니다. 그러나 그런 기독교 공동체가 설립되어질 수 있도록 사람들이 하나님의 인도함을 받지 못하고 있습니다. 그러나 그런 모임이 만들어지면 자연 보존, 계단식 농사 조성, 등산로 내기, 식목 등 여러 가지 유익한 사업을 국내는 물론 해외에서까지 시도할 수 있을 것입니다. 지금 우리 나라에는 국토의 분수령을 따라 아주 오래된 산길이 있는데 이것은 아마 지리산에서 백두산까지 이어지지 않을까 생각합니다. 우리 예수원의 바로 위로 이 분수령이 이어지고 있기에 나는 몇 번씩 그 길을 따라가 보려 했습니다. 그러나 거기에 나무가 너무 무성히 자라 버렸기 때문에 여러 차례 길을 잃고 헤맨 적이 있습니다. 나는 미국의 C.C.C. 회원들이 어떻게 애팔레치아 산맥에다 등산객의 오솔길을 만들었는지 알고 있습니다. 그 길은 조지아에서 매인까지 3289km나 이어지는데 많은 사람들이 그들의 여름휴가를 이곳에서 보냅니다. 그들은 이 길을 따라 걸으며 하나님께서 지으신 자연을 통해 하나님께 더욱 가까이 나아가는 건전한 여름휴가를 보냅니다. 이것은 수많은 사람들이 해변이나 나이트클럽에서 돈과 시간을 낭비하는 것에 비하면 얼마나 귀한 일인지 모릅니다. 만약 한국의 4-C클럽 회원들도 이런 계획을 세워 착수한다고 하면 그들은 아울러 전도도 할 수 있을 것이고 어떤 면으로는 좀더 실질적인 전도자가 될 수 있을 것입니다. 왜냐하면 그들은 말보다는 몸으로 섬기게 되므로 지역 주민들의 마음을 쉽게 열게 될 것이고 또 그들을 캠프파이어 모임에도 쉽게 초대할 수도 있을 것이기 때문입니다.

만약 4-C클럽이 특별히 한국에 생겨나게 된다면 한국에는 대학 교육을 받은 사람들이 많으므로 회원들이 시도해 볼 수 있는 사업의 방향과 하나님께서 주실 수 있는 아이디어들이 무제한일 것 같습니다. 나는 이런 기관이 일단 만들어지면 한국 교회가 실업문제를 해결하기 위한 방편으로서 뿐만 아니라 전도와 선교의 적극적인 개체로서의 역할을 담당할 것이므로 적극적으로 후원해 줄 것이라 믿습니다.

이제 주제를 돌려서 기본적인 사회문제를 생각해 보도록 하겠습니다. 먼저 아버지가 없는 아이들 문제를 생각해 봅시다. 교회가 져야 할 기본적인 책임들 중의 하나는 곧 과부와 고아를 돌보는 일인데 성경에는 고아에 대해서 44번, 과부에 대해서 80번 언급하고 있습니다. 그중 다음 말씀은 우리에게 가장 잘 알려진 말씀입니다. "하나님 아버지 앞에서 정결하고 더러움이 없는 경건은 곧 고아와 과부를 그 환란 중에 돌아보고(visit) 또 자기를 지켜 세속에 물들지 아니하는 이것이라"(약 1:27). 여기서 '돌아보라'는 말은 어떤 상황에 대하여 무엇인가를 행한다는 뜻을 가지고 있습니다. 그것은 단순히 심방을 한 다음 기도나 해 주는 그 이상의 의미를 갖습니다. 하나님께서는 그의 백성을 돌아보사

속하셨을 때(눅 1:68) 당신의 아들을 우리 중의 한 사람이 되게 하시고 우리를 위해 죽게까지 하셨습니다. 이런 까닭에 사도 요한은 말하기를 "우리도 형제를 위하여 목숨을 버림이 마땅하다"(요일 3:16)라고 했습니다. 우리가 아버지 없는 아기들과 어린이들을 위해 할 수 있는 일이 무엇입니까? 이사야 선지자는 우리가 그들을 위해 금식까지 할 수 있어야 한다고 합니다. 이 말은 무엇을 뜻합니까? 내 자신의 몫이 줄어든다 할지라도 그들을 우리의 집으로 불러서 우리의 양식을 그들과 함께 나누어야 한다는 뜻입니다. 이런 류의 금식을 일컬어 이사야는 '하나님이 기뻐하시는 금식'이라고 말하고 있는 것입니다. 이사야 58장 7절을 읽어 보십시오. 그냥 먹여 주는 그것이 전부가 아니라고 말합니다. 하나님께서는 그들의 아버지가 되어 주라고 하십니다. 또 시편 68편 5절을 읽어 보십시오. 이 말은 그들을 우리의 호적 위에 올려야 함을 뜻하고 있습니다(겔 47:22~23). 한국에는 대단히 훌륭한 고아원이 여러 군데 있어 많은 고아들이 크리스천이 되고 있습니다. 그러나 그들 중의 소수만이 고등학교에 진학하는 기회를 얻습니다. 그리고 그들이 기술을 배워 좋은 직장을 갖고 결혼을 하여 자녀를 얻는다 할지라도 그 자녀들은 여전히 할아버지가 없는 즉 조상의 뿌리가 없는 자녀가 되고 만다는 것입니다. 할아버지는 아버지 다음으로 중요한 존재입니다. 국가가 모든 교육적인 기능을 인수하기 전에 할아버지들은 가정의 가장 중요한 교육자들이었습니다. 아버지는 밖에서 일을 하고 어머니는 어린아이들과 가사를 돌보느라 여념이 없을 때 할아버지는 자녀들을 가르치는 일에 전념했습니다. 요사이 우리들은 학교에다가 사람을 고용해서 이 일을 대신하도록 하려 합니다. 그러나 노련한 초등학교 선생님들 중에서도 과연 몇 명이나 그 할아버지의 역할을 대신 할 수 있을까요? 우리가 학교에 가면 60명에서 70명의 아이들이 한 선생님을 나누어 가져야만 합니다. 그러나 집에 오면 나 한 사람이 할아버지, 할머니를 독차지할 수가 있습니다. 여기에서 우리는 크리스천 공동체의 중요성을 다시 한번 음미할 수 있습니다. 어린이들은 누구나 비록 자신이 양자로 입양되어 있는 고아라 할지라도 식구가 많고 화목한 가정의 구성원이 되고 싶은 생각을 갖고 자라납니다. 이것은 노인들에게 있어서도 마찬가지입니다. 비록 그들이 무슨 사정으로 그곳을 떠나게 된다 할지라도 그곳은 여전히 그들이 돌아오기를 기다리는 가정으로 존재하는 것입니다. 그러나 대체로 고아들에게 있어서 이런 기대는 불가능합니다.

 그래서 크리스천들은 아래의 몇 가지 차원에서 부모 없는 아이들을 위한 조처를 해 주어야 합니다. 첫째로는 역시 집을 많이 지어서 과부들이나 버림받은 부인들이 자기들의 자녀들을 고아로 내버리지 않고 양육시킬 수 있는 집을 갖도록 해 주어야만 합니다. 둘째로는 그의 어머니들이 도저히 돌볼 수 없는 어린이들을 돌볼 가정을 찾아 주고 또 그들이 완전한 양자로서 호적에 등록될 수 있는 권한이 주어지도록 법적인 조처를 위하는 것입니다. 셋째로 어린이들에게 사랑을 주고 싶어 하는 외국의 수천, 수만의 자녀 없는 부부들에게 그들을 입양시킬 입양주선 기관들을 지원해 주어야 합니다. 넷째로 입양을 도울 더 많은 기관들을 설립하도록 외국의 한국인들과 끊임없는 교섭을 가져야만 합니다. 왜냐하면 현재 있는 얼마 되지 않는 기관들이 그렇게 엄청난 재정을 모금하게 될 때 거기에는 큰 물의를 빚을 수 있는 피하기 힘든 유혹이 뒤따르기 때문입니다. 만일 외국에 있는 양부모들이 기꺼이 그 많은 입양비 기부금을 내겠다고 하면 그들은 소위 중개인이라는 구실을 내세워 입양시키고 입양 받고자 하는 양측의 돈을 갈취하는 사람들을 찾지 않아도 되는 것입니다. 다섯째로 어린이들을 입양시키고 싶지만 경제적 여유가 없어서 못하는 사람들을 돕는 더 많은 기독교 공동체를 만들도록 노력하는 일입니다.

사회문제의 다음 영역으로서는 의료봉사 문제를 들 수 있습니다. 한때 기독교병원 하면 당연히 애정이 담긴 간호와 무료진료 내지는 저렴한 치료비를 내어도 좋은 곳이라는 인식을 준 때가 있었습니다. 그러나 오늘날 우리의 병원업계에는 이상한 기현상이 일어나고 있고 그것은 기독교병원에도 영향을 주고 있습니다. 지난 몇 년 간의 진료비는 하늘로 치솟아 한 가족이 중병을 앓게 되면 가정이 파산할 정도였습니다. 그리고 병원 진료비 상승 비율만큼 환자 수는 늘어가는 반면 완쾌되는 경우는 줄고 있습니다. 도대체 어떻게 되어가고 있는 것일까요? 그 중요한 원인 가운데 하나는 소위 도시화 현상인데 그것은 하나님의 법과 자연의 질서에 어긋난다는 것입니다. 성경은 최초의 도시가 최초의 살인자에 의해서 건설되었다고 가르쳐 줍니다(창 4:17). 그런데 이 도시화 현상은 사람들의 심신을 압박해서 병에 대한 저항력을 저하시키고 한 가지 질병을 극복하면 금새 또 다른 질병이 발생되도록 하는 것입니다. 그리고 또 다른 중요한 문제가 있습니다. 한때 전문 의료인들은 거의 전부 하나님을 믿으며 그리스도로 인하여 동료 인간을 위해 봉사하고 있는 사람들로 구성되었던 적이 있습니다. 그들이 의학을 공부할 때 그들은 자신들이 하나님의 법칙들을 공부하고 있고 이 법칙들을 그분의 영적차원의 법과 조화시켜 육체적 차원에 적용해야 한다고 여겼습니다. 한마디로 해서 의사의 진료 행위에는 통일성이 있었습니다. 다시 말하면 옛날에는 가정이 단골로 찾아가는 병원의 의사들은 자기 환자들의 경제적 형편은 말할 것도 없고 영적, 정신적 문제까지 잘 알고 있었습니다. 내가 알고 있는 어느 큰 도시의 병원에서는 아직도 모든 환자들에게 그들이 필요로 하는 것이라면 그것이 육체적이든,

심리적이든 그리고 경제적 또는 영적 문제이든 모두 제공해 주는 것을 원칙으로 삼고 노력하고 있는데 이들은 사회사업가, 간호원, 의사, 목사들이 팀을 이루어 함께 일해 주었으면 합니다. 그것은 하나의 거대한 이상이긴 하지만 계속 올라가고 있는 진료비는 그것을 한층 더 실행하기 어렵게 만들고 있습니다. 내가 그 병원을 35년 전에 보았을 때 그들은 부자들에게는 좀더 비싸게 진료비를 받아 그것으로 가난한 사람들에게는 좀더 싸게 치료해 주는 것을 보았습니다. 그러나 이런 의료 행위가 오늘날에도 실시될 수 있는지는 의문입니다.

　의학이 물질적인 근거 위에서 가르쳐지고 있는 것이 요즈음의 세대입니다. 그들은 인간은 창조되어진 것이 아니라 진화되었다는 가정을 전제로 하여 인간은 단지 영리한 동물이며 어떤 궁극적인 도덕적 진리가 없으며 경쟁이 인간의 삶의 법이라는 생각을 주입시킵니다. 그래서 하나님도 없고 기도와 사랑과 영적인 치유도 있을 수 없다는 것이 의학의 근거가 되어 있습니다. 더구나 더 심각한 문제는 대규모 제약회사들과 의료기구 제조회사들의 욕심과 횡포에 있습니다. 그들은 질병에 대한 값싼 치료방법이 계속 발견되어지니까 여기에 자극을 받아 많은 돈을 들여 자체적인 치료약 개발에 힘쓰고 있습니다. 그래야 자기들이 싸게 만든 약을 비싸게 팔아 돈을 벌 수 있으니까 말입니다. 그래서 이들은 값싼 치료방법이 있으면 그 정보가 퍼지지 못하도록 압력을 가하고 있는 실정입니다. 최근 미국에서는 비타민 B-17이 암을 치료할 수 있다는 주장을 하고 나선 의사에 대한 성토가 대대적으로 일어난 적이 있습니다. 사람들은 도저히 믿을 수 없을 정도로 그 의사를 몰아 세웠습니다. 그들은 그러한 비타민이 있다는 것을 인정할 수 없고 이 분야에 관한 연구를 막아야 하며 비타민 B-17의 사용법을 불법으로 정하고 비타민 B-17을 얻어서 미국 안으로 밀수입하거나 치료법을 얻기 위해 멕시코로 가는 것을 금지시켜야 한다고 주장했습니다. 이보다는 적은 규모이지만 같은 현상이 카오린(kaolin, 중국의 고령토, 우리나라의 백토를 말함)이라고 알려진 매우 가격이 싼 의약품의 사용에도 일어나고 있습니다. 이 약품은 설사의 간단한 치료약으로 동양에서는 잘 알려진 약품임에도 미국에서는 약사들이 거기에다가 값비싼 다른 성분을 섞어 만들지 않으면 판매를 거부하겠다고 나서고 있습니다.

지금 우리 기독교계는 물질주의가 의학기술의 영역에까지 어떤 일을 자행하고 있는지 깨달아야 할 시점에 이르렀습니다. 그리고 항상 의학이나 병원보다 기도가 앞서 선행되어야 하며 또 온수치료, 냉수요법, 목탄과 약초 등의 간단한 민간요법을 기도와 함께 해서 몸, 마음, 영혼의 전인적 치유로 돌아가야 할 것입니다. 옛날 속담에 "제때의 한 바늘은 후의 아홉 바늘을 던다."(A stitch in time saves nine)라는 말이 있습니다. 이 말이 뜻하는 바는 단순히 문제가 발생한 후에 그 문제를 해결하는 것보다 그 문제를 미리 방지하는 것이 좋다는 것일 것입니다. 단 몇 시간이면 두 논 사이의 둑을 수리할 수 있으면서도 수리하지 않았을 때는 첫 장마에 곡식을 떠내려 보낼 수 있습니다. 이 점은 사람의 건강에도 마찬가지입니다. 우리 기독교인들은 교회와 공동체 내에 있는 자들에게 병들지 않는 방법을 가르치기 위해 예방책을 강구하고 사람들을 훈련시켜야 합니다. 이 분야에는 쉽고 값싸게 할 수 있는 일들이 많이 있습니다. 이렇게 함으로써 우리는 많은 사람들을 의료비의 부담에서 구할 수 있습니다. 의료계에 있는 사람들에게 이 일을 부탁하는 것은 거의 무의미한 일입니다. 지금 사람들은 우리가 단순하게 지키기만 했더라면 발생하지 않았을 그 질병의 문제를 해결하기 위해 탈진할 정도가 되어 있습니다. 그러므로 다른 누군가가 이 일을 자기의 분야로 여기고 노력할 필요가 있습니다. 그러나 이 일을 하며 돈을 벌 수는 없습니다. 그러므로 교회가 이 일을 전도와 같은 교회의 임무로 생각하고 이들을 도와야 합니다. 그리고 사실상 이런 일이 전도인 것입니다. '복음'이란 말을 생각해 보십시오. 그것은 '기쁜 소식'이란 말입니다. 사람들에게 어떻게 하면 병원에 가지 않아도 된다고 말해 주는 것은 곧 그들에게 기쁜 소식을 전해 주는 것입니다. 성경에 나오는 구원이란 단어들을 조사해 보면 그것은 영혼 구원만큼이나 경제적, 육체적 구원과도 밀접한 관계가 있다는 사실을 알 수 있습니다.

이제 우리는 자발적으로 토지개혁 문제를 생각해 보아야 하겠습니다. 누가복음 4장 19절에 보면 예수님께서는 주의 은혜의 해를 선포하기 위해 기름부음을 받으셨다고 말씀하십니다. 그런데 바로 이 예수님께서 적어도 한 번 이상 우리에게 하신 말씀이 있습니다. 즉 "아버지께서 나를 보내신 것처럼 나도 너희를 세상에 보낸다."라는 말씀입니다. 그런데 우리는 지금 성령의 기름부음을 받았습니다. 그러므로 우리들 역시 우리 스스로 주의 은혜의 해를 선포할 필요가 있는 것입니다.

나는 누가복음 4장 19절의 의미를 정확하게 전달한 번역은 없다고 보는데 그 이유는 헬라어의 '테크토스'라는 단어가 신약성경에는 불과 5회밖에 나타나지 않는다는 사실 때문입니다. 옛날 영어 번역본에 보면 이 '테크토스'란 단어는 '받을 만한'(acceptable) '받아들여진'(accepted)이라고 번역되었습니다. 한국어 성경에는 그것이 바로 '은혜'(grace)라고만 번역되었는데 이것은 정확한 번역이라고 볼 수 없으며 그렇다고 또한 그 의미상 전혀 관계가 없는 번역도 아닙니다. 은혜란 본래 전혀 받을 만한 자격이 없음에도 불구하고 하나님께서 우리 인간에게 주시는 선물이기 때문입니다. 히브리어를 헬라어로 옮긴

70인역 성경(셉튜아진트)에 보면 이 '테크토스'란 단어가 희생제사와 연관되어져 사용되었음을 보게 되는데 이때의 희생제사는 자발적으로 드리는 제사를 가리킵니다. 즉 레위기 1장 3절에는 우리가 예물을 드릴 때 여호와 앞에 '열납하시도록'(acceptable) 드리라고 말하는데 이 '열납하시도록'이란 말은 고대 번역본에 '자발적으로'(of his own freewill)라고 되어 있습니다. 그러므로 이 말은 우리가 예물을 드릴 때 자발적으로 드려야 된다는 말입니다. 왜냐하면 하나님께서 받으실 만한 예물은 자발적이어야 하기 때문입니다.

예수님께서 '주의 해'를 선포하시겠다고 하신 말씀을 우리가 다음과 같이 해석한다는 것은 지극히 당연하고도 정상적인 방법일 것입니다. 즉 그가 왕으로서 당신의 권위에 의지하여 레위기 25장에 기록된 일종의 토지개혁을 단행하겠다는 의지입니다. 그러나 예수님이 이 일을 하시고자 했을 때 그는 우선 정권을 장악하고 군사 정부를 세웠어야 했을 것입니다. 계시록에 보면 예수님이 다시 오실 때 바로 이 같은 방법을 취하실 것이라고 말합니다. 그러나 예수님이 처음 오실 때는 그가 모든 일을 마치시고 부활 승천 후 보내 주실 성령에 의하여 오직 사람들의 마음의 변화를 일으키게 하는 것이 그의 방법이라고 말합니다. 그러므로 예수님은 처음 이 땅에 오셨을 때 이 일을 강압적으로 하시고자 하는 의도가 전혀 없었습니다. 오히려 사람들이 자기들의 자유의지(freewill)에 따라 토지개혁을 단행하고 희년을 선포하도록 요구하셨습니다. 정부가 정의를 구현해 보려고 한다면 우리는 여러 가지 방법의 토지개혁을 도입해 볼 수 있으며 6.25 직전에 있었던 토지개혁은 좋은 예라고 볼 수 있습니다. 그러나 우리 크리스천은 정부가 이 일을 해 주도록 기다릴 필요는 없습니다. 즉시 희년이 가르치는 바를 자발적으로 실행에 옮겨야 할 것입니다. 우리는 주후 30년경에 제자들이 성령을 받자 즉시 토지를 포함하여 그들이 가진 것을 서로 나누어 가지기 시작했다는 사실을 알고 있습니다(행 4:32~35). 나는 우리 크리스천이 지금 당장 실시해 볼 수 있는 9단계의 방법에 대해서 내가 생각하는 바를 나누고 싶습니다.

첫 번째 단계는 성경적 원칙들을 좀더 확대시켜 가르쳐야 한다는 것입니다. 그래서 사람들로 하여금 토지가 모든 경제 행위의 근간이며 경제는 사회, 정치적인 삶의 근본이란 사실을 성경이 분명하게 가르치고 있다는 사실을 알게 해야 한다는 것입니다. 지금 이 문제에 대한 책들이 점점 쏟아져 나오고 있는데 우선 첫 번째 방법으로서 이 책자들을 우리말로 번역하는 일이 필요한 것이며 또 가능하다면 이에 관한 정보들과 그 다음 단계들에 대한 홍보 활동을 조정해 주는 '기독교 토지개발 위원회'(Christian Land Development Association)를 만드는 것이 필요한 것입니다. 그러나 한두 가지 두려운 것은 그러한 기구가 하나일 때 제 구실을 다 해 줄까 하는 걱정입니다. 마귀란 놈은 어떤 기구가 하나뿐이고 힘을 중앙집권화하고 있으면 그것을 아주 쉽게 장악해서 본래의 길을 가지 못하도록 하는 버릇이 있습니다. 그러므로 이런 기구는 여러 개가 있어 서로 결속되기보다는 따로 독립되어 협력하는 기구가 되어야 할 것입니다. 그리하여 한 기관이 제도를 탈선할 때 다른 선한 기관이 그것을 이끌어 줄 수 있도록 말입니다. 그리고 이런 기관들은 모두가 다 정식 조직체가 될 필요도 없습니다. 다만 같은 목적을 가지고 그것을 성취하기 위해 공동협력 할 수 있는 몇몇 크리스천의 모임들이 모여 있기만 해도 될 것입니다.

두 번째 단계는 땅을 가장 효율적으로 혹은 적절하게 사용하는 방법을 개발하도록 하는 일입니다. 성경은 이것이 무엇인지 정의를 내리지 않습니다. 성경은 다만 우리에게 사명을 주고 있습니다. 하나님께서는 우리에게 "땅에 충만하라"(창 1:28)라고 명령하셨습니다. 이 '충만'이란 단어는 히브리어로 '말레'(male)인데 이것은 '채우다'(fill), '완수하다'(accomplish), '성취하다'(fulfill), '열매 맺다'(bring to fruition), '목적을 달성하다'(achieve purpose) 등을 의미합니다. 이 말은 우리가 땅의 한부분 부분들을 바라보고 "이 시점에서 이 땅을 위한 하나님의 뜻이 무엇이며 이 땅으로부터 무슨 소득을 얻어 내야 하는가?"라는 질문을 스스로에게 해야 한다는 말입니다. 그리고 '효율적'(efficient)이란 말을 생각할 때 대부분의 사람들은 단순히 '가장 시장성이 좋은 식물을 가장 다량으로 생산하는' 말로 생각해 버린다는 것입니다. 이런 사고방식은 수만 헥타르의 땅 위에다가 아편, 담배, 커피, 차(茶) 등 매우 고급스런 식물을 심도록 하는 결과를 낳게 했습니다. 그러나 정작 그 땅은 바로 옆에서 먹지를 못해 죽어가는 사람들을 위해 식물을 경작했어야 마땅한 땅입니다. 이런 이유 때문에 전 영국 토지위원회의 회장이었으며 〈작은 것이 아름답다〉(Small is Beautiful)라는 책의 저자 슈마허(Schumacher) 박사는 '적절한 기술'(appropriate technology)이란 표현을 소개했습니다. 이 말은 좀 확대시켜 '적절한 토지 사용'이란 뜻을 포함하는 단어입니다. 크리스천인 우리들은 우리에게 돌아오는 이익보다는 인간의 가치 그 자체에 더 관심을 기울여야 하며 가장 많은 돈을 벌 수 있는 그 일이 사람을 가장 비참하게 만들 수 있다는 사실을 알아야 합니다. 그러므로 크리스천의 관점에서 '효율적', 혹은 '적절한' 토지 사용이란 말은 인간의 필요를 채워 주고 이웃을 사랑하라는 하나님의 계명을 성취(fulfillment)하는 행위로 받아들여져야 하는 것입니다. 또 한 가지 요사이 유행하는 말 중에 '생태학'(ecology)이란 단어가 있는데 이 말을 애용하는 사람들은 대부분 불신자들입니다. 그런데 이들은 '적절한'(appropriate)이란 말에 대한 이상한 개념을 만들어 내고 있습니다. 우리들은 신학교에 이 생태학 강의를 개설해서 크리스천의 관점에서 이 과목을 학생들에게 가르칠 필요가 있습니다. 그리하여 '이 땅을 위한 하나님의 뜻이 무엇이고 우리는 그 뜻을 어떻게 성취할 수 있는가'를 생각하도록 해야 할 것입니다.

세 번째 단계는 가장 시급한 문제를 먼저 해결하는 방법입니다. 만약 이 방법을 첫 번째 단계로 실시하면 문제를 해결하기보다는 악화시키게 될지도 모릅니다. 내가 보기에 한국에 있어서 가장 시급히 해결되어야 할 문제는 농부들을 빚더미로부터 나올 수 있도록 도와 주고 그들의 농토를 잃지 않도록 보호해 주는 일입니다. 나는 농가의 자금(재무)실태를 자세히 조사해 보지는 못했습니다. 그러나 농부들이 생산해 내는 것보다 소위 농가를 현대화하는 일에 더 많은 돈이 들어가는 것 같고 따라서 농부들은 점점 더 빚더미 위에 올라앉고 있음이 분명한 것 같습니다. 옛날에는 빚을 지고 농토를 잃는 경우가 아주 심한 가뭄이 들었을 때나 아니면 노름, 비싼 혼례식, 장례식, 술타령 등 대부분이 농민들 자신의 나쁜 습관 때문이었습니다. 그러나 요즈음 미국과 한국에서는 부지런히 일하는 농부들까지 그것도 풍년이 들었다는 바로 그 이유 때문에 조상 대대로 물려 온 농토를 남의 손에 넘겨 주고 마는 진풍경이 벌어지고 있습니다. 풍년이 들면 곡물 값이 하락하니까 그동안 농기계, 비료, 농약을 사기 위해 빌렸던 돈을 갚을 수가 없게 되기 때문입니다. 그리고 또 농민들은 이런 비료, 농약, 농기계 들을 해가 갈수록 더 필요로 하는 것 같습니다. 그러나 유기농법을 사용하는 농부들은 소위 이런 현대식 농법을 쓰면 토지의 생산성을 약화시킬 뿐 아니라 농사비용도 해마다 증가되게 된다고 말합니다. 반면 유기농법을 빌리게 되면 생산성도 높아질 뿐 아니라 농사비용도 점점 감소된다고 말합니다.

아무튼 성실하게 열심히 일하는 농부들마저도 점점 쌓여져 가는 빚더미로 인하여 아까운 농터를 잃어가고 있는 실정입니다. 크리스천들은 이런 추세를 뒤집을 수 있는 방법을 속히 찾아야 합니다. 이런 방법 중의 하나는 그들에게 이자 없이 자금을 빌려 주고 난 뒤 그들로 하여금 유기 농사를 짓도록 도와 주는 방법입니다. 우리네 선조들은 40세기 동안이나 비료, 트랙터, 농약을 쓰지 않고도 성공적으로 농사를 지어왔습니다. 나는 농경제 원칙들 중 꼭 지켜져야 하는 것이, 농부는 우선 자기네 가족들이 시장에 가지 않아도 될 곡물들을 먼저 재배한 다음 여분의 땅에서 생산되는 것은 시장에 팔아다가 돈을 벌어 자기가 경작하지 못하고 만들지 못했던 것들을 사도록 해야 한다는 것입니다.

세 번째 단계에서 실시할 수 있는 또 다른 하나의 방법은 도시에 많은 땅을 갖고 있는 그리스도인 부자가 도시의 땅을 팔아 시골에 있는 땅을 산 다음 그것을 토지신탁기관에 기부하도록 하는 것입니다. 그리하여 가난한 시골 사람들이 아주 싸게 그 땅을 빌려 농사를 지을 수 있도록 해 주는 것입니다. 이 일을 위해서는 먼저 토지신탁기관(land trusts)들을 만드는 것이 필요합니다. 지금 미국에서는 지역사회 토지신탁기관(community land trusts)들을 만들고자 하는 움직임이 있습니다. 이 기관들은 기부받은 땅을 영원토록 맡아 관리해야 하므로 절대로 팔 수는 없습니다. 그러므로 이들은 땅을 절대 팔지 말라는 레위기 25장 23절을 순종할 수 있게 됩니다. 이 신탁기관들은 아주 싼 값으로 그 땅을 빌려 주어 토지를 필요로 하는 사람들이 농사를 지어 생계에 필요한 소득을 거둘 수 있도록 해 줍니다. 그리고 그 땅을 빌려 주고 받은 대여비는 신탁기관의 유지비로 사용되기 때문에 아무도 그 기관을 통하여 돈을 벌 수도 없게 되어 있습니다. 이런 일은 물론 자기 땅을 갖고 있는 개개인이 할 수 있고 또 해야만 하겠지만 그러나 이보다 한 단계 앞선 형태를 갖추면 더욱 좋을 것입니다. 이 일을 함에 있어서 분명히 알아야 할 것은 그 누구도 땅을 강제로 차지하여 지금 불신자들이 하는 대로 소작농들을 과도하게 착취할 수 없다는 것입니다. 지금 믿지 않는 사람들은 그들의 소작농들로부터 수확량의 50~60퍼센트까지를 내놓으라고 요구하고 있는 실정입니다. 창세기에 보면(창 47:24~26) 애굽의 총리 요셉은 소출의 20퍼센트만을 토지 대여비로 요구하고 있습니다. 나는 크리스천이라면 이 이상의 대여비를 요구할 수 없다고 생각합니다. 그리고 노력만 한다면 어떤 방법으로라도 이보다 적은 대여비를 책정해서 자발적인 주의 은혜의 해(희년)를 스스로 선포할 수 있을 것입니다. 그리고 이와 똑같은 맥락 속에서 여러 종류의 소비 협동조합에 자금을 지원해서 설립되도록 한다면 농민들이 서로 협동하여 중간 상인들이 취한 폭리의 횡포도 막을 수 있게 될 것입니다. 그러나 정부에서도 이 일에 지원을 하고 있으므로 괜스레 일을 중복시키지 않도록 조심해야 합니다.

네 번째 단계는 미국의 〈마더 어스 뉴스〉(Mother Earth News)와 같은 기독교 색체를 띤 잡지를 발행하는 일입니다. 한국에서는 잡지의 이름을 〈땅을 충만케 하라〉는 식으로 붙일 수 있을 것입니다. 이 잡지는 '농지개량 지원비', '생태학', '새로운 곡식 품종', '새로운 영농기술', '유기농법', '농토 개간' 등 실제적인 농업 정보들을 수록함은 물론 농업에 대한 성서적인 원칙들을 실어서 일반 농민들에게 알려 주어야 합니다. 지금 해외에는 이에 대한 책자들이 많이 나와 있는데 우리가 잡지를 만들어서 필요한 정보들을 우리 농민들에게 소개해야 합니다. 잡지에는 이론적인 기사 외에도 성공적인 실험 결과를 보고하거나 토지에 대한 하나님의 뜻을 이루기 위해 조직된 기관들을 소개할 수도 있습니다. 우리 주위에는 대학에서 농업을 전공하고도 자신을 대학에 보내 준 가족들에게 보답하고자 회사나 정부 기관에 취직을 해 있는 사람들이 많이 있습니다. 그러나 이들은 여전히 농토에 대한 꿈을 버리지 못하고 있습니다. 이런 사람들에게 이와 같은 잡지는 좋은 안내자가 될 것이며 또 같이 손을 잡고 농토로 돌아갈 수 있는 동역자를 찾는 데도 도움을 줄 것입니다.

다섯 번째 단계는 서로 손을 잡고 농토로 돌아가는 일입니다. 우리가 사는 예수원 근처에는 매봉산 개척단지가 있습니다. 이 매봉산 개척 계획은 1965년 한미재단(American Korean Foundation)이 산골짜기에서도 사람들이 다시 살 수 있음을 입증하고 그 방법을 보여 주기 위해 세운 것입니다. 이 계획은 일종의 시험 안으로 시도되었고 그 결과는 아주 성공적이었습니다. 하지만 원래 한미재단의 정책은 시험 작업을 통해 어떤 일의 가능성 여부와 그 수행 방법을 보여 주고 또 다른 실무자들로 하여금 더욱더 많은 유사한 계획들을 유발시키고자 하는 것이었습니다. 그러나 내가 알고 있는 한 이보다 더 성공률이 높은 계획은 아직 시도되지 않은 것으로 알고 있습니다. 이런 류의 공동 농토개발 계획은 다분히 개인의 소유권과 개인이 투자하는 노력을 인정해야 하는 것입니다. 그러나 이런 계획 이외에 오늘날의 키브츠나, 서구의 전통적 수도원 운동처럼 더욱 꽉 밀착된 공동체들도 있는데 우리 기독교인들은 그와 같은 계획들을 연구, 보고하고 또 자금지원도 할 수 있습니다. 그러나 알아야 할 것은 인위적으로 만들려고 하는 어떤 인간 집단(공동체)은 한두 해에 이루어지지 않습니다. 보통 완전히 자립하고 안정 단계에 들어서려면 약 20년이 걸려야 합니다. 그 후 그 공동체가 또 다른 자(子) 공동체를 낳을 수 있지만 그때까지는 교회로부터의 도움을 필요로 하는 것 같습니다. 이런 계획을 위해서는 사람을 훈련시키는 일이 필요합니다. 지금껏 많은 계획들이 실패했던 이유는 자금이 부족했다는 이유도 있지만 이 계획에 참여하는 사람들이 영적으로 실제적으로 훈련을 받지 못했었기 때문입니다. 그동안 우리 예수원은 자본도, 훈련도 거의 없었지만 하나님께서는 기적에 기적을 더 하사 우리를 지속시키시고 성장시키셨습니다. 기독교인들은 좋은 농사 방법이나 자금조달 방법뿐 아니라 기적적으로 역사하시는 하나님께 의지하는 방법도 배워야만 합니다. 자연법뿐만 아니라 기도의 법도 하나님의 법입니다.

협동이라는 말은 피차 순복(順服)하는 것을 말합니다(벧전 5:5). 그리고 창세기 1장 28절에서 '정복'이라고 번역된 '가바쉬'란 '자연을 길들임' 즉 야생의 상태에서는 가질 수 없었던 생산력을 자연에 일으키는 것을 말하는데 이것은 인간만이 할 수 있음을 의미합니다. 그러나 이 자연에 대한 하나님의 계획을 좀더 효율적으로 성취하는 데는 서로 복종하는 일이 필요합니다. 같은 절의 '다스리다'라는 말은 '조절하다', '관리하다', '방향을 잡다'를 의미하는데 이는 그 일에 방향을 제시하고 조정해 줄 수 있는 잡지, 신용협동조합, 그리고 공동사회가 담당해야 할 역할이라고 생각합니다.

우리는 창세기 2장에서 기독교적 토지개혁 또는 자발적인 토지개혁에 관계된 두 개의 단어를 더 볼 수 있는데 하나는 15절에서 '다스리다'로 번역된 '아밧'(abad)과 역시 15절에서 '지키다'로 번역된 '샤말'(shamar)입니다. 두 단어는 많은 의미를 갖고 있습니다. '아밧'은 기도와 예배 중에 주님을 섬긴다고 할 때의 '섬김'이라는 뜻 외에 '경작하다', '경영하다', '종이 되다'는 뜻을 갖고 있습니다. 다른 말로 하면 이 말은 우리가 땅을 갈 때 우리는 그 땅의 종이고 동시에 하나님의 종이며 또 그 일을 주께 하듯 하라는 뜻인 것입니다. 하여튼 다섯번째 단계는 토지에 재정착할 수 있도록 사람들을 훈련시키는 과정이었습니다. 이제 여섯 번째 단계는 개척 농가들을 지도하고 재정으로 지원해 주는 것이 됩니다. 그리고 일곱 번째 단계는 개별적 개척 농가들과 집단 농장 개발 사업을 모두 지원해 주는 것이 됩니다. 여덟 번째 단계는 인간, 자연, 그리고 하나님 사이의 관계를 관찰하면서 읍, 면 단위에서의 생태학을 연구하는 것입니다. 물론 이런 일은 장기적인 안목에서 바라보아야 합니다. 그래서 나는 우선 급한 문제부터 먼저 언급했던 것입니다. 그러나 이런 일을 할 사람은 바로 시골교회 교역자들입니다. 그러므로 각 신학교에서는 '시골 생태학' 과목을 만들어 가르쳐야 할 것입니다. 그리고 이 과목에서는 교회와 목회자의 사역을 사람과 사람, 신자와 불신자, 정부와 자연과의 관계 속에서 가르쳐야 합니다. 여기에서 자연이라 함은 농한기를 보다 건설적으로, 창조적으로 보내기 위해 가내 수공업에 종사하는 일과 농사, 조림사업, 수력개발, 광산개발 등을 포함시킵니다. 여기에서 나는 이 문제와 관련해서 식이요법에 대해서 좀 언급하고자 합니다. 일반적으로 편식을 하는 사람보다 이것저것 가리지 않고 아무것이나 먹는 사람이 더 건강합니다. 그런데도 오늘날 사람들은 음식을 점점 더 편식하는 경향이 짙어가며 그 결과 광물성들이나 미량의 원소들은 물론 단백질까지도 섭취하지 못하고 있는 실정입니다. 그러므로 우리는 '다래리치'(comprey)와 같이 고단위 단백질 식물에 대한 연구를 해야 할 것입니다. 이 식물은 거의 식용으로 사용되진 않지만 그러나 맛도 좋고 세포성장을 촉진시켜 주는 화학성분인 알란토인(allantoin)을 포함하고 있습니다. 그리고 약초들도 그것이 농가에서 재배하는 것이거나 자생하는 것이거나 간에 역시 식물로 사용될 수 있는가에 대하여 연구를 해야 합니다.

마지막으로 아홉 번째 단계인데 이것은 지금까지 언급한 것 중에서 가장 장기적인 안목을 필요로 하는 것입니다. 나는 지금까지 이 '산골짜기에서 온 편지' 칼럼에서 이 사실을 가장 강조해 왔습니다. 이것은 하나님의 율법의 주권을 성취하는 일로서 모든 가정은 그들의 땅을 그들의 유산으로 소유하고 있어야 결코 팔거나 남에게 넘겨 주어서는 안 된다는 말입니다(레 25장). 이것은 인권의 가장 기본을 이루는 것이어서 이것을 제쳐두고 '인권'을 이야기한다는 것은 아무 의미도 없는 것입니다. 이 문제와 관련시켜 레위기 25장 15~16절을 봅시다. 도시에 땅을 가진 사람들에게 토지 사용료를 내라고 요구합니다. 그리고 시골에 5천 평 이상의 땅을 가진 사람들에게는 면사무소에 토지 임대료를 바치라고 요구합니다. 만약 이렇게만 한다면 실직이 없어지고 인플레이션이나 부정도 없어지고, 거의 모든 세금징수의 필요성도 없어지는 조용한 혁명이 일어날 것입니다. 이런 단계에 올라서야 자유 무역은 실효를 거두게 되고 한국은 무궁화 만발하는 하나님의 나라로서 전 세계에 선보이게 될 것입니다. 긴 편지를 읽어 주셔서 감사합니다.

한국 교인들의 몇 가지 잘못된 신앙 습관

존경하는 대천덕 신부님께.

　말씀을 나눌 시간이 너무 짧아 다소 아쉽긴 했어도 지난번 제가 신부님을 서울에서 만나 뵐 수 있었던 것은 큰 기쁨이었습니다. 저는 언젠가 꼭 예수원에 올라가 신부님을 뵙고 싶습니다. 자세한 이야기는 그때까지 미루기로 하고 우선 저는 한국 교회가 따르고 있는 몇 가지 특유한 신앙 양식에 대한 설명을 듣고 싶습니다.

　저는 제가 미국에 있을 때 한국 교회가 영적인 것을 사모하고 영적으로 살아 있다고 들어왔습니다. 그래서 저는 한국 교회가 자유주의 신학 경향으로부터 비교적 탈피해 있고 성경적 바탕 위에 분명히 서 있다는 인상을 받았습니다. 그리고 한국에 복음을 전해 준 선교사들 역시 대단히 복음주의적 인물이었다고 스스로 생각해 왔습니다. 그런데 어느 무역회사의 직원이 되어 한국 땅을 밟고 한국 교회를 직접 보게 된 저는 대단히 놀라지 않을 수 없었습니다. 성경과는 전혀 동떨어진 신앙습관이 사람들 가운데 행해지고 있었기 때문입니다. 신부님께서는 이러한 현상을 어떻게 보시며 어떻게 해서 이런 일들이 시작되게 되었는지요? 그것은 초기 선교사들의 가르침의 부산물인가요? 아니면 불교나 유교적 전통을 반영해 주는 토착화의 한 형태로 나타난 것인가요? 신부님의 의견을 듣고 싶습니다.

- 존 스미스 올림

사랑하는 존 형제에게.

한국 교회 교인들의 신앙 습관에 대해 물어 주시니 형제의 편지에 감사를 드립니다. 이런 한국 교회의 문제점들을 보고 당황하는 사람은 비단 형제뿐만이 아닙니다. 그러나 외국인으로서 또는 한국 교회의 손님으로서의 우리들은 한국 교회를 비난하는 일은 삼가해야만 합니다. 뿐만 아니라 우리들은 서구 교회가 도저히 따라갈 수 없을 만큼 앞서 가는 한국 교회의 장점들 즉 아낌없는 연보, 충실한 교회출석, 기도의 열심, 교회성장, 전도 등을 보고 스스로를 부끄러워해야 할 것입니다. 그리고 이런 한국 교회의 장점들은 잘못된 점들과 비교하여 결국 상쇄시켜 버릴 수 없는 그런 좋은 점들입니다. 그러나 예수님께서는 그의 신부된 교회가 흠도 점도 없기를 원하시며(엡 5:27) 또 우리들은 그저 한국 교회의 손님일 뿐 아니라 믿음의 가정의 한 식구요 한 형제자매인 것도 알아야 합니다. 그러므로 우리들은 비록 우리가 한국 교회를 칭찬할 수 있는 많은 장점들이 있음에도 불구하고 우리들을 어리둥절하게 만드는 몇 가지 문제점들도 함께 있음을 솔직하고 정직하게 알려줄 수 있어야 합니다.

예수님께서 주신 산상보훈은 가장 많이 외치면서도 가장 적게 실천하는 말씀이 아닌가 생각합니다. 마태복음 15장 6절에서 예수님은 "너희가 너희 유전으로 하나님의 말씀을 폐하는도다."라고 하시면서 나아가서는 이사야의 말을 인용하여 "이 백성이 입술로는 나를 존경하되 마음은 내게서 멀도다. 사람의 계명으로 교훈을 삼아 가르치니 나를 헛되이 경배하도다."라고 경고하셨습니다. 이 말씀은 16세기의 종교개혁 당시 개신교가 가톨릭 교회를 향하여 회개하라고 외쳤던 말씀입니다. 그러나 20세기에 와서는 개신교도 마찬가지 형편에 빠지지 않았나 생각합니다. 나는 성경에 없는 전통이 성경에 덧붙여진다 하더라고 그것이 성경에 상치되지 않는다면 문제가 되지 않는다고 생각합니다. 성경은 우리의 일상생활과 하나님을 섬기는 예배생활에 대하여 모든 것을 일일이 지시하지 않고 다만 꼭 필요한 기본적 사항만을 가르쳐 주고 있습니다. 즉 성경은 인간의 삶과 예배에 대한 많은 부분들을 우리들의 창조력, 상상력에 맡기거나 성령의 인도하심에 따르도록 요구한다는 것입니다. 그러므로 전통은 성경과 상치되지 않으면서 성경이 허락하는 기초 위에 세워져야 합니다. 만약 우리가 성경이 분명하게 거절하는 기초 위에 전통을 세워 다른 방향으로 나아간다면 우리는 사탄이 들어와 우리가 하고 있는 선한 일까지 악한 것으로 만들도록 기회를 허락해 주는 우를 범할 것입니다.

예수님께서는 몇 가지 사실들에 대해서는 매우 구체적으로 가르쳐 주셨습니다. 산상보훈에는 이런 예수님의 가르침이 그대로 나타나 있는데 우리는 이 가르침을 통하여 한국 교회가 어떤 위험한 전통 위에 서 있는지 살펴보아도 좋을 것 같습니다. 나는 먼저 구약의 말씀은 성취되어야 한다고 가르치는 마태복음 5장 17~18절에서부터 시작하려고 합니다. 그리고 나는 바로 여기서 구약성경은 하나님께서 인정하시는 분명하고도 오류가 있을 수 없는 경제제도를 제시하고 있다는 사실을 언급하고 싶습니다. 한국 교회는 성경이 가르치는 토지제도를 극렬히 반대했던 대만이나 구라파의 교회와 비교하면 그래도 실수를 적게 한 편에 속합니다. 그러나 공산주의자들이 쳐들어 왔을 당시 그들의 손아귀로부터 이 민족을 구한 1950년 4월의 토지개혁은 당시 가장 저명한 교회 지도자들의 반대에 부딪혀 너무 늦게 실시된 감이 없지 않았습니다. 그런데 심지어 오늘날도 이 문제에 대하여 관심을 나타내는 기독교 지도자들은 매우 적은 실정입니다. 나는 할 말은 꼭 하고야 마는 담대한 소수의 그리스도인들이 얼마나 자랑스러운지 모르겠습니다. 그러나 성경의 가르침을 정면으로 도전하며 바알 신앙의 진수라고도 할 수 있는 부동산 투기와 관계를 맺고 있는 그리스도인들을 보면 경악하지 않을 수 없습니다. 그리고 이런 문제를 보고서도 전혀 무관심하거나 또는 얼토당토않은 것을 문제의 해결책인 양 신나게 변호하는 그리스도인들 역시 외국인인 우리에게 큰 실망을 안겨 줍니다.

마태복음 5장 37절은 거짓말하는 것에 대하여 엄하게 꾸짖고 있습니다. 그리고 계시록 21장 8절에서는 모든 거짓말하는 자들은 불과 유황으로 타는 못에 참예하게 된다고 경고하고 있습니다. 그럼에도 불구하고 한국의 그리스도인들은 누구의 체면을 세워 주거나 감정을 상하지 않게 하려고 하는 거짓말은 해도 괜찮다고 생각하는 것 같습니다.

하지만 이런 것들도 그렇게 심한 편은 아닙니다. 우리로 하여금 진짜 경악케 만드는 것은 마태복음 6장을 읽고 난 뒤 이것을 한국 교회의 신앙 습관들과 비교해 보는 일입니다. 예수님께서는 헌금과 구제하는 일을 가지고 나팔을 부는 것에 대하여 엄중하고도 분명하게 꾸짖으신 바 있습니다. 그럼에도 불구하고 대부분의 한국 교회는 헌금을 한 성도들의 이름을 일일이 읽어 주고는 그들을 위해 특별 기도까지 드려 줄 뿐 아니라 또 교회 주보나 광고판에 액수까지 기록해 주기도 합니다. 나는 이 습관이 서양의 선교사들로부터 배운 것이 아니라고 믿고 있습니다. 다시 말하면 초기의 선교사들은 한국의 성도들에게 십일조 생활과 자립생활의 중요성을 가르치고 또 실천하도록 인도하기 위해 어떤 영적 분위기를 조성코자 했던 것 같습니다. 그러자 한국의 교인들은 이것을 잘 지킬 수 있는 방법을 생각한 결과 이름을 밝히고 특별히 기도를 해 주는 방법을 만들었던 것 같습니다. 그러나 문제는 이런 비성경적인 습관들을 보고 금하기보다는 오히려 조장하고 부추겼던 우리 모두의 태도에 있습니다. 우리는 이러한 우리들의 잘못에 대하여 깊은 죄책감을 가져야 할 것입니다. 야고보서 2장 6절은 가난한 자들을 멸시하는 사람들을 고발하고 있는데 우리가 바로 그 사람들이 아닌지 심히 두렵습니다. 예수님께서는 가난한 자들에게 복음을 전하러 오셨다고 분명하게 일러 주셨습니다(눅 4:18). 그러나 우리들은 예수님이 행하신 위대한 일들에 대해서만 신경을 빼앗긴 나머지 그가 가난한 자들에게 복음을 전하셨다는 더 중요한 사실을 잊어 버리지나 않았나 생각합니다. 우리는 또 계속하여 우리의 기도하는 습관이 마태복음 6장에서 예수님께서 가르치신 교훈과 어긋나게 됨을 알 수 있습니다. 우리들은 공중예배에서 길게 기도하는 습관을 권장하고 남이 보는 곳에서 거창하게 기도하도록 사람들을 부추깁니다. 그리하여 예수님의 가르침을 좇아 골방에서 몰래 기도하는 사람들로 하여금 그들이 그리스도인이 아닌 것처럼 생각하게 합니다. 예수님은 또한 무의미하게 중언부언하는 기도에 대해서도 경고하셨습니다. 그럼에도 우리들의 기도의 많은 시간이 중언부언하는 기도에 쓰여져 왔습니다. 예수님께서는 기도의 모본으로서 주기도문을 우리에게 가르쳐 주셨는데 이 기도문 중에서 제일 먼저 나오는 사항이 '찬양'(이름이 거룩히 여김을 받으시오며)입니다. 그러나 우리의 '찬양의 노래'(찬송가)들조차도 그중의 대부분이 순수한 찬양이 아니라 무엇을 해달라고 바라는 것들이거나 또 순수한 찬양이라 할지라도 그것들은 즐겨 불려지지 아니하는 것들입니다. 반면 우리들의 기도 가운데는 '오늘날 우리에게…주옵시고'라는 항복이 주기도문의 7가지 항목 중 거의 모두를 차지하는 것 같습니다. 또 양식을 구하는 기도라 할지라도 '일용할 양식'(today's bread)을 구함에만 그치지 않고 두고두고 먹을 것과 그 밖의 생활에 필요한 것까지 구하여 예수님께서 가르치신 소박한 간구를 크게 빗나가고 있다는 사실입니다. 그러나 우리의 기도생활 중의 가장 큰 문제는 용서하기를 주저하는 마음(unwilling to forgive)이 아닌가 합니다. 우리들은 '우리의 죄를 사하여 주옵시고'라는 기도는 수없이 되풀이하지만 예수님께서 그 앞에 조건부로 붙인 사항 즉 '우리가 우리에게 죄지은 자를 사하여 준 것같이'라는 말씀은 전적으로 무시해 버립니다. 사실인즉 주기도문은 오늘날 많은 한국 교회에서 공동으로 불려지는 유일한 찬송인데 이 주기도문이 노래로 불려질 때 바로 이 부분의 가사는 빠져 있다는 사실입니다. 나는 이 사실을 거론할 때마다 얼마나 떨리는 마음을 갖게 되는지 모릅니다. 그런데도 사람들은 이것이 빠져 있다는 사실조차도 눈치채지 못하고 있습니다. 이것은 우리가 예수님의 가르침을 얼마만큼 진지하게 수용하는가를 보여 주는 일이라고도 할 수 있는데 사실 우리는 조금도 진지하게 받아들이지 못했다는 말입니다. 그러나 바로 이 부분은 주기도문의 7가지 간구 중 예수님께서 6장 14, 15절에 가서 다시 반복하여 가르치실 만큼 중요했던 간구의 내용이었습니다. 우리는 예수님께서 반복하여 가르치신 이 말씀을 읽고 가슴이 철렁 내려앉을 만큼 놀라지 않으면 안 됩니다. "너희가 사람의 과실을 용서하지 아니하면 너희 아버지께서도 너희 과실을 용서하지 아니하시리라."

그리고 한국 교회 신앙 관습 중 또 하나 외국인들을 경악시키는 것은 금식입니다. 예수님께서는 금식이란 은밀히 행하여 아무도 이를 알지 못하도록 해야 한다고 자세하게 일러 주셨습니다. 나는 한국의 목사님들이 "신부님, 최고 며칠까지 금식해 보셨습니까?" 하고 묻는 것을 자주 보았습니다. 나는 그런 질문을 함으로써 그들 자신의 금식 경험을 자랑하려 할 뿐 아니라 하나님과 나만의 개인적인 비밀을 캐내어 예수님의 경고를 경멸하려 드는 그들의 태도에 놀라지 않을 수 없었습니다. 나는 한국 교회가 어떻게 하여 이런 올가미에 빠져들게 되었는지 생각할수록 놀라지 않을 수 없습니다. 나는 선교사들이 바로 이런 일을 했다고는 믿을 수 없습니다. 나는 이것이 샤머니즘이 미친 한 토막의 작은 영향이 아닌가 생각합니다. 즉 나 자신에게 고통을 가하면 하나님께서 억지로라도 동정을 해 주실 것이고 또 그것을 다른 사람에게 알려 칭찬을 받으면 상당한 위로가 되기 때문이라는 것입니다. 그러나 예수님께서는 이런 사람들에게 "진정으로 말하노니 너희는 너희 상을 이미 받았느니라."라고 하셨습니다. 다른 사람이 나의 금식한 것을 알아 주면 그것이 우리가 받을 상의 전부이고 하나님께로부터는 없다는 말입니다.

보물을 땅에 쌓아 두지 말고 하늘에 쌓아 두라는 예수님의 가르침 역시 많이 무시되어지고 있습니다. 그런가 하면 다른 사람을 공공연하게 정죄하는 일은 더더욱 널리 행해지고 있습니다. 영적으로 어리고 믿음이 약한 평신도들이 마태복음 6장 19절~34절에 나오는 가르침대로 살지 못하는 것은 그렇다 치더라도 각 교단들이 서로를 공공연하게 비난하는 일은 도대체 어떻게 된 일입니까? 내게는 그런 일들이 "비판을 받지 아니하려거든 비판하지 말라"(마 7:1)는 교훈, '서로 사랑하고 이해하고 오래 참으며 하나가 되라'는 사도 바울과 요한의 교훈, 그리고 궁극적으로는 "우리가 다 하나가 되어서 세상으로 하나님을 믿게 하라"(요 17:21)는 예수님의 기도의 부탁을 무시하려는 의도로 보여집니다. 한국의 불신자들이 왜 예수님을 믿지 않느냐고 물을 때 가장 자주 둘러대는 변명은 "서로가 옳다고 주장하니 어느 교회로 가야 할지 모르겠다."는 것입니다. 가슴이 아프긴 하지만 너무도 분명한 사실은 서로를 공공연하게 정죄했던 우리들의 아름답지 못한 자세가 많은 사람들을 교회로부터 소외시킨다는 사실입니다. 나는 우리가 심판 날 주님 앞에 서게 될 때 우리의 실수로 길을 잃게 된 영혼들에 대한 추궁을 꼭 당하게 될 것이라고 믿고 있습니다(겔 3:18~20, 33:6~8).

또 어떤 사람들은 가톨릭과 성공회의 교역자들을 '파더'(father)라고 부르는 것을 꼬집기도 합니다. 그러나 실제로 한국에서 사용되는 명칭은 마태복음 23장 9절의 평범한 뜻 그대로의 '아버지'가 아니고 한자로 된 전문용어인 '신부'(神父)입니다. 마태복음 23장 9절에서 예수님께서 "땅에 있는 자를 아버지라 부르지 말라."라고 하신 것은 '아버지'라는 말에 대한 개념을 지적하는 것이지 단순한 '말 그 자체'를 거론하시는 것이 아닌 것입니다. 그렇다면 대다수의 개신교 교역자들도 변명을 할 수 없게 됩니다. 왜냐하면 그들 역시 '선생'이나 '지도자'로 불리기는 좋아하나 '형제'로 불리는 것은 매우 싫어하기 때문입니다.

그러나 나에게 있어 가장 심각한 문제로 보여지는 것은 교역자들의 명칭이 아니라 소위 '정규 교육'을 지나치게 강조하고 있다는 사실입니다. 내가 보기에 이것은 마태복음 23장에서 가르치는 예수님의 교훈에 대치될 뿐 아니라 성령님에 대한 가르침과 그분이 제자들에게 남기신 모범을 부정해 버리는 행위가 아닌가 합니다. 또 그것은 사도 바울이 디모데전후서와 디도서에서 가르쳤던 교역자의 안수 문제에 대한 성경의 구체적인 가르침들을 파괴하는 일이기도 합니다. 한국의 큰 교단들이 명시하는 자격기준에 의하면 12제자들은 물론 예수님 자신도 안수받은 사역자가 될 수 없었을 것입니다. 한국의 교단들은 이런 점들에서 외국에 있는 모교단들(mother churches) 기준을 다소 떠나 있다고 하겠습니다. 내가 소속해 있는 교단은 이곳에서의 역사만 95년이나 지났으나 아직까지 해외의 모교단으로부터 떠나지 못하고 있습니다. 그런데 내가 들은 바로는 현재 한국교단에서 요구하는 교역자로서의 학력 수준은 성공회답지 못하다는 것입니다. 이와 같이 사역자가 되기 위해서는 정규 학교 교육을 받아야 한다고 생각하는 교육에 대한 지나친 집착은 유교의 영향으로 말미암은 토착화의 한 형태로 생겨났다는 사실을 누구나 쉽게 짐작할 수 있습니다. 여기서 우리 선교사들은 또 한번 책망의 무거운 짐을 감수하지 않으면 안 됨을 느낍니다. 사도 바울은 가는 곳마다 불과 몇 주 만에 교회를 세웠고 그곳에 안수를 하거나 선출하여 장로들을 세운 다음 자신은 제 갈 길을 재촉하여 떠났습니다(일반적으로 '목사로 임명하다'라고 번역되는 영어의 오데인(ordain)이란 말은 안수한다는 뜻보다 거수하여 뽑는다는 뜻이 더 적합할 때도 있습니다).

사도 바울은 성령께 의지하여 성도들이 성경을 읽을 때 그들의 마음을 밝혀 주시도록 기대했습니다. 그리고 생겨난 문제들에 대해 답을 해 주기 위해 한두 번 내지는 세번 정도 편지를 썼을 뿐입니다. 그가 다시 교회를 방문하게 될 때는 겨우 며칠이나 몇 주, 아니면 길어야 몇 달을 머물렀을 뿐입니다. 그가 세웠던 교회들에 대해서 그가 직접 통솔, 지휘권을 행사했다는 증거도 없습니다. 다만 그는 각 지역에서 세움을 입은 지도자들을 통하여 성령께서 성도들을 인도하시고 다스리시도록 바랐습니다.

그러나 우리 선교사들은 사도 바울이 보여 준 본을 순종하지 않았습니다. 우리들은 교회를 우리의 직접적인 통제하에 두었고 유치원에서부터 대학원에 이르기까지 우리 자신들의 교육기관을 세웠습니다. 우리들은 여러 모로 우리 서양의 문화보다 뛰어난 동양의 문화를 무시했습니다. 우리들은 서양의 문화를 마치 기독교 그 자체인 양 동일시하려 했습니다. 그러나 실상 서양의 문화는 기독교의 풍속을 훨씬 벗어나 인본주의의 길을 걷고 있었습니다. 그리고 그 뒤로 우리 서양의 문화는 7백 년 동안이나 기독교를 왜곡시켜 오고 있습니다. 그러나 그중에서도 가장 나빴던 것은 "성령이 오시면 우리를 모든 진리 가운데로 인도하시리라"(요 16:13)는 예수님의 말씀을 믿지 않았다는 점입니다. 한국 교인들을 모든 진리 가운데로 인도했던 인도자는 외국 선교사인 우리들이었습니다. 우리는 얼마나 교만했는지 모릅니다. 하나님을 갖고 놀아보겠다는 소치였습니다. 그러나 한국의 교인들은 자신들이 배워야 할 것을 잘 배웠습니다. 학자와 학문을 숭상하고 노동을 천히 여기는 문화 속에서 무엇을 배운다는 것은 그렇게 어려운 일이 아닙니다. 우리들은 "성령께서는 당신들을 가르칠 수 없으니 우리한테 배우시요."라는 따위의 직접적인 말로 한국 교인들에게 가르치지는 않았습니다. 그러나 우리는 수백만 달러의 돈을 들여 교육 기관들을 세웠습니다. 모든 진리를 가르치는 교육자는 성령이 아니라 바로 이런 학교 기관들이라는 사실을 암암리에 심어 주기라도 했던 것처럼 말입니다. 그러나 우리들은 한번도 회개를 하거나 사과를 하고 나쁜 인상을 고치려 하지 않았습니다. 이러면서도 우리가 성령은 감화 감동이나 시키고 병이나 고칠 수 있는 분이지 지혜나 지식은 물론 모든 진리 가운데로 인도할 수 없는 분이라고 가르치는 한국 교회에 대하여 분개할 수 있겠습니까? 만약 우리가 지붕 꼭대기에다 스피커를 설치해 놓고 "성령은 아무것도 가르칠 수 없는 분이요."라고 외쳤더라고 우리가 은밀한 방법으로 가르쳐 왔던 그 방법만큼 효과적이지 못했을 것입니다.

그리고 우리는 디모데전서(3:1~13)와 디도서(1:5~9)에 나오는 장로, 집사, 감독을 세우는 기준에 대해서도 다른 여러 조건들 예를 들어 "장로는 방탕하다 하는 비방이나 불순종하는 일이 없는 자녀를 둔 자라야 한다"라는 내용은 무시하고 "가르치기를 잘해야 한다"는 조건만 강조했습니다(딤전 3:2). 그러나 사실은 '가르치기를 잘하는'으로 번역된 헬라어의 '다닥티코스'란 단어는 고전 헬라어에서는 물론 성경 어느 곳에서도 나타나지 않고 있습니다. 그것이 나타나는 곳은 유대인 역사가 '필로'(Philo)의 글에서만 나타나는데 이곳에서 의미하는 것은 '가르치기를 잘하는'이란 뜻이 아니라 '가르칠 수 있는'이란 뜻입니다.

우리는 성령께서 모든 것을 가르칠 수 있는 분이심을 가르쳤어야 했을 터인데 대신 학교를 세워 '가르칠 수 있는' 사람을 양성하려고 했습니다. 학교가 필요 없다는 것이 아니라 학교나 학력을 너무 강조하게 되면 가르칠 수 있는 사람은 성령을 의지하는 사람이 아니라 '학교를 나온 사람'이라는 인식을 심어 준다는 것입니다. 성경이 교사의 자격으로 제시하는 것은 '잘 가르치는 사람'이 아니라, '가르칠 수 있는 사람'임을 기억합시다. 가르칠 수 있는 사람이 성령에 붙잡힌 바 되면 완전한 교사가 될 수 있을 것입니다. 가르칠 수 있는 자질이 부족하고 우리의 전통으로 인하여 하나님의 말씀을 무력하게 만든 우리의 죄를 하나님께서 용서해 주시기를 빕니다.

산골짜기에서 온 편지

한국 교회와 토착화 문제

　신부님, 누가복음 8장에는 씨 뿌리는 비유가 있습니다. 그곳에서 우리는 씨 뿌릴 때 어떤 것은 도로에 떨어지고, 어떤 것은 돌밭 같은 땅에, 어떤 것은 가시밭에, 또 어떤 것은 좋은 땅에 떨어진다는 것을 볼 수 있습니다. 이 이야기의 해석에 있어서 주님께서는 씨는 하나님의 말씀이라고 하셨습니다. 여기서 우리는 하나님의 영이 거듭나게 하기 위하여 마음의 기름진 밭에 썩지 아니할 하나님의 말씀인 씨가 뿌려져야 한다는 것과, 하나님의 말씀 없이 구원을 얻을 사람은 한 명도 없음을 알 수 있습니다. 저희 일행이 예수원에 있을 때 느낀 점을 말씀드리겠습니다. 왜 예수원은 그 인근 부락에 능동적이고 적극적인 방법으로 전도하지 않습니까? 무슨 특별한 이유라도 있는지요?

　　　　　　　　　- 에바와 그레이스, 데비드 및 다니엘 올림

사랑하는 친구들에게.

여러분들이 우리와 함께 이곳에서 지냈던 일은 정말로 큰 기쁨을 주었습니다. 그러나 한 가지 유감스러운 일은 여러분들이 좀더 오래 머물러 있으실 수 없었던 것입니다. 여러분들이 서울에서 보내 주신, 아니 실제로는 하나는 서울에서, 또 하나는 비행기 안에서 보내 주신 두 통의 사려 깊은 편지에 대해 진심으로 감사드립니다. 우리에게 에스겔 17장 22~24절 말씀을 주신 것에 대해 감사드립니다. 그 말씀은 우리에게 매우 고무적인 성경 구절입니다. 이제 나는 당신들에게 그것에 답하는 성경 말씀을 드리고자 합니다.

사람들이 어째서 내가 현재의 한국 교회에 대해 그처럼 비판적인 태도를 갖는 것처럼 보이며, 또한 그 접근방법에 있어서 좀더 긍정적이지 못한가 하고 의아해 할 때, 나의 주의를 끌어 모은 말씀이 예레미야 1장 10절 말씀입니다. 나에 대한 이런 말이 처음 공식적으로 말해진 것은 우리의 신학교 학생들 중에서 이곳에 몇 개월 체재하며 이곳에 적응하는 데 꽤나 힘이 들었던 한 학생에 의해서였습니다. 나는 그의 비평을 나의 마음속에서, 나의 개인 명상시간에 매우 조심스럽게 검토해 보았는데 그때 주님께서 내게 예레미야 1장 10절 말씀을 응답으로 주셨던 것입니다. 예레미야는 건설하는 것과 같은 적극적인 일들이 주어지기 전에 해야 할 4가지 부정적인 일들을 가지고 있었습니다. 예루살렘의 많은 부분이 옛 폐허 위에 세워졌고 성지의 많은 성전들도 옛 도시가 완전히 파괴되어 땅이 고르게 되고 잘 다져진 위에 세워졌습니다. 여러분이 무엇을 새로 세우려 한다면 당신은 먼저 땅을 고르게 하고 잘 다지는 일부터 해야 합니다. 서울과 같은 어떤 곳에서는 이렇게 하지 않습니다. 먼저 옛 건물을 헐어 부수고 난 뒤, 새 건물이 들어서기 전에 그 헐은 것을 완전히 제거해 버립니다. 나는 한국 교회에 대해 이런 느낌을 갖고 있습니다. 내가 부름을 받아 행해야 할 종류의 일이 적극적으로 건설되기 이전에 먼저 옛 구조물의 어떤 것들은 완전히 제거되어야만 합니다. 왜냐하면 그런 것들은 좋은 구조물을 세우는 것을 불가능하게 하기 때문입니다. 나는 정말 어린 시절부터 로랜드 알렌(Roland Allen)의 사상을 연구해 왔는데, 그것을 조심스럽게 항상 끊임없이 성경과 대조하며 조사해 보았습니다. 그러고는 마음속 깊이 확신하게 된 것은 현재의 한국 기독교의 구조물들이 하나님께서 이곳에 세우시고자 하시는 것의 길에서 서로 평행을 이루고 있어서, 그 구조물들을 바꾸지 않은 채 단지 계속 나아가 복음을 전한다고 하면 결국은 이전에 갖고 있던 것과 동일한 것들, 즉 가장 불건전하고 부적당하게 성장하는 교회, 커다란 건물을 유지하기 위해, 또 돈이 많이 드는 목사나 직원들을 위해 드는 비용 때문에 무거운 짐을 지고 있는 교회나 아니면 중류층이나 상류층을 상대로만 목회를 함으로써 누가복음 4장 18절 말씀에서처럼 원래의 진정한 예수님의 지상명령의 대상이 되는 가난한 자들에게는 효과적으로 복음을 전하지 못하는 그런 교회들이나 되어 버릴 것이라는 사실입니다. 예레미야의 다른 적극적인 전도 사업은 심는 일이었는데 그가 이와 같이 심을 수 있기 전에 그는 먼저 경쟁되는 생장물을 뿌리 채 뽑아 버리고 파괴해야만 했습니다. 가시가 많이 자라는 토양에 심겨진 씨앗은 절대로 잘 자랄 수가 없기 때문입니다. 나는 내가 이곳 한국에서 이때까지 24년 동안 하나님의 말씀의 씨앗을 심기 위해서 행한 모든 노력과 또 그것을 위해 적극적이며 건설적으로 종사해 온 모든 것이 이전의 상황 아래에서 이미 그곳에 존재하고 있던 가시들에 의해 질식당해 왔음을 느낍니다. 이전의 상황 아래에서 이루어진 대부분의 것들은 선교사들과 아무런 관련이 없습니다. 그것은 한국의 문화, 즉 불교나 유교적 사상과 깊은 관련을 가지며 이런 고대로부터 내려오는 문명 속에서 그 가시들은 깊은 뿌리를 내리고 계속 자라면서 새로 심어지는 복음의 씨앗의 성장을 저지하고 나쁜 열매를 맺어오게 하였던 것입니다.

우리가 이곳 예수원에서 겪고 있는 어려움들 중에 많은 것들이 인간의 보편적인 고집에 그 원인을 돌릴 수도 있는 한편, 한국의 문화, 즉 한국 사람들의 의식 속에 깊이 뿌리박고 있는 불교와 유교적 사고방식과 특히 관련되어지는 것이 더 많이 있습니다. 덧붙여 말하자면 불교보다는 유교적 사고방식이 좀더 깊이 뿌리박고 있습니다. 사실상 서구의 교회에도 조금은 불교와 같은 유형의 정신성이 내재하고 있으므로 이곳 한국의 주된 문제성은 바로 유교에 있는 것입니다. 당신들이 여기에 머물고 간 후에 주님께서는 우리에게 좀더 적극적인 복음 전도를 해야겠다고 하신 당신의 제안을 받아들이라고 나에게 도전해 오셨습니다. 그래서 나는 많은 노력을 해 보았습니다. 처음에 내가 행한 일은 늘 내 마음속에 거리껴 오던 한 사람을 찾아 마을로 내려가는 일이었습니다. 그 사람은 마을에서 우리를 반대하는 주동자였기 때문에 내가 좋아하지 않았던 인물이었습니다. 나는 김부제 할아버지와, 또한 브라질에서 이곳에 오게 된 순회목사인 로베르토 커레이 씨와 함께 갔습니다. 로베르토 커레이 형제는 브라질에서 아주 놀랍도록 성공적으로 목회를 하고 있는 분인데 주님께서 이곳 예수원을 방문하도록 특별히 보내 주셨던 것입니다. 나와 로베르토 씨와 할아버지는 마을로 내려가 그 사람과 함께 꽤 오랜 시간을 보내면서 말씀을 증거하고 나누는 매우 따뜻한 한때를 가졌습니다. 그럼에도 불구하고 지금까지 열매를 맺지 못하고 있습니다. 그런 일이 있은 후 2년이 지나서야 나는 그 당시에 그 사람이 자기의 병을 고침 받았다는 사실을 알게 되었는데 그는 이 사실을 자기의 환갑 때에 몇 분의 장로들 앞에서 말을 했던 것입니다. 그런데도 그는 아직까지 크리스천이 아닙니다. 그러나 우리는 그때부터 기독교를 약간 접해 본 몇몇 아주머니들의 요청에 따라 저녁이면 그 마을을 방문하는 일을 다시 해 보았습니다. 우리는 얼마 동안 주일 낮 예배 없이 지내다가 후에 마을 사람들의 편의를 위해 주일 아침 10시 예배를 새로이 만들었습니다. 그러자 오랫동안 주일이면 두세 아주머니들이 계속하여 올라왔었는데 요즈음에 와서는 그들도 보이지 않고 있습니다. 사실 우리에게 있어서는 주일 아침의 낮 예배는 불필요한 특별순서입니다. 왜냐하면 이곳 예수원 사람들에게 있어서는 한 주간 내내 하루에 세 번씩 드리는 성공회식의 예배가 있기 때문에 주일날 특별히 만든 또 다른 예배에 계속 앉아 있는 것보다는 산으로 올라가 하루 쉬는 날에 하나님이 지으신 아름다움을 마음껏 즐길 수 있는 자유로운 아침을 갖는 일이 더욱 중요할 수도 있기 때문입니다. 그러나 마을 아주머니들은 우리가 마을로 내려와서 그들의 집에서 예배를 드려줄 것을 주장했습니다. 우리는 항상 마을에서나, 사람들의 집에서도 교회는 이루어진다는 사실을 느끼고 있었으므로 이런 초대에 기꺼이 응했습니다. 우리는 매주 성실하게 마을로 예배를 인도하러 내려갔으며, 교대로 다른 형제들을 보내고 있었지만 마을 사람들에게 말씀을 전파하는 데에 있어서는 어떤 일관성을 유지하려고 노력했습니다. 그러나 우리는 계속 실패에 부딪혔습니다. 예배에는 오직 아낙네들과 어린아이들만이 참석했습니다. 실제로 남자들은 집회에 참석하기를 거절하고 있었습니다. 이것이야말로 종교란 여자들을 위한 것이라는 불교적인 영향이라고 말할 수 있으며, 또한 오직 여자만이 영혼에 접근했었다고 믿고 있는 고대 한국의 샤머니즘적인 영향이기도 합니다. 그런데 한편으로는 유교적인 영향도 받고 있음을 알 수 있습니다. 즉 유교의 전통에 의해서 남자들만이 모든 문제를 처리하고 여자들은 그런 일에서 완전히 제외당하여서, 만약 여자들이 포함되는 일이면 그것은 종교와 관련되는 것이지 철학과 관련된 것이 아니라는 생각과 또한 철학을 다루는 일이면 거기에는 남자들만이 포함된다는 생각을 갖고 있는 것입니다. 그러나 기독교는 종교도 철학도 아닌 하나의 인격체이므로 만약 우리가 계속 이런 형태의 모임을 허용한다면 그들이 갖고 있는 그릇된 인상을 지우지 못한 채 그 누구도 말씀에 귀기울이지 않게 될 지경이었습니다. 그래서 내가 결국 개인적으로 마을을 방문한 후에 나는 이런 모임이 복음을 진보시키는 대신 오히려 후퇴시키는 원인이 되고 있다는 결론에 도달하게 되었습니다. 그래서 형제들에게 이런 예배모임을 중단할 것을 권했습니다. 그러나 그들은 이것이 부당하므로 그들이 계속 그 일을 해야겠다고 느꼈습니다. 그러나 두세 번 노력해 본 후에 그들은 마을 아주머니들이 그들을 실망시키고 집회장소를 제공하는 호의마저도 잘 해결되지 않음을 느끼고는 미래에 어떤 공고가 있을 때까지 다시는 마을에 내려오지 않겠다고 발표해 버린 것입니다.

이와 같이 하나님의 말씀이 떨어지는 곳의 문화적 배경을 무시하는 것은 아주 불가능합니다. 당신이 밭에 씨앗을 심을 때, 그 밭에서 이미 자라고 있는 것들을 무시해 버리고 씨앗을 심을 수는 없습니다. 거기에는 어떠한 손길이 가해져야 합니다. 더군다나 언어의 경우에 있어서는 또 다른 문제점이 있는데 그것은 두세 가지의 다른 무리의 사고유형이 마치 연장처럼 하나의 말을 쓰고 있는 일입니다. 그러나 말은 각각의 경우에 있어서 다른 것을 의미하면서 이야기되어지기 때문에 때때로 당신이 어떤 한 가지 일을 얘기하고 있을 때 사람들은 정반대되는 것을 듣고 있는 일이 생기게 되는 것입니다. 필리핀이나 싱가포르는 그들의 모든 면의 배경을 이루게 한 서구 유럽의 제국주의 세력하에 100년 이상을 지냈었습니다. 여기 한국에서는 중국과 일본의 제국주의가 그 뒷배경을 형성해 왔습니다. 인도네시아에 있어서조차 티모섬과 자바섬의 토양은 매우 차이가 나는데, 그 까닭에 그곳에 복음의 씨앗이 심어졌을 때는 각기 다른 결과가 생겨나는 것입니다.

농경에 비유해서 계속 이야기해 보면, 처음에 씨앗이 심어지면, 그것은 자라서 싹이 나게 되고 그 다음에 그 지방 고유의 작물과 교배되어진다고 알고 있습니다. 이렇게 되면 때로는 아주 성공적인 토착화를 가능케 하는 튼튼한 잡종을 얻을 수 있습니다. 그러나 때로는 그냥 죽어 버리고 아무것도 얻어낼 수 없는 잡종이나, 혹은 토착화할 수 있고 왕성하게 자라기는 하나 쓸데없는 잡초에 지나지 않아 맛 좋은 열매를 맺지 못하는 잡종을 얻을 수도 있습니다. 나는 우리가 한국에서 상당한 양의 이런 작물을 만들어 내지 않았는가 걱정스럽습니다. 즉 성장은 왕성하게 잘하지만 별로 자양분이 많지 않은 작물 말입니다. 나는 얼마 동안은 이 토착화문제가 간단한 문제가 아니라는 사실을 알게 되었으며 또 어느 지역에서는 너무 많은 토착화를 시도하고, 딴 곳에서는 충분치 못하게 이루어지고 있음도 깨닫게 되었습니다. 또한 토착화의 과정에서 생기는 통제하기 어려운 일은 종종 성령의 역사와 동떨어져 일어나는 것으로서 진리로 인도되는 교회와는 아무런 관계가 없는 것입니다. 그것은 오히려 세상에 의해서 타락되어가는 교회와 관계됩니다. 그러므로 세속 교회도 분명히 토착화된 교회라고 말할 수 있다면 그것은 완전히 문자 그대로의, 기술적 의미를 지니는 것입니다.

오순절 운동은 이제 세계적인 운동이다

산골짜기에서 온 편지

하나님께서는 신체장애자들에게 어떤 사명을 주셨는가?

존경하는 대천덕 신부님께.

예수원에서는 중보기도를 매우 강조한다는 신부님의 글은 제게 상당히 흥미로움을 주었습니다. 저는 중보기도를 하는 사람들은 신학교의 교수들이나, 안수하는 목사님들 못지않게 중요하다고 말씀하신 신부님의 의견이 전적으로 옳다고 믿습니다.

그런데 제가 요즈음 의심하는 바는 과연 하나님께서 저를 바로 그러한 일에 불러 주셨는가 하는 의문입니다. 유감스럽게도 저는 지체가 온전치 못한 사람입니다. 그래서 저는 제 친구들이 소위 일(work)이라고 간주하는 일들 중 제가 할 수 있는 것이 너무 적습니다. 저는 제가 가진 의문의 한부분만이라도 풀고 싶습니다. 신부님은 저와 같이 지체가 부자유한 사람들이 고침받지 못하는 이유가 무엇이라고 생각하십니까? 저는 기도는 물론 금식도 해보았지만 병 고침은 받지 못했습니다. 저의 친구들은 저의 믿음이 충분하지가 못해서 그렇다고도 합니다. 그러나 저는 그야말로 간절히 그리고 진실되게 주님께서 내 병을 고쳐 주시기를 기도했습니다. 그럼에도 불구하고 제게는 아무 변화도 일어나지 않고 있으니 더욱 놀랄 뿐입니다. 간단히 말씀드려서 저의 몸이 고침 받지 못하는 데는 무슨 납득할 만한 이유가 있으며 또 그것은 중보기도의 사역과 어떤 관계라도 있기 때문인가요? 신부님의 글을 읽어 보니 이런 의문이 생겨서 질문을 드립니다. 신부님의 해답을 기다립니다.

— 한송미 올림

사랑하는 송미 자매에게.

좋은 내용의 편지 주셔서 감사합니다. 나는 하나님께서 자매가 자기 연민의 정에 빠지지 않도록 은혜를 주신 것을 감사드립니다. 나는 주 위에서 여러 가지 신체적 결함이나 질병을 가지고 있는 사람들을 많이 보았는데 그들은 자기 연민의 정이나 자기 합리화에 빠져 자기 말만 할 줄 알았지 남의 말은 도무지 들으려고 하지 않았습니다.

그러나 나는 자매의 편지에서 자매는 하나님의 음성에 귀를 기울여 그분께서 무슨 말씀을 하시려는지 들으려고 하시는 분임을 알았습니다. 그리고 자매는 자기 자신을 위한 기도는 그만두고 남을 위한 기도를 시작하였고 남을 위해서 드리는 기도야말로 자신의 일이며 직분임을 자각하게 되었다고 했는데 나는 자매가 하나님의 음성을 정확하게 들었다고 생각합니다. 자매가 이 문제에 대해서 주님의 인도하심을 구하면 주님께서는 누구를 위해 어떤 문제를 놓고 기도할 것이며 또 중보기도는 어느 정도, 찬양은 얼마만큼 하면 될 것인가에 대해서 말씀해 주시리라 믿습니다. 자매가 성경의 시편을 읽으면 시편 기자가 우리에게 얼마 동안 하나님을 찬송하도록 원하고 있는가를 발견할 수 있을 것입니다. 그러나 우리들은 너무 바쁘고 또 바쁘다고 믿고 있습니다. 나는 이 세상 사람들이 두 부류로 나뉘어져 있다고 생각합니다. 한쪽은 돈을 벌고 자기 쾌락을 추구하느라고 바쁜 사람들이고 한쪽은 하나님의 일을 하느라고 바쁜 사람들입니다. 우리가 만약 그분을 찬양하고 그분의 일에 방해만 하지 않는다면 그분은 우리가 기대하는 것보다 훨씬 놀라운 일을 하실 수 있을 것입니다.

그러면 이제 병 고침을 받지 못한 사람들의 형편에 대해서 이야기해 보도록 하겠습니다. 나는 지금까지 구약의 욥기를 쭉 읽어오고 있습니다. 여기에 보면 욥의 친구들은 욥의 질병이 낫지 않는 이유가 욥의 죄 때문이라고 확신하고 있는 나머지 욥의 말을 듣지 못하고 있음이 분명합니다. 그들은 욥에게 벌을 내리신 하나님은 선하신 분이라는 사실을 증명하기 위해 욥이 한 말을 똑같이 사용하고 있는데 그러면서도 그들은 자기들이 그런 상태에 있다는 사실조차도 깨닫지 못하고 있습니다. 나는 마침 오늘 오전 욥기 35장 2절에 나오는 엘리후의 말을 읽고 있었습니다. 여기서 그는 욥이 스스로 하나님보다 의롭다고 말했다고 주장합니다. 그러나 장을 앞으로 넘겨 욥기 9장 15절과 10장 15절을 읽어 보십시오. 욥은 그것과 정반대로 자신은 전혀 의롭지 않다고 이야기하고 있습니다. 그리고 엘리후는 또 욥이 그를 지으신 하나님이 어디 계신가 찾지도 않았다고 비난합니다(욥 35:10). 그러나 욥은 늘 생사화복의 주권자로서의 하나님께서 자신에게 역사하신다는 사실을 인정했으며 10장 9절에서는 "주께서 내 몸 지으시기를 흙을 뭉치듯 하였다."라고 고백하고 있습니다. 나는 오늘날 교회 안에서 욥의 친구와 같은 사람들을 많이 봅니다. 그들은 어떤 사람이 병에서 고침을 받지 못하면 그것은 그 사람의 믿음이 적은 연고이거나 아니면 어떤 숨겨진 죄 때문이라고 쉽게 속단해 버리곤 합니다. 그러나 우리는 욥이 자신의 죄와 전혀 관계없이 고난을 받았다는 점에서 그렇게 쉽게 속단하지는 말아야 할 것입니다.

우리는 마가복음 16장 17절, 요한복음 14장 12절 등에서 예수님께서 우리에게 주신 긍정적인 약속들을 읽고 있노라면 얼마나 기분이 좋아지는지 모르겠습니다. 우리도 곧 병자들을 고치거나 예수님보다 더 큰 이적들을 행할 수 있을 것 같습니다. 그러나 우리는 예수님께서 매 순간마다(every single time) 그런 일을 할 수 있다고 말씀하시지 않았다는 사실도 아울러 주목해야 합니다. 그리고 예수님께서도 많은 경우 이적을 행하실 수 없었다는 사실을 아는 것도 중요합니다. 마태복음 13장 55~58절, 마가복음 6장 5절에 보면 예수님께서는 그의 고향 사람들의 태도 때문에 이적을 행하시지 못했다는 사실을 보게 됩니다. 당시 사람들은 하나님께서 하필이면 목수의 아들인 예수를 사용하셨다는 사실에 영 못마땅해 했습니다. 오늘날도 교회 안에는 유명한 목사, 이름 있는 학자 또는 실력 좋은 신학자들에게 찾아가 병 고침을 받으려는 사람들이 많은 반면 가난하거나 많이 배우지 못한 평범한 사람들을 찾기는 꺼린다는 것입니다. 예수님은 고향인 나사렛에서 바로 이 같은 사람들 때문에 더 많은 신유의 능력을 베풀지 못하셨습니다. 이것은 비단 병 고침에만 적용되는 이야기가 아닐 것입니다. 나는 좀더 많은 사람들이 상대방의 조언이나 충고 혹 자문을 받아들일 줄 안다면 훨씬 성숙한 교회가 되리라고 믿습니다. 하나님께서는 가장 겸비하면서도 지체가 낮은 사람들을 통하여 많은 것들을 교회에 가르치시고자 하십니다. 그러나 교회가 그런 사람들에게는 배우기를 거절하고 또는 그런 사람들에게는 가르칠 기회조차 주지 않기 때문에 교회는 자연히 배울 수 있는 기회를 스스로 박탈당하고 말게 되는 것입니다. 만약 하나님께서 어떤 교훈이나 지혜의 말씀 또는 신유의 역사를 어떤 목수를 통해서 베푸시고자 할 때 교회가 단지 목수라는 이유 때문에 그 사람을 외면한다고 합시다. 그러면 하나님께서 그런 말씀과 은사를 주시겠습니까? 설령 그가 그것을 얻는다고 하더라고 아무도 그것을 받아들이려고 하지 않을 것입니다. 예레미야도 하나님의 메시지를 전하기 위해 일생을 바쳤지만 아무도 그의 말을 듣지 않았습니다.

사람들이 병 고침을 받지 못하는 데는 또 다른 이유가 있습니다. 즉 여러 종류의 파벌이나 나누임이 바로 그것입니다. 고린도 교회는 모든 성령의 은사가 다른 어떤 교회보다도 더 강하게 역사하던 곳이었습니다. 그러나 바울의 말을 빌면 실제 고린도 교회에는 늘 신유의 은사가 활발히 일어나지 못했고 심지어 살 수 있는 어떤 병자들까지도 죽었음을 알 수 있습니다(고전 11:30). 이유는 바로 분열 때문이었습니다. 우리는 흔히 믿음이 적어 역사가 일어나지 못한다고 하는데 그 믿음이란 무엇을 말합니까? 지적인 동의(intellectual assent) 즉 신앙과 의지함(dependence) 그리고 충성심(royalty), 이 세 가지를 일컬을 수 있습니다. 그런데 이 중 충성심에 대해서 고린도 교회는 여러 가지가 혼합되어져 있었습니다. 그들은 예수님께 충성하는 대신에 베드로파, 아볼로파, 바울파 등 그들이 속한 당(黨)에 충성을 바쳤습니다. 그 결과 예수님의 몸과 거기에 속한 회원들은 병들게 되었고 따라서 신유의 능력도 일어날 수가 없었습니다. 오늘날도 교회의 상황을 둘러보면 어떤 병 고침의 역사도 일어나지 않고 있으니 그저 놀랄 뿐입니다. 그러나 우리들에게 성경이 믿음이라고 부르는 그 충성심이 절대 부족하다 보니 사람들이 병 고침을 받지 못하는 것도 그렇게 놀랄 일이 아닌 것 같습니다. 고린도전서 12장 12~27절은 이 점을 매우 강하게 시사해 주고 있습니다. 그런데도 교회는 이 구절이 성경에 있다는 사실을 모르고 있는 것처럼 보입니다.

또 하나의 이유는 사람들이 하나님의 영광을 위해서 간구치 않는다는 것입니다. 그들은 그들 자신이나 교파 혹은 어떤 운동(movement)을 위한 영광은 구하면서도 예수 그리스도를 통하여 하나님께 돌아가야 할 영광은 생각지 않는다는 것입니다. 하나님께서 모든 영광을 받으시고자 원하시는데 우리에게 돌아올 영광이 어디 있겠습니까? 가르치고 병 고치는 은사를 소유한 우리들은 털끝만큼이나 우리 자신들을 위한 영광을 구하지 않으려고 무척이나 노력을 해왔습니다. 사탄이란 놈은 지금까지 우리가 영광을 받으라고 꾀고 있습니다. 그 사탄은 처음 하와에게 그 방법을 사용했다가 나중에는 예수님께 접근했으며 지금은 우리에게도 동일한 방법으로 달라붙고 있습니다. 요한복음 14장 12절을 읽으면 우리는 우리가 예수님보다도 더 큰일을 행할 것이라는 약속의 말씀에 잠시나마 기분이 우쭐해지는 것을 느낄 수 있을 것입니다. 그러나 우리는 같은 장 13~14절을 읽고 나면 그 같은 기분이 싹 가서 버리고 마는 것을 또한 경험하게 됩니다. 우리가 예수님보다도 더 큰일을 행할 수 있는 이유가 오직 하나님께만 영광이 돌아가게 하시고자 원하셨기 때문입니다. 교회는 수세기 동안 이 말씀을 무시해 왔습니다. 그래서 예수 그리스도를 통하여 하나님께만 영광을 돌리기보다는 어떤 특정인들에게 영광을 돌렸습니다.

자매는 베드로전서 3장 7절 말씀을 주목해 보셨는지요? 여기에는 만약 남자가 그의 아내와 화목한 관계를 맺지 못하면 그들의 기도가 막힌다고 밝히고 있습니다. 그래서 만약 어떤 사람이 나한테 안수를 받았음에도 불구하고 신유의 능력을 입지 못했다면 그것은 그 사람의 믿음이 부족해서가 아니라 내가 나의 아내와 바른 관계를 맺지 못하였기 때문일 것입니다. 많은 남자들은 자신들의 잘못 때문에 그들의 아내와 화목해지지 못한 것을 알면서도 모든 잘못을 아내들에게 뒤집어 씌웁니다. 또 아내들도 남편을 향하여 올바른 태도를 보이지 않을 때가 있는 것도 사실입니다. 그러나 성경은 남편들이 그 아내의 결점을 너그럽게 보아 주어야 한다고 하며 또 그들은 더 약한 질그릇인즉 스스로를 돕지 못한다는 사실을 알아야 한다고 말해 줍니다. 그러므로 책임은 남자한테 부과되어져 있는 것입니다.

나는 지금껏 왜 병 고침을 받지 못하느냐에 대한 질문에 너무 많은 말을 한 것 같습니다. 그러나 사실 욥기의 핵심 주제는 왜 우리가 어려움을 당하는지 그 이유를 어느 때고 간에 알지 못한다는 것이며 또 하나님께서는 꼭 거기에 답변을 하셔야만 된다는 어떤 의무도 없다는 것입니다. 믿음의 부족, 충성심의 부족, 화목의 부족, 사랑의 부족 등 이런 것들이 이유일 수도 있습니다. 그러나 그것들이 이유의 전부는 아니라는 것입니다. 하나님께서 우리에게 보여 주시기로 택하지 아니한 많은 것들이 이유로 남아 있는 것입니다. 중요한 것은 병고침을 받지 못한 사람이 하나님께서 그의 병을 고쳐 주실 때까지 자신의 삶을 어떻게 살아가는가가 문제인 것입니다. 나는 최근 '죠니'라는 자매의 이야기를 영화화한 영화를 본 적이 있습니다. 이 자매는 수영장에서 다이빙을 하다가 목이 부러져 전신마비가 된 불구자였습니다. 그런데도 이 자매는 붓을 입에 물고 그림을 그리기 시작했는데 나중에는 저명한 미술대회의 금상까지 획득하였습니다. 더욱이 놀라운 것은 이 자매가 다른 신체장애자들에게 복음을 전하라는 사명을 하나님께서 주셨음을 알고는 그야말로 헌신적으로 복음을 전하고 있었다는 것입니다. 나의 아버지도 전쟁에서 팔을 잃은 불구자였습니다. 그러나 그는 자신의 불구 때문에 불구자를 위한 복음사업에 여생을 바칠 수 있었습니다. 그의 후임 목사도 그보다 더 심한 장애자였으면서도 아주 훌륭하게 불구자 목회에 여생을 바쳤습니다.

  자매는 주님께서 자신을 중보기도의 사역자로 불러 주시지 않았는지 의심스럽다고 했습니다. 나로서는 그 일보다도 더 중요한 일이 어디 있을까 하는 생각입니다. 사도 바울도 그 자신을 위해서 기도해 달라고 계속적으로 부탁했습니다. 바울처럼 위대한 하나님의 종도 무명의 형제들에게 끊임없이 기도를 요청했음에 비추어 볼 때 오늘날 우리의 목사님, 장로님들은 오죽이나 더 우리의 기도를 필요로 하겠습니까? 제가 보기에는 너무 많은 사람들이 자신들만을 위해 기도하거나 아니면 아예 기도를 하지 않는 것 같습니다. 그들은 단지 일과 공부에만 열중하거나 말만 내뱉습니다. 그래서 교회의 지도자들을 위한 기도는 전혀 하나님 보좌에 상달되지 못하고 있습니다. 만약 사탄이란 놈이 한 사람의 집사를 걸려 넘어지게 했다고 한다면 그놈은 일반신도 10명과 싸워 이긴 효과를 얻을 것입니다. 만약 그놈이 장로 한 사람을 쓰러뜨렸다고 합시다. 그러면 그놈은 집사 열 사람을 넘어지게 한 거나 다름없을 것입니다. 그놈이 목사 한 사람을 손아귀에 넣었다면 1천여 명의 평신도들을 손아귀에 쥔 것이나 다름없을 것입니다. 이러므로 사탄이란 놈이 누구를 집중적으로 공격하겠습니까? 다름 아닌 성직자일 것입니다. 특히 성직자 중에서도 이름이 많이 알려진 사람들을 택해 공격할 것입니다. 그러므로 우리들은 이러한 교회 지도자들을 위해 기도해야 하지 않겠습니까(엡 6:19~20)?

하나님께서는 기도의 용사들을 원하십니다. 그러므로 고기를 잡고, 채소를 가꾸고, 집을 짓고, 병을 고치고, 사람들을 가르치고, 공장을 경영하는 등 밖에 나가 각종 일을 하는 사람들도 하나님께서 그들을 부르셨다고 믿어도 좋을 것입니다. 그들은 또한 일을 하는 동안이나 일터를 오갈 때 그렇지 않으면 교회나 집에서도 기도할 수 있습니다. 그러나 이런 사람들은 일터에서 돌아오면 그들 가족과 함께 지내야 하므로 조직적인 중보기도의 시간을 거의 가질 수 없습니다. 그러나 연로하거나 지체가 부자유하거나 또는 병으로 움직일 수 없는 소위 장애자들은 수녀나 수도사들과 함께 그들의 중보기도 하는 일에 참여할 수 있습니다. 물론 수도사나 수녀들이 다 기도에만 전념하는 것은 아닙니다. 어떤 이들은 병자들을 돌보거나 가르치기도 합니다. 그러나 독신 성직자 집단의 근본 취지는 그들이 하나님의 기도의 용사가 되는 것이었습니다. 이럼에도 불구하고 오직 소수의 사람들만이 하나님의 그러한 계획을 알고 있고 또 너무 적은 사람들만이 하나님의 부르심에 응하기 때문에 하나님께서는 말하자면 신체장애자들을 그 일에 부르고 계시는 것입니다. 나는 신체장애자들이라는 말 앞에 '말하자면'이란 말을 붙였습니다. 왜냐하면 신체장애자들이라고 해서 다 부자유스러운 것은 아니기 때문입니다. 그들은 스스로 부양할 능력이 없으므로 그들의 가족이나 친지들이 그들을 보살펴 줍니다. 이럴 경우 그들은 스스로 생활을 꾸려나갈 책임에서는 해방받기 때문에 그들을 부양해 주는 사람들과 하나님께 감사하는 마음으로 중보기도의 사역에 참여할 수가 있는 것입니다. 그런가 하면 그는 또 하나님께서 기도하는 사람들을 가지고 계시고 또 그들을 능력의 도구로 쓰시는 고로 일어나는 각종 기이한 일들을 목도할 수가 있는 것입니다.

사람들은 텔레비전 프로가 재미있다거나 전축의 음악소리가 아름답다는 말은 많이 합니다. 그러나 그들은 벽 속에 숨겨져 있는 전기선이나 화천 댐에 갇혀 있는 물에 대한 고마움에 대해서는 거의 말하지 않습니다. 기도의 용사들이 하는 일도 마찬가지입니다. 그들은 그들의 기도가 누구를 통해 이 땅에 이루어졌는지를 주님의 보좌 앞에 설 때까지는 모를 수 있습니다. 그러나 주님께서는 하나님의 상급을 이 땅에서 받지 못한 사람들은 하나님의 왕국이 건설되면 그때 보상하시겠다고 약속하셨습니다. 마태복음 6장 1~6절은 이 점을 분명하게 말해 주고 있습니다. 교회에서 공적으로 칭찬이나 감사를 받아 버린 사람들은 그것이 그들의 상의 전부라고 말합니다. 그러나 죽을 때까지 그들의 한 일이 감추어지면 천국에서 모든 보상을 받게 될 것이라고 말합니다.

나는 이제 마지막으로 미처 말하지 못한 것을 한 가지 더 언급하고 글을 마칠까 합니다. 기도의 용사들은 다른 사람들과 마찬가지로 하나님의 명령을 받아야만 한다는 것입니다. 자매는 누구나 또 어떤 것을 위해 임의대로 기도할 수 없다는 것입니다. 자매는 누구를 위해 언제,

어떻게 기도해야 하는지 하나님으로부터 명령을 받아야 하는 것입니다. 에베소서 5장을 주의 깊게 읽어 보십시오. 당신은 사탄과의 전쟁터에 서 있는 최전방 군인임을 알게 될 것입니다. 그러므로 당신은 하나님의 전신갑주를 입지 않고서는 함부로 중보기도의 전쟁터에 발을 내딛지 말기 바랍니다. 무기를 갖추고 준비가 된 다음 싸움을 시작하십시오. 만약 주님께서 허락하시면 예수원에 있는 우리를 위해서도 기도해 주십시오. 자매와 같은 분들이 이 땅에 많이 있게 되기를 바랍니다.

세계 선교를 위해 '닫힌 문'을 열 자는 누군가?

존경하는 대천덕 신부님께.

저는 오래 전부터 하나님께서 저를 해외 선교사로 부르시고 계시다고 생각해 왔습니다. 하지만 저는 신학교에 가야 된다는 생각은 한번도 해본 적이 없습니다. 많은 사람들은 지금도 신학교에 가서 기름부음 받은 사역을 위해 훈련받으라고 권하고 있습니다. 그러나 저는 제가 목회를 위해 부름을 받았다고는 생각지 않으며 또한 자질도 없다고 생각합니다. 이에 반하여 하나님께서는 저를 단지 평신도의 위치에서 저의 회사에 있는 동료 기술자들을 주님께로 인도하는 일에 써 주셨습니다.

신부님, 해외 선교 현장에서는 단순히 개인 전도만 할 수 있는 부분은 없는지요? 저에게는 개인 전도가 더 특기가 아닌가 생각되는군요. 저는 기술자로서의 저의 직업에 만족하고 있으며 또 저희 회사를 통하여 해외 파송의 길도 쉽게 열릴 것으로 내다보고 있습니다. 신부님, 건설, 기계기술자로서 회사의 파견으로 해외에 나가게 되는 평신도 선교사에 대해서 좀 말씀해 주십시오.

— 배명수 올림

사랑하는 명수 형제에게.

형제의 편지 감사드립니다. 나는 지금 사라왁, 홍콩, 필리핀 등지로 여행 중인데 이 답장은 대만에서 쓰고 있는 중입니다. 형제가 성령님께 귀기울이는 일이 고맙게 느껴집니다. 형제에게 그와 같은 생각을 할 수 있도록 하신 분이 바로 성령님이심을 믿습니다. 내가 그것이 하나님으로부터의 부르심인 것을 믿는 데는 여러 가지 이유가 있습니다.

첫째로, 형제가 회사의 봉급을 받아 회사의 뒷받침으로 선교지에 나가게 되면 그만큼 교회재정을 아낄 수 있다는 점입니다. 교회는 할 수만 있다면 더 많은 선교사를 보내야만 합니다. 그러므로 자비(自費)나 혹은 회사의 후원으로 나갈 수만 있다면 교회는 그 비축된 돈으로 다른 선교사를 해외로 보낼 수 있을 것입니다. 우리는 더 많은 그리스도의 증인들을 해외로 보내야 할 필요성이 있음에도 불구하고 충분한 재력이 없어 그 필요에 부응하지 못하고 있습니다. 그러므로 자신의 경비나 회사의 지원으로 나갈 수 있는 사람이 많으면 많을수록 우리에게는 더 보탬이 될 것입니다.

둘째로, 형제가 기술자로서 회사의 봉급을 받고 평신도로 있는 한 그 누구도 당신이 돈 때문에 복음을 전한다는 말을 하지 않을 것입니다. 믿는 사람들은 누구나 자기네 교회의 목사들에게 기쁜 마음으로 마땅한 사례금을 지불할 줄 압니다. 그들은 또 그 목사가 돈 때문에 목회한다는 생각은 추호도 갖지 않습니다. 그러나 불신자들은 다릅니다. 그들은 목사라는 직업에 대해서 대단히 회의적이고 의심을 품습니다. 그들은 목사들이 진리라고 믿기 때문이 아니라 단지 돈을 받고 그렇게 하지 않으면 안 되니까 어쩔 수 없이 설교하는 사람이 아닌가 하는 생각을 갖습니다. 기자들, 장사꾼들, 정치하는 사람들 중에는 자기들이 믿기 때문이 아니라 돈이 생기는 까닭에 고함치는 사람들이 많습니다.

그래서 불신자들은 교회의 목사들도 그들과 같다고 생각해 버립니다. 그러나 그들은 회사가 기술자들에게 봉급을 줄 때 예수님을 증거하라는 이유에서가 아니라는 사실을 잘 알고 있습니다. 또 더 나아가서 요즘 세상에서는 유럽이나 아시아이고 간에 엔지니어, 기능공들이 인기가 있고 신망을 얻고 있습니다. 그래서 이런 사람들이 이 같은 동료들의 전도를 받고 기독교인이 되면 세상 사람들은 '어떻게 저런 사람들이 예수를 믿을까?'라고 생각할 것입니다.

요즘 미국의 실업가들 중에는 성경을 방문객들의 눈이 쉽게 가는 책상 위에 올려 놓고 있는 모습들을 볼 수 있습니다. 사업차 그 실업가의 사무실을 찾는 사람들은 그의 맞은편에 앉게 되므로 곧 그의 책상 위에 놓여 있는 책 위에 시선을 주게 되고 그것이 다름 아닌 성경책임을 알게 됩니다. 그러면 그 손님은 호기심에 찬 나머지 다음과 같이 입을 열게 됩니다. "실례지만, 그 책 성경입니까?" 그 사업가는 말합니다. "네 맞습니다." 방문객은 다시 물을 것입니다. "성경책을 책상 위에다 두고 무엇을 하십니까?" 이렇게 하여 이 실업인 크리스천은 자신의 짧은 신앙 간증을 들려 줄 수 있게 되고 또 그를 기독실업인 만찬회나 가정모임으로 초대할 수도 있게 됩니다. 이렇게 하여 그 실업가는 또 한 사람의 갈급한 심령을 주께로 인도하게 됩니다. 요즘 미국에서는 전도에 관한 한 이것이 단연 효과적인 방법으로 여겨지고 있습니다. 나는 이러한 예가 개발도상국에서도 마찬가지일 거라고 생각합니다. 예를 들어 고급 기능공 기술자들이 이들 나라로 파송되어 갈 경우 그들이 접촉하는 대상은 대부분 그 나라에서 배웠다는 사람들입니다. 그리고 그 배운 사람들은 종교란 외딴 산간부족민들에게나 필요한 것이지 자기네들처럼 교육받은 사람들에게는 필요 없는 것인 양 생각하는 사람들입니다. 이런 사람들이 해외에서 온, 그것도 국제 간의 거래에서 상당히 비중을 차지하는 사람들이 기독교인인 것을 보면 적지 않은 충격을 받을 것이고 또 기독교에 대해서 다시 생각해 보게 될 것입니다.

선교지에서 전도를 할 때에 형제는 회사의 공적인 시간을 침해할 필요는 없습니다. 형제는 업무가 끝나고 난 다음 전도할 사람을 찻집이나 식당 아니면 집으로 초대할 수 있습니다. 그리고 가벼운 방법으로 자연스럽게 형제의 신앙 간증을 들려 주고 그를 주님께로 인도할 수 있습니다. 그리고 머지않아서는 아파트에서 작은 그룹 모임도 가질 수 있게 될 것입니다. 그 후 형제는 그들을 지역교회로 소개하여 정식 신학교육을 마친 목회자로 하여금 그들을 돌볼 수 있도록 할 수 있습니다. 나는 이것이야말로 순수한 선교 사업이라고 보고 싶습니다. 그리고 내가 확신하는 바로는 이것은 바로 사도 바울이 고린도와 에베소에서 아굴라와 브리스길라를 위하여 천막 일을 했을 때의 바로 그 선교 방법이 아닌가 하는 것입니다. 물론 바울은 같이 일을 하는 사람들이 크리스천이었기 때문에 많은 도움을 받았습니다. 그러나 그가 그리스도를 증거할 때 무엇보다도 도움이 되었던 것은 그 자신이 종일토록 일을 하면서도 동시에 새 신자들을 가르쳤다는 사실 때문이었습니다. 실로 사도 바울은 그가 천막 사업을 통해서 번 돈으로 5명의 동역자들을 도울 수 있었는데 그들은 바울의 자금 지원을 받아 가르치며 전도하는 일에 쓸 수 있었습니다. 만일 형제의 봉급이 오늘날 엔지니어들이 받는 수준이라면, 형제는 그 돈으로 복음만 전하는 목사나 전도사 한 명을 도울 수 있을 것입니다. 물론 바울은 자신이 부양 책임을 갖고 있는 아내나 자녀들이 없었기 때문에 심지어 5명의 동역자들을 돕는 일이 가능했습니다. 그러므로 형제는 독신 선교사여야 하는지 아니면 결혼할 선교사가 되어야 하는지 주님의 뜻을 조심스럽게 구해야 할 것입니다. 교회사를 통해 보면 가장 효과적으로 쓰임 받았던 선교사들은 독신자들로 구성된 선교팀 출신의 사람들이었다는 사실을 알 수 있습니다. 그러나 선교사가 아닌 목회자(목사)로 부르심을 받은 사람은 결혼을 하라고 성경은 가르치고 있습니다(딤전 3장; 딛 1:6~9).

기술자, 기능공들이 안수받은 목사나 전도사보다도 선교사역을 하는 데 있어서 훨씬 유리한 점은 또 하나 있습니다. 그것은 그들이 '닫힌 문'(closed doors) 즉 선교사들을 공식적으로 받아들이지 않는 국가들 속으로도 입국이 가능하다는 점입니다. 요즘 많은 사람들이 회교나 공산국가에는 선교사를 파송할 수 있는 길이 전혀 없는 것으로 알고 있습니다. 그러나 이들 나라에서는 여러 모양의 기능공, 기술자들을 필요로 하기 때문에 기술을 가진 평신도들이 들어가서 일을 할 수 있도록 문을 점점 열고 있다는 사실을 알아야 합니다. 그러므로 상업이나 산업상의 임무를 띠고 회교 또는 공산국가에 갈 수 있는 기회가 주어진 크리스천은 그 기회가 선교자로서의 부르심의 한 부분임을 알아야 합니다. 공식 직업이 교역자인 사람은 아무도 이들 나라에 입국할 수 없습니다. 문은 오직 평신도에게만 열려져 있습니다. 만약 하나님께서 해외에 나가는 것이 하나님의 뜻이 아니라고 분명하게 시사해 주시지 않는 이상 형제는 그 해외 출장의 기회를 바로 선교사역을 위한 하나님으로부터의 부르심으로 생각해야 합니다.

물론 그들 나라에서 복음을 전할 수 있는 조건은 여느 나라와는 상당한 차이가 있습니다. 그러므로 형제는 언제, 어디서, 어떻게 복음을 전해야 하는지를 알기 위해 성령님께 의지하여 그의 지혜를 구해야만 합니다. 그러므로 그분은 한국의 기술자들이 가서 복음의 씨를 뿌리고 올 수 있도록 기다리십시오. 한 권의 성경책을 책상 위에다 얹어 둔다는 것이 그들 나라에서는 무의미한 일이 될지 모릅니다. 그러나 십자가를 저고리 옷깃에 붙여 다닌다거나 아니면 목에 두르고 다니면 대화의 길을 틀 수 있는 좋은 매개체가 될 수 있을 것입니다. 그들은 말할 것입니다. "그 목에 달고 있는 것은 종교적인 상징입니까? 저는 미개하거나 무식한 사람들만 종교를 믿는 줄 아는데요. 그러나 당신은 공부를 많이 한 과학자가 아니십니까? 그런데 어떻게 당신이 그런 미신을 숭상할 수 있습니까?" 그러면 당신은 이렇게 대답할 수 있을 것입니다. "네, 저는 당신이 생각하고 있는 그런 종교를 믿는 것이 아닙니다. 다만 저는 예수라고 불리우는 한 친구를 사귀고 있답니다. 제가 그분을 소개할 수 있다면 제겐 큰 기쁨입니다. 이 십자가는 그를 나타내는 표시입니다."

명수 형제, 솔직히 말해서 나는 복음이 들어오지 못하도록 닫힌 문이 과연 존재하는지 의문입니다. 그 모든 문들은 모두 제각기 열쇠를 가지고 있습니다. 그러나 대부분의 경우 그 열쇠는 평신도들이 갖고 있습니다. 그렇지만 나는 그런 산업, 상업 분야를 통해서만 열쇠를 찾을 수 있다는 인상을 남기고 싶지 않습니다. 그 외에도 대단히 소중한 방법이 있습니다.

내가 생각하고 있는 것은 교양 선교(literary evangelism) 즉 가르쳐 주고 일깨워 줌으로 선교하는 방식을 말합니다. 오늘날 개발도상 국가들이 심각하게 직면하고 있는 문제점이 바로 문맹이라는 현상입니다. 이들 나라에서는 글을 가르쳐 줄 수 있는 사람이 상당수 요구됩니다. 그래서 누군가 이런 방면으로 훈련이 된 사람이 있다면 그는 세계 어느 곳에서나 닫힌 문을 열 수 있는 사람이 됩니다. 개발도상 국가들은 국가의 발전이 지연되고 있는 이유가 글을 읽고 쓸 수 있는 사람들의 숫자가 적기 때문인 것을 알고 있습니다. 그래서 누군가가 글을 읽고 쓸 수 있도록 도움을 주겠다고 하면 그는 대환영을 받을 수 있습니다. 현재 '교양과 선교'(Literary Evangelism)라는 초교파 선교단체가 있습니다. 이 선교단체의 일꾼들은 풀타임 봉사자들이므로 교회로부터의 도움이 필요합니다. 그러나 그들은 신학적으로 훈련받은 목사일 필요는 없습니다. 그러므로 이 교양 선교는 목회가 아니라 전도에 부르심을 받은 평신도들에게는 아주 적절한 선교 방식이라 할 수 있습니다. 교회가 자국의 교역자들을 축내지 않고 대신 평신도 남녀를 선교지로 내보낼 수 있다는 것은 얼마나 놀라운 일입니까.

이 교양 선교를 위해서는 먼저 매개 언어로서의 영어를 곧잘 구사할 수 있어야 합니다. 그리고 교양 선교의 방법을 배울 때에 처음 사용되는 입문서는 가서 선교할 현지의 언어로 쓰여진 책으로 배우게 됩니다. 이 연습용 교재를 만드는 데는 상당한 연구가 있어야 합니다. 왜냐하면 그 교재의 내용은 글을 가르쳐야 할 뿐만 아니라 전도의 효과도 노려야 하므로 처음부터 성경에서 뽑아 낸 내용을 실어야 하기 때문입니다. 대부분의 정부에서는 자국의 국민들이 글 읽기를 배우게 되는 한 내용이 성경이라는 점에 대해서는 간섭을 하지 않습니다. 그들은 정부가 배포한 유인물들을 읽지 못하던 백성들이 교양 선교사들의 가르침에 힘입어 글을 읽고 쓸 수 있게 되므로 오히려 감사하고 기뻐하는 것입니다.

이 방면에는 아직 보완해야 될 두 가지 다른 작업이 있습니다. 첫째는 각 선교지에서 가르쳐야 할 교재를 개발해야 하는 일입니다. 두 번째로는 가르치는 일 그 자체입니다. 어떤 사람들은 입문서를 준비하는 일에 전문가이어야 하지만 어떤 사람들은 그 입문서를 사용해서 실제 가르치는 일에 전문가이어야 합니다. 이 작업은 필리핀의 고(故) 프랭크 라우바하 씨에 의하여 개척되었습니다. 그가 내걸었던 대 슬로건은 "각자가 한 사람을 가르치자."는 것이었습니다. 만약 읽기를 배우는 사람마다 다른 사람에게 그것을 가르치면 글을 읽을 줄 아는 사람들은 한 명에서 둘, 넷, 여덟, 열여섯 명 등 그 숫자는 기하급수적으로 늘어날 것입니다. 이 얼마나 신나는 선교의 현장입니까? 이런 선교현장들은 이 방면에 헌신하고자 하는 사람들보다 훨씬 많이 남아 있습니다. 우리 한국 교회는 지금 막 이 교양 선교를 위해 사람을 보내려고 하고 있습니다. 그리고 사람들은 이 방면으로 계속 나아가야만 합니다. 사람이 없어서 탈이지 이 방면으로 하나님께서 쓰실 수 있는 사람들의 숫자는 무한대입니다. 그리고 이미 지적했듯이 이 같은 선교 방법은 소위 닫힌 문들을 열고 들어갈 수 있는 가장 좋은 방법 중의 하나입니다. 현재 이 같은 교양 선교사들을 필요로 하는 지역은 파키스탄, 잠비아, 짐바브웨, 인도, 인도네시아, 과테말라, 콜롬비아, 공산주의가 자리를 잡기 시작하는 아프리카 각 지역, 필리핀, 스페인 그리고 심지어는 미국까지도 포함됩니다.

  명수 형제, 나는 이 닫힌 문들을 열고 들어갈 수 있도록 하나님께서 당신을 부르시고 계신다고 믿습니다. 형제에게 다가올 그 기회를 잘 기다렸다가 포착하시기 바랍니다. 그리고 당신의 친구들도 불러 모아 이 일에 동참토록 전하십시오. 고맙습니다.

오순절 운동은 이제 세계적인 운동이다

 신부님, 예수님께선 누구든지 당신을 구주로 영접하는 자에게 성령을 선물로 주시겠다는 약속을 하셨습니다. 그리고 이 성령의 선물로 말미암아 본인은 물론 완전한 만족과 풍성함을 얻을 수 있지만 거기에서 끝나지 않고, 그를 통해서 다른 사람에게까지 풍성한 은혜의 축복을 받을 수 있도록 넘쳐흐를 것을 말씀하셨습니다. 현재 전 세계적으로 성령 운동인 오순절 운동이 열화처럼 퍼지고 있는데 이것의 기원과 발전에 관해 알고 싶습니다. 특별히 성령 운동의 본산지인 미국의 현황과 한국의 현황의 차이점이 무엇인지 말씀해 주십시오.

— 설화 올림

사랑하는 설화 자매에게.

은사 운동(charismatic movement)과 오순절 운동에 대한 당신의 질문은 정말 감사합니다. 오늘날 '성령세례'를 강조하는 교파를 가리켜 '오순절주의'라고 말하는 것은 아주 보편적인 일입니다. 이 운동은 20세기 초에 있었던 오순절 부흥 운동들에서부터 자라났고 이 중에서 가장 유명한 것이 미국의 '아주사 가(街) 부흥운동'입니다. 같은 시기에 한국과 스웨덴에서는 물론 미국의 여러 곳에서도 아주 주목할 만한 부흥 운동이 실제로 있었습니다. 나는 그러한 운동들의 상세한 역사(歷史)를 읽어 보지는 못했지만 주님께서 주권적으로 그의 성령을 각 곳에 부어 주셨다고 생각합니다. 만일 그 원인을 찾는다면 그 원인은 19세기 말과 20세기 초에 소수의 전도자들이 전 세계를 순회하면서 죄에서 구원받을 것과 기도의 능력, 성령의 능력을 전파하여 많은 사람들이 기도로 성령의 부어 주심을 간절히 사모하고 갈급해 하는 마음을 불러 일으켰던 사역에서 기인한다고 생각합니다. 하나님께서는 이러한 갈급함을 채워 주셨고 그 간구를 들어 주셨으며 역사하셨던 것입니다.

현존하는 교파에 속한 교회들은 이 운동을 어떻게 수용할지 몰랐기 때문에 이는 곧 독립된 일단(一團)의 교파를 형성케 되었습니다. 어떤 경우엔 이러한 운동을 하던 사람들이 교회로부터 축출되기도 했고, 그들은 다른 교회로 떠나게 되었습니다. 그래서 종국적인 결과로 '하나님의 성회'(Assemblies of God)와 같은 류의 다른 교회들이 세워졌습니다. 그러나 한국에서는 한국동란이 끝나고 하나님의 성회 선교사들이 파송될 때까지 이 운동은 기성 교회 내에서 계속되어 왔습니다. 부흥회를 통해서, 그렇지 않으면 해방 이후부터 시작되어 한국동란 이후 번창한 기도원을 통해서 성령세례를 체험한 기성교회의 모든 신자들은 새 교파로 귀속될 것같이 예상되었습니다(기도원 운동은 성령세례를 구하는 사람들에게 기존 교회의 다소 정체된 예배보다는 그들의 구미에 훨씬 적절한 집회에 참석하도록 기회를 제공해 준 일종의 오순절 운동이었습니다). 그렇지만 기도원과 부흥회가 바로 이러한 탈출구를 제공해 주었기 때문에 사람들은 그들의 교회를 떠날 필요성을 느끼지 못했고 그래서 실제로 기성교회를 떠난 사람들은 극소수에 불과했습니다. 새로 탄생한 오순절 교파에 흡수된 사람들의 대다수가 실제로 기독교를 새로 믿는 사람들이었습니다.

반면에 미국과 유럽의 '오순절적 체험'을 가진 대부분의 사람들은 여러 가지 이유 때문에 기성교회를 떠나 새로 창립된 오순절 교파로 갔습니다. 이런 새 교회들의 급속한 성장의 결과는 기성교회의 신도들로 하여금 그들 자신의 가르침과 규례들에 대해 새삼 재고하게 했습니다. 그들은 곧 자신들이 성령에 대해 줄곧 가르쳐 왔지만 그럼에도 불구하고 진지하게 그 가르침을 음미하지 않았다는 사실을 발견했습니다. 예를 들면 성공회는 그들이 사용하고 있는 공도문(公禱文)이 거듭나는 것에 대해 많은 언급을 하고 있는 세례를 위한 기도 형식을 갖추고 있지만 신자들의 극소수만이 거듭났다고 말할 수 있는 정도의 체험을 했다는 것을 발견했습니다. 또한 공도문은 성령을 받기 위해 주교가 안수하는 의식을 제시하고 있습니다. 이러한 교회들에(루터 교회나 가톨릭 교회는 비슷한 예배의식과 교리를 갖고 있습니다) 속해 있는 대부분의 신자들은 주교의 안수를 통해 성령을 받았다고 믿고 있습니다. 그러나 성직자나 평신도들 모두가 그들이 성령을 받은 후에 일어날 것으로 생각되는 것에 관해서는 별로 관심을 갖지 않았습니다. 그렇기 때문에 나중에는 다른 교파의 사람들이 방언과 신유를 강조하고 가시적인 기적의 역사를 일으키는 오순절주의자들 앞에서 그 동안 우리는 무엇을 하고 있었는가 하고 자문(自問)할 수밖에 없었습니다. 그 질문은 "그들이 성령을 받았는가 못 받았는가, 만일 받았다면 왜 그들의 교회 안에 표적과 이사가 나타나지 않는가." 하는 것이었습니다.

성 누가 소학회의 주관 아래에서 오랫동안 성공회 내에 조용하게 커가고 있는 운동은 교회 안에 신유집회를 정기적으로 열 수 있도록 자극을 주었다는 점을 편견 없이 지적할 수 있겠습니다. 이 운동은 매우 조용하게, 그렇지만 서서히 퍼져가고 있으며, 어떤 통계에 의하면 유명한 신유부흥사들의 천막집회에서보다 더 많은 신유의 역사가 나타났다고 합니다. 이렇게 수많은 성공회 교회들 안에서 기적적인 신유의 역사가 나타났다는 사실은 성직자나 평신도들 모두에게, 만일 그들이 성령께서 그들 가운데서 좀더 자유롭게 일하실 수 있도록 한다면 얼마나 더 많은 하나님의 능력이 나타날 것인가 하는 열린 마음을 갖도록 했습니다. 그래서 1905년경 성공회의 성직자들은 성령의 능력을 구하기 시작했습니다. 그들은 주교의 안수에 대한 논란을 벌리는 것보다는 그들의 사역에 꼭 주어져야 할 약속된 은사가 나타나는 것을 보는 데 더 관심을 가졌습니다. 한 사람 두 사람씩 차츰 은사들을 체험하게 되자 그들은 안수할 때 그 은사가 주어지면 수표를 현금으로 바꾸는 것이라고 말하곤 했습니다. 데이비드 듀플레시스(David Duplessis)도 성공회 신자들에게 "여러분들은 냉장고에 고기를 넣어 두었습니다. 그것을 꺼내 올려 놓으면 곧 사람들은 뭔가 요리되고 있다는 것을 알 것입니다."라고 말하곤 했습니다. 또한 이 운동은 데니스 베니트(Dennis Bennett)가 1960년 한 오순절 주일 설교에서 정체되어 있는 그의 반 누이즈(Van Nuys) 교회의 회중들에게 "아마도 이 회중들 중에서 이미 70명 이상이 방언의 은사가 나타난 성령의 능력을 체험했다."라고 말함으로써 충격을 주었을 때까지는 하나의 지하운동으로서 존속해 왔습니다. 이 사건으로 인해 그는 반 누이즈 교회를 떠나 시애틀에 있는 성 누가 교회에서 새로 목회를 하게 되었는데 흔히 이것을 은사 운동의 시초로 간주하고 있습니다.

'은사 운동'(Charismatic Movement)이라는 말은 오늘날 양면성을 가진 말로서 사용되고 있습니다. 첫째는 명백한 성령세례의 체험을 구하며 받고 있는 기성교회의 성직자나 평신도들의 수가 증가하고 있으나 그들은 전통적인 교리에 비추어 그 체험을 해석하고 있다는 것입니다. 거의 모든 교파가 다 이 체험은 자신들 속에도 포함되어 있지만 단지 부정해 왔다는 것을 발견했습니다. 이제 그 상황은 20세기 초에 사람들이 '무질서하다'느니 '이단적이다'고 하여 교회 밖으로 축출했던 것과는 완전히 달라졌습니다.

두 번째 '은사 운동'은 최근에 번창하고 있는 독립적 단체들이나 교사들에 의한 것으로서 그들은 가르침에 있어서는 오순절 교회의 것과 아주 흡사하지만 예배의 용어나 조직에 있어서는 전통 때문에 갈라서고 있습니다. 이들의 대부분이 어떤 교파와의 연합을 도피하고 있어서 기성 오순절주의자들이나 교파 중심의 은사운동 지도자들에게 실망을 주고 있지만 그래도 하나님은 그들을 사용하고 있습니다. 이들 중 극소수가 극단으로 흘러 더 이상 그들을 은사 운동의 한 지체로 보지 않을 뿐더러 사실상 그들 자신들도 이 운동과 더 이상 관계치 않고 있습니다. 그렇지만 1977년에 캔자스 시 집회 같은 때에는 세 주류의 대표들이 모두 참석하여 뜨겁고 열광적인 교제를 서로 나누기도 했습니다. 현재 모든 색다른 류의 은사 운동 및 오순절 운동 가운데서 자라고 있는 이러한 비조직적인 교제는 고린도후서 13장 13절에 기록된 '교통'(koinonia)이라고 부를 수 있습니다. 다음 기회에 이에 대해 쓸 예정입니다만 성령께서는 이 방법을 통해 한 단체로 하여금 다른 단체를 돕도록 하시고 또 다른 단체들이 극단으로 흐르는 것, 즉 성서적인 의미로 이단화 되고 분리되는 것으로부터 지키시는 것입니다. 똑같은 현상이 로마 가톨릭 교회를 통해 마치 거센 폭풍처럼 불어왔는데 교황 요한 23세가 '신오순절'이라 부르면서 개화된 바티칸 공회는 진정한 의미에서 이 운동의 산물이었습니다. 교황 바울도 또한 이 운동을 장려했고 가톨릭과 개신교의 많은 사람들이 다같이 요한 바울 1세와 2세의 선출은 바티칸에 성령이 임재하신 결과라고 믿고 있습니다. 비교적 로마 가톨릭의 뿌리가 든든한 남아메리카에서는 가톨릭 교회와 상대적으로 다른 군소교파들 속에 공히 개혁운동이 일어나고 있습니다. 사실 남아메리카에서 가톨릭을 제외하고 유일하게 성장하는 교회는 오순절 교파뿐이었으나 이제는 다른 교파들까지도 그 영향을 받고 있습니다.

아프리카에서도 그 양상이 비슷합니다. 기성교회의 선교사들이 세운 교회와 토착화된 교회들의 다수가 개혁하여 흑인과 백인 아프리카인들 사이에서 강한 오순절 교단들과 합세하여 오순절적인 것을 강조하고 있습니다. 흑인과 백인 아프리카인들 사이를 화해시키는 운동이 있다고 한다면 그것은 대게 오순절 운동이요, 은사 운동인 것입니다. 다시금 성령은 은사들을 주실 뿐만 아니라 화목도 주신다는 것을 우리에게 보여 주고 있습니다. 이와 같은 양상이 동남아시아, 인도네시아, 필리핀 등지에서도 별 차이 없이 나타나고 있습니다.

그러면 한국에서의 현 상태는 어떨까요? 급진적으로 성장하고 있는 '순복음' 교회들 이외에도 모든 대교파들이 은사 운동을 교회 안에 서서히 수용하고 있습니다('순복음'이라는 말과 '풀 가스펠'(Full Gospel)이라는 말은 같은 말로 통용되고 있지만 사실은 그 의미가 거의 반대적입니다. '풀 가스펠'(Full Gospel)은 모든 복음 혹은 충만한 복음을 의미하는 포괄적인 의미의 용어이지만, 순(純)이라는 말은 아무것도 보태거나 제하는 것이 없다는 뜻으로 약간 배타적인 용어입니다). 아마도 각 교파의 목사들의 절반 정도가 그들의 교회 안에 이런 운동들이 존재하고 있음을 인정하고 있으며 정도의 차이는 있겠지만 그것들을 장려하고 있습니다. 어떤 면에서는 한국에서 가장 큰 교파인 장로교의 반 이상이 적어도 은사 운동의 노선에 있다고 말할 수 있겠습니다.

이러한 각 교파들의 은사 운동에 대한 나의 관찰에 의하면 그것들은 아직 굉장히 미숙하다는 점입니다. 신학교 수준에서 적합한 가르침의 결핍 때문에 성직자들은 아직도 성령의 열매와 성령의 은사의 차이, 그리고 성경이 말하고 있는 성령 세례와 성령 충만의 두 유형의 차이를 이해치 못하고 있습니다. 이는 성서 연구의 결핍 때문이 아닙니다(이것이 한 요인이 되기도 하지만…). 그것보다는 한국의 목사들이 신학자들에 너무나 위축되어 있어서 감히 그들 자신이 연구하려 하지 않기 때문입니다. 그들은 참으로 "모든 진리 가운데로 인도하도록"(요 16:13) 성령께 의탁치 않고 있습니다. 다른 또 하나의 요인은 신학자들이 신약에 언급된 '충만함'(fill)을 의미하는 두 종류의 헬라어의 차이를 찾는 데 실패했기 때문입니다. 한 단어는 잠정적인 충만, 혹은 갑작스런 충만의 의미로서 이는 물고기로 가득 찬 배, 아이를 밴 자궁, 터질듯한 포도주 부대 등에 사용되었습니다. 다른 하나는 흠뻑 적셔 있는 것 혹은 포화상태에 있는 장기간의 충만을 의미하는데 이는 마치 신 포도주에 적신 해면이나 향기로 가득 찬 방, 그리고 수액으로 가득 찬 나무 등에 사용되었습니다. 두 단어가 다 성령 충만의 뜻으로 사용되었지만 그것들은 성령의 각기 다른 사역에 인용되었습니다. 한국에 있는 일하심에 민감한 모든 이들이 성령의 역사에 대한 이 두 가지 개념을 이해하고 인정하여서 이를 잘 개발하는 것이 시급합니다. 한국에서는 아직 시도되지 않았지만 미국에서는 널리 보급된 것이 바로 동네 단위의 카리스마적 기도회 모임과 성서 연구 모임입니다. 이러한 모임들은 성숙한 평신도 지도자들의 가정에서 가지며 모든 교파 사람들이 다 참여합니다. 그들은 어느 교회에서도 후원을 받지 않으며 단지 모이는 집의 가장의 후원을 받습니다. 그리고 교회의 모임과 상충되는 시간에는 결코 모이지 않습니다. 이러한 모임에 참석함으로써 많은 사람들이 병 고침과 위안, 그리고 성령의 충만함을 받게 되고 성령 안에서 성장하며 다른 교파의 형제자매들을 새로운 차원에서 사랑하며 이해하게 됩니다. 여기서 요한복음 17장 21절의 실현과 고린도전서 14장 23~33절의 은사에 대한 모형이 구체화됨을 볼 수 있습니다. 나는 이러한 유형의 모임들이 한국에서도 이루어지길 바라고 있습니다. 나는 그것이 완전히 성서적이며 개교회 안의 다른 모임을 절대로 약화시키지 않고 오히려 강화시켜 주리라고 믿습니다. 특히 그것은 성령에 의해 온 교회에 지극히 요청되고 있는 은사 운동의 새로운 차원에서의 성숙성을 가져다 주는 데 이바지하게 될 것입니다. 순복음 교회의 평신도들이 미국에서 하고 있는 것처럼 이러한 일에 지도적인 역할을 담당해야 하는 것입니다. 그러나 평신도 지도자들은 이러한 모임을 각 교파의 구역 예배 모임과 경쟁하려 하거나 사람들을 자기 교회로 끌어들이려는 것으로 이용해서는 안 된다는 것을 명심해야 합니다. 요한복음 17장 21절의 정신으로 일해야 합니다.

  이런 정신에 의해 얼마 전에 싱가포르에서 세계 단위의 집회가 열렸는데 이 집회는 아마도 어떤 형태로든지 완전하게 계획을 세우지 않은 채 오직 순간순간을 성령의 인도하심을 따른 최초의 모임이었습니다. 미리 계획된 것이라고는 고작 집회 장소와 소그룹이 모이는 시간,

그리고 총회가 열리는 시간뿐이었으며 대소회의를 막론하고 전혀 계획을 세우지 않았습니다. 대다수의 대표들은 성령께서 멋지게 인도하셨다는 반응을 보였습니다. 있었던 일들 중에 가장 중요했던 일은 요한복음 17장 21절의 정신이 교파와 민족의 장벽을 넘어 사람들을 하나되게 했던 점과 크리스천들이 과거에 서로 주고받았던 오래된 상처들을 치료받는 화해의 장면이었습니다. 또한 같은 집회에서 아시아인의 아시아를 복음화시키는 그것도 신속하게 할 수 있는 은사 운동과 오순절 운동의 '제2의 파동'(second wave)에 대한 예언이 있었습니다. 이 '제2의 파동'의 3대 요소는 첫째로 성령의 능력을 계속 의지하는 것과 이 운동에 있어서 이전에 시작되었던 모든 운동을 수용하자는 것이었습니다. 둘째로 크리스천들의 사회정의에 대한 책임의 자각입니다. 천대받고, 버림받고, 이용당하고, 억눌린 자들, 그리고 아시아 인구의 절대 다수를 차지하고 있는 헤어 로션이나 면도용 크림 냄새가 아닌 땀 냄새가 나는 우리의 형제들에게 손을 뻗치자는 것입니다. 셋째로 에베소서 4장 11절에 언급된 '승천 시(時) 은사 사역'(ascension gift ministries)에 대한 새로운 강조입니다. 이는 우리가 지난 수세기 동안 물려받은 전통적 사역 구조로부터 과감하게 탈피해 초대교회의 형태로 돌아가는 것을 말합니다. 단지 이제까지 몇몇 나라에서 이 '승천 시 은사 사역'으로 복귀하는 것에 대한 진지한 노력을 했던 것처럼 말입니다(이 사역에 대해 가장 역설하고 있는 나라가 바로 뉴질랜드입니다). 나는 더 이상 이 주제에 대해 언급하지 않겠습니다. 이것은 단지 현재 일어나고 있는 일에 대한 보고이고 앞으로 일어날 일에 관한 것은 아닙니다.

산골짜기에서 온 편지

은사주의 운동의 5가지 단계

존경하는 대천덕 신부님께.

 신부님, 저는 최근 성령 운동에 대해서 다룬 두 가지 신앙잡지를 읽었습니다. 그 잡지가 공통적으로 보도한 것은 성령운동은 이제 다른 단계로 접어들고 있거나 다른 방향으로 강조되고 있다는 점입니다. 그중 한 잡지는 "금세기에 두 번의 불기둥이 일어났는데 이제 또 다시 일어날 것이다."라고 말했습니다. 신부님은 이에 대해서 어떻게 생각하십니까? 혹시 우리는 지금 이 불기둥보다는 최근 어떤 사조나 유행을 좇아가고 있지는 않은지요? 신부님, 어떻게 해야 우리가 진정한 하나님의 인도하심과 단순한 신앙을 구별할 수 있을까요? 만약 하나님께서 지금 우리를 이끌고 계신다면 저는 뒤에서 처지고 싶지는 않습니다. 그리고 제가 일시적으로 유행하는 신앙에 빠져 있다면 그 속에서 길을 헤매거나 시간을 낭비하고 싶지는 않습니다. 그것은 전적으로 무익하거니와 저는 주님께 순종하기를 원하기 때문입니다.

- 진신탁 올림

사랑하는 신탁 형제에게.

편지 주셔서 감사합니다. 형제는 너무 조급하게 생각하지 않아도 될 것입니다. 만약 형제가 주님께 기꺼이 순종하기로 결심했다면 잘못된 유행 때문에 정도에서 이탈하는 일은 없을 것입니다. 요한복음 7장 17절에서 하나님께서 약속하신 것이 무엇입니까? 만약 우리가 하나님의 뜻을 행하려고만 한다면 그것이 어떤 교훈일지라도 하나님께로부터 온 것인지 아니면 사람으로부터 말미암았는지 알게 될 것이라는 약속입니다. 이런 점에서 형제는 다른 선생을 찾아서 물어보지 않아도 될 것입니다. 만약 형제가 하나님께서 주신 말씀을 깊이 묵상한다면 성령께서 직접 당신의 스승이 되어 주시기 때문입니다. 시편 119편 99절 말씀이 무엇이라고 충고하고 있습니까? 성경을 읽을 때 그냥 한 번 읽고 지나치지 말라고 하십니다. 읽고 묵상하고 형제가 들은 것을 그 말씀과 비교하라고 하십니다. 최근 나는 어떤 젊은 신자 한 사람으로부터 신학적인 관심이 담긴 편지 한 장을 받았는데 그의 관심은 그가 어떤 잡지에서 읽은 기사내용이었습니다. 그는 그 잡지에서 어떤 신학자가 "예수님은 말 구유에서 태어나신 것이 아니다."라고 주장한 글을 읽었다고 했습니다. 글쎄요. 그 신학자는 누가복음 2장 7절 말씀을 성경에서 아예 삭제해 버리고자 하는 의도인지는 몰라도 내가 가지고 있는 성경에는 아직도 그 말씀은 그대로 기록되어 있고 나는 그것을 믿고 있습니다. 그뿐입니까? 나는 그 말씀을 묵상할 때마다 빌립보서 2장 5~12절 말씀과 연관지어 그것이 얼마나 중요한 말씀인지 나날이 깨닫고 있습니다. 요셉과 마리아가 그 마굿간에서 밤을 지새지 않았다는 것은 사실일지 모릅니다. 그 두 사람은 예수님을 낳고 난 다음 집으로 옮겼고(바로 다음날 옮겼을지도 모름) 동방박사들이 찾아왔을 무렵에는 누구의 집에 머물렀을 것입니다. 나는 말씀을 묵상하고 그것을 다른 부분과 비교해 볼 때마다 늘 놀라게 되는 것은 어떻게 그 말씀들이 일관성 있게 통일될 수 있느냐 하는 점입니다. 거의 문맹에 가까운 사람에서부터 박식한 학자에 이르기까지 다양한 필진들이 그것도 2천년이란 오랜 세월을 거쳐 집필한 책이 어떻게 그렇게 통일성을 갖고 있는지 그저 놀라움을 금치 못할 뿐입니다. 그 모든 필진들을 성령께서 인도하시지 아니하셨더라면 결코 있을 수 없는 일인 것입니다.

자, 그러면 '불기둥'과 그 밖의 것들에 대해서 생각해 보기로 합시다. 아마 형제가 읽었던 그 기사를 쓴 사람은 1907년과 1960년에 시작된 두 가지의 큰 성령 운동을 일컬었던 것이 분명합니다. 처음 것은 때때로 '오순절 운동'으로, 나중에 있었던 것은 '은사주의 운동'으로 불리어지고 있습니다. 처음 것은 가난하고 좀 교육받지 못한 사람들, 즉 바울이 고린도 교회에 편지를 썼던 바로 그와 같은 종류의 사람들(고전 1:26~29) 사이에서 생겨났었습니다. 그런데 하나님께서는 이것으로부터 큰 운동을 일으키셨습니다(이것은 이전에 '방언 운동'이라고 불렸던 운동입니다. 왜냐하면 교회사를 통해 볼 때 방언이나 그 밖의 성령의 은사를 가졌던 사람들이 없었던 것은 아니었으나 방언의 중요성이 강조되기는 이때가 처음이었기 때문이었습니다). 그러나 이 운동은 정통을 주장하는 교회들로부터 거절을 당하는 바람에 결국 새로운 교단들이 되고 말았습니다. 이렇게 형성된 교단들이—물론 모든 교단들이 다 건전하게 자란 것은 아니었지만—완전히 성숙 단계에 이르기까지는 많은 변화가 있었습니다. 그러나 이 운동은 지금도 기독교계에서 가장 성장하는 운동으로 남아 있습니다.

그리고 1960년에는 새로운 움직임이 태동하기 시작했습니다. 방언과 그 밖의 성령의 은사에 대한 가르침이 기존 교단의 교회들 사이에 마치 가문 산의 산불처럼 번져가기 시작했습니다. 물론 그전부터 각 교단에서 많은 사람들이 방언으로 기도한 것이 사실이지만 1960년까지는 은밀한 가운데 해 왔습니다. 그러던 것이 1960년이 되자 이것은 큰 운동이 되고 말았습니다. 왜냐하면 이제는 방언뿐만이 아니라 모든 성령의 은사에까지 강조점이 파급되었기 때문이었습니다. 그래서 나중에 '은사 운동'(Charismatic Movement)으로 알려지게 되었습니다. 이 운동은 지금도 강하게 퍼져가고 있으며 내가 알기로 삼위일체와 성경의 최종적 권위를 인정하는 모든 교단들에게 큰 영향을 미쳐오고 있습니다. 그러나 처음의 운동에 가담했던 사람들에게는 나중의 것을 받아들이기 어려운 점이 있습니다. 이것 때문에 형제는 "불기둥이 일어났는데 이제 또 새로운 불기둥이 일어날 것이다."라는 말을 듣게 된 것입니다. 이 처음에 일어났던 운동은 물론 하나님께서 일으키셨던 것입니다. 그러나 새롭게 생겨난 운동 역시 하나님께서 이루신 일인 것입니다. 하나님께서는 늘 정지해 계시는 분이 아니십니다. 하나님께서 광야에서 이스라엘 백성들을 인도하실 때 어떤 때는 어떤 장소에서 단 하루를 머물도록 하셨는가 하면 어떤 때는 한곳에서 1년 혹은 그 이상 머무르게 하셨습니다(평균으로 따지면 1년). 이처럼 하나님께서는 우리들을 20세기의 영적 광야에서 인도하고 계십니다. 그러므로 우리는 그분의 인도하심을 따라 움직일 준비를 해야 하는 것입니다. 아마 새로운 인도하심(운동)이 곧 시작될지도 모르겠습니다. 만약 우리가 가만히 앉아서 우리의 조직이나 붙들고 있거나 나의 체질에 맞는 교리 따위에나 집착해 있다면 몰라도 그렇지 않고 인도하심을 따라 움직일 준비만 되어 있다면, 즉 하나님의 뜻을 행하려고 한다면(요 7:17) 하나님께서는 우리를 뜻대로 인도하실 것입니다. 약 120년 전 유명한 부흥 설교가 찰스 피니는 다음과 같이 말했습니다. "마귀는 항상 교리를 가지고 사람들을 편안하게 잠재운다." 교리는 결코 우리들을 나태에 빠뜨리도록 만들어지지 않았습니다. 그것은 우리로 하여금 행동하도록 이끌기 위해 만들어진 것입니다. 그러므로 사람들이 교리 때문에 자만하거나 독선적이 되고 게을러지게 되면 그때가 바로 새로운 불기둥이 뜰 때인 것입니다.

　나는 새로운 불기둥이 나타나게 되면 그때 우리는 크게 두 가지 사실을 강조하는 경향이 나타날 것이라고 믿습니다. 첫째는 성령의 은사를 강조함으로써 땅 끝까지 복음을 전해야 한다는 생각입니다. 이 운동이 일게 되면 가난하고 소외받는 사람들에 대한 관심이 높아지게 될 것입니다. 미국 세계 선교센터에 의하면 현재 1만7천여의 종족 집단이 자체적으로 복음을 전하지 못하거나 자립할 수 없는 교회를 갖고 있다고 합니다. 만약 이것이 사실이라면 대대적인 선교운동이 시작되거나 1백 배 증대되어져야 할 뿐 아니라 선교방식 역시 완전히 바뀌어져야 할 것입니다. 나는 그렇게 되리라고 믿고 있으며 그리고 불기둥이 되시는 성령께서 우리에게 "일어나 걸으라."라고 말씀하실 때 다리를 질질 끌고 따라가지 않게 되기를 바랍니다.

　그리고 두 번째로 나타날 경향은 '성령의 열매', '그리스도인의 성숙', '요한복음 17장 21절에 대한 강조' 현상이라고 믿습니다. 요한복음 17장 21절은 성령의 열매 즉 사랑과 하나 됨을 교회의 임무로 묶어주고 있는데 이것은 모든 사람들로 믿게 하려 함이라고 말하고 있습니다. 1907년과 1960년에 있었던 두 성령운동을 연결시키는 데 누구보다도 더 많은 노력을 했던 까닭에 '미스터 오순절'(Mr. pentecost)이라 불리운 '데이비드 듀플레시스'라는 분은 늘 이 요한복음 17장 21절을 강조했던 사람입니다. 그는 말하기를 "은사주의 운동을 한다면서 교회일치 운동을 무시한다면 그것은 진정한 은사 운동이 아니며, 또 교회일치 운동을 한다면서 은사주의적인 면을 무시하면 그것도 진정한 교회일치 운동이 될 수 없다."라고 했습니다. 이 두 가지 운동은 늘 같이 병행되어야 하는 것입니다. 나는 지금 그의 80회 생일날 이 편지를 쓰고 있는데 마침 그에게로부터 전혀 새로운 각도로 선교 사업을 시작하려 한다는 내용의 편지를 받았습니다. 그는 이제 곧 세계에서 가장 큰 선교센터인 풀러 선교신학교(Fuller School of Mission)의 교수가 될 것이라고 합니다. 그가 교수로 재직할 풀러 신학교의 길 건너 편에는 지금 말한 그 미국 세계 선교센터가 있어 1만7천 종의 소외된 종족들에 대한 관심을 미국 교회를 향해 일으키고 있습니다.

그러나 성령의 역사에 대해서는 성경에서 분명히 가르치고 있는 또 다른 측면이 있습니다. 우리는 이 측면에 따라서 교회나 성령의 어떤 운동도 그 특징별로 나눌 수 있습니다. 만약 우리가 성령의 사역에 대한 이 측면들을 주의 깊게 살피고 연구한다면 성령께서 '가라'고 명하실 때 그 명령을 듣지 못하는 일은 없을 것입니다. 나는 그 성령의 사역에 대한 측면들을 5단계로 나눌 수 있다고 생각합니다. 모든 그리스도인들은 지금 현재 자신이 어떤 단계에 도달해 있는지를 알아 보고 더 높은 단계를 향해 나아가도록 노력해야 합니다. 이것은 곧 생물이 성장하는 법칙과도 같은 것입니다. 만약 성령이 우리 속에서 마치 나무의 진액처럼 머무르고 계신다면 우리는 열매를 맺을 뿐 아니라 더 많은 열매를 내기 위해 계속 뻗어나갈 것입니다.

나는 이것을 은사 운동의 5가지 단계라고 부르고 있습니다. 그 이유는 내가 본즉 이 운동을 하는 사람들이 각각 다르게 이것들을 강조하거나 주장하고 있었고 각 교회나 모임들이 이 강조되는 단계들을 하나씩 거쳐 가고 있었기 때문이었습니다. 하나님의 역사 속에는 멈춤, 정지란 것이 없습니다. 굳이 정지라고 하는 것이 있다 하더라고 사탄을 대적하기 위해 잠시 머무는 것뿐이지 그것이 끝나면 우리가 이미 확보

한 그 단계를 나의 것으로 삼는 일을 마치기 위해 계속 나아가야 하는 것입니다. 여기에 그 단계들이 있습니다.
1. 방언, 찬양, 신유, 기적 행함, 전도 등을 강조하는 단계.
2. 성령의 열매 맺기와 은혜 가운데 자라가는 삶을 강조하는 단계.
3. 성령의 인도하심에 대한 재발견의 단계(요 16:13).
4. 교제에 대한 재발견의 단계. 여기에는 영적, 물적인 것을 서로 나누는 삶, 자기를 다스리는 삶 등 여러 단계로 나뉘어져 있는 코이노니아에 대한 의미를 새롭게 인식하는 과정이 포함된다.
5. 회개하는 삶을 강조하는 단계(요 16:8).

그러면 내가 이것들에 대해서 좀더 상술해 보기로 할까요? 나는 1단계에 대해서는 언급할 필요가 없다고 봅니다. 왜냐하면 이 단계는 이미 한국의 살아 있는 교회들이 서 있는 단계이며 바로 〈신앙계〉가 이 단계에 대해서 많이 강조하기 때문입니다. 그리고 2단계에 대해서도 별로 말할 필요가 없을 것 같습니다. 지금까지 내가 〈신앙계〉에 기고한 칼럼을 통해서나 인도하는 부흥회를 통해서 이 점에 대해서 많이 강조했기 때문입니다. 나는 항상 성령의 은사와 열매를 같이 가르치고 강조하는 편입니다. 어느 하나만을 따로 떼어서 가르치거나 강조하는 것은 대단히 위험한 일입니다. 그래서 나는 피니 목사가 말한 것처럼 어느 한 교리에 심취하거나 또는 다른 것을 강조하여 다른 한쪽을 못마땅하게 여기는 사람들이 염려스럽습니다.

그러면 이제 3단계로부터 말해 보기로 하겠습니다. 내가 보기에 한국 교회의 많은 사람들이 성령의 인도하심을 받은 일(단계)에 있어서는 미숙한 것 같습니다. 나는 1980년과 1981년에 걸쳐서 보낸 두 편지(산골짜기에서 온 편지)에서 이것을 주제로 이야기한 적이 있으나 그 이후로 한번도 여기에 대해서 쓴 적이 없었습니다. 그런데 바로 이 주제는 30년과 40년대의 교회부흥의 영적 기반이었고 오늘날의 은사 운동의 바탕이 된 것이기도 합니다. 이 3단계의 요지는 간단합니다. 하나님께서는 신자들이 그저 어떤 신앙적 이론이나 신학을 믿기를 바라는 것이 아니라 충성하는 자로 원하신다는 것입니다. 헬라어의 '믿음'이라는 말은 '신앙'이라는 개념은 물론이고 '충성', '의지'를 모두 포함하는 말이며 한국말의 '믿음'도 마찬가지입니다. 충성하는 사람은 무조건적으로 순종하는 사람입니다. 그리고 하나님께서는 순종할 의지가 있는 사람에게 인도하심을 주시는 것입니다(요 7:17, 16:13; 약 1:5~8). 이런 사람들은 아침에 일어나 다른 무엇을 하기 이전에 그날을 위한 인도하심을 하나님께 구합니다. 그리고 그 인도하심에 따라 일하고 살아갑니다. 하루 24시간, 일주일에 7일 동안을 하나님의 인도하심 속에 살지 못하는 그리스도인이 있다면 과연 그가 어떠한 종류의 그리스도인이겠습니까? 아직 학교도 들어가지 못하고 책임감도 없는 어린아이와 같다고 하지 않겠습니까?

   4번째 단계는 우리가 예수원에서 이루고자 투쟁하는 삶입니다. 한국에는 몇 군데의 공동체 생활을 하는 모임이 있습니다만 내가 알고 있는 한, 그중 한 군데만이 은사주의를 표방하는 곳입니다. 그러나 중국, 인도네시아, 남북 아메리카, 영국, 프랑스, 이스라엘 등 세계의 각 곳에서는 절대 순종의 삶을 살고자 하는 사람들이 여러 종류의 집단을 이루어 살아가고 있습니다. 고린도후서 13장 13절에서 우리는 성부, 성자, 성령에 대한 세 가지 중요한 사실을 배웁니다. 즉 성부 하나님에 있어서 가장 중요한 사실은 피조물들에 대해서 나타내신 그의 '사랑'이시며, 성자 하나님에 있어서는 타락한 인간들을 구하시고자 했던 그의 '은혜'이시며, 또 성령 하나님에 있어서는 '교통'하심이라는 사실입니다. 그러나 많은 한국의 목사님들은 이 하나님의 말씀을 조금 고쳐서 다음과 같이 축도함으로써 예배를 폐합니다. "우리 주 예수 그리스도의 은혜와 하나님의 사랑과 성령의 감화 감동하심(약간의 감정적인 영향력을 미치는 정도)이 여기에 모인 성도들 위에 함께 계시기를 축원하옵나이다." 이것은 하나님의 말씀을 바꾼 것입니다. 이것은 성령과 하나님과 또한 성도들끼리 서로 교통하기를 꺼려한다는 표시밖에 되지 않습니다. 나는 이것 때문에 한국의 교인들이 '공동체 생활'(community)에 대해서 생소한 감을 버리지 못하고 있으며 예수원이 무엇 하는 곳인지 감을 잡지 못하고 있지 않은가 하는 생각을 합니다. 나는 그래서 2월호〈신앙계〉에 실렸던 예수원의 기사에 대해서 아주 감사하게 생각하고 있습니다. 기자가 예수원에 대한 핵심을 붙잡았다고 생각합니다.

5번째 단계는 가장 인기가 없는 것입니다. 그러나 예수님께서는 진리의 성령이 오시면 심판과 의와 죄에 대하여 이 세상을 책망하시리라고 하셨습니다. 책망이 있는 곳에서는 회개가 따라와야만 합니다. 회개가 동반되지 않는 성령부흥회는 옳고 그른 것을 제대로 분간하지 못하는 지진아와도 같습니다. 이런 지진아들은 부모의 눈물이요 근심거리입니다. 금세기 초에 있었던 우간다 대부흥운동은 회개가 특징이었습니다. 로이 헷션, 앨버트, 캐나다에 있는 프레리이 성경학교, 그리고 최근에 바실리아 슈링크 수녀와 마리아 복음 자매회에서도 회개를 신앙의 주요 과제로 삼고 이를 강조하고 있습니다. 그러나 오순절주의나 은사주의 계열에서는 이것이 인기를 얻지 못하고 있습니다. 하나님께서는 성령이 역사하실 때 성숙해지기를 원하십니다. 그러면 성령께서 오시면 하시겠다고 한 이 세 가지 일이 무엇입니까? 첫째 "죄에 대하여라 함은 저희가 믿지 아니함이요."라는 말을 합니다. 진리를 거부하고 하나님을 믿기보다는 권력과 명예와 감투를 더 믿는 종교 지도자들은 성령님으로부터 배척을 받습니다. 둘째로 '의'에 대한 일입니다. 우리 속에 계시는 성령님은 우리가 하나님으로부터 받은 법적인 의를 생활 속에서 실제적인 의(열매)로 나타나도록 도우십니다. 셋째로 "심판에 대하여라 함은 이 세상 임금이 심판을 받았음이라." 베드로는 이 세상 권세자들이 손을 뻗치기 쉬운 하나님의 집에서 심판이 먼저 시작될 것이라고 했습니다. 고린도전서 12장에서 성령의 은사에 대해 다루기 전 바울은 그리스도인들 사이에 사랑이 없는 문제와 교회 안에서 서로 교제(교통)가 없는 것을 먼저 이야기하고 있습니다. 그는 말합니다. "우리가 우리를 살폈으면 판단을 받지 아니하려니와 우리가 판단을 받는 것은 주께 징계를 받는 것이니 이는 우리로 세상과 함께 죄 정함을 받지 않게 하려 하심이라"(고전 11: 31~32). 성령의 은사를 소유하는 것은 확실히 성령의 징계를 받는 것보다 신나는 일입니다. 그러나 우리들은 어린아이가 아닙니다. 우리는 자라야 합니다. 그리하여 우리의 아버지시요 주님이신 하나님을 기쁘게 해드리기 위하여 좀 즐겁지 못한 것도 기쁜 마음으로 해 낼 수 있어야 합니다. 바울은 방언에 대한 그의 긴 강론의 중간에서 바로 이 지적을 했습니다. "형제들아 지혜에는 아이가 되지 말고 악에는 어린아이가 되라 지혜에 장성한 사람이 되라"(고전 14:20).

신탁 형제, 한번의 편지에 밑도 끝도 없는 얘기를 너무 많이 해서 죄송합니다. 그러나 형제의 편지 때문에 나는 이 모든 성령의 은혜가 우리 가운데 고루 필요하다는 사실을 다시 한번 깨닫게 되었습니다. 이제 우리는 이 땅의 성령운동을 위해서 기도합시다. 불기둥이 일어날 때 이 운동이 곧장 그 불기둥을 따라 가는 것은 물론 좀더 성숙한 단계를 향하여 나아가게 되기를 기도합시다.

성령은 동남아 지역에서 어떻게 역사하고 있는가?

존경하는 대천덕 신부님께.

지난 봄 어떤 형제의 결혼식 때 신부님께서는 '성령의 사역'을 주제로 한 세미나를 인도하시기 위해 동남아 여행을 떠난다고 하셨습니다. 이제 신부님께서는 여행을 끝내고 귀국하셨으리라 생각됩니다. 제가 드리려고 하는 질문은 그렇게 대단한 질문은 못 됩니다. 그러나 많은 사람들이 우리나라가 아닌 외국에서 또는 타 문화권에서 성령이 어떻게 역사하시고 있는지 궁금해 하고 있습니다. 물론 우리들은 미국에 대해서는 많이 듣고 있습니다만 동남아에 대해서는 거의 문외한이다시피 하고 있습니다. 신부님께서 금번 동남아 여행에서 목도하신 사실들을 저희들과 좀 나누실 수는 없겠는지요?

— 이권종 올림

사랑하는 권종 형제에게.

나의 여행의 결과에 대해서 물어 주시니 감사합니다. 우리는 때로 우리 자신의 중대한 문제를 충분히 고려하지 못하는 까닭에 올바른 안목을 놓쳐 버릴 때가 있습니다. 또 그런가 하면 때로는 우리 자신의 개인적인 상황 속에서 벗어나 주님의 역사하심에 대한 좀더 넓은 시야를 가지는 것도 도움이 됩니다. 이번 여행에서 내가 크게 깨달은 것은 주님께서는 각각의 나라에서 각각의 다른 방법으로 역사하신다는 사실이었습니다. 그리고 나는 한국을 한국답게 만드는 그 어떤 특징이 있다는 것을 알고 크게 감동을 받았습니다. 나는 나의 딸 명숙이와 함께 모두 5개국을 방문했는데 그 나라들은 모두 한국과는 판이하게 다른 나라들이었습니다. 한국은 단일 언어, 단일 민족, 단일 문화를 가진 유일한 나라입니다. 그래서 한국의 선교 역사도 대단히 다릅니다. 같은 교단들이 외국에도 많이 있지만 한국에 있는 자매 교회들과는 여러 모로 다른 점이 많습니다. 나는 감사하는 마음으로 한국으로 돌아왔습니다. 그리고 나는 한국 교회가 동남아 지역에 끼치고 있는 영향력을 보았습니다. 필리핀에서 사역 중인 한국 선교사를 만나 보았으며 홍콩에 거주하며 복음을 외치는 많은 선교사들의 소식도 들었습니다.

먼저 나는 사라왁에 대해서 말씀드리고 싶습니다. 우리는 사라왁의 수도인 쿠칭을 방문했습니다. 사라왁은 넓은 면적에 비해 인구가 적은 나라입니다. 날씨는 덥고 수목이 울창해서 목재가 주요 생산자원입니다. 물론 다른 생산품들이 없는 것은 아니지만 제조품목들은 거의 없습니다. 원주민들은 '다이악스'라 불리우는 여러 소수 부족들로 구성되어 있지만 같은 언어를 사용하지 않으며 아직도 대부분이 산간지방에서 주거하고 있습니다. 해안선을 따라서는 말레이 족들이 살고 있으며 말레이시아 어는 이 나라의 공식 언어입니다. 그러나 더 많은 사람들이 영어 혹은 중국계통의 방언을 사용하고 있습니다. 수도인 쿠칭의 인구는 대부분이 중국인들이나, 서로의 방언이 워낙 다른 까닭에 대화를 할 때 자주 영어를 사용해야만 합니다. 이 나라는 실업자와 인종차별이 없고 좋은 토지제도를 가지고 있어 지금 한창 번창일로에 있습니다.

영국 성공회와 가톨릭이 가장 큰 교회인데 모두 성령운동을 벌이는 사람들을 포함하고 있습니다. 감리교, 침례교, 순복음 교회들은 비록 적은 숫자이지만 대단히 활발하게 활동하는 듯했습니다. 다이악스 족들 가운데는 크리스천이 반수 이상을 차지하는 것 같았으나 말레이 족들 중에는 이슬람 전통 때문인지 크리스천이 전무한 상태였습니다. 중국인들 중에는 열심 있는 크리스천이 많이 있었으나 약 반수가 넘는 사람들이 집에서 혹은 절에서 조상숭배라는 전통의식을 행하고 있었습니다. 쿠칭에는 꽤 많은 중국식 절이 있었습니다. 그러나 모든 교회들 속에서 성령도 함께 역사하시고 계셨으며 교파를 초월한 가정별 친교 모임도 볼 수 있었습니다. 나는 사라왁의 크리스천들이 점점 하나로 뭉쳐 좀더 효과적인 복음화를 감당하도록 형제에게 기도를 요청하고 싶습니다.

사라왁에서 대만으로 가는 도중 명숙이는 성공회 주교이며 의사이기도 한 '테이'(Tay) 씨의 손님이 되어 일주일 동안 싱가포르에서 머물러야만 했습니다. 그녀가 거기 머무는 동안 오순절적 기도 모임이 있어 성령이 충만한 사람들과 많은 교제를 가졌습니다. 싱가포르는 홍콩과 마찬가지로 도시국가입니다. 국제 무역이 주요 산업이고 주민은 조상 때부터 중국인들이었으며 언어는 문화적인 배경으로 인하여 영어를 사용하고 있습니다. 중국인들 외에 말레이시아, 인도, 그리고 유럽 태생의 각 인종들이 살기도 합니다. 또 성령은 모든 교회에서 역사하고 계시며 아주 훌륭한 신학교와 성경학교도 더러 있습니다. 성공회 소속의 교회는 아파트 단지 안에서 많은 가정 교회를 후원하고 있습니다. 인구의 3분의 2는 주택 단지에서 살고 있습니다. 교육 수준은 높은 편이며 크리스천의 수도 계속 늘어가고 있습니다. 짧은 시간 안에 여러 나라를 방문하여 기억이 확실한지는 모르지만 나는 크리스천의 수가 초등학교보다는 중학교에서, 중학교에서보다는 고등학교에서, 고등학교에서보다는 대학교에서 더 많은 나라가 싱가포르라고 들었습니다. 각 나라에서 꽉 잡혀진 스케줄에 따라 예배와 모임을 인도해야 했으므로 나는 조직적인 연구나 세밀한 노트는 하지 못했습니다. 그러므로 내가 지금 말하는 것은 그저 일반적인 인상일 뿐입니다.

대만이라는 나라는 나를 무척 놀라게 했습니다. 나는 오래되었거나 새것이나 아니면 건축 중이거나 간에 절이 그렇게 많은 나라는 처음 보았습니다. 심지어 아주 오래된 절도 황금빛, 붉은빛으로 새로이 단장하여 보존 상태가 아주 양호했습니다. 절에는 세울 만한 것은 모두 우상으로 세워 섬겼으며 주로 비는 것은 '만사형통'이었습니다. 경제는 좋은 제도를 갖추고 있었고 토지제도가 크게 주효하고 있었습니다. 그래서인지 경기는 최상의 컨디션을 유지하고 있었습니다. 그러나 사람들은 그에 대한 공을 각 지방마다 섬기는 우상들에게 돌리고 있었습니다. 나는 심지어 크리스천 중에서도 하나님께서 자기 나라를 축복하시기 때문에 잘살게 되었다고 하는 말을 들어본 적이 없습니다. 왜냐하면 땅이 없는 사람들을 영접하여 땅을 분배해 주는 법이 너무 잘 지켜지고 있기 때문이었습니다. 그런데 학력과 재력도 겸비하고 해외여행도 자주 하는 일단의 크리스천들이 여기에 대한 불만을 품고 정부에 상당히 비판적인 태도를 취하는 것을 보았습니다. 그래서 그들은 더 많은 인권을 달라고 요구하고 있었습니다. 나는 이게 어찌된 영문인가 한참 어리둥절해 하다가, 국수주의자들이 본토로부터 와서 토지 개혁을 단행하기 전까지 그들이 바로 그곳의 지주였다는 사실을 알고 난 다음에야 어리둥절함을 해소할 수 있었습니다. 대만 사람들의 일반적인 대일 감정은 우리 한국과는 상당히 차이가 있었습니다. 왜냐하면 일본인들이 한국에서는 지주 노릇을 했지만 대만에서는 하지 않았기 때문입니다.

대만은 실제로 단일 민족으로 구성된 국가가 아닙니다. 대만은 우리 나라보다 면적은 작지만 본래 10여 종이 넘는 원주민들이 살아 오고 있었습니다. 그들이 사는 산간지방은 우리의 것보다 훨씬 험준하며 높이는 일본이나 한국에서 볼 수 있는 그 어떤 산보다도 훨씬 높은 편입니다. 이런 지리적인 관계로 부족들은 다른 부족들의 언어를 이해하지 못해 의사 교환을 할 때는 대만의 중국어를 사용해야 합니다. 그들은 모두 중국어로 강의하는 신학교를 운영하고 있으며 또 그 부족어로 하는 기도모임도 갖고 있습니다. 성령은 이들 부족들 가운데서 각각 다르게 나타남으로 그야말로 놀라운 방법으로 역사하고 계셨습니다. 그러나 이들 교회의 지도자들은 이런 성령의 역사하심에 어떻게 대처해야 할지 모르고 있었습니다.

북경 방언을 하는 사람들 외에 이곳에는 '하까' 족과 '대만' 족이라는 더 오래된 중국인들이 있었습니다. 이들은 그들 자신의 방언을 말하며 주로 해안 지방의 비옥한 평야에서 농업에 종사하고 있었습니다. 대만은 대단히 산업발전을 이룩한 나라였습니다. 취업률은 대단히 높았고 부의 축적률도 상당히 높았습니다. 그런가 하면 각종 신을 섬기는 전통 우상숭배도 극성이었고 공공사업을 위해서도 쓰여지지만 엄청난 액수의 돈이 이 우상을 섬기는 일에 허비되어지고 있었습니다.

산간 부족민들은 모르긴 해도 반수 이상이 크리스천이었습니다. 그러나 다른 부족들 중에는 비교적 크리스천의 수가 적었습니다. 교회는 꽤 건강해 보였지만 이른 봄의 나무 같은 상태에 있었습니다. 무슨 말인고 하니 형제도 알다시피 이른 봄의 나무는 수액이 흐르고 여기저기 나뭇잎이 움트기 시작하지만 정작 왕성한 소생의 기운은 보이지 않기 때문입니다. 그러나 내가 본 바로는 성령이 역사하고 계신다는 사실에 대해서는 의심할 여지가 없었습니다. 나는 정통 교회들이 지도자로서의 교역자들과 함께 곧 부흥을 경험하고 있다는 소식을 듣게 되리라 기대하고 있습니다. 나는 내적 치유를 경험하고 세례를 받은 많은 목사들을 보았습니다. 나는 이같이 영적인 것을 사모하는 지도자들이 많이 있다면 그들의 지도에 반응을 보일 수 있는 많은 평신도들이 있다는 것을 알고 있습니다. 그러나 나는 교회가 갱신되어질 때 다른 어느 나라보다도 그 역사하는 힘이 강한 불신 세력과의 마찰을 이곳의 교회가 어떻게 피할 수 있을 것인지 자못 궁금하기만 합니다. 그러므로 대만의 교회가 좀더 강하고, 좀더 성령이 충만한 교회가 되며 또 초자연적인 능력을 가지고 만사형통과 돈을 추구하는 종교인들의 도전에 대처할 수 있도록 기도해 주시기 바랍니다.

대만에서 우리는 홍콩으로 갔습니다. 그곳에는 현재 사역 중인 많은 선교사 그룹들이 있었고 또 여러 종류의 은사주의 및 순복음 계통의 기독교인들이 있었습니다. 그러나 이곳의 사람들은 돈 버는 일에나 관심을 쓸 줄 알았지 종교에는 별 관심이 없었습니다. 우리가 그곳에 있는 동안 사람들의 관심은 1977년과 홍콩의 영토 상환을 위한 중국과 영국의 회담으로 모아졌습니다. 경제적인 입장에서 보자면 홍콩은 이미 중국 본토의 대단히 중요한 지역이 되어 있습니다. 그리고 가장 큰 은행들과 기업들은 중국을 표방하고 있습니다. 그리고 시장에는 중국산 물건들로 꽉 차 있으며 또 중국산 상품들을 수출하는 것이 주요 산업 중의 하나입니다. 이곳에는 영어, 광둥어(광둥 지방의 중국방언), 만다린(대만 사람들이 사용하는 북경의 표준어) 등 세 가지 주요 언어들이 있습니다. 대부분의 사람들이 영어를 사용하는 싱가포르와는 달리 이곳에는 영어나 만다린을 모르는 사람들을 홍콩의 여러 지역에서 흔히 볼 수 있습니다. 반면 중국과 거래를 하는 외국인들은 광둥어보다는 만다린을 배워 그들과 대화를 합니다. 홍콩에는 좀 색다르게 부유(浮游)하는 사람들이 있습니다. 즉 그들이 타고 있던 배에서 내릴 때 어디로 가야 할지를 생각하며 숨을 죽이고 있는 사람들입니다. 나는 그들이 대부분 신문, 언론인들과 옛날 귀족 계급들 그리고 홍콩이 영국 관할인 경우 남아서 기꺼이 일을 하겠지만 중국으로 귀속될 경우 언제든지 떠나려고 하는 외국인들이 아닌가 생각합니다. 그러나 영어를 사용하는 상인들을 포함해서 홍콩 시민의 대다수는 그곳에 남아 장사를 하며 생활해 나가기를 원하고 있습니다. 싱가포르와 마찬가지로 홍콩은 수입, 수출을 주요 업종으로 삼는 국가입니다. 그러나 홍콩은 싱가포르만큼 깨끗하지도, 현대화되지도 못한 나라입니다.

홍콩의 형편을 가장 잘 나타내 주는 말은 불확실성이라고 할 수 있는데 이것은 교회가 복음을 전하는 놀라운 기회가 되게 할 수 있습니다. 하나님을 떠나서는 '확실성'이란 있을 수 없습니다. 하나님을 떠나서는 '확실성'과 '불확실성'은 모두 환상에 지나지 않습니다. 오래된 미국 속담에는 "죽는다는 것과 세금을 내야 하는 것 외에 확실한 것은 아무것도 없다."라는 말이 있습니다. 그러나 우리는 하나님께서 죽음을 이기셨고 또 이 세상을 주관하시며 또 부활하신 그리스도께서 새로운 세상을 다스리시기 위해 곧 오실 것이라는 것을 알고 있습니다. 그러나 홍콩의 사람들은 잠시뿐인 이 세상일에 붙잡힌 바 되어 하나님을 알지도 또 알려 하지도 않는 것 같습니다. 그러나 나는 홍콩이 복음에 대해서는 이미 뜸이 든 밥솥이 아닌가 생각합니다. 그리고 홍콩에는 성령의 능력 가운데서 팀을 이루어 사역 중인 훌륭한 복음전파자들이 많이 있습니다. 그러므로 홍콩에서의 부흥의 소식을 듣게 될 날도 얼마 되지 않을 것입니다. 아마 홍콩은 1905년에서 1910년 사이의 한국과 비슷한 영적 상황이 아닌가 생각됩니다. 제발 그렇게 되어 큰 부흥이 홍콩에서도 일어나도록 간절하게 기도해 주십시오.

마지막으로 우리는 필리핀을 방문했습니다. 필리핀 역시 좋은 기후 조건과 훌륭한 천연자원을 갖고 있는 나라입니다. 그러나 이곳은 지주주의와 종족주의로 심한 열병을 앓고 있는 나라입니다. 이곳은 섬도 많고 종족도 많고 방언도 많은 나라입니다. 그래서 이것들을 한데 묶는다는 것은 엄두도 못 낼 힘든 일입니다. 이곳은 소수 회교도들과 산간지방에 사는 얼마 간의 부족민들을 제외하면 전 국민의 85퍼센트가 가톨릭 신자로 자처하는 나라입니다. 그리고 실제로 이 나라의 모든 정부 관리들은 성당에 출석하는 사람들이어서 마치 아시아의 기독교 국가인 양 생각되도록 하고 있습니다.

필리핀의 기독교 상황은 그 지리적, 문화적 상황만큼 혼란스럽습니다. 거대한 도시 마닐라에는 물론 모든 지역에 비(非)가톨릭 단체들이 활동하고 있습니다. 그런가 하면 복음적인 선교단체들도 많이 있습니다. 우리는 어느 선교단체의 본부에 잠시 묵게 되었는데 이 단체는 수많은 섬지방의 각종 방언들을 배워 그 섬의 방언으로 성경을 번역하는 일을 위해 헌신하는 단체였습니다. 또 필리핀의 교역자들을 훈련시키기 위해 신학교를 가진 아주 영향력 있는 한국의 선교회도 있었습니다. 이곳에서 볼 수 있는 한 가지 신나는 일은 성경 말씀과 성령의 역사가 가톨릭 교회와 그와 유사한 필리핀 독립교회(수백만 명의 신도가 있음)에 미치는 영향이었습니다. 이 교회들은 성령운동을 그들 속에 일으키고 있습니다. 규모는 작지만 독립교회와의 밀접한 유대관계를 맺고 있는 어느 성공회 교회의 주교는 그의 동료 주교에게 다음과 같이 말하는 것을 그와 같이 참석한 동남아 모임에서 들은 적이 있습니다. "지금 우리 교구는 성령 운동에 감염되어 있는데 손실보다 이점이 더 많은 편이다." 교회의 지도자들 사이에는 갱신을 위한 희구가 있는 것 같습니다.

   로마 가톨릭 교회의 지도자들은 성령 쇄신운동에 맞서는 것 같지 않았고 다만 그런 움직임을 교회 안에 한정시키거나 비가톨릭적인 단체와의 회동을 억제시키려는 것 같았습니다. 나는 다른 교회는 물론 상당수의 가톨릭 교회의 평신도들이 성령세례를 받고 그들 집에서 교제를 가지는 중 주님께서 강하게, 효과적으로 그들을 사용해 주심으로 집이 넘쳐날 정도로 성장하게 되는 것을 보았습니다. 나는 이런 모임의 한 지도자를 만났는데 그를 통하여 안 것은 가장 작은 모임일지라도 한 그룹에 60명은 되며 그리고 적어도 한 명이 6백 명의 한 그룹을 인도한다는 사실이었습니다. 그들은 집에서 모이는 모임을 오랫동안 중단한 후로 지금은 여러 종류의 공회당에서나 호텔 볼룸 등에서 모임을 갖고 있습니다. 그리고 지도자들은 한 사람 한 사람씩 율법을 행하는 의식과 세속 직업을 버리고 목자 없는 양들을 위해 자신들을 전적으로 드리고 있습니다. 그들은 신학 훈련과정은 거치지 않았지만 신학교를 나온 사람보다 오히려 더 효과적으로 쓰임받고 있었습니다. 어떤 신학교를 마친 사람들은 그들이 성령세례를 받았고 교회 역시 살아 움직이기 시작하려는 데도 영향력 있고 교회 갱신을 기대하지 않는 다수의 전통적인 신자들로 인하여 무대에서 후퇴해 버리고 맙니다. 그러나 소위 가정교회 교인들은 전적으로 새로운 모임인데다가 지도자들 역시 자원봉사자들이어서 아무도 그들을 후퇴시킬 수 없습니다. 따라서 이들 모임은 그야말로 타오르는 불길 속에 있습니다. 반면 이런 모임의 일반 회원 및 지도자들은 경험의 부족과 제한된 성경 훈련으로 인하여 잠재된 문제를 노출시키고 위험을 초래할 수 있습니다. 그러나 다행히도 그들 가운데는 함께 모여 단기 성경 강좌를 가지려는 움직임이 있고 또 잘 훈련받은 선교사들이 그들과 함께 일하고 있습니다. 나는 이 사람들과 그 모임들이 로마 가톨릭 교회를 떠나 있고 또 대부분 비판적이긴 하지만 다른 교단으로 옮겨갈 마음은 없다고 느꼈습니다. 아마도 성령님께서 그들을 본교회로 되돌려 보내 그 속에서 진정한 부흥을 일으키도록 붙잡아 두시는 것이 아닌가 합니다.

한편 나는 이런 필리핀의 교회들이 한국에서 흔히 볼 수 있는 교회들이 신약시대의 교회를 닮은 것만큼 그렇게 신약의 교회를 닮지 못했다는 생각을 했습니다. 그러나 우리는 자주 신약 시대의 교회들을 이상화시키고 그 시대의 교회들이 부딪혔던 문제들을 곧잘 잊어버리고 맙니다. 사실 대부분의 경우 사도 바울로 하여금 편지를 쓰도록 만들었던 것은 바로 교회 속에 내재했던 문제점들이었습니다. 또 우리는 신약시대의 교회가 대부분 조직을 갖지 않고 오늘날 우리가 평신도라 부르는 사람들이 지도하는 적은 그룹들의 모임이었다는 사실을 망각합니다. 그러나 그 시대 평신도 지도자들은 모두 성령충만과 기쁨으로 충만했던 사람들이었습니다(골 1:8~12; 살전 1:6; 살후 1:3; 벧전 1:8; 요일 1:3~24; 롬 15:13~14). 그들은 서로 훈계하고 또 그들 속에 있는 어른들의 도움으로 서로 유익을 끼칠 수 있는(롬 15:15) 사람들이었습니다.

형제가 필리핀의 교회를 위해 기도할 때 특별히 성령께서 더욱 강력하게 역사하고, 사랑으로 역사해서 그들 상호간에 더욱 가까워지고 참다운 교제가 이루어지도록 기도해 주십시오. 사탄은 필리핀의 교회가 파편 조각처럼 흩어지기를 원합니다. 만약 그들이 코이노니아 즉 교제의 중요성을 깨닫는 데 실패한다면 교회는 사탄의 원대로 될 것입니다. 바울 사도는 고린도후서 13장 13절에서 교제가 무엇인가를 우리에게 말해 주고 있습니다. 이것은 우리 한국 교회에서도 기도해야 할 기도제목입니다. 두서없는 글을 여기서 이만 줄이겠습니다. 그리스도의 은혜와 하나님의 사랑과 성령의 교통하심이 형제와 우리 모두에게 있기를 기도합니다.

산골짜기에서 온 편지

알미니안주의와 칼빈주의

존경하는 대천덕 신부님께.

　요즘 예수원은 새하얀 눈에 온통 뒤덮여 아름답기 그지없겠군요. 저는 작년 겨울 대학 친구들과 함께 예수원을 방문했던 일을 오래오래 잊지 못할 거에요. 부산 출신인 저는 그런 눈은 처음 보았거든요! 신부님, 금년 겨울엔 길이 미끄러워지기 전에 연탄을 넉넉히 장만해 놓으실 수 있으셨으면 좋겠어요. 눈길이 미끄러워 못 오던 연탄배달 트럭이 예수원의 연탄이 마지막 한 장을 남기고 다 떨어질 때가 되면 어떻게든 도착하곤 한다는 신부님의 이야기를 들었을 때 주님께서 신부님을 그러한 방식으로 계속 보살펴 주시고 계심을 확신했어요. 신부님께서 추후 통지가 있을 때까지 3개월 훈련 희망자를 더 이상 받지 않으신다는 소식을 듣고는 좀 섭섭했어요. 그러나 신부님께서는 예수원의 상주 회원들 훈련을 위해 좀더 많은 시간을 내어야만 하신다는 것에 충분히 이해가 갑니다.

　제가 여쭤 보려는 것은 매우 단순해 보이면서도 늘 머리에 떠오르는 의문이랍니다. 신부님께서 칼빈주의(Calvinism)와 알미니안주의(Arminianism)를 좀 설명해 주시지 않으시겠어요? 전 이러한 단어들을 꽤 많이 들어 봤지만 그것이 무엇을 뜻하는지, 그 두 신학적 입장들이 서로 어떻게 다른지 잘 모르겠어요. 신부님께서 알기 쉽게 설명해 주시길 바랍니다.

- 최영미 올림

사랑하는 영미 자매에게.

편지 고맙습니다. 금년에는 미리미리 연탄을 준비해 놓도록 주님께서 우리에게 돈을 보내 주셔서 눈이 오기 전에 연탄을 넉넉히 들여 놓았답니다. 금년에는 우리들이 길에 쌓인 눈을 삽으로 퍼내지 않아도 될 것 같습니다. 펌프만 얼어붙지 않게 할 수 있다면 이곳 우리 형제들은 작년보다 기도와 독서에 더 많은 시간을 쏟을 수 있을 것입니다. 사실, 작년은 재작년보다 훨씬 수월했습니다. 우리가 눈을 퍼내고 물을 긷는 일 외에 거의 아무 일도 할 수 없는 겨울을 더 이상 보내지 않게 된 것도 하나님의 은혜라고 생각합니다. 1, 2년 된 우리 수련자들에게 기도하고 묵상하는 외에 독서하고 테이프를 들을 수 있는 시간을 갖도록 하는 것은 바람직한 일입니다. 나도 또한 새로운 주제들에 관해 강의하고 토론할 시간을 전보다 많이 갖게 되어 기쁩니다.

알미니안주의와 칼빈주의에 관한 자매의 질문은 늘 제기되는 것입니다. 나는 그것이 동양식 사고방식과 서양식 사고방식의 차이에서 나온 것이라고 봅니다. 서양식 사고방식은 '이것이냐 혹은 저것이냐'는 양자택일적 경향이 있는 반면 동양식 사고방식은 '이것과 저것이 모두'라는 양자 긍정적 경향이 있습니다(내가 한태동 박사의 말을 잘 못 듣지 않았다면 선종(禪宗)에서는 '이쪽도 저쪽도 둘 다 아니다'는 양자 부정적으로 생각한다고 합니다). 내 자신의 생각으로는 성경의 창세기 1장에서 동양의 음양설(陰陽說)의 근거를 찾아 볼 수 있다고 봅니다. 성경은 하나님이 인간을 지으실 때 남자와 여자를 지으셨고 하나님의 형상을 따라 지으셨다고 말씀하십니다. 내가 볼 때, 이것은 음과 양이 '하나님은 사랑'이시라는 것과 같은 다른 중요한 우주의 철리(哲理)들과 함께 우주의 본질의 일부임을 뜻하는 것입니다. 요즘엔 듣지 못했지만, 몇 해 전 나는 태극기가 미신에 근거한 것이라는 이야기를 들었습니다. 나는 태극 이론이 성경에서 끌어낼 수 있는 것이며 인생의 모든 분야가 음양의 이치로 이해될 수 있다고 믿습니다.

그런 까닭에 서양인들은 우리가 칼빈주의자가 아니면 알미니안주의자여야 한다고 생각합니다. 그러나 동양인에겐 그것이 우스운 논리이며, 완전한 진리를 이해하기 위해 양쪽 입장을 다 받아들여야 한다는 것을 그들은 자연스럽게 즉각 깨닫게 되는 것입니다. 알미니안주의는 음(陰)이고 칼빈주의는 양(陽)인 것입니다.

난 어떤 사람이 실제로 완전한 진리를 이해할 수 있다는 뜻으로 말하는 것이 아닙니다. 완전한 진리를 이해한다는 것은 하나님과 또한 시공(時空)의 세계와 함께 다차원의 영원한 세계 전체를 이해하는 것을 뜻하기 때문입니다. 그러나 나는 삼라만상이 음과 양의 양면성을 갖는 경향임을 기억한다면 우리의 삶의 준거(準據)가 될 진리들을 좀더 잘 이해할 수 있을 것으로 믿습니다.

그러면 알미니안주의와 칼빈주의는 어떤 관계를 갖고 있는지요? 알미니안주의는 자유의지를 강조하고 칼빈주의는 하나님의 주권(主權)을 강조합니다. 만일 우리가 이 둘 중 어느 하나를 신봉해야 하며 다른 것은 배척해야 한다고 생각한다면 우리는 모순에 빠지게 됩니다. 만일 우리가 인간의 자유의지만을 믿는다면 우리는 우주에서 벌어지는 모든 일들은 인간의 행위에 의해 결정될 것이며 선과 악의 투쟁은 오직 인간만이 어느 한쪽 편에 섬으로써 해결할 수 있다는 결론을 논리적으로 내릴 수 있게 될 것입니다. 좀더 구체적으로 말하자면 자유의지를 지나치게 강조하는 사람은 무거운 책임감 때문에 허리가 휘어져 일어나지도 못할 지경이 되며 구원의 확신을 갖지 못하는 일이 흔히 있습니다. 그러한 사람들은 종말 때까지 기다려 보아서 그때까지 자기가 자유의지를 어떻게 사용했는지를 두고 보아야 한다고 느낍니다. 그러한 사람들은 만일 자기가 자유의지를 선행에 사용했다면 하나님이 자기를 영생에 들어가게 해 주실 것이며, 자유의지로 악을 행했다면 저주를 받게 될 것이라고 믿습니다.

긍정적인 면에서 보면 인간의 자유의지를 강조함으로써 성화(聖化)와 완전해지려는 노력이 강조되고 매우 훌륭한 인격을 형성할 수 있게 됩니다. 그러나 하나님의 주권을 깨닫지 못함으로써 낙담, 절망하거나 자신의 행위에 대한 책임감에 너무 짓눌릴 수가 있습니다.

만일 하나님의 주권을 지나치게 강조한다면 앞서와는 정반대 종류의 절망에 이를 수가 있습니다. 하나님이 만세 전에 모든 것을 계획해 놓으셨고 하나님의 섭리가 없다면 아무 일도 일어날 수 없는데 노력은 해서 무슨 소용이 있담? 결국 나는 허수아비에 불과하니 노력은 안 해도 괜찮아. 난 하나님이 실패작으로 택하셨음이 틀림없어!라고. 또 다른 사람들은 똑같은 논법으로 정반대의 느낌을 가집니다. 난 하나님이 성공작으로 택하셨으니 전진하기만 하면 된다. 역사적으로 볼 때 이러한 입장은 교회사에 몇몇 강력한 신앙운동을 일으켜 왔습니다.

실제로 알미니안주의자들은 실용적이 되며 기독교를 철학 체계가 아닌 하나의 생활방식으로 보려고 노력합니다. 알미니안주의자들은 인간의 관점에서 사물을 보지만 칼빈주의자는 하나님의 관점에서 보려고 합니다. 전자(前者)는 올려다보고 후자(後者)는 내려다봅니다. 분명히 말해서 이 두 가지 입장에 균형이 취해져야만 우리가 극단에 빠지는 것을 막을 수 있습니다. 두 입장이 서로를 당기는 역할을 해야 합니다.

하나님의 주권을 강조할 때 한 가지 매우 긍정적인 방법이 있습니다. 즉 하나님이 주권자이시라면 그분은 나의 주님이시오, 상전이시며 내가 할 일은 그분께 순종하고 그분의 뜻을 찾아내어 행하는 것일 것입니다. 이것은 내가 순종하느냐 혹은 불순종하느냐를 선택할 수는 있지만 창조주이시오, 온 우주의 주인인 그분께 불복종하는 것은 가장 어리석은 것임을 의미합니다. 칼빈주의의 교리문답의 하나가 "사람의 제일 되는 목적은 무엇입니까?" 하는 것이며 이에 대한 답은 "하나님을 영화롭게 하는 것과 영원토록 그를 즐거워하는 것입니다."로 되어 있습니다. 이것은 칼빈주의가 순종만으로 끝나는 것이 아님을 말해 줍니다. 순종은 기쁨을 가져다 주고 이 기쁨은 이제 시작되어서 완전한 영원성(하나님)을 통해 계속되는 것임을 뜻합니다. 하나님은 즐거움의 본질이며 그분은 우리들이 그분을 즐기길 원하고 계십니다. 그런데 실제로는 칼빈주의자들이 종종 순종의 의무를 강조한 나머지 두 번째 부분 즉 크리스천 됨의 기쁨을 잊어 버리는 일이 있고 알미니안주의 교회에 가면 크리스천 됨의 기쁨과 즐거움을 강조하는 것을 볼 수 있습니다.

약 150년 전 미국에 찰스 피니라는 매우 유능한 부흥전도사가 계셨습니다. 한번은 어떤 사람이 그분께 "당신은 알미니안주의자입니까, 칼빈주의자입니까?" 하고 물었더니 이렇게 대답하더랍니다. "나는 집회를 하러 가면 먼저 그 마을에서 가장 인기 있는 교회가 무엇인지를 알아봅니다. 만일 알미니안주의라면 나는 칼빈주의를 설교하지요. 만일 칼빈주의가 그 마을에서 인기 있다면 난 알미니안주의를 설교합니다. 왜냐하면 마귀는 사람들을 한 교리로만 만족하게 만들 수 있다는 것을 발견했기 때문입니다." 그렇습니다. 그것은 사실입니다. 사탄은 우리가 무슨 교리를 신봉하는가에 관심이 있는 것이 아니라 우리가 하나님을 위해 살지 않고 하나님의 뜻을 행치 않는 것에 관심을 갖는 것입니다.

칼빈주의자는 칭의(稱義, 의롭다고 인정됨)를 강조합니다. 그러나 칼빈은 칭의란 하나님께서 우리를 우리 자신의 의롭지 못함에도 불구하고 그리스도의 피를 통해 의롭게 된 것으로 간주하시는 법적 사실로서 여기에는 언제나 중생(重生)과 성화(聖化)라는 심리적 사실들이 수반된다는 것을 가르치려고 늘 세심한 주의를 기울였습니다. 만일 어떤 사람이 의롭다고 인정되었다면 그것은 그의 거듭남으로 증명될 것이요, 그가 거듭남은 그의 성화된 거룩한 생활로 증명될 것입니다. 하나님은 택하신 자를 부르시며, 부르신 자를 양육하십니다. 하나님의 양육의 섭리를 '성도의 견인(堅忍)'이라고 합니다. 그것은 하나님이 택하신 자기 백성을 계속 기르시고 충성되게 만드시는 것을 말합니다. 실제로 많은 칼빈주의자들은 교리의 이 부분을 잊고는 내가 구원받았으니 은혜 아래서 성숙하고 성령의 열매를 맺어야 할 책임이 더 이상 없다고 생각합니다. 그러나 훌륭한 칼빈주의 신학자라면 하나님의 뜻에 따라 살지 않는 사람, 하나님께 순종하지 않고 하나님께 신실하지 않음으로써 하나님의 주권을 인정하지 않는 사람은 우선 거듭나지 않은 사람이라고 말합니다.

칼빈주의나 알미니안주의는 모두 기독교인은 거룩한 삶을 살아야 하며 하나님의 뜻에 따라 살아야 한다는 전제에서는 실제로 일치합니다. 알미니안주의는 인간이 자기의 뜻대로 하나님의 뜻을 행하는 쪽을 선택할 자유와 책임을 강조합니다. 칼빈주의는 그것이 하나님의 은총 없이는 불가능하다는 것을 강조합니다.

찰스 피니 목사가 마귀는 사람들로 하여금 한 교리에 '만족'하도록 만들 수 있다고 말한 것은 무슨 뜻에서일까요? 그는 마귀가 사람들을 자기만족, 무관심, 교만에 빠지게 만들 수 있다는 것을 뜻했던 것입니다. 어떤 사람은 자기의 선행에 자부심을 갖고 그것이 성령의 도움으로만 가능했다는 것을 생각지 못합니다. 또 어떤 사람은 자기가 택함

받았다는 것에 만족하고는 자기의 생활이 과연 택함받은 사람다운 것인가에는 무관심합니다. 같은 방법으로 마귀는 우리를 어느 한쪽 교리에 실망하게 만들 수 있습니다. 불확실성과 책임감에 짓눌리게 만들거나 자기가 택함받지 않았으며 저주받은 운명이라고 생각하게 만듦으로써 절망하게 만듭니다. 그러나 만일 우리가 두 교리를 음과 양으로 조화 있게 받아들인다면 우리는 각 교리를 바르게 이해하고 기독교인이 살아야 할 삶이 어떤 것이며 어떻게 그것에 도달할 수 있는가를 깨달을 수 있을 것입니다.

이제 우리는 진리의 양면을 보이는 몇 가지 성경 구절들을 찾아 비교함으로써 끝을 맺어봅시다. "누가 능히 하나님의 택하신 자들을 송사하리요 의롭다 하신 이는 하나님이시니"(롬 8:33). "그러므로 너희는 하나님의 택하신 거룩하고 사랑하신 자처럼 긍휼과 자비와 겸손과 온유와 오래 참음을 옷 입고"(골 3:12). "하나님 아버지의 미리 아심을 따라 성령의 거룩하게 하심으로 순종함과…택하심을 입은 자들에게 편지하노니"(벧전 1:2). "그러므로 형제들아 더욱 힘써 너희 부르심과 택하심을 굳게 하라 너희가 이것을 행한즉 언제든지 실족치 아니하리라"(벧후 1:10). "너희가 내 말에 거하면 참 내 제자가 되고 진리를 알지니 진리가 너희를 자유케 하리라"(요 8:31~32). "그런즉 원하는 자로 말미암음도 아니요 달음박질하는 자로 말미암음도 아니요 오직 긍휼히 여기시는 하나님으로 말미암음이니라…그런즉 하나님께서 하고자 하시는 자를 긍휼히 여기시고 하고자 하시는 자를 강퍅케 하시느니라…이 사람아 네가 뉘기에 감히 하나님을 힐문하느뇨"(롬 9:16, 18, 20). 만일 우리가 이 구절에서 읽기를 중단한다면 그 누구도 선택의 여지가 없다고 생각하게 될 것입니다. 그러나 좀더 계속 읽어나가면 두 가지 수반되는 사실을 발견하게 됩니다. 그 첫째는, 우리가 만일 하나님을 알고 싶어 한다면 그것은 하나님이 우리 마음속에 그러한 욕구를 심어 주셨기 때문이며 우리는 "아버지께서 내게 주시는 자는 다 내게로 올 것이요 내게 오는 자는 내가 결코 내어쫓지 아니하리라"(요 6:37) 하신 하나님의 약속을 믿을 수 있다는 것입니다. 그리고 이것이 바로 우리의 구원의 확신입니다. 둘째는, 하나님이 이미 택하셨고 지금 현재 부르고 계신 사람들이 많이 있는데 하나님이 바로 우리들의 목소리를 통해 그들을 부르고 계시다는 사실입니다. "누구든지 주의 이름을 부르는 자는 구원을 얻으리라 그런즉 저희가 믿지 아니하는 이를 어찌 부르리요 듣지도 못한 이를 어찌 믿으리요 전파하는 자가 없이 어찌 들으리요"(롬 10:13~14).

여기 한 가지 수수께끼가 있습니다. 하나님의 뜻이 내가 하나님께서 택정하신 어떤 사람에게 전도하지 못했다 해서 좌절될 수 있겠습니까? 에스겔서는 만일 내가 어떤 사람의 죄를 경고하지 않아서 그 사람이 그의 죄로 죽었다면 하나님이 그의 피를 내 손에 갚으시리라고 말씀하십니다. 문제는 내가 순종하지 않은 경우 하나님의 계획에 어떤 차질이 생기느냐는 것보다는 내게 어떤 일이 생기느냐가 아닙니까? 아직도 많은 사람들이 하나님의 놀라운 계획과 그의 주권과 인간이 하나님의 뜻에 따라 사는 것을 가능케 해 주는 성령의 은사에 관해 모르고 있습니다. 그리고 그러한 사람들이-우리가 알지 못하는 사람들이지만-매일 태어나고 있습니다. 우리는 신학적 문제들에 대한 논쟁을 중단하고 우리나라 사람들과 아시아와 전 세계 사람들을 예수 그리스도와 그가 보내신 성령님께, 그리고 하나님의 뜻을 계시하는 성경으로 인도하는 일에 착수합시다. 우리는 그러한 일을 할 때 이렇게 기도합시다. "당신의 뜻이 하늘에서 이루어지듯이 한국에서도 이루어지옵소서."

하나님은 그분의 역사하심 속에서 당신을 유용하게 쓰시고 당신을 기쁨으로 충만시켜 주시며 하나님께서 당신에게 매일 하도록 예비해 두신 일이 무엇인지를 깨닫게 해 주실 것이며 당신이 그 일을 할 수 있도록 은혜를 부어 주실 것입니다.

산골짜기에서 온 편지2

초판발행 | 1985년 11월 10일
초판14쇄 | 2011년 3월 17일
개정 1판 1쇄 | 2016년 9월 7일

지 은 이 | 대천덕
발 행 인 | 이영훈
발 행 처 | (주)신앙계
　　　　　서울시 영등포구 여의도동 11-17
　　　　　영업부 02)785-3814

　　　　　등록번호 제 13-46호

인 쇄 처 | 동양인쇄 02)838-3311
인 쇄 인 | 유일준
총 판 처 | 서울말씀사 02)846-9222~4

　　　　　글 ⓒ2016. 대천덕
　　　　　이 책의 저작권은 저자에게 있습니다. 서면에 의한 저자와 출판사의
　　　　　허락없이 내용의 일부를 인용하거나 발췌하는 것을 금합니다.

값 12,000원

ISBN 978-89-86622-38-6
ISBN 978-89-86622-36-2 (세트)

「이 도서의 국립중앙도서관 출판예정도서목록(CIP)은 서지정보유통지원시스템
홈페이지(http://seoji.nl.go.kr)와 국가자료공동목록시스템(http://www.nl.go.kr/
kolisnet)에서 이용하실 수 있습니다.(CIP제어번호: CIP2016016868)」